Anne Kirchmann
Thomas Morgenstern

Mecklenburgische Seenplatte

»Von allen Fenstern aus sehen wir Wasser, lebendiges Wasser, das Schönste auf Erden.«

Hans Fallada: „Heute bei uns zu Haus" (1943)

Impressum

Anne Kirchmann, Thomas Morgenstern
Reise Know-How Mecklenburgische Seenplatte

erschienen im
Reise Know-How Verlag Peter Rump GmbH,
Osnabrücker Str. 79, 33649 Bielefeld

1. Auflage 2023

ISBN 978-3-8317-3705-5

Gestaltung und Bearbeitung
Umschlag: Peter Rump, der Verlag (Layout);
Caroline Tiemann (Realisierung)
Inhalt: G. Pawlak, Wayan Rump, der Verlag (Layout);
Caroline Tiemann (Realisierung)
Fotonachweis: Thomas Morgenstern (tm),
Adobe Stock (Autorennachweis jeweils am Bild)
Kartografie: Ingenieurbüro Kai Wendler, Thomas Buri
Lektorat: Caroline Tiemann

Druck und Bindung
Hinckel-Druck GmbH, Wertheim

Bibliografische Information der Deutschen Nationalbibliothek
Die Deutsche Nationalbibliothek verzeichnet diese Publikation in der Deutschen Nationalbibliografie; detaillierte bibliografische Daten sind im Internet über http://dnb.dnb.de abrufbar.

Anzeigenvertrieb
KV Kommunalverlag GmbH & Co. KG,
Alte Landstraße 23, 85521 Ottobrunn,
Tel. 089-928096-0, info@kommunal-verlag.de

Reise Know-How-Bücher finden Sie in allen gut sortierten Buchhandlungen. Falls nicht, kann Ihre Buchhandlung unsere Bücher hier bestellen:
D: Prolit, prolit.de und alle Barsortimente
A: Freytag-Berndt und Artaria KG, freytagberndt.com
CH: AVA Verlagsauslieferung AG, ava.ch
B, LUX, NL: Willems Adventure, willemsadventure.nl
oder direkt über den Verlag: **www.reise-know-how.de**

Bildlegende Umschlag und Vorspann
Titelfoto: Krakower See (Adobe Stock © Augenblikk)
Vordere Umschlagklappe:
Hausboote im Seerosenparadies bei Mirow (tm),
kleines Foto: Schmetterling (tm)
S. 1: Fischadler (tm)
S. 2/3: Der Wanzkaer See nahe dem Tollensesee (tm)

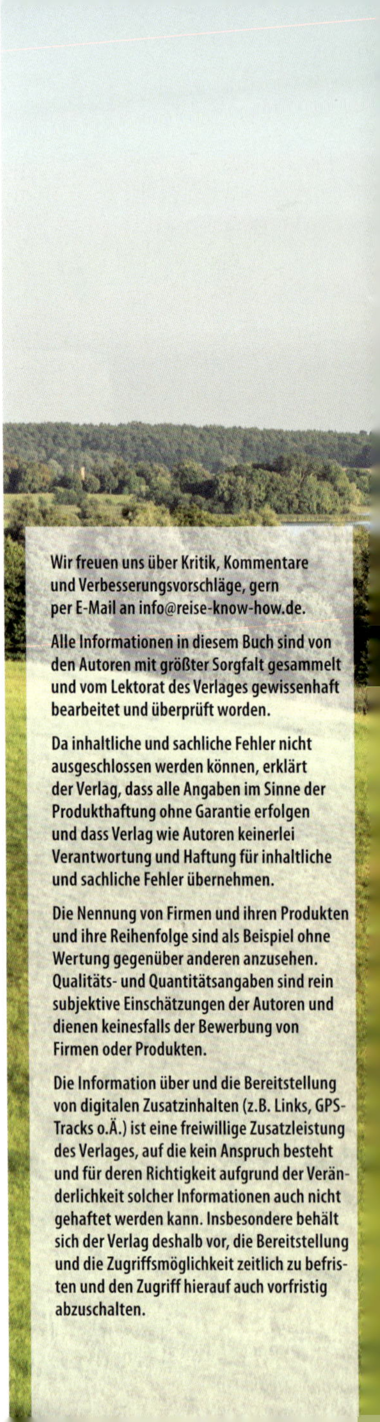

Wir freuen uns über Kritik, Kommentare und Verbesserungsvorschläge, gern per E-Mail an info@reise-know-how.de.

Alle Informationen in diesem Buch sind von den Autoren mit größter Sorgfalt gesammelt und vom Lektorat des Verlages gewissenhaft bearbeitet und überprüft worden.

Da inhaltliche und sachliche Fehler nicht ausgeschlossen werden können, erklärt der Verlag, dass alle Angaben im Sinne der Produkthaftung ohne Garantie erfolgen und dass Verlag wie Autoren keinerlei Verantwortung und Haftung für inhaltliche und sachliche Fehler übernehmen.

Die Nennung von Firmen und ihren Produkten und ihre Reihenfolge sind als Beispiel ohne Wertung gegenüber anderen anzusehen. Qualitäts- und Quantitätsangaben sind rein subjektive Einschätzungen der Autoren und dienen keinesfalls der Bewerbung von Firmen oder Produkten.

Die Information über und die Bereitstellung von digitalen Zusatzinhalten (z.B. Links, GPS-Tracks o.Ä.) ist eine freiwillige Zusatzleistung des Verlages, auf die kein Anspruch besteht und für deren Richtigkeit aufgrund der Veränderlichkeit solcher Informationen auch nicht gehaftet werden kann. Insbesondere behält sich der Verlag deshalb vor, die Bereitstellung und die Zugriffsmöglichkeit zeitlich zu befristen und den Zugriff hierauf auch vorfristig abzuschalten.

Anne Kirchmann, Thomas Morgenstern

MECKLENBURGISCHE SEENPLATTE

Vorwort

Entdecken – entschleunigen – erleben, das könnte das Motto einer Reise in die Mecklenburgische Seenplatte sein. Auf halbem Weg zwischen Berlin und der Ostseeküste, am südlichen Rand Mecklenburg-Vorpommerns, liegt das „Land der 1000 Seen". Unzählige große und kleine Gewässer, Kanäle und Flüsse verbinden sich hier zu einem vernetzten Wassersportrevier, das es so in Europa kein zweites Mal gibt. Das Herz der Seenplatte, die auf der Linie Güstrow – Plau im Nordwesten beginnt, im Norden die Mecklenburgische Schweiz mit einbezieht, im Osten bis nach Feldberg reicht und im Süden die Grenze zu Brandenburg überschreitet, liegt die Müritz, das „kleine Meer". Mit ihren 117 km² ist sie der größte Binnensee Deutschlands, an den sich einer der schönsten Nationalparks anschließt. Die Region ist geprägt durch endlos scheinende Wälder, sanfte Hügel und bis zum Horizont reichende Felder. Wer Ruhe und Abgeschiedenheit sucht, wird hier fündig. Aber nicht nur Erholung und Naturerlebnis, auch eine breite Palette an sportlichen Aktivitäten sowie hochkarätige Kulturveranstaltungen bietet eine Reise in die Mecklenburgische Seenplatte.

Die hübschen alten Städte Neubrandenburg, Waren (Müritz), Plau am See und Güstrow waren schon zu DDR-Zeiten ein beliebtes Ferienziel und werden heute von immer mehr Reisenden auch aus dem europäischen Ausland entdeckt.

003ms tm

Abseits der größeren Orte warten gemütlich eingerichtete Ferienhäuser, Campingplätze und stilvolle Herrenhäuser auf Gäste. Besonders die wunderschönen Seen unter dem weiten Himmel ziehen Besucher in ihren Bann. So verzeichnen die Verleiher von Hausbooten in den letzten Jahren stetig steigende Buchungszahlen. Nicht nur Badefreunde, auch Paddler, Surfer und Segler haben rund um die Müritz ihr Dorado gefunden. Wer nicht seefest ist, erkundet Land und Leute mit Bus und Bahn, zu Fuß oder mit dem Fahrrad. Das Auto kann man hier getrost stehen lassen.

Kulinarisch kommen Fischliebhaber voll und ganz auf ihre Kosten. Wie wäre es mit einem der leckeren Räucher- oder Backfischbrötchen, die in den Fischereihöfen in vielerlei Varianten angeboten werden? Oder man probiert in einem der ausgezeichneten Restaurants die Spezialitäten von Hecht, Wels, Forelle und Co. Auf dem Land locken kleine Hofcafés und schmucke Herrenhäuser mit unwiderstehlichen Kuchen und Torten zu einer Pause zwischendurch.

Dieser Reiseführer soll durch die verschiedenen Regionen der Mecklenburgischen Seenplatte begleiten, dabei deren Besonderheiten herausstellen und neben bekannten Sehenswürdigkeiten auch unentdeckte Winkel beleuchten. Eine Fülle von Tipps zu Unterkünften und Gastronomie, zum Einkaufen, für Märkte und Feste liefert praktische Orientierung. Wanderungen und Radtouren, Wassersport und Bootsfahrten – für alle Aktivitäten werden passende Empfehlungen und detaillierte Informationen gegeben. Auch für Familien mit großen und kleinen Kindern finden sich Vorschläge für spannende Unternehmungen. Fundierte Hintergrundinfos zur Geschichte und zu kulturellen Highlights ergänzen diesen umfassenden Reiseführer.

Entspannen und aktiv sein, preiswert urlauben und stilvoll genießen – das ist in der Seenplatte kein Gegensatz. Wer einmal hier war, kommt bestimmt wieder. 1000 Seen wollen entdeckt werden.

Anne Kirchmann und
Thomas Morgenstern

< Blick auf die Müritz von der Marienkirche Röbel

Inhalt

Karten

Übersichtskarten

Ortspläne

Wanderungen in diesem Buch

Radtouren in diesem Buch

⊡ Wander- und Radlerparadies Mecklenburgische Seenplatte – hier am Tollensesee

Hinweise zur Benutzung

Nicht verpassen!
Die Highlights der Region erkennt man an der **gelben Markierung.**

UNSER TIPP ...
... steht für spezielle Empfehlungen der Autoren: abseits der Hauptpfade, persönlicher Geschmack.

Der Schmetterling ...
... zeigt an, wo man besonders gut Natur erleben kann oder Angebote im Bereich des nachhaltigen Tourismus findet.

Kinder-Tipps
Das Symbol kennzeichnet Sehenswürdigkeiten und Aktivitäten, an denen auch kleine Urlauber ihre Freude haben.

Verweise auf die Stadtpläne
4 Die farbigen Nummern in den „Praktischen Tipps“ der Ortsbeschreibungen verweisen auf den jeweiligen **Karteneintrag.**

Updates nach Redaktionsschluss
Auf der Produktseite dieses Reiseführers in unserem Internetshop finden Sie zusätzliche Informationen und **wichtige Änderungen.**

Preiskategorien Unterkunft
In diesem Buch werden die Unterkünfte in Preiskategorien unterteilt. Die Preise gelten für ein **Doppelzimmer** (überwiegend ohne Frühstück) in der Hauptsaison.

Untere Preisklasse ①	bis 95 €
Mittlere Preisklasse ②	95–150 €
Obere Preisklasse ③	über 150 €

Preiskategorien Essen und Trinken
Die Preise gelten für ein Hauptgericht.

Untere Preisklasse ①	bis 20 €
Mittlere Preisklasse ②	20–30 €
Obere Preisklasse ③	über 30 €

151ms tm

Die Regionen im Überblick

1 Das Land um die Müritz | 26

Das Herzstück der Mecklenburgischen Seenplatte bildet die Region um die Müritz. Die quirlige Stadt **Waren (Müritz) (S. 32)** am Nordufer und das bunte Städtchen **Röbel/Müritz (S. 72)** sind die am häufigsten angesteuerten Orte an dem „kleines Meer" genannten See. Am Ostufer erstreckt sich der **Müritz-Nationalpark (S. 51)** – das Reich von Fisch- und Seeadler. Hier lässt sich die unberührte Natur auf Wanderungen oder Radtouren erleben, am besten auf einer Exkursion mit einem Ranger. Für Wassersportler, besonders Segler, sind die Müritz und die mit ihr verbundenen Seen ein Traumziel. Wer es ruhiger mag, geht auf Entdeckungstour ins Umland und erkundet z.B. die **Havelquelle bei**

Ankershagen (S. 65) oder die Westseite der Müritz mit beschaulichen Dörfern wie **Ludorf (S. 79)** und **Bollewick (S. 81).**

2 Der Westen | 88

Plau am See (S. 105) ist das westliche Tor zur Seenplatte. Von hier fahren die Schiffe über die Müritz-Elde-Wasserstraße schleusenfrei über etliche Seen bis in die Müritz. Wer charmante Altstädte liebt, dem sei neben Plau auch **Malchow (S. 95)** empfohlen. Hier ist das Wasser immer greifbar nah. Zwischen diesen beiden Kleinstädten lädt der **Plauer See (S. 103)** mit seinen flachen Ufern zum Baden und Bootfahren ein. Im Westen der Seenplatte dominiert Wald das Bild. Der **Naturpark Nossentiner/Schwinzer Heide (S. 123)** ist eine einmalige Naturlandschaft. Man radelt endlos durch den Kiefernwald und zu Mooren und kleinen Seen. **Krakow am See (S. 128),** von überschaubarer Größe, liegt wunderschön in einer Seenlandschaft mit viel Platz für Ruhesuchende und Naturliebhaber. Die einzige größere Stadt der Region ist **Güstrow (S. 139)** ganz im Norden. Die Stadt, die stolz den Namen des Bildhauers *Ernst Barlach* als Zusatz trägt, lädt mit Kunst und Kultur zum Besuch ein. In **Dobbertin (S. 134)** taucht man in die wechselvolle Geschichte des gleichnamigen ehemaligen Klosters und adligen Fräuleinstifts ein. Der **Bärenwald Müritz (S. 118)** in Stuer und das **Wisentreservat Damerower Werder (S. 126)** machen mit tierischen Bewohnern Mecklenburgs bekannt.

3 Der Norden | 152

Im Norden der Seenplattenregion lassen sich Natur und Kultur auf wenig ausgetretenen Pfaden entdecken. Das sanfte Auf und Ab der Hügel mit ihren vereinzelten Baumgruppen und die endlos scheinenden Felder mit wogendem Getreide sind das Markenzeichen der **Mecklenburgischen Schweiz.** Die Eiszeit hat der Landschaft ihren besonderen Reiz verliehen und auch einige sehenswerte Seen wie den **Malchiner (S. 170)** und den **Kummerower See (S. 186)** hinterlassen. Bekannt ist die Region für ihre Fülle an Herrenhäusern, die man gut und gerne als Schlösser bezeichnen kann. In **Ulrichshusen (S. 173)** ziehen regelmäßig die Festspiele Mecklenburg-Vorpommern mit hochkarätigen Konzerten Besucher in den Bann und in **Ba-**

sedow (S. 174) ist das ganze Dorf mit Schloss, Park und Kirche ein einziges Baukunstwerk. Ein nationales Naturmonument erwartet Besucher in **Ivenack (S. 195).** Deutschlands mächtigste Eichen sind auch nach 1000 Jahren Lebenszeit noch prächtig anzusehen.

4 Der Osten | 200

Viel Platz zum Entspannen hat der Osten der Seenplatte zu bieten. Die Vier-Tore-Stadt **Neubrandenburg (S. 207)** ist touristischer und wirtschaftlicher Mittelpunkt. Mit dem zur Stadt gehörenden **Tollensesee (S. 229)** besitzt sie das fünftgrößte Gewässer der Seenplatte. Man kann den See mit dem Rad umrunden und dabei Natur und Kultur erleben. In der Region finden sich noch viele Orte, die an die frühe und mittelalterliche Geschichte Mecklenburgs erinnern. Besonders eindrucksvoll sind die Burgen in **Burg Stargard (S. 243)** und **Penzlin (S. 239).** Auch die **Feldberger Seenlandschaft (S. 250)** verlockt dazu, die Tage aktiv zu verbringen. Beim Paddeln auf dem **Schmalen Luzin (S. 252)** fühlt man sich fast nach Norwegen versetzt, so klar ist das Wasser und so steil und grün sind die Hänge. Literaturfans zieht es nach **Carwitz (S. 253).** Dort lebte der Schriftsteller *Hans Fallada* in einem Haus am See. Der älteste und vielleicht auch schönste Buchenwald in Deutschland sind die **Heiligen Hallen (S. 257).** Schon der Großherzog von Mecklenburg-Strelitz war von den stummen Riesen beeindruckt.

5 Der Süden | 264

Der Süden der Mecklenburgischen Seenplatte bietet umfangreiche Möglichkeiten, aktive Tage in der Natur zu verbringen und zwischendurch hochkarätige Kultur zu erleben. Herz der Region ist die ehemalige Residenzstadt **Neustrelitz (S. 270)** mit ihrer am Reißbrett geplanten, barocken Stadtanlage. Das Paradies für Paddler reicht bis ins Land Brandenburg hinein. Die Landkarte der **Kleinseenplatte (S. 295)** ist blau und grün gesprenkelt mit kleinen Gewässern und viel Wald. Abseits der wenigen größeren Orte macht man Urlaub inmitten der Natur. Während an Land Campingplätze, Ferienhäuser und kleine Pensionen einen Schlafplatz bieten, wohnt man auf dem Wasser in bequem eingerichteten Hausbooten oder auf rustikalen Flößen. Mit dem Kajak oder Kanu erreicht man herrliche Naturperlen wie das Seerosenparadies bei **Mirow (S. 287).** Kulturell sind Mirow mit dem Dreiköniginnenpalais und das brandenburgische **Rheinsberg (S. 301)** mit seinem berühmten Schloss für Literatur-, Musik- und Kunstliebhaber lohnenswerte Ziele.

149ms tm

Reiserouten und Touren

Die Mecklenburgische Seenplatte ist **kein klassisches Ziel für Rundreisen.** Da viele Unterkünfte zumindest in der Hochsaison nur für mehrere Nächte vermietet werden, entscheiden sich die meisten Reisenden für einen festen Standort. Aufgrund der überschaubaren Größe des Gebietes sind alle Attraktionen gut im Rahmen verschiedener **Tagestouren** erreichbar. Radtouristen finden ein umfangreiches Wegenetz vor und können bei Bedarf auch auf den Linienbus – mit Radanhänger – umsteigen. Wanderer starten gern von einem festen Quartier aus sternförmig zu Wanderungen in die Umgebung. Mit dem Auto oder **öffentlichen Nahverkehr** gelangt man aber auch schnell zu neuen Startpunkten.

Hervorragend ausgebaut ist das **Wasserstraßennetz.** Immer mehr Reisende entscheiden sich dafür, mit dem gecharterten Hausboot oder mit Paddelboot und Rucksack die Seenplatte zu entdecken. Sofern alle Schleusen in Betrieb sind, kann man sogar mit dem eigenen

⌃ Schloss Basedow in der Mecklenburgischen Schweiz

< Bootshäuser am Krakower See

Boot aus Richtung Hamburg oder Berlin bis in die Müritz gelangen. Die meisten übernehmen jedoch ein schwimmendes Domizil in z.B. Rechlin, Mirow oder Plau am See und schippern von dort über die Seen und Kanäle. Bei allen Reiserouten und Verkehrsmitteln ist der Weg das Ziel.

Städte wie Neubrandenburg, Güstrow oder Waren (Müritz) bieten **Kurzurlaubern** tolle Angebote für Entdeckungen in der Stadt und der umgebenden Natur und sind zudem gut mit der Bahn erreichbar. Wer sich für Architektur, Kunst und Geschichte begeistert, kann hier z.B. an einem langen Wochenende ein an sprechendes Programm verwirklichen, mit Ausflügen zu Schlössern und Burgen oder zu Kulturevents wie den Mecklenburger Festspielen.

Für Gäste aus den angrenzenden Bundesländern lohnt sich schon ein Drei-Tages-Trip. Wer einen weiteren Anreiseweg in die Mecklenburgische Seenplatte hat, sollte mindestens eine Woche für einen entspannten Aufenthalt einplanen. Man kann problemlos zwei oder mehr erlebnisreiche Wochen in der Region verbringen und ihre ganze Vielfalt entdecken. Die folgenden Tourenvorschläge sollen die Bandbreite der Möglichkeiten aufzeigen.

Wahl des Urlaubsstandorts

Die Quartieranbieter der Region setzen, obgleich auch Gäste für eine Nacht aufgenommen werden, eher auf längere Aufenthalte. Das gilt besonders für Ferienwohnungen und -häuser, die oft nur **wochenweise vermietet** werden. Auch die Anmietung eines **Hausboots** ist meist ab sieben Tagen möglich. Daher ist es empfehlenswert, während eines Aufenthalts nur **wenige Standortwechsel** einzuplanen. Camper und rundreisende Radler, Wanderer oder Paddler finden vor allem auf **Campingplätzen** Übernachtungsmöglichkeiten, auch ohne das eigene Zelt. Aufgrund der großen Nachfrage empfiehlt es sich, auch Stellplätze auf Campingplätzen möglichst vorab zu reservieren.

Die Wahl des Urlaubsortes hängt davon ab, welchen Interessen man nachgehen möchte, aber auch die Frage der Anreise und des Fortkommens spielt eine wichtige Rolle. Wer die **Bahn** bevorzugt, sucht sich ein Quartier in den Knotenpunkten wie Waren (Müritz), Neustrelitz, Neubrandenburg oder Güstrow. Von dort lässt sich die Umgebung einfach mit Bus, Zug oder auf Wanderungen und Radtouren entdecken. Die beliebtesten Standorte sind die größeren Städte an den Seen, u.a. Waren (Müritz), Plau am See oder Neustrelitz. Hier finden sich größere **Hotel- und Appartementanlagen.** Zudem ist auch das Angebot an Attraktionen für Schlecht-Wetter-Tage und an Gastronomie breiter und es findet im Jahresverlauf das eine oder andere Event statt.

Wer ein **Fahrzeug** dabei hat, dem stehen auch die Unterkünfte in dünner besiedelten Regionen offen, so z.B. das Ferienhaus am See oder das Zimmer im Herrenhaus. Für Ruhe und Erholung sowie Naturerlebnisse stehen vor allem die weniger bekannten Landstriche wie die Feldberger Seenlandschaft, die Nossentiner/Schwinzer Heide und die Mecklenburgische Schweiz. Die Unterkünfte sind hier eher familiär und oft sehr ländlich gelegen.

Tour 1

Routenvorschläge

Tour 1: Die Müritz in drei Tagen ohne Auto entdecken

Wer in drei Tagen möglichst viel von der Müritzregion sehen und sowohl den Nationalpark erleben als auch eine Schiffsfahrt machen möchte, sollte einen schnell erreichbaren Ort für die Unterkunft wählen. **Waren (Müritz)** ist gut ans Bahnnetz angeschlossen und verfügt über eine ausgeprägte touristische Infrastruktur mit zahlreichen Übernachtungs- und Einkehrmöglichkeiten für jeden Geschmack. Ganz ohne Auto lassen sich von hier aus viele interessante Ziele ansteuern.

Tag 1: Anreise nach Waren (Müritz)
Stadtbesichtigung, Besuch des Müritzeums.

Tag 2: Besuch des Müritz-Nationalparks
Shuttle-Bus zur Nationalpark-Information Federow, Fischadler-Führung mit dem Ranger, Weiterfahrt mit dem **Nationalparkbus** bis **Boek** am Müritzufer, **Wanderung** zu den Boeker Fischteichen, dort beim Müritzfischer frisch geräucherten Fisch schmecken lassen, Rückfahrt nach Waren (Müritz) mit dem **Bus.**

Tag 3: Schiffsfahrt „5-Seen-Rundfahrt"
Mit einem Fahrgastschiff der Blau-Weißen-Flotte bis **Malchow:** kurzer Spaziergang über die Altstadtinsel, das Orgelmuseum besuchen, bei der Öffnung der Drehbrücke (stündlich) zusehen, nach ca. 3–4 Std. Rückfahrt mit dem Schiff nach **Waren (Müritz).**

Tour 2: Drei Tage mit dem Rad rund um die Müritz

Wer das eigene Rad mitbringt oder vor Ort eines leiht, kann an einem langen Wochenende die schönsten Seiten der Müritz erleben. Als Standort empfiehlt sich das gut mit der Bahn erreichbare **Waren (Müritz).**

Tag 1: Waren – Rechlin (ca. 40 km)

Östliche Route Müritz-Rundweg: durch den **Müritz-Nationalpark** mit Stopps in **Federow:** Fischadler-Kamera im Nationalparkzentrum, **Speck,** Aussichtsturm Käflingsberg, **Boek:** Imbiss bei den Müritzfischern, bis **Rechlin:** Besuch des Luftfahrttechnischen Museums, Rückfahrt mit dem Schiff.

Tag 2: Waren – Rechlin (ca. 35 km)

Westliche Route Müritz-Rundweg: großteils auf gut ausgebauten Radwegen in Ufernähe über **Klink** und **Sietow** bis **Röbel/Müritz:** Ausblick von der Marienkirche auf die Müritzbucht und die Altstadt, **Ludorf:** Rast im Restaurant des Gutshauses, **Rechlin,** Rückfahrt mit dem Nationalparkbus.

Tag 3: Waren – Wisentreservat (ca. 40 km)

Auf straßenbegleitenden Radwegen und kleinen Landstraßen über **Vielist, Grabowhöfe** und **Neu-Gaarz** nach **Jabel** in der Nossentiner/Schwinzer Heide, Besuch des **Wisentreservats Damerower Werder,** zurück nach Waren.

Tour 3: Eine Woche Seenplatte kompakt

Da innerhalb der Region Mecklenburgische Seenplatte alle Orte und Attraktionen leicht und verhältnismäßig schnell erreichbar sind, bietet es sich an, ein festes Quartier an einem Ort zu buchen und von dort **Tagesausflüge** zu unter-

Tour 3

nehmen. Als Standort eignen sich die Orte rund um die Müritz, z.B. **Waren, Röbel, Malchow** oder **Plau am See,** aber auch von **Neubrandenburg** oder **Neustrelitz** aus lässt sich alles gut erreichen.

Tag 1: Stadtbummel mit Seenrundfahrt

Stadtbummel in **Waren:** Stadthafen, Marktplatz, Altstadt, (optional) Besichtigung des Müritzeums, **Schiffsfahrt:** kleine Müritzrundfahrt (1 Std.), Fahrt nach **Röbel/Müritz** mit Spaziergang durch die Altstadt.

Tag 2: In den Müritz-Nationalpark

Radtour an der Ostseite der Müritz mit dem eigenen oder einem Leihrad über Federow und Schwarzenhof nach Speck: Abstecher zum Käflingsbergturm, weiter nach Boek: Gelegenheit zur Rast am Müritzufer, Rückfahrt mit dem Rad oder mit dem Nationalparkbus (Radanhänger).

Tag 3: Plau am See und Bärenwald

Stadtbummel in **Plau am See:** Altstadt, Eldepromenade, Schiffegucken an Schleuse und Hubbrücke, **Stuer:** Bärenwald.

Tag 4: Tagesmiete Boot oder Floß

Führerscheinfreies Badefloß oder Motorboot mieten in der **Marina Eldenburg,** baden und auf dem See schippern.

Tag 5: Neubrandenburg und Burg Stargard

Stadtrundgang in **Neubrandenburg:** entlang der Stadtbefestigung, Ausblick vom Turm der Konzertkirche, Abstecher zum Strandbad in **Broda,** Besuch der Höhenburg in **Burg Stargard.**

Tag 6: Fridolin-Weg und Schmaler Luzin

Wanderung von **Feldberg** aus auf dem Fridolin-Weg entlang des Schmalen Luzin nach **Carwitz** und **Hullerbusch, Kanutour** auf dem Schmalen Luzin.

Tag 7: Mecklenburgische Schweiz: Ivenack und Basedow

1000-jährige Eichen **Ivenack:** Parkspaziergang und Baumkronenpfad, Rundfahrt durch die **Mecklenburgische Schweiz, Basedow:** Schloss und Dorfensemble.

Tour 4: Einwöchige Rundreise zu Herrenhäusern und Schlössern

Eine Reise in die Seenplatte lohnt sich vor allem auch für alle Liebhaber stilvoller Häuser und prachtvoller Parks und Gärten. Die hier zusammengestellten Tagesausflüge mit Übernachtung in **Ulrichshusen** und **Ludorf** zeigen die Unterschiedlichkeit der Landschlösser und Herrenhäuser in ihrer Architektur und Geschichte.

Tag 1: Anreise zum Schlosshotel Ulrichshusen

Park- und Seespaziergang, **Übernachtung in Ulrichshusen.**

Tag 2: Rund um den Malchiner See

Basedow: Schloss, Landschaftspark und Dorfensemble, Dorfkirche mit Barockorgel, **Malchin, Remplin:** Sternwarte und Schlossruine, **Teterow:** Spaziergang in der Altstadt, **Burg Schlitz:** Parkspaziergang, Übernachtung in Ulrichshusen.

Tag 3: Kummerower See und Ivenack

Kummerow: Schloss mit Fotoausstellung, **Ivenack:** Barockschloss, 1000-jährige Eichen mit Baumkronenpfad, Abendessen auf dem Welshof Schliemann in **Faulenrost,** Übernachtung in Ulrichshusen.

Tag 4: Ulrichshusen – Ludorf

Waren (Müritz): Altstadt, Stadthafen, Blick vom Turm der St. Marienkirche, **Klink:** Fotostopp am Schlosshotel, **Röbel/Müritz:** Fachwerkaltstadt und Hafen, **Ludorf:** Gutshaus und Oktogonkirche, **Übernachtung in Ludorf.**

Tag 5: Mirow und Rheinsberg

Rheinsberg: Schlossbesichtigung und Parkspaziergang, **Mirow:** Schiffsfahrt zum Seerosenparadies, Besichtigung 3-Königinnen-Palais, Abendessen in Mirow, Übernachtung in Ludorf.

Tag 6: Neustrelitz und Hohenzieritz

Neustrelitz: Stadt und Schlossgarten, Spaziergang am Zierker See, **Hohenzieritz:** Luisengedenkstätte und Schlosspark, Übernachtung in Ludorf.

Tour 5: Einwöchige Tour mit dem Hausboot

Die Seenplatte vom Wasser aus zu entdecken, ist zugleich spannend und erholsam. Die Etappen bei einer einwöchigen Tour sind überschaubar und so bleibt ausreichend Zeit für Badestopps und spontane Zwischenhalte. Für die Übernachtung wird immer eine Marina angesteuert. So kann man das Restaurantangebot nutzen und hat Entsorgungs- und Versorgungsmöglichkeiten. Die folgende Tour hat die Müritz als Schwerpunkt, führt aber auch in andere Teile der Seenplatte.

Tag 1: Übernahme des Hausboots

Hafendorf Müritz bei **Rechlin:** Festmachen in der Marina oder Ankerwerfen auf dem See.

Tag 2: Rechlin – Röbel/Müritz

Fahrt in den Müritzseitenarm bis nach **Röbel/Müritz.** Übernachtung im Stadthafen.

Tag 3: Röbel/Müritz – Waren (Müritz)

Fahrt über Außen- und Binnenmüritz, Übernachtung im Stadthafen **Waren.**

Tag 4: Waren (Müritz) – Malchow

5-Seen-Fahrt über Kölpinsee und Fleesensee nach **Malchow,** Übernachtung im Stadthafen.

Tag 5: Malchow – Plau am See – Alt Schwerin

Fahrt über Petersdorfer See und Lenzer Kanal nach **Plau am See,** Zwischenstopp, **Alt Schwerin,** Übernachtung am Anleger der Fischerei Alt Schwerin.

Tag 6: Alt Schwerin – Klink

Rückfahrt über **Malchow** und den Fleesensee in die Müritz, Übernachtung am Anleger in **Klink.**

Tag 7: Klink – Ludorf

Fahrt auf der Müritz über **Sietow** (Räucherfisch) nach **Ludorf,** Übernachtung am Anleger in Ludorf.

Tag 8: Rückgabe des Bootes

Hafendorf Müritz bei **Rechlin.**

LEGENDE

- Winter
- Frühjahr/Herbst
- Sommer

Saisonbeginn
Ostern ist Saisonbeginn. Viele Attraktionen und die Verleiher von Hausbooten und kleinen Motorbooten öffnen wieder nach der Winterpause. Die ersten Fahrgastschiffe schippern über die Seen.

Wandern und Radfahren
Mai/Juni ist die beste Zeit zum Wandern und Radfahren. Die Natur zeigt sich von ihrer farbenfrohen Seite, es ist meist trocken und nicht zu heiß.

Müritz Sail
Die Müritz Sail Ende Mai ist ein Höhepunkt des Veranstaltungskalenders. Das maritime Event in Waren (Müritz) kurz vor der Sommersaison ist ein riesiges Volksfest.

JAN FEB MÄR APR MAI JUN

Winterruhe
Viele Unterkünfte, Restaurants und touristische Einrichtungen in der Seenplattenregion schließen im Januar und Februar. Besonders für Outdooraktivitäten gilt Winterpause. Die meisten Museen und andere Sehenswürdigkeiten öffnen wieder im April.

Rapsblüte
Die Rapsblüte im April und Mai bietet besonders in der Mecklenburgischen Schweiz und rund um die Müritz mit ihren riesigen, gelb blühenden Feldern ein besonderes Fotomotiv.

Kunst Offen
Am Pfingstwochenende laden unter dem Motto „Kunst Offen“ zahlreiche Künstler in ihre Ateliers oder zeigen Ausstellungen in Gärten, Galerien und an außergewöhnlichen Orten.

Tag des offenen Denkmals
Um den 10.9. öffnen historische Bauten – Herrenhäuser, Kirchen, Wohnhäuser – ihre Türen für interessierte Besucher zu besonderen Einblicken.

Weihnachtszeit
An Weihnachten und Silvester erwachen die größeren Urlaubsorte noch einmal zum Leben. Weihnachtsmärkte sorgen für besinnliche Stimmung.

Vogelzug
Der Ruf der Kraniche schallt ab Mitte September durch den Nationalpark. Die Vögel rasten rund um die Müritz auf dem Weg in ihre Winterquartiere. Auf geführten Touren lassen sie sich besonders gut beobachten.

Hauptreisezeit
Mitte Juni bis Ende August ist die Hauptreisezeit in der Seenplatte. Es ist überall viel los und die Preise für Übernachtungen steigen.

JUL AUG SEP OKT NOV DEZ

Badezeit
Die Seen locken von Juli bis in den September hinein mit angenehmen Temperaturen zum Baden und für Wassersportaktivitäten. Abends kann man meist gemütlich draußen sitzen.

Nicht alles zu im Winter
Im Winter ist zwar vieles geschlossen, aber man kann in einigen komfortablen Hotels günstig übernachten und die Wellnessangebote genießen.

Festspiele Mecklenburg-Vorpommern
Mitte Juni bis Mitte September gibt es an ausgewählten Orten zahlreiche Konzerte der Festspiele Mecklenburg-Vorpommern, z.B. in Ulrichshusen oder Neubrandenburg.

Fünf Ausflüge in die Landesgeschichte

032ms tm

Luftfahrttechnisches Museum in Rechlin | 67

Am Südende der Müritz wurde 1916 eine erste Flieger-Versuchs- und Lehranstalt eingerichtet, die sich in der Nazizeit zur zentralen Erprobungsstelle für die Luftwaffe entwickeln sollte. Bis in die 1990er Jahre blieb Rechlin militärisch genutzt. Ein engagierter Museumsverein zeigt auf dem Gelände die Geschichte des Standorts mit vielen originalen Stücken und eindrucksvollen Großexponaten.

048ms tm

DDR-Museum in Malchow | 96

Das ehemalige Kino in Malchow beherbergt eine unterhaltsame Ausstellung zum Alltagsleben in der DDR. Die Besucher entdecken typische Artikel aus ihrer Kindheit wieder oder erfahren, womit man im Sozialismus groß wurde. Auch Mode, Urlaub und die Fernsehlandschaft im Arbeiter- und Bauernstaat werden beleuchtet. So wird die DDR abseits der Politik anschaulich dargestellt.

049ms tm

Agroneum in Alt Schwerin | 120

Landwirtschaft bestimmte über Jahrhunderte das Leben der Menschen in der Seenplatte. In den historischen Gutsgebäuden des Dorfes Alt Schwerin werden die Arbeits- und Lebenswelten der Landarbeiter von 1848 bis in die 1990er-Jahre gezeigt. Die große Freiluftausstellung präsentiert alte Landmaschinen und Geräte, außerdem sind verschiedene Werkstätten und eine Windmühle zu betrachten.

083ms tm

Höhenburg Stargard | 244

Die Höhenburg Stargard, das älteste weltliche Bauwerk in Mecklenburg, ist nach wie vor ein imposanter Anblick. Bei einem Besuch fühlt man sich ins Mittelalter zurückversetzt. Neben dem Burgmuseum und dem Aussichtsturm befinden sich auf dem Gelände auch ein Kräutergarten und ein Café. Über das Jahr laden thematische Feste auf die Burg ein.

086ms tm

Slawendorf Neustrelitz | 276

Zurück in die frühe Zeit des Landes geht es im Slawendorf am Zierker See. Das Dorf ist einer Siedlung nachempfunden, wie sie hier vor 1000 Jahren typisch gewesen sein könnte. In den verschiedenen Lehm- und Holzhütten bieten die Mitarbeiter Kurse in alten Handwerkstechniken an. Besonders junge Besucher haben Freude am Töpfern, Flechten oder Specksteinschnitzen.

Fünfmal Natur hautnah

Müritz-Nationalpark | 51

Selbstverständlich kann man die Natur des Nationalparks auch auf eigene Faust entdecken. Mit Experten, die zu jeder Vogelstimme und jeder Blüte Spannendes zu berichten wissen, macht es aber mehr Spaß. Die Ranger des Nationalpark-Service gehen mit Besuchern, z.B. von Federow aus, auf Adler-, Kranich- oder Orchideen-Tour.

034ms tm

Bärenwald Müritz in Stuer | 118

Herumtollen, den Rücken am Baum kratzen, Honig naschen und eine Höhle bauen – all das kann Meister Petz im Bärenwald Müritz wieder machen. Die aus Gefangenschaft und schlechter Haltung geretteten Braunbären erhalten hier Schutz und Obhut. In freier Wildnis könnten sie nicht überleben. Die Besucher dürfen die faszinierenden Tiere in den weiträumigen Außengehegen beobachten.

050ms tm

Wisentreservat Damerower Werder | 126

Die zwei Meter hohen und rund eine Tonne schweren Tiere flößen Respekt ein. Im Reservat auf dem Damerower Werder im Kölpinsee leben Wisente fast wie in freier Wildbahn. Besucher haben die Chance, sie aus nächster Nähe bei Fütterungen zu erleben und etwas über die Besonderheit der Europäischen Bisons zu erfahren, die vor 100 Jahren nahezu ausgerottet waren.

051ms tm

Waldreservat Heilige Hallen bei Feldberg | 257

Hier ragen die Bäume buchstäblich in den Himmel. Wie die Säulen einer gotischen Kathedrale erscheinen die uralten Buchen in dem Naturschutzgebiet in der Nähe von Feldberg. Fast andächtig wandelt man auf den Wegen und schaut zu den über 300 Jahre alten Baumriesen hinauf. Anschließend kann man im Waldmuseum Interessantes über das Leben im und mit dem Wald erfahren.

085ms tm

Seerosenparadies bei Mirow | 287, 293

Von Mai bis September begeistern tausende gelb und weiß blühende Teich- und Seerosen auf dem Großen Kotzower See – ein einmaliger Anblick. Von der Kanustation Granzow bei Mirow aus gleitet man im Kanu oder Kajak über Seen und Kanäle und erreicht schon nach rund 45 Minuten das Seerosenparadies. Wer nicht paddeln möchte, nimmt das Fahrgastschiff ab der Schlossinsel Mirow.

002ms tm

Fünf spannende Wassererlebnisse

033ms tm

Floßfahrt ab der Marina Eldenburg | 49

Mit dem Badefloß auf Tagestour gehen, z.B. ab der Marina Eldenburg bei Waren (Müritz) – das ist ein geselliger Ausflug für Groß und Klein. Die gemütlichen Flöße sind einfach zu steuern und in verschiedenen Größen zu mieten. Unterwegs hält man die Füße ins Wasser oder springt einfach mal rein. Badesachen, Picknickkorb und Schwimmring eingepackt, schon kann es losgehen auf große See-Fahrt.

043ms tm

Fahrt mit dem Fahrgastschiff ab Malchow | 102

Auch ohne selbst das Steuer zu übernehmen, lassen sich die vielen Seen vom Wasser aus entdecken. Man sitzt gemütlich auf dem Oberdeck eines Fahrgastschiffs, genießt einen Kaffee und lauscht den Erläuterungen des Kapitäns. So kann man z.B. von Malchow aus bei einer Fünf-Seen-Tagestour den Malchower See, den Fleesensee, den Kölpinsee und die Müritz erleben.

Adobe Stock © Lichtblau

Paddeltour auf der Tollense ab Neubrandenburg | 226

Eine erlebnisreiche Paddeltour führt vom Ufer des Tollensesees bei Neubrandenburg über den Öhlmühlenbach und die Tollense bis nach Altentreptow. Man gleitet durch ehemalige Torfstiche im Landschaftsschutzgebiet Tollense-Niederung, wo Biber und Fischotter zuhause sind.

084ms tm

Tauchen im Schmalen Luzin | 262

Im glasklaren Wasser des Schmalen Luzin bei Feldberg erwartet Taucher und Schnorchler ein besonderes Erlebnis. Man schaut den Fischen direkt in die Wohnstube und entdeckt die Korallen des Nordens, wie die hier vorkommenden Süßwasserschwämme genannt werden. Die Tauchbasis in Feldberg bietet Touren für geübte Taucher, aber auch Einsteigerkurse an.

001ms tm

Hausbootfahrt in der Kleinseenplatte | 296

In nahezu allen Marinas der Mecklenburgischen Seenplatte lassen sich Hausboote mieten. Nach einer kurzen Einweisung kann man ohne Führerschein in See stechen. Die Motorleistung der Boote ist begrenzt und so sind Erholung und Ausblicke garantiert. Besonders schön ist eine Fahrt durch die Kleinseenplatte, wo die Müritz-Havel-Wasserstraße viele kleine Gewässer verbindet.

Fünf reizvolle Aussichten

Turm der Marienkirche in Waren (Müritz) | 36

Ein herrlicher Blick bietet sich vom Turm der Marienkirche in Waren, dem höchsten Gebäude der Stadt am Nordufer der Müritz. Die Plattform auf 45 m Höhe muss über 176 Stufen erklommen werden, aber die Aussicht entschädigt für die Mühen. Man beobachtet das geschäftige Treiben in den Gassen und am Hafen und kann alle drei Warener Seen erkennen: Müritz, Tiefwarensee und Feisnecksee.

011ms tm

Hubbrücke in Plau am See | 108

Gemütlich auf einer Bank sitzend am Elde-Ufer in Plau am See, kann man stundenlang die vorbeiziehenden Schiffe beobachten. Die schnittigen Yachten, kleinen Kajütboote, die Hausboote, aber auch Paddler müssen warten, bis der Schleusenwärter die historische Hubbrücke für sie öffnet. Dann ist die Fahrt frei auf der Wasserstraße, die von den Mecklenburgischen Seen bis zur Elbe befahrbar ist.

080ms tm

Röthelberg bei Burg Schlitz | 168

Einer der höchsten Punkte der Mecklenburgischen Schweiz ist bei einer Wanderung, z.B. ab Burg Schlitz, zu erreichen. Die Aussicht vom Röthelberg mit seinen 96 m Höhe ist mit Alpenblicken zwar nicht zu vergleichen, die eiszeitlichen Landschaftsformen haben aber durchaus ihren Reiz. Ein Schild weist den Weg in die echte Schweiz.

081ms tm

Baumkronenpfad Ivenacker Eichen | 196

Weiter und weiter windet sich der hölzerne Bohlenweg hinauf bis zum Aussichtspunkt in 40 m Höhe. Die Ivenacker Eichen sind schon vom Boden aus sehr eindrucksvoll, aber zwischen den Baumkronen eröffnen sich noch einmal besondere Perspektiven. Dazu gibt es spannende Erläuterungen entlang des Weges. Oben angekommen, ist auch der Blick zum Schloss Ivenack reizvoll.

082ms tm

Turm der Stadtkirche Neustrelitz | 272

Aus der Vogelperspektive in 45 m Höhe, nach dem Aufstieg über rund 200 Stufen, lässt sich die Finesse der barocken Stadtanlage der Residenz Neustrelitz am besten erfassen. Von der Aussichtsplattform des Kirchturms geht der Blick bis zum Schlosspark, Stadthafen und Zierker See. Nach dem Abstieg darf man sich mindestens ein leckeres Eis auf dem Marktplatz gönnen.

016kr mb

005ms tm

1
Das Land um die Müritz

» Kaum eine Region in Deutschland ist so von Wasser geprägt wie das Land um die Müritz. Während sich auf dem unendlich scheinenden See, der nicht umsonst „kleines Meer" genannt wird, Wassersportler aller Art vergnügen, beeindruckt der benachbarte Müritz-Nationalpark mit seiner Stille und urwüchsigen Natur.

Einladende Rad- und Wanderwege im Müritz-Nationalpark

RUND UM SEE UND NATIONALPARK

Auf rund 10 x 18 km erstreckt sich die Müritz, umgeben von zahlreichen kleineren Seen. Naturliebhaber wie Sportbegeisterte kommen hier voll auf ihre Kosten, aber auch Kulturinteressierte können spannende Entdeckungen machen. Rund um die Müritz lohnen sehenswerte kleine Orte einen Besuch, wobei das am Nordufer gelegene Städtchen Waren als heimliche Hauptstadt der Mecklenburgischen Seenplatte gilt. Naturerlebnis, Altstadtflair und sportliche Aktivitäten lassen sich hier bestens verbinden.

Eingebettet zwischen der Müritz und den vielen kleinen Seen der Havelquell-Region im Osten liegt der **Müritz-Nationalpark.** Für Besucher der Seenplattenregion ist er eines der wichtigsten Ziele. Sanfter Tourismus und das Erleben der Natur stehen in dieser dünn besiedelten Gegend im Vordergrund. Auf Wanderungen und Radtouren oder auch bei einer geführten Tour entdeckt man die Schätze dieser schützenswerten Landschaft. Die Nationalparkdörfer **Boek** und **Federow** mit ihren Informationsstellen, Radverleihen und ihrer Gastronomie sind ideale Startpunkte.

Östlich der Müritz befindet sich am Rande des Nationalparks die **Quelle der Havel.** Auf ihren ersten Kilometern durchfließt sie eine Vielzahl kleinerer Seen. In der Nähe, in **Ankershagen,** erfährt man, wie das antike Troja einst von einem Mecklenburger entdeckt wurde.

Das Hafendorf Müritz in **Rechlin** am südlichsten Zipfel des Sees ist eine der größten Marinas in Mecklenburg-Vorpommern. Von hier starten viele mit dem Hausboot in das einmalige Wassernetzwerk.

Westlich der Müritz zeigt sich die Landschaft offener als östlich des Sees. Zwischen weiten Feldern und kleineren Waldgebieten liegen verstreut reizvolle Dörfer. Am Westufer genießen im dörflich geprägten **Klink** und im Gutsdorf **Ludorf** vor allem Naturliebhaber die Abgeschiedenheit. Das beschauliche **Bollewick** ist einen Besuch wert: Hier steht die größte Feldsteinscheune Deutschlands mit Werkstätten und Geschäften für Kunsthandwerk und regionale Produkte. Die Stadt **Röbel/Müritz** ist neben Waren der größte Besuchermagnet rund um die Müritz. Die Altstadt mit ihren bunten Fassaden lädt zum gemütlichen Flanieren ein. Teil der Erlebniswelt Müritz sind auch die mit ihr verbundenen Seen **Kölpinsee** und **Fleesensee.** Wassersportler kommen vor allem auf dem Fleesensee auf ihre Kosten, wo die Ferienanlagen in **Göhren-Lebbin** zahlreiche Besucher anziehen.

☐ Vom Käflingsbergturm im Nationalpark genießt man einen weiten Blick über kleinere Seen und die Müritz

006ms tm

NICHT VERPASSEN!

- Durch die wunderschöne Altstadt zum Stadthafen bummeln in **Waren (Müritz)** | 32
- Mit dem Fahrgastschiff auf **Müritz- und Kanalfahrt** gehen, z.B. von Waren zum **Kölpinsee** | 50
- Wandernd, radelnd oder paddelnd die Natur entdecken im **Müritz-Nationalpark** | 51
- Dem trojanischen Pferd den Buckel runterrutschen am **Schliemann-Museum Ankershagen** | 63
- An den bunten Fachwerkhäusern entlangschlendern in der Altstadt von **Röbel/Müritz** | 72
- Werkstätten, Läden und Ausstellungen besuchen in der **Feldsteinscheune Bollewick** | 81

Diese Tipps erkennt man an der gelben Markierung.

Das Land um die Müritz

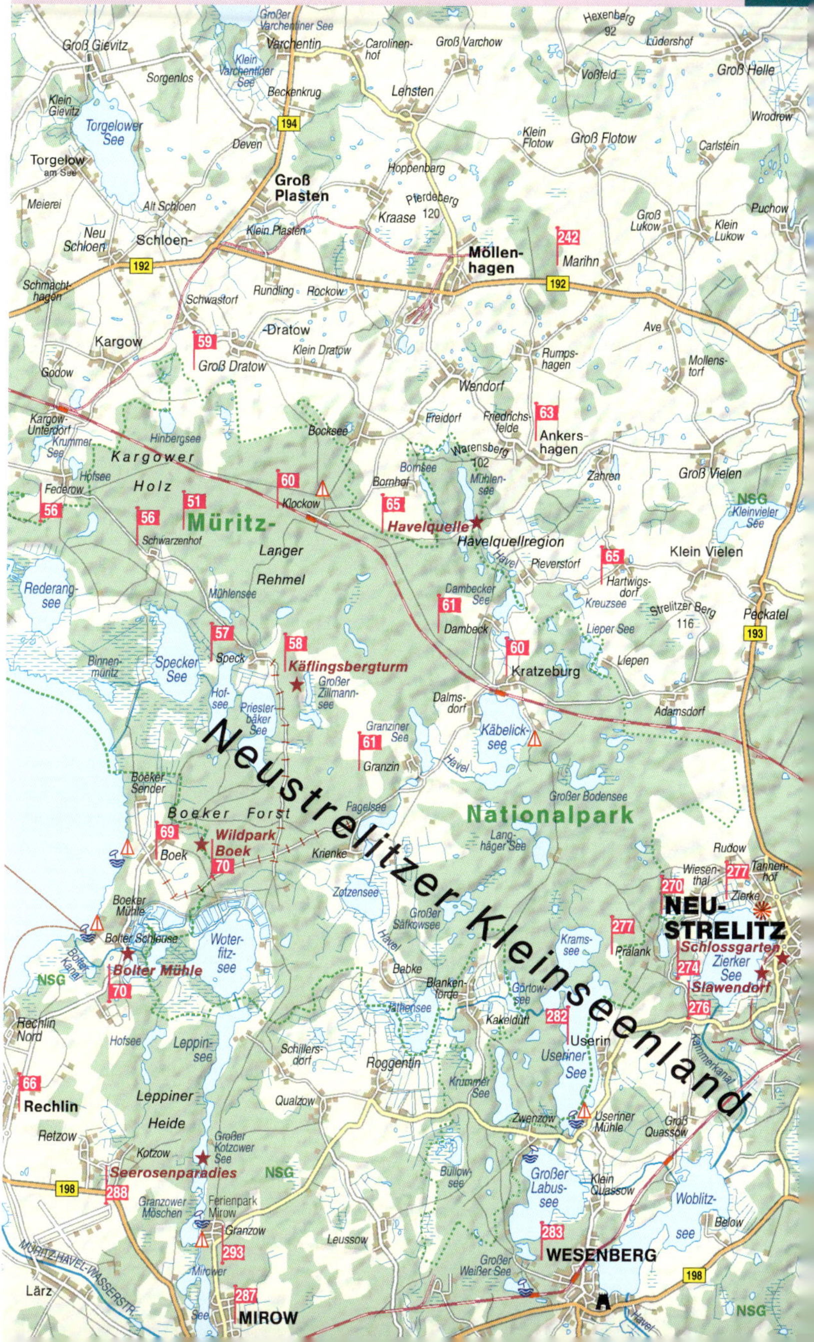
Großer Varchentiner See
Varchentin
Carolinenhof
Groß Varchow
Hexenberg 92
Lüdershof
Groß Gievitz
Sorgenlos
Klein Varchentiner See
Voßfeld
Groß Helle
Klein Gievitz
Beckenkrug
Lehsten
Torgelower See
194
Wrodow
Deven
Klein Flotow
Groß Flotow
Carlstein
Torgelow am See
Groß Plasten
Hoppenbarg
Meierei
Alt Schloen
Pferdeberg 120
Kraase
Groß Lukow
Puchow
Neu Schloen
Schloen-
Klein Plasten
Klein Lukow
242
Möllenhagen
Marihn
192
Schmachthagen
Rundling
Rockow
Schwastorf
Dratow
Ave
Kargow
59
Klein Dratow
Rumpshagen
Groß Dratow
Mollenstorf
Godow
Wendorf
Kargow-Unterdorf
Freidorf
Friedrichsfelde
63
Ankershagen
Krummer See
Hinbergsee
Bocksee
Kargower Holz
Warensberg 102
Hofsee
Bornsee
Mühlensee
Zahren
Groß Vielen
Federow
60
Klockow
Bornhof
NSG
Kleinvieler See
56
51
65
Havelquelle
Müritz-
Schwarzenhof
Havelquellregion
Langer Rehmel
Havel
Pieverstorf
Klein Vielen
Rederangsee
Dambecker See
Hartwigsdorf
Kreuzsee
Strelitzer Berg 116
Peckatel
Mühlensee
61
Dambeck
Lieper See
193
57
58
60
Binnenmüritz
Specker See
Speck
Käflingsbergturm
Kratzeburg
Liepen
Großer Zillmannsee
Hofsee
Priesterbäker See
Dalmsdorf
Adamsdorf
Granziner See
Käbelicksee
61
Granzin
Neustrelitzer Kleinseenland
Boeker Sender
Großer Bodensee
Boeker Forst
Fagelsee
Nationalpark
69
Wildpark Boek
Boek
Langhäger See
Rudow
Krienke
70
Wiesenthal
277
Tannenhof
270
Zierke
Zotzensee
Boeker Mühle
NEU-STRELITZ
Großer Sälkowsee
Bolter Schleuse
Woterfitzsee
Kramssee
277
Prälank
Schlossgarten
Bolter Kanal
Bolter Mühle
274
Zierker See
NSG
Babke
Blankenförde
Slawendorf
70
Gobrowsee
Jäthensee
276
Kakeldütt
282
Rechlin Nord
Hofsee
Leppinsee
Userin
Schillersdorf
Useriner See
Kammerkanal
66
Roggentin
Krummer See
Rechlin
Leppiner Heide
Qualzow
Zwenzow
Useriner Mühle
Groß Quassow
Retzow
Großer Kotzower See
Kotzow
Seerosenparadies
NSG
Bullowsee
Großer Labussee
Klein Quassow
Woblitzsee
198
288
Granzower Möschen
Ferienpark Mirow
Below
Granzow
Leussow
293
283
Müritz-Havel-Wasserstr.
Mirower See
Großer Weißer See
Wesenberg
198
Lärz
287
Mirow
Havel
NSG

Waren (Müritz)

Waren, das sich heute mit dem Titel **Soleheilbad** schmückt, ist mit seinen mehr als 21.000 Einwohnern das unbestrittene **Zentrum der Urlaubsregion Müritz.** Die hübsche Stadt am „kleinen Meer" wurde schon mit vielen treffenden Beschreibungen versehen. So warb man bereits in den 1930er-Jahren mit dem Spruch „Wandern, Baden, Wasserfahren – nirgends schöner als in Waren" um Sommergäste. Die malerische Anlage der Stadt zwischen **Binnenmüritz, Tiefwarensee** und **Feisnecksee** hat Waren (Müritz), wie die Stadt offiziell seit 1914 heißt, weit über die Landesgrenzen hinaus bekannt gemacht.

Die **restaurierte Altstadt,** die Flaniermeile am **Stadthafen** und das moderne Naturkundemuseum **Müritzeum** ziehen viele Besucher an. Die touristische Infrastruktur ist seit 1990 umfassend ausgebaut worden. So ist der Ort mit seiner Anbindung an Bahn-, Bus- und Schiffslinien auch ein guter Ausgangspunkt für Entdeckungen rund um die Müritz. Die **Nähe zum Nationalpark** lockt Wanderer und Radfahrer an. Schnell ist man aus der Stadt hinaus und in der Natur. Der **Gesundheitstourismus,** insbesondere die Verwendung der Warener Thermalsole, spielt im Stadtteil Ecktannen eine wichtige Rolle.

Die Wirtschaft des Ortes wird neben dem Tourismus durch mittelständische Industrie- und Handwerksunternehmen geprägt, z.B. die Mecklenburger Backstuben, die traditionsreiche Möwe Teigwarenfabrik und die Mecklenburger Metallgusswerke. Letztere stellen riesige Schiffspropeller her und gelten als Weltmarktführer in ihrem Segment.

Stadtgeschichte

Entstanden ist eine erste Ansiedlung an heutiger Stelle wohl schon sehr früh. Ausgrabungen in der Altstadt förderten Reste einer **slawischen Siedlung** zutage. Im Rahmen der Ostkolonisation im 12. und 13. Jh. ließen sich dann Siedler aus **Westfalen** hier nieder. Der Name Waren, der sich erst vor rund 500 Jahren in seiner heutigen Form einbürgerte, wird oft als vom slawischen *Varina* kommend interpretiert und könnte „Ort des sprudelnden Wassers" – einer Quelle – bedeuten. Möglicherweise verweist er aber auch auf den schon vor 2000 Jahren hier beheimateten Stamm der Warnen.

Die im Stadtwappen enthaltene Burg und der Stierkopf weisen auf die Zeit als **Residenz der Herren von Werle-Güstrow** bzw. später der Linie **Werle-Waren** hin. Ab 1436 gehörte die Stadt jedoch zum Herzogtum Mecklenburg. Eine Urkunde, welche die Stadtrechtsverleihung aus dem 13. Jh. belegen könnte, gibt es nicht, denn mehrere Brände vernichteten im 16. und 17. Jh. neben zahlreichen strohgedeckten Fachwerkhäusern auch das Archiv der Stadt. Nach einem letzten schweren Feuer 1699 änderte sich das Stadtbild umfassend. Massive Ziegelhäuser sollten zukünftig die Gefahr um sich greifender Feuersbrünste eindämmen. Scheunen durfte es nicht mehr geben.

Im 19. Jh. setzte ein weiterer Aufschwung ein. Dazu beigetragen haben die Kanalisierung der Elde und der Bau des Bolter Kanals, die fortan eine **schiffbare Verbindung** zur Havel und Elbe er-

möglichten und den Gütertransport über die Müritz förderten. Der **Bahnanschluss** 1879 und der Bau einer Chaussee machten Waren zu einem Verkehrsknotenpunkt und eine kleine Industrie siedelte sich an. Daneben blühte bis in die 1930er-Jahre der Fremdenverkehr auf, in dessen Zuge das **Kurviertel Ecktannen** entstand. Einer der bekanntesten Bürger der Stadt war der Volkskundler *Richard Wossidlo*, 1886–1922 Lehrer am Gymnasium, welches heute seinen Namen trägt.

In den 1970er-Jahren mussten Teile der Altstadt für den Neubau einer Durchgangsstraße und der Hochbrücke weichen. Die Bürger engagierten sich daraufhin immer mehr für den Erhalt der historischen Häuser. Zu dieser Zeit war Waren auch eines von vier **Atomraketendepots** der Sowjetischen Streitkräfte in der DDR. Mit der Wende erfolgte schon bald die aufwendige **Sanierung** der alten Ackerbürgerstadt mit ihren farbenfrohen Fachwerkfassaden. Auch der Stadthafen wurde ausgebaut. Waren zog fortan immer mehr Besucher an und gilt als eine der gelungensten Altstadtsanierungen des Landes.

Zur kulturellen und touristischen Aufwertung beigetragen hat der Mäzen *Jost Reinhold*. Der Unternehmer unterstützt mit seiner Stiftung seit vielen Jahren soziale und kulturelle Projekte in der Mecklenburgischen Seenplatte, wovon besonders Waren profitiert. Wer heute durch die bunten Straßen bummelt, wird *Theodor Fontane* zustimmen, der hier

⌃ Der Stadthafen von Waren mit der Marienkirche im Hintergrund

gern seine Sommer verbrachte und schon gegen Ende des 19. Jh. sagte: „Waren, diese kleine Stadt, verdient es, angepriesen zu werden.“

Sehenswertes

Die **Altstadt** erstreckt sich beiderseits der **Fußgängerzone Lange Straße** vom Müritzeum bis hinter die Kirche St. Marien. Sie wird im Norden durch die Bundestraße 192 begrenzt – gleich dahinter liegt der Tiefwarensee – und stößt im Süden mit dem **Stadthafen** an die **Binnenmüritz.** Der älteste Teil der Stadt befindet sich rund um den **Alten Markt** und die Georgenkirche. Hier stehen die einzigen Gebäude, welche die verheerenden Stadtbrände, vor allem im 17. Jh., überstanden haben. Geprägt wird die Stadtansicht durch die typischen **Ackerbürgerhäuser** mit ihren bunten Fassaden, oft in Fachwerk und mit Ziegeln ausgebaut.

Neuer Markt mit Historischem Rathaus

Vom Müritzeum nach Osten verläuft die Lange Straße, eine attraktive Flaniermeile mit Geschäften und Restaurants. Etwa in der Mitte, dort, wo die Marktstraße vom Stadthafen kommend auf die Lange Straße trifft, liegt der zentrale Platz der Altstadt, der Neue Markt. Hier finden **Wochenmärkte** und regelmäßig Märkte zu verschiedenen Themen statt. Der Platz ist immer belebt und lädt zum Verweilen ein, wozu auch die Blumenarrangements und der hübsche Brunnen beitragen.

Blickfang ist die **Löwenapotheke** an der Nordseite des Neuen Marktes. Der Fachwerkbau vom Ende des 18. Jh. steht auf den Resten mittelalterlicher Vorgänger und beherbergte die erste Apotheke der Stadt. In früheren Zeiten lebten in diesem Haus einflussreiche Bürger. Heute befindet sich darin das Haus des Gastes, die **Touristinformation.**

008ms tm

Das **Historische Rathaus** in der Südostecke des Platzes wurde 1797 errichtet und zuletzt im 19. Jh. im Stil der Tudorgotik, u.a. mit den charakteristischen Zinnen, umgestaltet. Bei einem Angriff während des Kapp-Putsches 1920, bei dem rechts-nationale Kreise unter Führung von *Wolfgang Kapp* deutschlandweit versuchten, die demokratisch gewählte Reichsregierung zu stürzen, hinterließ ein massives Geschoss ein Loch in der Südwand, das man heute noch sehen kann. Rittmeister a.D. *Stephan von Le Fort,* damals auf dem nahegelegenen Gut Boek ansässig, schloss sich den Putschisten an und beschoss mit einigen Männern die gegen den Aufstand gerichtete Arbeiterkundgebung auf dem Warener Marktplatz.

Unter den Bögen des Vorbaus ist die Ratswaage sichtbar. Sie ist Teil des **Stadtgeschichtlichen Museums,** welches das Obergeschoss des Rathauses nutzt. Der umtriebige Warener Heimatverein hat hier eine Ausstellung zur Geschichte und dem Leben in der Stadt eingerichtet. Man kann die alte Ratswaage und auch die Zellen des ehemaligen Stadtgefängnisses ansehen und tief in die Vergangenheit eintauchen. Sonderausstellungen zu wechselnden Themen ergänzen das Angebot.

Die Stadtverwaltung ist heute im neu gebauten Bürgeramt in der Nähe des Bahnhofs untergebracht.

■ **Stadtgeschichtliches Museum Waren,** Neuer Markt 1, Tel. 03991 177354, Mo–Fr 9–16 Uhr, Sa/So 14–17 Uhr, Eintritt frei.

☐ ☐ Der Neue Markt mit seinen restaurierten Bürgerhäusern bildet das Herz der Stadt. Auf dem Platz laden häufig Märkte zum Bummel ein

009ms tm

St. Marien

Etwas östlich des Neuen Marktes, auf dem höchsten Punkt Warens, steht mit der Marienkirche nicht nur ein Wahrzeichen, sondern auch das **höchste Gebäude** der Stadt. Die Kirche vereint verschiedene Baustile in sich. Romanische Teile entstammen einer ehemaligen Burgkapelle aus der Zeit, als die Stadt Residenz einer Linie der Herrschaft *Werle* war. Das Langhaus trägt gotische Züge und entstand im 14. Jh. Mehrfach wurden seitdem Veränderungen vorgenommen. Auffälligste Neuerung war der Bau der **barocken Turmhaube** Ende des 18. Jh.

Unser Tipp: Vom 54 m hohen **Turm** mit seiner glockenähnlichen Form, dessen Spitze ein Schwan ziert, hat man einen herrlichen Blick über die Müritz und das bunte Treiben in den Gassen. Auf 45 m Höhe wurde eine **Aussichtsplattform** eingerichtet, die man über 176 Stufen erreicht. Ein **Glockenspiel** aus 15 Glocken erklingt mehrmals am Tag zu bestimmten Zeiten.

■ **St. Marien,** Burgstraße, Ostern bis 3.10. tgl. meist 10–18 Uhr, Spende für die Turmbesteigung erbeten, **Glockenspiel** tgl. 7.57, 11.57, 17.57 Uhr sowie von Ostern bis Okt. tgl. 12.45 Uhr mit längerer Spieldauer.

Alter Markt mit St. Georgen

Nach den Stadtbränden und dem Dreißigjährigen Krieg ist nur wenig aus den frühen Jahren Warens erhalten. Unversehrt blieb der Alte Markt mit dem **Alten Rathaus** und der **Alten Feuerwache** (heute das Café Dat Tortenhus, s.u.: „Essen und Trinken"), beides trutzige Backsteinbauten. Das zweigeschossige Alte Rathaus mit seinen fast einen Meter dicken Wänden in der Nordostecke des Platzes ist im Kern aus dem 14. Jh. und somit das älteste erhaltene weltliche Gebäude der Stadt. Die **Kirche St. Georgen** wurde bereits im 13. Jh. als Holzbau errichtet und später backsteingotisch erweitert. Nachdem die Feuersbrünste auch an ihr große Zerstörungen hinterließen, erfolgte bis 1857 eine Erneuerung im neogotischen Stil und eine erneute Einweihung. Auch der Altar, das Gestühl und die Empore sind in späterer Zeit entstanden. Eine Kreuzigungsgruppe aus dem 15. Jh. überstand alles Unheil unbeschadet.

Hinter der Kirche befindet sich seit 2020 das zentrale **Denkmal zur Deutschen Einheit für Mecklenburg-Vorpommern** in Form einer Installation aus Stelen und Tafeln mit Losungen der friedlichen Revolution.

■ **St. Georgen,** St. Georgenkirchplatz 1, stgeorgen-waren.de/georgenkirche, Mai bis Sept. Mo–Sa 10–16, Okt. Mo–Sa 11–15 Uhr.

Stadthafen und Uferpromenade

Für viele Besucher Warens ist der Stadthafen das erste Ziel eines Stadtbummels. Kein Wunder, denn der Blick auf die Binnenmüritz ist unverstellt und rund um den Hafen sowie entlang der sich westlich anschließenden Promenade gibt es viele Einkehrmöglichkeiten. Die Anleger sind Startpunkte zu **Schiffsfahrten** auf der Müritz und den umliegenden Seen. Die Schiffe stechen nicht nur vom zentralen Becken des Stadthafens, sondern auch von den etwas weiter westlich gelegenen Anlegern **Steinmole** und **Kietzbrücke** aus in See. Auch Bootsurlauber machen gern in der **Marina** fest.

Die restaurierten Speicher, so z.B. der **Kietzspeicher** mit Einkaufspassage und Ferienwohnungen, zeugen von der Zeit, als auf der Müritz ein reger Güterverkehr mit Motorschiffen herrschte. Die Kanalisierung der Elde und der Bau des Bolter Kanals im 19. Jh. machten es möglich, dass Schiffe von hier aus Hamburg und Berlin erreichten. Heute flaniert man am Müritzufer nur noch und genießt die Angebote der Gastronomie. UNSER TIPP: Einen schönen Blick auf die Stadtsilhouette erhält, wer zur anderen Seite des Stadthafens bis zum **Fischerhof** wandert und sich dort vielleicht auf der Terrasse ein frisch gemachtes Fischbrötchen schmecken lässt.

Müritzeum

UNSER TIPP: Am westlichen Ende der Altstadt zieht das auffällige **NaturErlebnisZentrum** zahlreiche Besucher an. Das neue Hauptgebäude des des Müritzeum genannten Museums ist mit seiner eigenwilligen Architektur eine der Landmarken in Waren. Die mit angekohltem Lärchenholz verkleidete Fassade des von einigen als Ufo und anderen als Schiff interpretierten Gebäudes drückt die Idee aus, ein Museum über schützenswerte Natur auch ökologisch zu gestalten.

Die Geschichte des Hauses als naturkundliche Ausstellung geht bis 1866 zurück, als *Hermann Freiherr von Maltzan* sein Naturhistorisches Museum gründe-

010ms tm

Der Aufstieg lohnt: Vom Turm der Marienkirche schaut man hinab in die Altstadt und über den Stadthafen hinweg bis in die Waldgebiete des Müritz-Nationalparks

012ms tm

te. Es war das erste öffentliche Museum im Herzogtum Mecklenburg-Schwerin, welches sich mit der Natur beschäftigte. Sammler und Forscher stifteten über die Jahre wertvolle Exponate. Bereits 1884 wurde ein erstes Museumsgebäude eingerichtet. Nach einigen Umquartierungen, Verlusten durch zwei Weltkriege und der Neuausrichtung im Zusammenschluss mit dem Heimatmuseum entstand 1957 das vielen Warener Bürgern bekannte Müritz-Museum in der Friedensstraße. Die Schwerpunkte der Ausstellung waren Landeskultur, Naturschutz und Umwelt. Die mehr als 150 Jahre alte naturkundliche Sammlung, die eine Vielzahl an Vogelpräparaten und Insekten, aber auch Pflanzennachweisen enthält, ist ein besonderer Schatz und bildet bis heute einen Teil der Ausstellung. 2006 wurde das Museum modernisiert und durch einen weiteren Bau ergänzt. Ein Architekturbüro aus dem schwedischen Göteborg entwarf das **Haus der 1000 Seen** als Schaufenster der Müritz und besondere Attraktion in Waren.

In dem seither Müritzeum genannten Komplex kann man in verschiedenen Ausstellungen Wissenswertes zu Tieren, Pflanzen und Natur erfahren. In den **Aquarien** sind nahezu 50 Fischarten sowie Krebse, Muscheln, Schnecken und Wasserpflanzen in einer ihrem Lebensraum ähnelnden Umgebung zu sehen. Im größten Aquarium, das sich über zwei Etagen erstreckt, tummeln sich die für die Müritz so typischen **Maränen.** Im Untergeschoss stellen die Wasser-

Natur erleben im Müritzeum, dem Haus der 1000 Seen

becken eine **Flussmündung** dar und illustrieren die Vielfalt der Gewässer der Region und ihrer Bewohner. Ein besonderer Clou ist das **Wassertheater.** Eine drei Meter hohe Glasscheibe gewährt Einblick sowohl über als auch unter die Wasseroberfläche des Herrensees. Hier lassen sich riesige **Karpfen** bestaunen.

Sind die Aquarien auch der größte Besuchermagnet, so begeistern die interaktiv angelegten Ausstellungen zu Flora und Fauna rund um die Müritz ebenso. Im **Vogelraum** kann man spielerisch den gefiederten Sängern ihre Stimmen zuordnen, während die Nachbildung einer 1000-jährigen Eiche einlädt, die Besonderheiten des Waldes kennenzulernen. Filme, Experimente und anschauliche Darstellungen machen großen und kleinen Entdeckern Spaß.

Im Außenbereich führt ein **Erlebnispfad rund um den Herrensee,** auf dem man u.a. eine Bienenbeute betrachten kann. Oder man lässt sich auf einer Bank nieder und genießt den Blick auf den alten Baumbestand und die schöne Gestaltung oder hört dem Gekreisch der dort brütenden Lachmöwenkolonie zu. Im **alten Müritz-Museum,** welches durch den Park zugänglich ist, lassen sich die wertvollen historischen Sammlungen betrachten. Hier wird auch die Faszination von Sammeln und Präparation vermittelt.

■ **Müritzeum,** Zur Steinmole 1, www.mueritzeum.de, April bis Okt. tgl. 10–19 Uhr, Nov. bis März Di–So 10–18 Uhr, Erw. 14 €, Kinder (6–16 Jahre) 6 €, Familienkarten ab 34 €, Hunde willkommen (Eintritt 4 €).

Teil des Müritzeums sind ein **Restaurant** und eine **Informationsstelle** zur Müritzregion mit einer umfangreichen Auswahl an Prospekten.

Kurzentrum und Ecktannen

Wandert man vom Stadthafen in Richtung Südosten um die Binnenmüritz herum, sind schnell das Kurviertel auf dem **Nesselberg** und der Stadtteil Ecktannen erreicht. Die hier geförderte **Thermalsole** wird im Kurzentrum für verschiedene Anwendungen genutzt. Der **Kurpark** lohnt mit seiner schönen Anlage einen Spaziergang.

Die gute Bahnanbindung nach Berlin ermöglichte bereits Ende des 19. Jh. vielen Hauptstädtern eine bequeme Anreise an die Müritz, um hier die gesunde Luft zu genießen. So entstanden in Ecktannen die ersten der **prächtigen Villen,** die auch heute noch überwiegend als **Hotels und Pensionen** genutzt werden. Zu den Sommergästen zählte 1896 auch *Theodor Fontane* mit seiner Familie. Er empfahl den Urlaubsort in Briefen seinen Freunden und Bekannten. *Fontanes* Tochter *Martha,* welche ihrem Vater eine gute Kritikerin war und ihn zu etlichen seiner Frauenfiguren inspirierte, baute sich in Ecktannen mit ihrem Mann ein Sommerhaus, das das Paar später dauerhaft bewohnte. *Martha* starb 1917 in Waren. Die Nähe zum Nationalpark und der Blick auf die Müritz ziehen auch heute noch Urlaubsgäste in den Stadtteil Ecktannen.

Schaugarten am Tiefwarensee

Nördlich der Innenstadt befindet sich der Tiefwarensee, den man bei einer schönen Wanderung umrunden kann (siehe Kasten). Einen Besuch wert ist der nicht weit von der Altstadt entfernte Schaugarten. Die liebevoll gestaltete An-

Wanderung um den Tiefwarensee

- **Start/Ende:** Müritzeum Waren
- **Länge:** ca. 10 km

Eine schöne, etwa dreistündige Wanderung führt vom Warener Zentrum um den Tiefwarensee herum. Vom Müritzeum geht man in Richtung Altstadt, biegt aber am Beginn der Fußgängerzone links in die Friedensstraße ab, welche vorbei am alten Müritz-Museum und durch eine **Unterführung** auf die andere Seite der vielbefahrenen Bundestraße 192 führt. Hier, in der Richard-Wossidlo-Straße, beginnt der eigentliche Rundweg um den Tiefwarensee.

Wandert man im Uhrzeigersinn, kommt man recht schnell am **Schaugarten** mit seinen reizvollen Beeten und Gewächshäusern vorbei. Weiter geht es zur **Freilichtbühne der Müritz-Saga** und dort rechts. Die als „Radwanderweg Tiefwarensee" beschilderte Route führt an Kleingärten und Wohnhäusern am Westufer entlang bis zur **Nordspitze des Sees.** Nach einer kleinen Rast – am besten bringt man sich etwas Proviant mit – geht es nun am Ostufer überwiegend durch Wald auf einem Wanderweg zurück in Richtung Stadt. Unterwegs liegt am Ortseingang links der **Melzer See.** Vorbei an Wochenendhäusern kommt bald der Warener **Friedhof** ins Blickfeld. Hinter diesem biegt man rechts ab auf die Promenade, weiterhin am Tiefwarensee, und erreicht wieder die Unterführung, von der es nur wenige Gehminuten zurück zum **Müritzeum** sind.

025ms tm

lage liegt auf einer **Landzunge** im Tiefwarensee und bietet auf 16.000 m² verschiedene Gärten, naturnahe Bereiche, eine Heidelandschaft und als besonderen Höhepunkt den **Zen-Garten** „Großer Kranich". Dieser wurde von dem japanischen Landschaftsarchitekten *Nomura* zu Ehren der Warener Städtepartnerschaft mit dem nordjapanischen Rokkasho Mura gestaltet. In den Gewächshäusern lassen sich eine große **Kakteensammlung** und **tropische Pflanzen** bestaunen.

- **Schaugarten am Tiefwarensee,** Richard-Wossidlo-Str. 7a, www.schaugarten-am-tiefwarensee.de, April bis Okt. tgl. 10–17 Uhr, Nov. bis März tgl. 10–16 Uhr, Eintritt 3 €, Kinder und Jugendliche frei.

Freilichtbühne Müritz-Saga

In einem Wäldchen hinter dem Schaugarten befindet sich die Freilichtbühne. Auf der eigens umgebauten Naturbühne wird seit 2006 in jährlich neuer Variante die Müritz-Saga als **Theaterstück** mit regionalem Einschlag aufgeführt. Die fiktiven Episoden nehmen Bezug auf die Zeit während und nach dem Dreißigjährigen Krieg. Liebe und Verrat, der Konflikt zwischen Arm und Reich, die Hexenverfolgung, mutige Abenteurer und Rebellen – all das wird zu einem bunten und actiongeladenen Bühnenstück verarbeitet. Mehr als 1000 Zuschauer finden hier Platz. Entstanden war die Freilichtbühne bereits 1969 als Amphitheater. Neben der Müritz-Saga gibt es auch über das Jahr weitere Veranstaltungen.

- **Müritz-Saga,** www.mueritz-saga.de, Aufführungen Juli/Aug. Mi–Sa 19.30, So 17 Uhr, Tickets ab

25 € (Erw.) und 18 € (Kinder) sind online, im Vorverkauf z.B. in der Touristinformation und über Ticketportale erhältlich.

Eldenburg

Verlässt man die Stadt auf der B192 nach Westen in Richtung Klink, kommt man am beliebten **Volksbad** (s.u.: „Aktivitäten/Strandbäder") und am Campingplatz im Ortsteil Kamerun vorbei. Auch Eldenburg gehört zu Waren. Die **Marina Eldenburg** liegt an der Kanaldurchfahrt zwischen Müritz und Kölpinsee, die von Fahrgastschiffen und Sportbooten befahren wird. Neben dem Yachthafen mit Bootsverleih (s.u.: „Aktivitäten/Bootsvermietung") gibt es hier einen Fischerhof der Müritzfischer.

Praktische Tipps

Information

- **Haus des Gastes Waren (Müritz),** Neuer Markt 21, 17192 Waren (Müritz), Tel. 03991 747790, www.waren-tourismus.de, Mai bis Sept. tgl. 10–18 Uhr, Okt. bis April Mo–Fr 10–18, Sa 10–15 Uhr. Die im Gebäude der historischen Löwenapotheke untergebrachte Touristinformation verfügt über ein umfangreiches Angebot an Broschüren, verkauft Tickets für Touren und Events und bucht auch Unterkünfte. Zusätzlich gibt es einen Souvenirverkauf und die oberen Etagen werden für wechselnde Ausstellungen (überwiegend kostenfrei zugänglich) genutzt.

◁ △ Der stadtnahe Tiefwarensee bietet sich für Spaziergänge an

Unterkunft

3 Hotel Harmonie③, Kietzstr. 16, 17192 Waren (Müritz), Tel. 03991 66950, www.hotelharmonie-waren.de. Das komfortable Hotel befindet sich in einer Villa, die früher eine Schule für höhere Töchter war. Die mit warmen Farben und Marmorbädern eingerichteten Zimmer bieten Aussicht auf die Altstadt oder die Müritz. Das Haus liegt günstig gegenüber dem Müritzeum am Eingang in die Altstadt. Der hauseigene Wellnessbereich verfügt über verschiedene Saunen und Anwendungen. In der Nebensaison sind attraktive Pauschalpakete buchbar.

Unser Tipp: **1 Müritzpalais Aparthotel** ②, Kietzstraße 1, 17192 Waren (Müritz), Tel. 03991 7489100, www.mueritzpalais.de. Mit 84 Apartments ist das Müritzpalais eine der größeren Anlagen in Waren. Es liegt direkt am Müritzufer, nur fünf Minuten Fußweg von Stadthafen und Altstadt entfernt. Die Apartments messen 45–100 m² und sind modern und hochwertig ausgestattet. Viel Licht strömt durch die großen Fenster ein. Der 300 m² große Wellnessbereich mit Pool und Saunen kann gegen Aufpreis genutzt werden. Ein üppiges Frühstücksbuffet und ein Parkplatz lassen sich ebenfalls dazubuchen.

13 Pension zum Yachthafen②, Rosenthalstraße 13, 17192 Waren (Müritz), Tel. 03991 635783, www.pension-zum-yachthafen.de. Die Unterkunft mit elf schlichten, aber gemütlichen Zimmern liegt unweit der Altstadt und des Hafens. Sie verfügt über einen Wintergarten und großen Garten, in dem die Gäste Sitz- und Grillmöglichkeiten nutzen können. Frühstück wird inklusive serviert.

20 Hotel Am Tiefwarensee②, Richard-Wossidlo-Straße 7, 17192 Waren (Müritz), Tel. 03991 7475100, www.hotel-am-tiefwarensee.de. Am namensgebenden See liegt das familiäre Hotel in einer gepflegten Garten- und Parkanlage nahe dem Schaugarten. Die Zimmer in verschiedenen Größen befinden sich im Haupthaus oder in der Villa und sind modern in frischen Farben eingerichtet. Es wird Frühstück serviert und am Nachmittag ist Kaffee

Waren (Müritz)

Übernachtung
- 1 Müritzpalais Aparthotel
- 3 Hotel Harmonie
- 13 Pension zum Yachthafen
- 17 Villa Margarete
- 18 Campingplatz Ecktannen
- 19 Wasserturm Waren
- 20 Hotel Am Tiefwarensee
- 21 Camping- und Wohnmobilpark Kamerun

Essen und Trinken
- 2 tête à tee & café
- 4 Altes Reusenhus
- 7 dat Tortenhus
- 8 Räucherkahn
- 9 Lenk's Restaurant und Pizza Express
- 12 Moments
- 15 Fischerhof
- 17 Villa Margarete

0 100 m ©Reise Know-How MeSee01 1/23
21 22 23 24 25 Bahnhof, Volksbad, Eldenburg, Klink, Röbel, Teterow
20 Freilichtbühne Müritz-Saga
Schau-garten
Gerichtsweg
Güstrower Straße
Richard-Wossidlo-Straße
Herrenseebrücke
Schweriner Damm
Am Tiefwarensee
Tiefwarensee
Friedhof
Gievitzer Straße
Herren-see
Friedensstraße
Müritzeum
Große Mauerstraße
Löwen-apotheke
Haus des Gastes
Neubrandenburg
Kiezstraße
Lange Straße
Neuer Markt
Lange Straße
Sankt-Marien-Kirchplatz
St. Marien
Mecklenburger Straße
Unterwallstraße
Eichholzstr.
Schulstr.
Rosenstraße
Kleine Grüne Str.
Große Burgstraße
Historisches Rathaus
Kleine Wasserstr.
Strandstraße
Richterstr.
Mühlenstr.
Sankt-Georgs-Kirchplatz
Kirchenstraße
Alte Feuerwache
Große Wasserstraße
Mecklenburger Straße
St. Georgen
Altes Rathaus
Alter Markt
Große Grüne Str.
Oberwallstraße
Federow, Müritz-Nationalpark
Stein-mole
Fischerstraße
Marktstr.
Strandstraße
Müritzstraße
Müritzstraße
Feldstraße
Rosenthalstraße
Stadthafen
Müritzstraße
Müritzstraße
Am Gregoriusberg
Papenbergstraße
Große Gasse
Am Seeufer
Kirschenweg
Rosa-Luxemburg-Straße
Kiefernweg
Am Nesselberg
Papenbergstraße
Am Seeufer
17 18 Naturbad Feisnecksee, Ecktannen
Kurzentrum Nesselberg
Kurpark
Aktivitäten
14 Müritz Marina, Das Fahrradhaus Hinrichs
16 Fahrradvermietung Harry Hurtig
22 funMüritz Wassersportcenter
23 Marina Kamerun
24 Marina Eldenburg
Einkaufen
2 tête à tee & café
5 müritz.buch
6 Kilian & Close
8 Räucherkahn
10 Mecklenburgische Glaswerkstatt
11 Warener Schmuckeck
25 Fisch Kauf Haus

014ms tm

und Kuchen im Angebot. Abends können die Gäste von einer kleinen Karte mit saisonalen Gerichten wählen.

Unser Tipp: **19 Wasserturm Waren,** Auf dem Nesselberg 1, 17192 Waren (Müritz), Tel. 0151 41640711, www.bewahren.org. In dem denkmalgeschützten ehemaligen Wasserturm auf dem Nesselberg im Kurpark wurden mit viel Liebe zum Detail vier Ferienwohnungen eingerichtet. Eine eigens für den Erhalt des Turmes gegründete kleine Genossenschaft kümmert sich um alle Belange und vermietet die Wohnungen an Interessierte. Die drei Wohnungen im EG sowie 1. und 2. OG haben je 30 m² und sind mit cleveren Details ausgestattet. Im 2. OG schläft man sozusagen direkt auf dem alten Wasserkessel. Das 3. und 4. OG wird von einer 70 m² großen Wohnung vereinnahmt, die bis zu sechs Personen Platz bietet. Von hier ist die Aussicht vom umlaufenden Balkon grandios. Es ist kein Fahrstuhl vorhanden. Das Gepäck sollte also für den Transport über eine Wendeltreppe geeignet sein.

17 Villa Margarete③, Fontanestr. 11, 17192 Waren (Müritz), Tel. 03991 6250, www.villa-margarete.de. Das Wellnesshotel liegt im Kurviertel Ecktannen in direkter Nähe zu sowohl See als auch Wald. Zur Altstadt sind es rund 1,2 km. Die Zimmer in der historischen Villa sind mit hellen Möbeln eingerichtet. Neben einem hauseigenen 17 **Restaurant** verfügt das Hotel auch über einen umfangreichen Spa-Bereich mit einer Vielzahl an Massage-, Sauna- und Kosmetikangeboten sowie einem Thermal-Solebad.

↖ Bei den Müritzfischern sitzt man mit einem leckeren Fischbrötchen und Seeblick

Camping

21 Camping- und Wohnmobilpark Kamerun, Zur stillen Bucht 3, 17192 Waren (Müritz), Tel. 03991 122406, www.campingpark-kamerun.de. Der beliebte Campingplatz am Nordufer der Müritz, nur wenige Fahrminuten außerhalb des Zentrums in Richtung Westen, verfügt über einen Zeltplatz, einen Wohnmobilhafen, Stellplätze für Wohnwagen sowie Unterkünfte (Apartments und Mobilheim) für Camper ohne eigenen Wagen oder Zelt. Es gibt ein Restaurant und einen Imbiss, einen Laden, diverse Wassersportangebote und einen Radverleih. Die Ausstattung ist kinderfreundlich, in der Hochsaison wird auch Kinderanimation angeboten. Hunde sind willkommen.

18 Campingplatz Ecktannen, Fontanestr. 66, 17192 Waren (Müritz), Tel. 03991 668513, www.camping-ecktannen.de. Der 17 ha große, naturbelassene Platz in idyllischer Lage direkt am Nationalpark ist auf verschiedene Urlaubsansprüche eingestellt. Noch vor dem eigentlichen Gelände stehen 17 Stellplätze für Wohnmobile für kurze Aufenthalte bereit. Die unparzellierten Stellplätze auf dem Platz selbst sind für Wohnwagen und Caravans geeignet. Wer mehr Komfort wünscht, bucht vorab eine der Parzellen in Strandnähe mit eigenem Wasser- und Stromanschluss. Dazu gibt es einen Zeltplatz und einige Mietobjekte wie Blockhütten und Ferienwohnungen. Zu den Serviceleistungen zählen neben dem großen Sanitärbereich ein Bistro und Laden, Brötchenservice, WLAN sowie Spiel- und Sportmöglichkeiten. Es gibt auch eine Hundebadestelle und einen Auslaufbereich.

Essen und Trinken

4 Altes Reusenhus②, Schulstr. 7, Tel. 03991 666897, www.reusenhus.de, tgl. außer So 11.30–21 Uhr. Holzbalken und Fischernetze sorgen für ein maritimes Flair in diesem Traditionsrestaurant in Waren. Fisch wird in vielen Varianten serviert, je nach saisonalem Fang werden Forelle, Aal und Saibling frisch geräuchert. Auch typisch mecklenburgische Hausmannskost ist im Angebot. Im Innenhof gibt es einen urigen Biergarten.

8 8 Räucherkahn①, Steinmole (gegenüber Strandstraße), www.raeucherkahn.de, März bis Dez. tgl. ab 10 Uhr. Schon von Weitem sieht man die Rauchfahne und riecht den frischen Räucherfisch. Der rote-weiße Kutter ist leicht zu finden, man kommt beim Spaziergang entlang des Seeufers hier vorbei. Es gibt Fischbrötchen auf die Hand oder man setzt sich mit einem Backfisch oder einer Räucherfischplatte gemütlich auf die kleine Terrasse. Den Räucherfisch gibt es auch zum Mitnehmen.

12 Moments②-③, Unterwallstr. 3, Tel. 03991 6325630, moments-waren.de, April bis Okt. Di–So ab 17 Uhr, sonst Di–Sa ab 17 Uhr, Jan./Feb. Betriebsferien möglich. Mediterrane Köstlichkeiten mitten in der Warener Altstadt. In stimmungsvoller Atmosphäre werden eine Vielzahl an Tapas, aber auch von der Mittelmeerküche inspirierte Hauptgänge mit Fisch, Fleisch oder Gemüse serviert. Eine Reservierung wird dringend empfohlen.

Unser Tipp: **15 Fischerhof Waren (Müritz)** ①, Am Seeufer 73, Tel. 03991 633110, www.mueritzfischer.de/fischerhoefe/fischerhof-waren-mueritz, April bis Okt. tgl. mind. 11–16 Uhr (Räucherfischverkauf ab 8 Uhr). Die Aussicht von der rustikalen Terrasse auf die Warener Stadtsilhouette ist einmalig. Der rund zehn Minuten Fußweg vom Stadthafen entfernt gelegene Fischerhof der Müritzfischer hat Fischbrötchen, Suppen und kleine Gerichte anzubieten. Alle Plätze sind draußen, jedoch teils auch überdacht.

9 Lenk's Restaurant und Pizza Express①, Fischerstraße 15, Tel. 03991 633422, pizzaexpress-waren.de, tgl. 17–21 Uhr, Mo–Fr auch 11–14 Uhr. Das Lokal mit Lieferservice steht für frische Küche mit vielen Gerichten für Vegetarier und Veganer. Tagsüber werden hauptsächlich Suppen serviert.

Waldwanderung zu den Wienpietschseen

- **Start/Ende:** Campingplatz Ecktannen
- **Länge:** ca. 10 km

Die gemütliche Rundwanderung führt am Ufer der Müritz entlang und durch den Wald. Die Route ist mit einem roten Eichhörnchen markiert. Zunächst folgt der Weg der Strandpromenade beim **Campingplatz Ecktannen** am See entlang nach Süden. Immer in Ufernähe geht es an den Einrichtungen des Campingplatzes vorbei und weiter zur ehemaligen Imbissgaststätte Waldschänke, wo sich ein **Anleger** der Linienschiffe der Blau-Weißen Flotte befindet.

Ein weiteres Stück am Ufer und Waldrand entlang ist der **Aussichtspunkt Schnakenburg** erreicht. Ein Bohlenweg führt zu dem Beobachtungsstand im Schilfgürtel. Zurück auf der Hauptroute führt der mit einem Hasen markierte Weg vom Ufer weg zu zwei kleinen Moorseen, **Wienpietschseen** genannt. Eine Umrundung der oft mit Seerosen bedeckten Seen ist empfehlenswert. Man befindet sich hier bereits im Müritz-Nationalpark. Nun geht es weiter durch den Wald bis zum **Parkplatz „Am Teufelsbruch"**, einem Eingang zum Nationalpark. Von hier sind es nach links nur noch wenige Minuten zur Promenade am Ufer der Müritz im Ortsteil **Ecktannen.** Wieder links einbiegend, passiert man die **ehemalige Olympianlage** (1936) und gelangt schließlich, der Promenade weiter folgend, zurück zum Ausgangspunkt, dem Campingplatz.

Außer Haus steht ein umfangreiches Angebot an Pasta, Pizza, Baguettes und Salaten zur Verfügung.

Cafés

UNSER TIPP: 7 **dat Tortenhus,** Kirchenstraße 16, Tel. 0170 5486588, www.dat-tortenhus.de, Mi–So 13–18 Uhr. In lauschiger Lage unweit von Georgenkirche und Altem Rathaus kann man sich in dem kleinen Café kaum entscheiden zwischen den hausgemachten Tortenkreationen. Die Plätze sind begehrt. Im Café werden auch kulinarische Mitbringsel verkauft.

2 2 **tête à tee & café,** Kietzstr. 17–21, Tel. 03991 180547, www.mueritz-tee.de, tgl. 10–17.30 Uhr. Ganz hinten versteckt im Kietzspeicher lädt der Duft von Kaffee- und Kakaobohnen zur Einkehr ein.

Im Wasserturm sind vier kleine, hübsche Ferienwohnungen untergebracht

015ms tm

Unzählige Teesorten, vor Ort geröstete Kaffeemischungen und leckere Trinkschokoladen können im Café mit seinen einladenden Sitzgelegenheiten probiert oder für den Genuss zuhause mitgenommen werden. Eine kleine Auswahl an Kuchen sowie kulinarische Geschenkideen runden das Angebot ab.

Einkaufen

25 **Fisch Kauf Haus,** Eldenholz 42, www.mueritzfischer.de/fischkaufhaus, Nov. bis Mai Mo–Fr 9–17 Uhr, Sa 8–13 Uhr, Pfingsten bis Okt. Mo–Fr 8–18 Uhr, Sa/So 8–13 Uhr. Eine Art Direktverkauf ist die an die Manufaktur der Müritzfischer angeschlossene Verkaufsstelle an der Bundesstraße zwischen Waren und Klink. Hier findet man die größte Auswahl an geräucherten, eingelegten und frischen Spezialitäten der beliebten Fischereigenossenschaft. Zusätzlich sind ausgewählte internationale Delikatessen im Angebot.

6 **Kilian & Close,** Lange Str. 51, www.kilian-close.com, Mo–Sa 10–17 Uhr. Die kleine Schokoladenmanufaktur hat sich dem Bean-to-Bar-Konzept verschrieben, d.h. sie übernehmen alle Produktionsschritte bei der Herstellung ihrer Schokoladentafeln selbst. Es entstehen feine Schokoladen und Pralinen mit hohem Kakaoanteil, einige pur und andere mit ausgewählten Zusätzen wie Salz oder Nüssen. Alle Produkte sind vegan zertifiziert.

5 **müritz.buch,** Lange Str. 13, mueritzbuch.buchkatalog.de, Mo–Fr 9–18 Uhr, Sa 9–16 Uhr. Die Buchhandlung in der zentralen Einkaufsmeile hat ein breites Sortiment. Man kauft hier Rad- und Wanderkarten, regionale Literatur und Postkarten und eine klassische oder außergewöhnliche Urlaubslektüre.

11 **Warener Schmuckeck,** Strandstr. 20, warener-schmuckeck.de, Mo–Fr 10–18 Uhr, Sa 10–14 Uhr. In dem gut sortierten Schmuckgeschäft zwischen Stadthafen und Marktplatz kann man neben dem klassischen Angebot auch eine Auswahl an

maritim und regional inspirierten Schmuckstücken, z.B. mit Sand oder in Form eines Fisches, finden. Auch Bernsteinschmuck ist im Angebot.

10 **Mecklenburgische Glaswerkstatt,** Strandstraße 3, www.mecklenburgische-glaswerkstatt.de, März bis Okt. tgl. 10–18 Uhr. Seit mehr als 20 Jahren wird hier – heute als Filiale des Thüringer Kristallhofs – die Mecklenburgische Glasmachertradition wiederbelebt. Man schaut dem Glasschleifer bei der Arbeit zu und kann sich Glas personalisieren lassen. Neben dem Verkauf der Objekte werden auch Mitmachaktionen, besonders für Gruppen, angeboten.

Märkte (auf dem Neuen Markt)

- **Wochenmarkt,** Di und Do 9–17 Uhr, Haushaltswaren, Textilien, Geschenkartikel und verarbeitete Lebensmittel.
- **Frischemarkt,** Fr 9–17 Uhr, zusätzlich frische Lebensmittel wie Obst, Gemüse, Fleisch und Fisch.
- **Grüner Markt,** mit regionalen Anbietern von frischen und verarbeiteten Lebensmitteln.
- **Kram- und Kunsthandwerkermarkt,** saisonal (mind. April bis Okt.) alle 14 Tage am Samstag.
- Von April bis Oktober finden zusätzlich an mehreren Terminen **Kunsthandwerker- und Töpfermärkte** statt.

Feste und Veranstaltungen

- Die größte Veranstaltung im Jahreskalender ist die **Müritz Sail** Ende Mai. Das maritime Volksfest mit vielen Wassersportvorführungen läutet die Hauptsaison ein. Die Besucher können Jetski-Action, Wingfoil-Surfen und andere Wassersporttrends beobachten und oft auch selbst ausprobieren. Wer will, bucht einen Rundflug mit dem Wasserflugzeug und betrachtet die Müritz von oben.

Zur Freude der großen und kleinen Besucher gehören Fahrgeschäfte, Riesenrad und Kirmes-Leckereien ebenfalls dazu. Konzerte und oft auch ein Feuerwerk runden das Programm ab.

- Die Open-Air-Aufführungen der **Müritz Saga** auf der Freilichtbühne locken im Hochsommer zahlreiche Besucher an (s.o.: „Sehenswertes“).
- Im Juli feiert Waren mit dem **Müritzfest** sein Stadtfest. Das traditionelle Volksfest reiht sich ein in die Riege der Feste rund um die Müritz, zu denen auch das Volksfest Malchow und das Seefest Röbel gehören. Rund um Altstadt und Stadthafen bieten Schausteller rasante Fahrgeschäfte, süße und deftige Snacks und spannende Spiele. Dazu gehören auch ein Höhenfeuerwerk oder eine Lasershow sowie ein Festumzug.
- Als Sport-Event ist seit über 50 Jahren das **Müritzschwimmen** über 1950 m am ersten Augustsamstag der Saisonhöhepunkt. Auch ein Kinderschwimmen über 400 m und eine Langdistanz von 3,8 km für Triathleten und Langstreckenfreiwasserschwimmer findet statt. Anmeldungen sind online möglich. Vor Ort werden nur noch Restplätze vergeben.
- Den Abschluss der jährlichen Feste markiert an einem Dezemberwochenende ein **Weihnachtsmarkt** mit großer Gänseverlosung.

Aktivitäten

Stadtführung

- **Historische Stadtführung,** ab dem Haus des Gastes, Neuer Markt 21, www.waren-tourismus.de/historische-stadtfuehrung, Mai bis Sept. tgl. 11 Uhr, Okt. und April Mo–Fr 11 Uhr, Erw. 7 €, Kinder bis 14 Jahre frei, Rabatt für Kurkarteninhaber. Mit Detailwissen und Humor zeigen die Warener Gästeführer Besuchern die Schönheiten der Ackerbürgerstadt. Der Rundgang dauert rund zwei Stunden und geht über 1,5 km.

Zusätzlich gibt es von Okt. bis März jeden Freitag eine **abendliche Stadtführung** im Schein der Laterne, Erw. 9,50 € (mit Kurkarte 8,50 €), Kinder bis 14 Jahre 3 €.

Radtour von Waren (Müritz) zum Wisentreservat Damerow

- **Start/Ende:** Waren (Müritz), Bahnhof
- **Länge:** ca. 40 km

Vom Bahnhof Waren radelt man entlang der B108 Richtung Teterow aus dem Ort hinaus und biegt vom straßenbegleitenden Radweg in das Dorf **Vielist** ab. Der Dorfstraße folgend, verlässt man Vielist und steuert hinter der Kirche linkerhand auf einer schmalen Straße in Richtung **Grabowhöfe.** Hier sind die ersten 9 km geschafft. Der Ort wird auf der Bahnhofstraße am Rande durchfahren und schon bald geht es rechts in nördlicher Richtung weiter nach **Sommerstorf.** Nach einem kurzen Stopp an der sehenswerten Dorfkirche führt die Route auf einer wenig befahrenen Straße durch Felder und Wiesen nach **Neu Gaarz.** Von dort sind es 8 km über **Jabel** zum **Wisentgehege** auf dem Damerower Werder (s.S. 126).

Nach dem Besuch fährt man ca. einen Kilometer zurück Richtung Jabel, um dann rechts auf eine Teilstrecke des Radfernwegs Mecklenburgische Seenplatte einzubiegen. In **Waren** angekommen, radelt man auf der B192 zurück zum Bahnhof. Ein Stopp am Warener **Volksbad** ist an warmen Tagen ein schöner Abschluss der Tour.

Touristenbahn

- **Tschu-Tschu-Bahn,** Reederei Pickran, www.pickran.de/stadtrundfahrt/tschu-tschu-bahn-waren, Ostern bis Okt. tgl. 10.30–16.30 Uhr stündlich, Erw. 10 €, Kinder 4–12 Jahre 5 €, Familienkarte zwei Erw. plus 2 Kinder 25 €. Mit der gemütlichen Bahn fährt man ab dem Anleger Steinmole (Strandstraße) in 50 Min. am Ufer der Müritz entlang und durch die Warener Innenstadt. Dabei erfährt man viel Wissenswertes zur Geschichte und zu den Sehenswürdigkeiten. Mit dem Ticket erhält man 2 € Nachlass auf Schiffsfahrten der Reederei Pickran.

Strandbäder

Die **Müritz** und der südlich des Ortes im Nationalpark gelegene **Feisnecksee** versprechen Badevergnügen in sauberem Wasser an Naturbadestränden. Alle drei Strandbäder werden mindestens von Juni bis August tgl. 10–18 Uhr von Rettungsschwimmern bewacht. Der Eintritt ist frei.

- Das älteste Strandbad in Waren ist das beliebte **Volksbad** an der Binnenmüritz am westlichen Ortsausgang Richtung Klink. Es ist mit einem langen Sandstrand, einer großen Liegewiese, Sportangeboten (Beachvolleyball und Beachsoccer) sowie einer Badebrücke und Rutschen ausgestattet. Gastronomie ist vorhanden.
- Die zweite große Badegelegenheit an der Müritz in Waren ist der **Naturstrand beim Campingplatz Ecktannen.** Hier sind ebenfalls Imbiss und Spielplätze vorhanden.

Unser Tipp: Ein besonderer Tipp ist das **Naturbad am Feisnecksee.** Die Badestelle verfügt über eine Badebrücke und einen großen Flachwasserbereich. Das Wasser ist besonders klar.

Bootsverleih

14 **Müritz Marina,** Am Seeufer 73, Tel. 03991 666513, www.mueritzbootswelt.de, Mai bis Anf. Okt. tgl. 10–18 Uhr. Die Verleihstation in der Nähe des Fischerhofes der Müritzfischer liegt nur wenige Minuten Fußweg von der Altstadt entfernt. Es können verschiedene Bootstypen führerscheinfrei ge-

liehen werden, z.B. ein Boot für fünf Personen mit 4,5 KW für 130 € pro Tag inkl. Treibstoff. Eine weitere Station ist die 23 **Marina Kamerun** beim Campingplatz. Dort werden auch Kajütboote und Flöße vermietet (Mai bis Anf. Sept. tgl. 10–18 Uhr).

24 **Marina Eldenburg,** An der Reeck 1a, 17192 Waren, Tel. 03991 1234000, www.marina-eldenburg.de, März bis Okt. tgl. 8–18 Uhr. In dem etwas außerhalb der Stadt gelegenen kleinen Hafen zwischen Binnenmüritz und Kölpinsee werden führerscheinfreie Boote für Badeausflüge und Angeltouren vermietet. Wählen kann man u.a. zwischen größeren Bootstypen oder gemütlichen **Badeflößen.** Die Tagespreise für die Mietboote starten bei 110 €. Die Tankfüllung kommt hinzu. Auf der Anlage stehen auch Ferienwohnungen und ein Restaurant zur Verfügung. In der Vor- und Nachsaison kann man auf den Hausbooten übernachten.

Unser Tipp: Ein Tagesausflug mit der ganzen Familie – max. 12 Personen – mit dem **Tiki-Boat,** ein Bade- und Partyfloß, karibisches Flair inklusive.

Wassersport

22 **funMüritz Wassersportcenter,** Zur stillen Bucht 3, Tel. 0157 76080874, www.fun-mueritz.de, Mai bis Sept. tgl. 10–18 Uhr. Die lizensierte Wassersportschule beim Campingplatz Kamerun verleiht Ausrüstung und bietet Kurse in Windsurfen, Segeln und Stand-up-Paddling an.

Radfahren

Von Waren aus sind viele attraktive Routen rund um die Müritz und in die Umgebung möglich. Der bekannte **Müritz-Rundweg** führt auf gut präparierten, teils asphaltierten Wegen um den See herum und durch den Müritz-Nationalpark. Die gesamte Strecke ist 83 km lang. Der Weg ist durchgehend markiert und beschildert. Von Waren nach Röbel im Südwesten sind es ca. 30 km. Östlich um die Müritz herum verlässt der Weg teilweise den Uferbereich und führt durch den Nationalpark. Auf dieser Strecke sind es rund 35 km bis nach Rechlin im äußersten Süden des Sees. Die Rückfahrt kann per Bus oder mit dem Schiff erfolgen.

14 **Das Fahrradhaus Hinrichs,** Am Seeufer 73, Tel. 03991 7473919, www.fahrradhaus-hinrichs.de, Mo–Fr 9–18, Sa 9–12 Uhr. Der Fahrradhändler verleiht Touren-, MTB- und E-Bikes, dazu Helme, Taschen und Anhänger. Tourenrad ab 10 €/Tag.

☐ Das Wisentreservat auf einer Halbinsel im Kölpinsee ist ein lohnendes Ausflugsziel

☐ Wasserspaß mit dem Badefloß

017ms tm

16 **Fahrradvermietung Harry Hurtig,** Am Seeufer 24, Tel. 03991 668003, www.harryhurtig.de, April bis Okt. tgl. 9–18 Uhr. Der gut sortierte Verleih bietet eine Vielzahl an Modellen und Zubehör. Tourenrad ab 10 €/Tag.

Kur und Wellness

Das Heilbad Waren (Müritz) verfügt über ein Kurgebiet auf dem **Nesselberg.** Neben dem Kurmittelzentrum, wo u.a. die Warener Thermalsole angewendet wird, sind Terrainkurwege, ein Kräutergarten sowie reizvolle Wiesen- und Beetflächen mit Verweilmöglichkeiten vorhanden.

■ **Kurzentrum Waren,** Am Kurpark 2, 17192 Waren (Müritz), Tel. 03991 18240, www.kurzentrum-waren.de. Es können medizinische und therapeutische Anwendungen gebucht werden, u.a. verschiedene Bäder, Kältetherapie und Massagen.

Verkehr

Parken

Die Parkmöglichkeiten in der Altstadt sind eingeschränkt und meist nur für Kurzparker (2 Std.) ausgewiesen. Eine Übersicht zu den Parkmöglichkeiten und auch E-Ladestellen gibt es unter www.waren-tourismus.de/parken.

■ Der Großparkplatz **Am Amtsbrink** (auch Am Müritzeum) ist eine gute Alternative, zumal es hier keine Höchstparkdauer gibt. Es gibt kostenfreie Parkplätze im hinteren Bereich am Verwaltungszentrum und kostenpflichtige Stellplätze auf dem **Parkplatz am Müritzeum** genannten Areal. Die Zufahrt ist für beide dieselbe. Von dort sind es nur zehn Minuten bis zum Stadthafen.

■ Einen weiteren größeren Parkplatz gibt es an der **Müritzstraße** im Osten des Stadthafens.

■ **Wohnmobile** parken zentral in der Straße Am Amtsbrink und dürfen die Altstadt nicht befahren.

Bahn

Es halten die **IC-Züge** der Strecke Rostock – Berlin – Dresden und die **RE-Züge** Rostock – Berlin – Elsterwerda. Vom **Bahnhof** sind es 15 Min. zu Fuß in die Altstadt oder zum Stadthafen.

Bus

■ In der Saison von April bis Oktober wird ein Linienbus als **City-Linie** eingesetzt. Er pendelt zwischen Amsee, Kamerun, Ecktannen, Stadthafen und Zentrum und ist für Gäste mit Kurkarte kostenlos.

■ Die Orte am Ostufer der Müritz und alle wichtigen Stationen im Nationalpark werden durch die Nationalparklinie **Müritz Rundum** tagsüber stündlich angesteuert. Die Busse fahren von Waren durch den Nationalpark und über Rechlin und Röbel zurück nach Waren. Mit Kurkarte kann man die Busse kostenfrei benutzen. Weitere Infos s.u.: „Müritz-Nationalpark/Verkehr", S. 60.

Schiffsverkehr

Die beiden Reedereien bieten mehrmals täglich kurze **Rundfahrten auf der Müritz** (1 Std.) und verschiedene Müritz- und Kanalfahrten an. Eine abwechslungsreiche Tour mit viel Naturerlebnis ist die zweistündige **Drei-Seen-und-Kanalfahrt** von Waren bis zum **Kölpinsee.** Zusätzlich finden Tagesfahrten mit Landgang nach **Malchow** oder **Plau am See** statt. Saisonal kommen Sonderfahrten u.a. zu Müritz in Flammen, zur Kranichrast oder zum Wisentgehege in Damerow hinzu.

Linienfahrten führen im Rahmen der Nationalparklinie über Klink nach Röbel und weiter über Bolter Kanal nach Rechlin. Die Abfahrten erfolgen überwiegend vom **Stadthafen,** aber auch ab **Steinmole.** Die Anleger sind im Fahrplan markiert.

■ **Weiße Flotte Müritz,** Strandstraße/Steinmole, Tel. 03991 122668, www.weisse-flotte-mueritz.de.

■ **Blau-Weiße-Flotte,** Strandstr. 3, Tel. 03991 663034, www.blau-weisse-flotte.de.

[>] Einer der zahlreichen malerischen Seen im Müritz-Nationalpark

Müritz-Nationalpark

Der Müritz-Nationalpark reicht vom nördlichen **Ostufer der Müritz** bis weit ins **Binnenland** hinein. An der Uferlinie sind es der Warener Ortsteil Ecktannen und das zu Rechlin gehörende Boek, die den Nationalpark begrenzen. Von hier erstreckt er sich – zahlreiche kleine Seen und Waldgebiete umschließend – weit nach Osten bis vor die Tore von Neustrelitz. Insgesamt hat das Schutzgebiet eine Fläche von 322 km^2.

Nur wenige Siedlungen liegen im Park verstreut. Als sogenannte **Nationalparkdörfer** mit entsprechenden Informationsstellen fungieren Federow und Boek sowie das weiter vom Seeufer entfernt gelegene **Kratzeburg.** Gerade dieser Ort ist umgeben von unzähligen kleinen und kleinsten Gewässern. In der Nähe befindet sich bei Ankershagen das Quellgebiet der Havel.

Die **Gründung** des Nationalparks fand 1990 kurz vor dem Ende der DDR statt. Eine engagierte Umweltbewegung mit dem kurz zuvor von der Volkskammer zum stellvertretenden Minister für Natur- und Umweltschutz gewählten *Michael Succow* – heute u.a. Träger des Alternativen Nobelpreises Right Livelihood Award – setzte am 12. September 1990 in der letzten Sitzung des Ministerrates die Gründung von fünf Nationalparks und vielen Naturparks und Schutzgebieten durch – eine clevere Taktik. Das Engagement der Bürger und ein bisschen Glück sorgten also für den Schutz dieses einzigartigen Biotops.

018ms tm

Die Müritz – ein See, der nicht so heißt

Die Königin unter den Seen der Mecklenburgischen Seenplatte ist die Müritz. Dass ihr **Name** ganz ohne den Zusatz **„See“** auskommt, zeugt von der herausragenden Stellung des Gewässers. Den treffendsten Namen gaben ihm slawische Siedler, die hier vor rund 1500 Jahren lebten. Die für sie unfassbare Größe des Sees veranlasste sie damals zu der Bezeichnung *Morcze,* **kleines Meer.**

Noch heute darf die 112 km² große Wasserfläche für sich beanspruchen, der **größte Binnensee Deutschlands** zu sein. Zwar ist der deutsche Teil des Bodensees flächenmäßig größer, doch ist er mit seinen österreichischen und Schweizer Anteilen eben kein nationaler Binnensee.

Die Müritz liegt eingebettet in dem von der letzten Eiszeit geformten **Müritzbecken,** das eine Nord-Süd-Ausdehnung von ca. 30 km hat und sich von Ost nach West über 13 km erstreckt. Die Müritz selbst misst dabei rund **18 mal 10 km.** An ihrer tiefsten Stelle ganz im Norden kann man 31 m tief abtauchen. Überwiegend ist der See aber nur zwischen 6 und 8 m tief. Ihre Ausdehnung macht die Müritz zum beliebten Revier vor allem für **Segler,** aber auch andere Wassersportler. Aufgrund der großen Fläche können sich bei kräftigen Winden hohe Wellen aufbauen, die auch erfahrene Segler vor Herausforderungen stellen. Paddlern und Surfern sei Umsicht empfohlen, denn das rettende Ufer kann kilometerweit entfernt sein.

Der **Müritz-Nationalpark** nimmt nur einen Teil des Ostufers ein, der See selbst liegt nicht im Nationalpark. Die gesamte Müritz ist jedoch **Landschaftsschutzgebiet,** sodass größere Eingriffe durch den Menschen heute nicht mehr stattfinden. Das **Ostufer** ist flach und geprägt durch Feuchtgebiete, Bruchwälder und Röhricht, dem sich im Hinterland Kiefernwälder anschließen. Für das **westliche Ufer** sind Wiesen, Felder und Mischwälder charakteristisch, die von zum Teil tiefen Rinnen, wie z.B. die Röbeler und Sietower Bucht, durchzogen sind. Dieses

besondere Biotop ist das Ergebnis mehrerer Eingriffe in die Höhe des Wasserspiegels. Über die Jahrhunderte wurde die Müritz entweder angestaut, um Wasser z.B. für Mühlen zu liefern, oder der Wasserspiegel wurde gesenkt, um Agrarland zu gewinnen.

Zusätzliche Veränderungen brachten die Kanalisierung der **Elde** und der Bau zahlreicher Kanäle mit sich. So schwankte der Wasserspiegel zwischen 60 und 64 m und beträgt heute rund 62 m über dem Meeresspiegel. Die Elde durchfließt die Müritz und bildet somit Zu- und Abfluss. Mit dem **Bolter,** dem **Mirower** und dem **Eldenburger Kanal** wurden weitere Abflüsse geschaffen. Gleichzeitig ist die Müritz so an das Wasserstraßennetz angeschlossen. Auf der **Müritz-Elde-Wasserstraße** gelangt man von der Binnenmüritz über den Eldenburger Kanal in den Kölpinsee und weiter Richtung Plau am See in die Elbe. Der Bolter und Mirower Kanal stellen die Verbindung zur **Müritz-Havel-Wasserstraße** dar und somit nach Süden, z.B. Berlin.

Die **Fahrgastschifffahrt** weiß diese Verbindungen zu nutzen und so werden attraktive Tagestouren über zwei, drei oder fünf und mehr Seen angeboten – ein einmaliges Erlebnis. Auch Hausbooturlauber profitieren vom Wassernetzwerk und können in kurzer Zeit viel entdecken.

Nicht verwechseln sollte man die Müritz mit dem **Müritzsee.** Wer diesen Fauxpas begeht und die Müritz so nennt, wird schnell als Tourist entlarvt. Der Müritzsee bildet lediglich das Ende des Müritzarms im Süden des Müritzbeckens – ein vergleichsweise winziges Gewässer.

☒ Segelparadies Müritz

Landschaft und Vegetation

Entgegen der Annahme, der überwiegende Teil des Nationalparks bestehe aufgrund seiner Namensgeberin, der Müritz, aus Wasserfläche, sind fast 70 % davon **Waldgebiete.** Das macht das Schutzgebiet zu Deutschlands größtem Waldnationalpark. Die dominierende Baumart ist die **Kiefer,** sie macht fast drei Viertel des Baumbestandes aus. Dies ist ein deutliches Zeichen für den jahrhundertelangen Eingriff des Menschen in die Natur, der die einst ausgedehnten **Buchenwälder** schrumpfen ließ. Durch deren Rodung und Aufforstung mit schnell wachsenden Kiefern, z.B. für die Köhlereien und Glashütten, die Vernässung nach der Erhöhung des Wasserspiegels oder die Nutzung des Waldes für militärische Zwecke und intensive Jagd, wurde der Buchenwald mehr und mehr verdrängt. Seit der Gründung des Nationalparks ist allerdings zu erkennen, dass sich die Buchenbestände nicht nur erholen, sondern langsam wieder ausdehnen.

Insgesamt entfallen 14 % des Nationalparks auf **Gewässer.** Glasklare Quellseen findet man ebenso wie trübe Moorseen und von Flüssen durchquerte Seen. Mindestens 107 Seen mit einer Ausdehnung von mehr als einem Hektar werden gezählt. Das Baden ist an vielen Stellen erlaubt und auch vom Kanu aus lässt sich die Natur erleben.

Moore machen 8 % der Nationalparkfläche aus. Sie sind ein wichtiger Kohlenstoffspeicher. Zwischen Schwarzenhof und Boek kann man mit dem Rad oder zu Fuß einige der größten Moore entdecken. Die verbleibenden 8 % werden zum größten Teil **landwirtschaftlich ge-**

Artenreichtum im Müritz-Nationalpark

- 1022 Pflanzenarten
- 56 Säugetierarten
- 221 Vogelarten
- 12 Amphibienarten
- 33 Fischarten
- 22 Muschelarten
- 1498 Käferarten
- 639 Pilzarten
- 21 Arten von Armleuchteralgen

nutzt – natürlich nach ökologischen Maßstäben. Ein gutes Beispiel ist der Müritzhof in der Nähe von Federow (s.S: 59). Auf dem über 100 Jahre alten Bauernhof wird heute Landschaftspflege betrieben. Besucher sind herzlich willkommen.

Unterwegs im Nationalpark

Der Nationalpark lässt sich auf verschiedene Weise aktiv erleben. Die meisten Besucher erkunden ihn per Rad oder zu Fuß, aber auch mit dem Paddelboot kann man ansonsten kaum erreichbare Ecken und Winkel entdecken. 27 km **Wasserwanderwege** sorgen für erlebnisreiche Touren, dazu kommen 456 km **Wanderwege** und 263 km **Radwege.** Das Netz an Wanderwegen ist umfangreich, die Beschilderung engmaschig. So folgt man z.B. dem roten Pilz, dem gelben Schmetterling oder dem grünen Baum. Die Routen führen überwiegend über Waldwege verschiedener Art. Die Website des Nationalparks bietet eine interaktive Karte mit allen markierten Routen. Fahrräder kann man z.B. bei den Nationalpark-Informationen leihen. Unser Tipp: Wer mehr erfahren oder nicht allein wandern möchte, schließt sich einer geführten Tour mit den **Ran-**

019ms tm

Vogelparadies Müritz-Nationalpark: Kraniche, Graugänse und Störche fühlen sich wohl

gern des Nationalpark-Service an, z.B. ab Federow. Auf spannenden Führungen bringen sie Besuchern die tierischen und pflanzlichen Bewohner näher. Es gibt Touren zu unterschiedlichen Themen:

- **Fischadler-Safari** – dreistündige Führung von Mai bis Sept. tgl. 10.45 Uhr ab Nationalpark-Information Federow. Schon fast ikonisch sind die See- und Fischadler, die ihre Kreise über Seen und Wäldern ziehen.
- **Vogelstimmenwanderung** – dreistündige Wanderung von April bis Juni Sa 8 Uhr ab der Nationalpark-Information in Federow.
- **Abendliche Radtour zu den Rastplätzen von Adler, Hirsch und Kranich** – dreistündige Tour Anfang Juni bis Mitte August Mo, Mi und Sa 18 Uhr. Treff ist an der Nationalpark-Information in Federow.

Informationen

- **Nationalparkservice,** Damerower Str. 6, 17192 Federow, Tel. 03991 668849, www.national park-service.de. Tickets können online oder in der Nationalpark-Information erworben werden. Weitere **Führungen** werden durch den Nationalpark selbst veranstaltet, Informationen dazu unter **www.mueritz-nationalpark.de.**

Schutz der Natur

Im Nationalpark soll die Natur bewahrt werden und sich ungestört entwickeln können. Daher wird von allen Besuchern erwartet, dass sie sich an gewisse **Regeln** halten:

- **Parken** nur auf ausgewiesenen Plätzen
- **Wandern** und **Radfahren** nur auf markierten Wegen
- **Hunde** bleiben an der Leine und Hinterlassenschaften werden mitgenommen
- Nichts aus dem Wald **mitnehmen** und keinen **Abfall** hinterlassen
- Der Wald ist eine strikte **Nichtraucherzone**
- Die **Natur respektieren** und sich nicht leichtsinnig in Gefahr bringen

022ms tm

020ms tm

023ms tm

Federow

Im sieben Kilometer östlich von Waren an der Grenze zum Müritz-Nationalpark gelegenen Federow befindet sich einer der wichtigsten Zugänge zum Park mit großem Parkplatz und **Nationalpark-Information.**

Der hier ansässige Nationalpark-Service ist einer der größten Anbieter geführter **Touren mit Rangern** in das Schutzgebiet. Auch für eine schonende Anreise ist gesorgt, denn die Nationalpark-Buslinie steuert Federow im Stundentakt von Waren und Rechlin aus an. Daher starten viele Besucher hier ihre Radtour oder Wanderung.

Die Dorfkirche von Speck, ein beliebter Rastplatz im Nationalpark

Unser Tipp: Bekannt ist die Nationalpark-Information besonders für ihre kleine Ausstellung, deren Highlight die **Fischadler-Kamera** ist. In einem Raum kann man auf einem Bildschirm u.a. live die Entwicklung der jungen Greifvögel verfolgen. Seit vielen Jahren überträgt die Kamera, die in der Nähe an einem Horst auf einem Strommast installiert ist, Bilder von den selten gewordenen Greifvögeln.

Federow verfügt über eine lange Geschichte, denn die Siedlung wurde bereits im 13. Jh. erwähnt. Über die Jahrhunderte besaßen hier viele der namhaften Familien Mecklenburgs einige Hufen Land. Letztes Zeugnis davon ist das **Gutshaus** von 1845, in dem sich bis vor Kurzem ein Hotelrestaurant befand.

Über die Region hinaus bekannt ist die **Hörspielkirche.** In ansprechender Atmosphäre können hier jeden Sommer am Nachmittag Kinder Geschichten hören und am Abend lauschen Erwachsene spannenden Hörspielen. Auch Lesungen finden statt. Das kleine Gotteshaus aus dem 13. Jh. wurde durch das Projekt der Einrichtung einer Hörspielkirche vor dem Verfall bewahrt.

- **Hörspielkirche Federow,** www.hoerspielkirche-federow.de, Programm von Juni bis Anfang Sept. am Nachmittag und Abend.

Schwarzenhof

Etwa vier Kilometer südöstlich von Federow liegt Schwarzenhof. Der kleine Weiler ist eine Station am wichtigsten Radweg durch den Nationalpark. Das Hotel Kranichrast und ein gemütlicher Gartenimbiss laden zur Pause ein (s.u.).

Speck

Der mitten im Nationalpark gelegene Ort Speck ist bereits aus dem 13. Jh. bekannt. Möglicherweise rührt der eigentümliche Name vom flämischen Begriff für einen befestigten Weg oder Damm durch sumpfiges Gebiet her. Das ließe sich anhand der Umgebung gut erklären. Früher war die Siedlung weitaus größer und es sind historisch z.B. eine Mühle sowie Wirtshaus, Teerofen, Schmiede und ein Kalkofen vermerkt. Heute leben hier noch rund 40 Bewohner.

Vielen Besuchern aus dem Osten Deutschlands ist Speck ein Begriff, war hier doch ab 1969 eine **Staatsjagd** eingerichtet und wurde für den Ministerpräsidenten *Willi Stoph* ein Jagdhaus erbaut. Letzteres wurde nach der Wiedervereinigung zum Schwarzbau erklärt und 1992 abgerissen. Noch sichtbar, wenn auch etwas mysteriös hinter verschlossenen Toren, ist das Gelände des alten **Gutshauses Speck.** Es wurde 1937 für den Leipziger Industriellen *Dr. Kurt Herrmann* errichtet. Er erwarb bereits Ende der 1920er-Jahre das seit dem Mittelalter bestehende Gut und richtete ein Wildgatter ein. Um der Jagdlust der Herren gerecht zu werden, wurde hier bisher nicht heimisches Rot- und Muffelwild angesiedelt. Noch heute sind im Nationalpark u.a. Rothirsche in großer Zahl vorhanden. In der DDR-Zeit nutzten die Grenzpolizei und später die Volksarmee das Gut als Erholungsheim für Offiziere.

Sehenswert ist in Speck auch die aus gelbem Backstein gebaute, neoklassizistische **Kirche.** Das kleine Gotteshaus wurde in den 1870er-Jahren nach dem Vorbild der Neustrelitzer Bauten errichtet und verfügt über ein schön gestaltetes

021ms tm

Schnupperwanderung im Müritz-Nationalpark

- **Start/Ende:** Federow
- **Dauer:** ca. 1 Std.

UNSER TIPP: Der Weg ab dem Dorf Federow, der am Wiesen- und Waldrand entlangführt, ist gut geeignet als Einstieg in den Nationalpark oder für Tagesgäste mit begrenzter Zeit. Eine ca. einstündige Wanderung führt zunächst von der **Nationalpark-Information,** der Beschilderung mit dem Fischadler folgend, zu einem Ort mit guter Aussicht auf den Fischadlerhorst, der mit der **Fischadler-Kamera** bestückt ist. Anschließend weist das Schild mit dem Röhricht den Weg rund um den **Hofsee** zurück zur Nationalpark-Information. Hier kann man die seltenen Greifvögel auf dem Bildschirm live in ihrem Horst beobachten.

Ein Fischadler präsentiert sich der Kamera

Inneres. Die Kassettendecke ist in den mecklenburgischen Farben Blau-Rot-Gelb verziert. Auf dem Eichenholzaltar steht eine gusseiserne Christusfigur, die einst von zwei Jungen beim Angeln aus der Müritz gefischt worden war (geöffnet Mai bis Okt. tgl. 10–20 Uhr.).

Auf dem Weg zur Kirche passiert man ein erwähnenswertes Naturdenkmal. Der knorrige Stamm der **über 800 Jahre alten Sommerlinde** misst mehr als neun Meter Umfang. Damit sich noch möglichst lange Besucher und Einheimische an der imposanten Erscheinung erfreuen können, müssen die schweren Äste gestützt werden.

Käflingsbergturm

Zwei Kilometer südöstlich von Speck lädt der Käflingsbergturm zu einer großartigen Aussicht ein. Der im Jahr 2000 fertiggestellte Turm dient auch als Feuerwachstelle und Mobilfunksender. Er selbst ist lediglich 55 m hoch, sein Namensgeber, der Käflingsberg, bildet jedoch mit 100 m die **höchste Erhebung im Nationalpark.** Daher geht der Blick weit über die Wälder und Seen. Über 167 Stufen erreicht man die **Aussichtsplattform.** Für nicht ganz Schwindelfreie kann die offene Treppe des Stahlfachwerkturms allerdings eine Herausforderung sein.

Ausblick vom Käflingsbergturm

Praktische Tipps

Informationen

■ **Nationalpark-Information Federow,** Damerower Str. 6, 17192 Federow, Tel. 03991 668849, www.mueritz-nationalpark.de, April und Okt. tgl. 10–17 Uhr, Mai bis Sept. tgl. 10–18 Uhr. Hier erfährt man viele spannende Dinge zur Geschichte und zum Konzept des Nationalparks. Zur kleinen Ausstellung gehört die **Fischadler-Kamera** (s.o.).

Unterkunft, Essen und Trinken

Federow

Die Bunte Kuh①-②, Damerower Str. 8, 17192 Federow, Tel. 03991 670038, www.diebuntekuh.com, April bis Okt. tgl. ab ca. 8 Uhr. Das Gasthaus mit Pension wird von zwei nach Mecklenburg ausgewanderten Niederländern geführt und ist Teil eines Bauernhofs. Tagsüber werden im urigen Gastraum und vor allem im Biergarten kleine Gerichte, z.B. Suppen, Bratkartoffelgerichte oder Würstchen mit Kartoffelsalat, und Kaffee und Kuchen serviert. Frühstück gibt es bis 11 Uhr. Am Abend bietet man ein wechselndes Menü an. Der Kontakt zu den tierischen Bewohnern ist schnell und unkompliziert hergestellt und auch ein Spielplatz wartet auf Kinder. Die zwei Pensionszimmer sind zweckmäßig und gemütlich eingerichtet. Die Gäste können auf Wunsch Halbpension in Anspruch nehmen. Die Gastgeber helfen gern mit Ausflugstipps.

Landschaftspflegehof Müritzhof, 17192 Waren (Müritz), Tel. 03991 611540, www.müritzhof.de/landschaftspflegehof. Der sieben Kilometer südlich von Federow gelegene Hof der Lebenshilfe Waren betreibt auf 320 ha extensive Weidewirtschaft. Gehalten werden alte Nutztierrassen wie Fjällrinder, Gotlandschafe und Shetlandponys. Die Besucher erfahren auf Führungen mehr über die Tiere und die naturnahe Landwirtschaft und können in der Hofschänke einkehren. Der Müritzhof ist nicht mit dem Fahrzeug erreichbar. Man wandert zum Hof oder stoppt dort auf einer Radtour. **Hofschänke:** April bis Mitte Sept. tgl. 10.30–17.30 Uhr (April bis 16 Uhr), Mitte Sept./Okt. 10.30–16 Uhr.

Schwarzenhof

■ **Nationalparkhotel Kranichrast**②, Schwarzenhof 15, 17192 Kargow/Schwarzenhof, Tel. 03991 67260, www.nationalparkhotel-kranichrast.de. Das Hotel mit 31 Zimmern liegt umgeben von Wald und Wiesen am Radweg durch den Nationalpark. Neben dem Hotelbetrieb sind im Haus ein **Restaurant** und eine Kegelbahn vorhanden. Das Restaurant steht auch Tagesgästen zur Verfügung und hat von 12 bis 21 Uhr geöffnet. Von Januar bis März sind Betriebsferien.

Unser Tipp: **Üdi's Imbiss**①, Schwarzenhof 10a, 17192 Kargow/Schwarzenhof, Ende April bis Mitte Okt. tgl. 10–18 Uhr. Gemütliche Rast für Wanderer und besonders Radler, für die auch ein Luftdruckgerät zum Reifen Aufpumpen bereitsteht. Der Selbstbedienungsimbiss im Stil eines Gartencafés bietet Bockwurst, Fischbrötchen sowie hausgebackenen Kuchen und Eis an. Wer keinen Hunger verspürt, bestellt einfach nur ein erfrischendes Fassbier oder eine Fassbrause.

Groß Dratow

■ **Schmiede 1860**②-③, Dorfstr. 5, 17192 Groß Dratow, Tel. 039934 898134, www.schmiede1860.de, Ostern bis Weihnachten Fr/Sa 18.30–22, So 12–16 Uhr, im Sommer Do–Sa 12–16 und 18.30–22 Uhr, So 12–16 und 18.30–20 Uhr. Das gemütliche Bed & Breakfast liegt in Groß-Dratow am nördlichen Rand des Nationalparks, elf Kilometer östlich von Waren. In der historischen Schmiede mit lauschigem Garten servieren die jungen Inhaber am Nachmittag Kaffee und Kuchen sowie Brotzeiten und am Abend wechselnde Menüs, teils auch mit kultureller Umrahmung. Eine Reservierung ist für das Abendmenü notwendig. Auch sechs individuell eingerichtete Pensionszimmer werden angeboten.

Camping

Federow

■ **Wohnmobilstellplatz Federow,** Kargower Straße, Parkplatz mit Möglichkeit zur Übernachtung (15 €). Wasseraufnahme und Entsorgung von Grauwasser möglich, Schlüssel für WC und Entsorgungsmöglichkeiten gibt es bei der Nationalpark-Information im Ort.

Klockow

■ **Campingplatz „Zur hohlen Eiche",** Klockow 1f, 17219 Schloen-Dratow, Tel. 039921 36900, www.kleinernaturzeltplatz.de, ganzjährig geöffnet. Der idyllisch mitten im Nationalpark gelegene Naturcampingplatz bietet Stellplätze für Wohnmobile, rund 30 Plätze für Zelte sowie Blockhütten, Mobilheime und eine Ferienwohnung zur Miete. Das **Restaurant Waldschänke** serviert morgens und abends Speisen und Getränke. Für die kleinen Besucher steht ein Spielplatz zur Verfügung.

Verkehr

Buslinie Müritz Rundum

■ Im Gebiet des Nationalparks und entlang des Müritzufers ist man dank des Angebots Müritz Rundum bequem ohne Auto unterwegs. Das auch als **Müritz-Nationalparkticket** bekannte System beinhaltet die freie Fahrt im Linienverkehr, d.h. die Nationalparklinie zwischen Waren, Rechlin und Röbel, den Stadtverkehr in Waren und Röbel und die Linie zwischen Boek und Mirow. Das Angebot gilt von April bis Oktober. Übernachtungsgäste aus Waren (Müritz), Klink, Röbel und Rechlin nutzen es kostenlos mit ihrer Gästekarte. Für alle anderen ist ein Nationalparkticket für 9,50 € (ermäßigt 4,50 €) zu erwerben. Fahrräder und Hunde können gegen Aufpreis mitfahren. Umfangreiche Informationen findet man unter www.mueritz-rundum.de.

■ **Busfahrpläne** sind auch bei der Verkehrsgesellschaft MVVG zu finden: mvvg-bus.de.

Kratzeburg

Am **Käbelicksee,** noch auf dem Gebiet des Müritz-Nationalparks, liegt Kratzeburg. Der Ort wurde wohl um 1256 erstmals erwähnt. Eine slawische Burg soll später der Ritterburg eines Kleinadligen gewichen sein, heute noch erkennbar am Namen Schlossberg für die Anhöhe in der Ortsmitte. Später war der Ort Zollstation an einer Poststraße.

Die reizende **Dorfkirche** in Kratzeburg ist eine in Fachwerk erbaute Saalkirche. Im Inneren sind der barocke Kanzelaltar und ein spätgotischer Schnitzaltar sehenswert. Einige spannende **Ateliers** und ein **Hofladen** im Ort lohnen ebenfalls den Besuch. Eine wichtige Anlaufstelle für Besucher ist das Flatterhus, die **Nationalpark-Information.** Hier gibt es nicht nur Auskünfte zur Naturentdeckung, man kann auch eine **Ausstellung zu Fledermäusen** besuchen.

In der Nähe von Kratzeburg, bei **Pieverstorf,** kann man einen langgestreckten **germanischen Burgwall** aus der Bronzezeit bewundern.

Im **Havelquellgebiet** rund um Kratzeburg sind beliebte Einstiegsplätze für **Paddeltouren.** Die Verleihstationen helfen gern mit Tourentipps aus. Gepaddelt wird auf kleinen Seen und schmalen Kanälen mit der Möglichkeit zur Naturbeobachtung.

Informationen

■ **Nationalpark-Information Kratzeburg,** Dorfstr. 31, 17237 Kratzeburg, Tel. 039822 29665, www.mueritz-nationalpark.de, Ostern sowie Mai bis Okt. tgl. 10–17 Uhr.

Unterkunft, Essen und Trinken

Dambeck

Familienferienpark Dambeck②, Dambeck 2, 17237 Kratzeburg, Tel. 038296 720, www.awosano.de/mueritz-dambeck.html. Der Ferienpark etwas nördlich des Ortes ist ein gemeinnütziges Projekt der Arbeiterwohlfahrt. Familien mit geringem Einkommen erhalten hier vergünstigte Preise. Übernachten kann man in Zimmern, Appartements und Ferienhäusern. Die Anlage ist zum großen Teil barrierefrei ausgestattet. Für Familien sind neben vielen Spiel- und Sportmöglichkeiten auch die Betreuung und die Gemeinschaftsangebote interessant. Zusätzlich werden Fastenwochen angeboten.

Granzin

Restaurant Havelkrug②, Granzin 1, 17237 Kratzeburg, Tel. 039822 20232, havelkrug-granzin.jimdofree.com, April bis Okt. meist Mi–Sa 12–21, So 13–21 Uhr. In dem typisch mecklenburgischen Backsteinhaus im Dorf Granzin, vier Kilometer südwestlich von Kratzeburg, wird italienisch gekocht. Aus dem Holzbackofen kommt frische Pizza und die Küche kreiert Pasta und Fleischgerichte. Vegetarier finden ein umfangreiches Angebot. Auch Wasserwanderer können fast vor der Tür anlegen und einkehren.

Camping

Camping 36, Dorfstraße, 17237 Kratzeburg, Tel. 039822 20285, www.campingplatz-naturfreund.de, Ostern bis Mitte Oktober. Der am Käbelicksee liegende Naturcampingplatz ist einer der wenigen, der direkt im Müritz-Nationalpark liegt. Neben dem üblichen Angebot an Stellplätzen werden auch

026ms tm

Radtour durch den Müritz-Nationalpark und zur Havelquelle

- **Start/Ende:** Boek
- **Länge:** ca. 50 km

Für eine Rundfahrt durch den Nationalpark mit vielen Naturerlebnissen folgt man von **Boek** zunächst dem mit einem blauen M markierten Radfernweg Mecklenburgische Seenplatte. Es geht durch den Specker Horst und über **Schwarzenhof** nach **Federow.** Ein Besuch der dortigen **Nationalpark-Information** mit der Fischadler-Kamera ist eine willkommene Pause. Ab Federow fährt man auf beschilderten Wegen nach Osten durch das Kargower Holz bis nach **Ankershagen,** wo das Schliemann-Museum einen besonderen Anziehungspunkt bildet. Der Ort liegt knapp außerhalb des Nationalparks. Ein Abstecher zur nahegelegenen **Quelle der Havel** lohnt ebenfalls. Der Rückweg führt wieder in den Nationalpark nach **Kratzeburg,** am **Käbelicksee** vorbei und zurück nach Boek.

☐ Gut befahrbare Wege führen durch den Park

Wohnmobile zur Miete offeriert. Der Platz verfügt über mehrere Badestellen, Bootsverleih, Spielplatz und einen Laden mit Bestellmöglichkeit für Frühstücksbrötchen.

Einkaufen

- **Glasmanufaktur Dalmsdorf,** Dalmsdorf 1, 17237 Kratzeburg, Tel. 039822 296057, www.glasmanufaktur-dalmsdorf.de, Ostern bis Okt. tgl. 11–17 Uhr. *Bettina Paesler* stellt Glasschalen, Dekoartikel und Schmuck her und verkauft diese neben Objekten anderer Künstler in ihrem Laden am Käbelicksee. Besucher entspannen auch im **Café,** gehen auf den **Glasbarfußpfad** oder buchen einen Kurs zum Kennenlernen der Technik des Glasfusing.
- **Töpferfantasien Beate Heldt,** Dorfstraße 38, 17237 Kratzeburg, Tel. 039822 404819, www.toepferfantasien.de, Mai bis Sept. Di–Sa 14–18 Uhr und auf gut Glück sowie nach telefonischer Voranmeldung. Werkstatt und Laden von *Beate Heldt* erreicht man, wenn man sich hinter der Kirche rechts hält. Aus Ton hergestellte Gebrauchsartikel und Gartenkeramik sind hier zu finden. Neben ihren eigenen Produkten in naturnaher Optik in schönen Blautönen verkauft die Inhaberin auch Lieblingsstücke anderer Künstler für Haus, Hof und Garten.

Hofladen mit Café

- **Hofladen Lütte Meierie,** Dorfstr. 5, 17237 Kratzeburg, Tel. 039822 20202, luette-meierie.de, Mai bis Aug. Mi–Mo 14–18 Uhr, Sept./Okt. Mi–So 14–17 Uhr. Der Familienbetrieb mit Milchviehhaltung und einer Reihe anderer Tiere verkauft in seinem Hofladen mit Café Milch, Quark und Käse, aber auch Eier und Wurst aus eigener Herstellung. Gern kann man sich bei Kaffee und Kuchen länger aufhalten. Im Herbst wird auch gemostet.

Aktivitäten

Bootsverleih

- **Kanu Hecht,** Dalmsdorf 37, 17237 Kratzeburg, Tel. 039822 17988, www.kanu-hecht.de, April bis Sept. tgl. 9–18 Uhr. *Ingo Hecht* bietet auf seiner Kanu-Basis am Käbelicksee eine Vielfalt an Leistungen an. Man kann Kanus, Kajaks, Stand-up-Paddle-Boards und auch Ruder- und Tretboote leihen und auf eigene Tour gehen oder sich einer geführten Tour anschließen. Auch der Rücktransport kann gebucht werden. Wer möchte, übernachtet auf dem Gelände im **Zelt** oder in einfachen **Ferienhäusern** oder Schlaffässern. Ein Imbiss ist ebenfalls vorhanden.

Naturerlebnispfad

Unser Tipp: Der Naturerlebnispfad **Spuren-Weg Kratzeburg für Blinde und Sehgeschädigte** ist ein 3,5 km langer Weg zwischen Kratzeburg und Dambeck, der in Braille-Schrift ausgezeichnet wurde. Dazu gibt es Erklärungen am Wegesrand. Ein Infoheft, ebenfalls in Braille, ist bei der Nationalpark-Information Kratzeburg erhältlich. Der Weg ist barrierefrei.

- **Infos:** www.mueritz-nationalpark.de/erleben-erholen/aktiv-in-der-natur/barrierefrei

Verkehr

Bahn

- Kratzeburg ist durch den **Regionalexpress Berlin – Rostock** ans Bahnnetz angebunden.

Bus

- Ein Linienbus (Nr. 680) der MVVG fährt von Granzin über Dalmsdorf und Dambeck sowie **Kratzeburg** nach **Neustrelitz.** Es gibt nur wenige Abfahrten täglich. Die Linie Müritz Rundum verkehrt hier nicht.

Ankershagen und die Havelquell-Region

027ms tm

Mittelalterliche Fresken in der Ankershagener Kirche regen zum Rätseln und Deuten an

Bekannter als Kratzeburg ist das Havelquelldorf Ankershagen am nördlichen Rand des Quellgebiets, das sich zwischen den beiden Orten erstreckt. Der offizielle Name ist heute **Schliemanngemeinde** Ankershagen. Gern schmückt man sich mit dem Namen von **Heinrich Schliemann, dem Entdecker Trojas.** Dessen Vater übernahm 1823 die hiesige Pfarrstelle und so verbrachte der junge *Heinrich* von dem Zeitpunkt an acht Jahre seiner Kindheit in Ankershagen.

Zeugnis früher menschlicher Siedlungen sind die rund drei Kilometer westlich gelegenen Megalithgräber der Bronzezeit. Erwähnenswert ist auch das nur 500 m südlich von Ankershagen liegende Hügelgrab, das den poetischen Namen Königswiege trägt.

Erstmals wurde Ankershagen 1252 urkundlich erwähnt. Bereits im 12. Jh. existierte hier eine **Kirche,** an deren Stelle der heutige Feldsteinbau steht, 1266 geweiht. Im Gewölbe im Inneren sind **Freskomalereien** aus dem 13. und 15. Jh. zu bewundern. An die Anfangsjahre des Dorfes erinnert auch die **Burgruine** nahe dem Gutshaus. Von der mittelalterlichen Wasserburg, die im Dreißigjährigen Krieg zerstört wurde, sind lediglich Reste des Burgturms erhalten. Daneben steht das **Gutshaus,** welches im Ursprung aus dem 16. Jh. stammt und mehrfach neugestaltet wurde. Nachdem es bis 1997 als Schule diente, steht es heute leer und verfällt zusehends. Der bekannte Homer-Übersetzer *Johann Heinrich Voß* lebte einige Jahre als Hauslehrer der Familie *von Oertzen* im Gutshaus. Dessen Übersetzung der „Ilias" wurde später von *Heinrich Schliemann* sorgfältig studiert und für seine Suche nach dem legendären Schatz von Troja verwendet.

Schliemann-Museum

Im ehemaligen Pfarrhaus ist seit 1980 das Schliemann-Museum untergebracht. Nach mehrfacher Umgestaltung erzählt man hier in der Dauerausstellung die Biografie des wissbegierigen Jungen, späteren Multimillionärs und passionierten Archäologen und Entdeckers der Schätze des Priamos und Trojas. Viele Stücke aus dem persönlichen Besitz *Heinrich Schliemanns* machen die Ausstellung lebendig. Sonderausstellungen beleuchten Themen rund um die Entdeckung Trojas.

Auch der **Pfarrgarten** lädt zum Verweilen ein, vor allem für Kinder: Der **Nachbau eines trojanischen Pferdes** ist ein Kletter- und Rutschparadies für kleine Besucher.

Das Museum ist auch Gedenkort und Forschungsstelle der Schliemann-Gesellschaft. Am Museum startet ein Wanderweg „Auf den Spuren Schliemanns" zur Havelquelle.

■ **Schliemann-Museum Ankershagen,** Lindenallee 1, 17219 Ankershagen, Tel. 039921 3252, www.schliemann-museum.de, April bis Okt. Di–So 10–18 Uhr, Nov. bis März Mi–So 10–16 Uhr, Erw. 7 €, Kinder 6–16 Jahre 3,50 €.

Havelquell-Region

Der Höhenzug am nordöstlichen Rand des Nationalparks, der die **Wasserscheide** zwischen Ost- und Nordsee markiert, bildet das Havelquellgebiet. So vermarkten sich die umliegenden Dörfer auch als **Havelquelldörfer.** Elf sind es an der Zahl, darunter Kratzeburg, Granzin und Ankershagen. Die Straßen sind überwiegend kleine, enge Alleen. Eine Tour mit dem Fahrrad oder eine (umsichtige) Rundfahrt mit dem Auto erfreut das Herz aller Liebhaber idyllischer Land-

> Ost- oder Nordsee? Die Havel fließt zunächst gen Süden. Über die Elbe erreicht ihr Wasser schließlich die Nordsee

Das trojanische Pferd lädt ins Schliemann-Museum

028ms tm

029ms tm

schaft. Immer wieder kreuzt man hier den **Lauf der Havel,** die auf ihrem Weg durch die kleinen Seen genug Wasser aufnimmt, um später in Mecklenburg und Brandenburg als ordentlicher Fluss erkannt zu werden.

Havelquelle

Zwischen Ankershagen und Pieverstorf hat man 2007 der Havel eine besucherfreundliche Geburtsstätte geschaffen. Denn wo die Havel genau entspringt, ist nicht ganz klar. Ihr Ursprung wird im Bornsee vermutet, worauf der Namensteil *Born* (Quelle) hindeuten soll. Menschliches Zutun, u.a. der Bau eines Damms zum Betrieb einer Mühle im Mittelalter und Erdarbeiten im 19. und 20. Jh., sorgte immer wieder dafür, dass sich die Quelle leicht verschob.

Heute erreicht man ebenjene nach einem kurzen Spaziergang von einem kleinen Parkplatz aus durch den Buchenwald. Auf einer Lichtung sprudelt sanft das Wasser aus der **in Naturstein eingefassten Quelle.** Als kleiner Bach nimmt der mit rund 330 km längste rechtsseitige Nebenfluss der Elbe hier seinen Anfang. Im Halbkreis angeordnete **Findlinge** zeigen die Wappen der wichtigsten Orte entlang der Havel. Für eine Rast kann man sich an Holztischen und -bänken niederlassen.

Nur wenige Schritte entfernt lockt im Sommer der **Mühlensee** mit seinem kühlen Nass. Vor allem Einheimische zieht es an den kleinen Strand mit Steganlage. Nur wenige Meter vom Parkplatz entfernt in östlicher Richtung ist die Ruine eines Schafstalls als **Rastplatz für Radfahrer** eingerichtet worden.

Unterkunft, Essen und Trinken

Hartwigsdorf

■ **Seehaus Wille**②, Am Kreuzsee 2, 17237 Hartwigsdorf/Klein Vielen, Tel. 039822 298419 (nur für Reservierungen im Restaurant), seehaus-wille.de. Im modernen Landhausstil mit viel Holz ist der Gasthof am Kreuzsee, zwischen Ankershagen und Kratzeburg gelegen, ein willkommener Zwischenstopp. Im Restaurant mit Terrasse werden einfache, beliebte Speisen serviert. Für jeden Anspruch ist etwas dabei. Kaffee und Kuchen genießt man am Nachmittag. Im Gasthof werden zusätzlich vier Ferienwohnungen und sechs Pensionszimmer offeriert. Für die Hausgäste steht eine Sauna direkt am See zur Verfügung.

Rechlin

Der größte Ort am Ostufer der Müritz ist ganz im Süden Rechlin, wo mit dem **Hafendorf** eine der wichtigsten Marinas der Region zu finden ist. Für viele Hausbooturlauber startet in Rechlin ihr Abenteuer auf den Mecklenburgischen Großseen. Der Ort liegt an der **Kleinen Müritz,** die einen südlichen Arm der Müritz bildet. Von hier gelangt man über die Kanäle und angrenzenden Seen in die Havel und die Elde, was Rechlin zu einem Knotenpunkt für den Bootstourismus macht.

Rechlin, heute eines der kleinen touristischen Zentren im Müritzgebiet, hat nach der deutschen Wiedervereinigung einen Neustart hinlegen müssen und diesen mit Bravour gemeistert. Der staatlich anerkannte **Erholungsort** mit rund 2000 Einwohnern liegt an der B198 und verfügt damit über eine schnelle Anbindung an sowohl Mirow und Neustrelitz im Osten als auch Röbel in westlicher Richtung. Mit seinen Einkaufszentren und Supermärkten ist Rechlin ein Versorgungszentrum für die Region.

Der bereits im 14. Jh. erstmals erwähnte Ort war über die Jahrhunderte im Besitz wechselnder Adelsfamilien. Schicksalhafte Veränderungen erfuhr Rechlin ab 1916. Damals begann der Bau einer **Flieger-Versuchs- und Lehranstalt,** die in den 1930er-Jahren durch die Luftwaffe zur größten Erprobungsstelle des Reiches ausgebaut wurde. Spezialisten zog es mit ihren Familien aus dem ganzen Land an die Müritz. Dies ging mit einer enormen Bautätigkeit einher. Vor allem Zwangsarbeiter und später KZ-Häftlinge errichteten Wohnhäu-

030ms tm

ser und Dienstgebäude in Rechlin und im benachbarten **Lärz.** Auch zum Bau des dortigen **Flugplatzes** wurden sie eingesetzt. Fast 30 Jahre testeten die Luftstreitkräfte in Rechlin Bomben, Flugzeuge aller Art und technische Ausrüstung. Im Zweiten Weltkrieg hoben von hier u.a. die ersten Strahlflugzeuge zu Testflügen ab und 1943 erfolgte auf dem Gelände der weltweit erste Notausstieg mit einem Schleudersitz.

Mit Kriegsende übernahm die **Rote Armee** die Anlagen und stationierte zunächst eine Garnison der sowjetischen Streitkräfte mit Jagdflugzeugen und später eine Hubschrauberstaffel an der Müritz. Auch die **Nationale Volksarmee** (NVA) der DDR war vor Ort. Umgeben von einer Mauer, war das Gelände für die meisten Rechliner absolut **unzugänglich.** Aber auch die zivile Industrie entwickelte sich und es entstand schon 1948 eine **Schiffswerft,** die sich auf Ausrüstungen für den Schiffbau, speziell den Bau von Rettungsbooten, spezialisierte.

Mit der **Wiedervereinigung** wurde der Ort innerhalb weniger Jahre auf den Kopf gestellt. Die großen Produktionsgenossenschaften der Landwirtschaft und die Schiffswerft wurden abgewickelt und das Militär zog bis 1994 ab. Zurück blieben die leeren Gebäude. Die früheren Offiziershäuser wurden zu Ein- und Mehrfamilienhäusern umgebaut. Auf dem Gelände der **ehemaligen Werft** siedelte sich 1997 der Tourismus-Anbieter Kuhnle Tours mit seinem Bootsbau an. Eigene Entwicklungen, wie die hier vom Stapel laufenden Boote vom Typ Kormoran, haben den Wassertourismus in der Region revolutioniert. Investiert wurde auch in das **Hafendorf** Müritz am Claassee.

Rechlin erstrahlt heute mit vielen Neubauten und einigen kleinen Industriebetrieben im neuen Glanz. Historisch erhalten ist die **Kirche.** Der klassizistische Putzbau entstand zwischen 1816 und 1832. Von der Enteignung 1916 bis zur Rückübertragung 1996 diente das Gotteshaus den Militärs u.a. als Garnisonskirche und Depot. Vom ursprünglichen Inventar ist kaum etwas erhalten.

Das benachbarte Lärz richtet auf seinem Flugplatz – heute unter dem Namen **Müritz Air Park** zivil genutzt – jedes Jahr das bekannte **Musikfestival Fusion** aus. Ein Wochenende lang schallt vor allem elektronische Musik über das weiträumige Gelände, das so zur Partymeile für das junge Publikum wird.

Luftfahrttechnisches Museum

Die ehemalige Erprobungsstelle ist heute Luftfahrttechnisches Museum. Das im historischen Gebäudeensemble der **Luftwaffenerprobungsstelle Gruppe Nord** eingerichtete Museum befasst sich mit der Geschichte des Test- und Versuchsgeländes im Dritten Reich, der Zeit der Sowjetischen Fliegergarnison in der Region, der Nutzung durch NVA und Bundeswehr, aber auch mit der Geschichte der Rechliner Werft und des Ortes im Allgemeinen. Die Weitläufigkeit des Geländes ermöglicht es, viele

◁ Ein russischer Transporthubschrauber vom Typ MIL-Mi8 gehört zu den Schaustücken im Museum

große Exponate wie **Flugzeuge und Boote** zu zeigen.

■ **Luftfahrttechnisches Museum,** Am Claassee 1, 17248 Rechlin, Tel. 039823 20424, www.luftfahrttechnisches-museum-rechlin.de, April bis Okt. tgl. 10–17 Uhr, Feb./März tgl. 10–16 Uhr, Erw. 12 €, Kinder bis 16 Jahre 6 €.

Praktische Tipps

Informationen

■ **Touristinformation,** Müritzstr. 51, 17248 Rechlin, Tel. 039823 169910, www.mueritzferien-rechlin.de, Okt. bis Mai Mo–Fr 9–16 Uhr, Juni bis Sept. Mo–Fr 9–17, Sa 10–14 Uhr, Juli, Aug. Mo–Fr 9–18, Sa/So 10–17 Uhr.

Unterkunft, Essen und Trinken

■ **Hafendorf Müritz,** Marinastraße 1, 17248 Rechlin, Tel. 039823 2660, www.hafendorf-mueritz.de. Das vom Hausbootvermieter Kuhnle Tours betriebene Hafendorf verfügt über eine Vielzahl an Unterkunftsmöglichkeiten. So kann man in Apartments, in schwimmenden Ferienhäusern oder in Kabinen von Hausbooten übernachten. Oder man kommt mit dem eigenen Wohnmobil und nutzt die modernen Stellplätze vor Ort. Es werden auch Hausboote verchartert, außerdem stehen ein Fahrradverleih und eine Bootsvermietung zur Verfügung. Auf der Anlage befinden sich auch Restaurant, Bar und Shop.

■ **Hafengaststätte Möwennest**②, Fritz-Reuter-Straße 5, Tel. 039823 279916, www.hafengaststaette-moewennest.de, April bis Dez. Mo–Sa 11.30–21.30 Uhr, So nur an Feiertagen, Jan. bis März Betriebsferien. Das im Yachthafen gelegene Lokal serviert regionale Gerichte, aber auch mediterrane Küche. Zur eigentlichen Speisekarte kommen saisonale Angebote. Besonders beliebt sind die Plätze auf der Terrasse. Hier speist man im besten Fall mit Blick in den Sonnenuntergang an der Müritz.

Vipperow

Unser Tipp: **Restaurant Wiepeldorn**②, Mirower Straße 1b, 17209 Vipperow, Tel. 039923 718023, www.wiepeldorn.de, Mo–Fr 11.30–14.30 und 17–21, Sa 11.30–21 Uhr, Frühstück ab 8.30 Uhr in der Saison. Das in Vipperow am gegenüberliegenden Ufer der Kleinen Müritz gelegene Restaurant und Hofcafé ist ganztags einen Besuch wert. Am Morgen wählt man Frühstück von einer umfangreichen Karte und am Abend werden lokale und internationale Gerichte in gemütlicher Atmosphäre serviert.

Einkaufen

Hofladen mit Café

Alte Tischlerei Anja Frey, Kleine Müritzstraße 4, 17248 Rechlin, Tel. 01520 4834869, landwirtfrey.de/hofladen, mind. April bis Okt. Do–Di 11–17 Uhr. Im Ortsteil Vietzen verkauft Familie *Frey* Bio-Lebensmittel, viele davon aus eigener Produktion oder Jagd. Im Angebot sind Fleisch- und Wurstwaren von Wild und Rind, Gemüse, Milch und Käse, Backwaren und auch Tee, Kaffee und Süßes. Dazu gibt es ein Café und einen Imbiss: Kuchen, Eis, Suppen und heiße Wurst sowie wechselnde Tagesgerichte in Bio-Qualität.

Aktivitäten

Radfahren und Bootsverleih

■ **ALLERLEImobiles,** Neuer Markt 10, 17248 Rechlin, Tel. 039823 291733 oder 0160 65020393, www.fahrradverleih-rechlin.de, Mai bis Sept. tgl. 9–17 Uhr, Okt. bis April Mo–Fr 9–17 Uhr, Sa/So unregelmäßig geöffnet. Der mitten im Ort gelegene

Verleih verfügt über ein Angebot an Fahrrädern für alle Ansprüche und vermietet auch Wassersportausrüstung wie **Kajaks** und **Stand-up-Paddle-Boards.**

■ **RechlinRAD,** Kompassweg, 17248 Rechlin, Tel. 015253828975, www.rechlinrad.de, mind. Mai bis Aug. tgl. 9–21 Uhr. Fahrradvermietung am Hafendorf in Rechlin-Nord. Der gut sortierte Verleih steht auch Tagesgästen zur Verfügung, Abholung und Rückgabe flexibel. Im Angebot sind Tourenräder, Mountainbikes, E-Bikes und Tretmobile.

■ **Boots- und Kanuverleih Gaarzer Mühle,** 17248 Lärz, Tel. 039823 21202, www.boots-und-kanuverleih-gaarzer-muehle.de, April bis Okt. tgl. 9–18 Uhr. Am idyllischen Müritzarm südlich von Rechlin lassen sich Motorboote, Ruderboote und Kanus leihen für Touren auf der Müritz. Es wird auch eine Tourenberatung geboten.

Verkehr

Bus

■ Rechlin ist an die Nationalparklinie **Müritz Rundum** angebunden (Infos siehe „Müritz-Nationalpark/Verkehr", S. 60). Diese steuert die Haltestelle „Rechlin Hafendorf" an, von wo aus man seine Fahrt auch mit dem Linienschiff fortsetzen kann.

Mit der Kurkarte, dem Nationalparkticket oder einer regulären Fahrkarte fährt man ab Rechlin (Haltestelle „Alte Post") mit der Linie 025 über **Lärz** nach **Mirow** oder der Linie 010 (dat Bus) über **Röbel** zurück nach Waren.

Schiffsverkehr

■ Vom Schiffsanleger Rechlin-Nord (Hafendorf) legen zwischen Ende April und Anfang Okt. mehrmals täglich die Schiffe der Weißen Flotte zur Linienfahrt nach **Waren (Müritz)** ab. Die 1½–2 Std. lange Fahrt führt auf dem Hinweg über **Klink** und zurück von Waren via Klink und **Röbel** nach Rechlin.

Boek

Der kleine Ort Boek am Ostufer der Müritz hat sich zu einem der Tore in den Nationalpark entwickelt und bietet eine gute Infrastruktur mit Unterkünften und Gastronomie. Da er fast vollständig vom Schutzgebiet umgeben ist, erreicht man ihn mit dem Auto nur von Rechlin aus. Für Pkw ist hier die letzte Parkmöglichkeit vor dem Nationalpark.

Die Geschichte des Gutsdorfs Boek reicht bis ins Mittelalter. Zwischen 1841 und 1920 war es im Besitz der Familie *Le Fort*, verwandt mit der Schriftstellerin *Gertrud Le Fort*. Baron *Le Fort von Boek* beteiligte sich 1920 am Kapp-Putsch und versuchte sich an einer Belagerung der Stadt Waren. Konsequenz war die Enteignung der Familie. Im Dritten Reich wurde das Gut zunächst ab 1935 durch den Reichsverband der Deutschen Luftfahrtindustrie bewirtschaftet, bevor es später Teil des militärischen Sperrbereichs wurde. Erst seit 1990 nach Abzug des Militärs und mit Gründung des Nationalparks ist Boek wieder frei zugänglich.

Nach der umfangreichen Renovierung des ehemaligen **Gutshauses** sollen hier eine Nationalpark-Information, ein Museum und ein Restaurant einziehen. Bis zu deren Fertigstellung informieren die Ranger in einem Wohnwagen in der Ortsmitte.

Die **Kirche St. Johannis** entstand 1847 als neugotischer Bau und ersetzt einen hölzernen Vorgänger. Die Ausstattung kann sich sehen lassen, besonders die Orgel von *Wilhelm Sauer* aus dem Jahr 1853 ist ein Schmuckstück.

Bolter Mühle

Auf dem Weg von Rechlin in den Ortsteil Boek stößt man auf die Bolter Mühle. Das romantisch anmutende Backsteinbauwerk ist eine **ehemalige Wassermühle am Bolter Kanal,** die 1665 von den Johannitern aus Mirow gegründet wurde. Erhalten sind noch Haupt- und Getriebehaus, beide werden heute als Pension genutzt (s.u.). Außen kann man eines der Wasserräder als Schaurad betrachten, das noch bis 1910 die Mühle antrieb.

An dieser Stelle kommen einige der wichtigsten touristischen Routen an der Müritz zusammen, so der **Müritz-Rundweg,** der **Mecklenburgische Seenradweg** und der Zugang zur **Alten Fahrt,** ein beliebtes Paddelrevier. Die Alte Fahrt war einst die Verbindung von der Müritz über die kleinen Seen in die Havelwasserstraße bei Mirow. Es gab eine **Schleuse,** die zugeschüttet wurde, als in den 1930er-Jahren ein neuer Bolter Kanal entstand. Heute sind auf der alten Strecke nur noch **Kanus** unterwegs. An der ehemaligen Schleuse muss das Boot einige Meter übers Land getragen werden.

Wildpark Boek

In dem rund 80 ha großen Freigehege am Ortsrand von Boek leben hauptsächlich **Rothirsche.** Besucher können auf **Kutschfahrten** mit dem Planwagen mehr über die heimische Tierwelt erfahren und sich den Tieren nähern.

■ **Wildpark Boek,** Boeker Str. 29, 17248 Boek, Tel. 039823 27088, April bis Okt. tgl. ca. 10–17 Uhr. Kutschfahrten tgl. 10.30, 12, 14 und 16 Uhr. Dazu gibt es im **Kutschercafé** regionale und handgemachte Spezialitäten zu speisen und zu kaufen.

Praktische Tipps

Unterkunft

■ **Pension Jägerrast**①, Boeker Str. 22, 17248 Boek, Tel. 039823 21556, jaegerrast.jimdofree.com. Die kleine Pension in Boek ist außen und innen sehr individuell gestaltet. Lokale Künstler haben Wände und Fassaden u.a. mit Naturansichten verziert. Die engagierte Gastgeberin *Bianca Böhm* pflegt das Motto Slow Travel und gibt gute Tipps für Touren und Besichtigungen. Fahrräder können geliehen werden und auf Wunsch sind auch Massagen erhältlich.

UNSER TIPP: **Bolter Mühle**②, Bolter Schleuse 1, 17248 Boek, Tel. 039823 270400, www.boltermuehle.de. Die ehemalige Wassermühle wurde mit viel Liebe zum Detail renoviert. Die Einrichtung der Zimmer und Ferienwohnungen mit Massivholzmöbeln wirkt schlicht, aber naturbetont. Die meisten Räume haben sichtbare historische Fachwerkbalken. Frühstück kann dazugebucht werden. Es steht auch ein Kanuverleih zur Verfügung, das Quartier steht direkt an einer beliebten Einstiegsstelle.

Camping und Ferienanlage

■ **Müritzparadies,** Am Müritzufer 6, 17248 Boek, Tel. 039823 2530, www.mueritz.com. Zur Ferienanlage gehören die zwei nahe beieinander gelegenen Feriendörfer **Alte Fahrt** am Bolter Kanal und **Müritzufer** direkt an der Müritz. Es gibt Ferienhäuser im skandinavischen Stil und Ferienwohnungen. Ein **Naturcampingplatz** und ein **Wasserwanderrastplatz** vervollständigen das Angebot. Zur Anlage gehören Spielplätze, Badestellen, ein Fahrradverleih sowie ein Restaurant und ein Laden. Wassersportangebote befinden sich in der Nähe.

Essen und Trinken

■ **Restaurant Auszeit**②-③, Boeker Str. 3a, 17248 Boek, Tel. 039823 29120, www.mueritz-restaurant.de, mind. April bis Okt. tgl. 12–21.30 Uhr. Das im Hotel Müritz-Park gelegene Restaurant bietet sich für den Ausklang einer Wanderung oder Radtour an. Es liegt günstig mitten im Ort und verfügt über eine schöne Terrasse. Auf der Speisekarte steht – regional verwurzelt – hauptsächlich Fisch. Aber auch für den kleinen Hunger sind Gerichte vorhanden. Die meisten Zutaten stammen von regionalen Erzeugern.

UNSER TIPP: **Fischers Land Boek**①, Fischer- und Angelhof Bolter Schleuse, Boeker Mühle 4, 17248 Boek, Tel. 039823 27754, www.mueritzfischer.de/fischerhoefe, Mai bis Sept. Di–So mind. 10–16 Uhr, Juli/Aug. tgl., Okt. Mi–So 10–16 Uhr. Der Fischerhof zieht durch seine besondere Anlage alle Blicke auf sich. Das Bistro in Form einer Holzrotunde liegt zwischen Fischteichen und bietet herrliche Aussichten. Mit etwas Glück kann man bei der Rast Fischadler kreisen sehen. Im Angebot sind Fischbrötchen, Suppe und Räucherfisch. Wer mehr erfahren möchte, spaziert noch auf dem Fischlehrpfad um die Teiche.

Am Bolter Kanal muss umgetragen werden

Aktivitäten

Wassersport

■ **Surf-Hecht,** Dorfstr. Campingplatz C16, 17248 Boek, Tel. 0172 3832587, surf-hecht.de, mind. Mai bis Sept. tgl. 9–18 Uhr. Die erfahrene Crew von *Ingo Hecht* bietet in seiner Surf- und Kanustation am **Campingplatz „Boek" C16** direkt am Müritzufer Paddeln, Stand-up-Paddeln und Windsurfen an. Von Mai bis September können Surfkurse gebucht werden. Auch geführte Touren sind möglich.

Verkehr

Bus

■ Boek ist an die Nationalparklinie **Müritz Rundum** angebunden (siehe „Müritz-Nationalpark/Verkehr", S. 60). Die Busse halten in der Ortsmitte Boek sowie an der Boeker Mühle, der Bolter Schleuse und dem Bolter Kanal. Alle genannten Haltestellen sind ebenfalls an die Buslinie 025 nach **Mirow** angeschlossen.

Schiffsverkehr

■ Vom **Anleger Bolter Kanal** besteht Anschluss an die Linienfahrten der Weißen Flotte nach Waren bzw. Rechlin.

031ms tm

Röbel/Müritz

Am Südwestufer der Müritz bildet Röbel den Hauptanziehungspunkt. Der anerkannte Erholungsort mit rund 5100 Einwohnern wird „bunte Stadt am kleinen Meer" genannt. Das ab den 1990er-Jahren behutsam renovierte Röbel besticht durch seine **farbenfrohen Fassaden** und die gemütliche Atmosphäre. Streift man durch die **Altstadt,** entdeckt man eine intakte und sehenswerte Stadtarchitektur mit vielen Gelegenheiten für Ausblicke und Genuss. Zum Müritzufer ist es von überall nur ein Katzensprung. Die Stadt erstreckt sich an einer tief eingeschnittenen Bucht mit dem Namen **Binnensee.**

Stadtgeschichte

Bewohnt wurde die Gegend vermutlich schon früh durch Slawen. Im 10. Jh. entstand eine Siedlung unterhalb einer Burg des hier ansässigen Stamms der Morizaner. Die spätere **Ackerbürgerstadt,** deren Einwohner Pachtbauern und Fischer waren, erhielt 1226 das Schweriner Stadtrecht. Nahezu gleichzeitig entstand eine **Neustadt,** in der sich Handwerker und Kaufleute niederließen. So gab es hier bald zwei Siedlungen mit jeweils einer mächtigen, gotischen Kirche. Statt zusammenzuwachsen, manifestierten beide die Trennung, sogar eine **Stadt-**

⌃ Als bunte Stadt am kleinen Meer wird Röbel treffend betitelt

mauer entzweite sie räumlich. Die Widmung der Marienkirche (Altstadt) zum **Bistum Schwerin** und der Nikolaikirche (Neustadt) zum **Bistum Havelberg** in Brandenburg machte die Lage nicht leichter. So lebte man bis ins 19. Jh. eher in Konkurrenz als in Kooperation.

Heute leben die Röbeler hauptsächlich von Handwerk und Tourismus. Überregional bekannt ist das hier ansässige Werk Optimal Media GmbH für die Produktion von Datenträgern und Schallplatten, darunter weltweit einzigartige Sonderprägungen. Röbel fungiert heute als größtes Versorgungszentrum für die Region westlich der Müritz.

⌃ Landmarke und Aussichtspunkt in Röbel: die Marienkirche

Sehenswertes

Vom Stadthafen zur Altstadt

Ein Spaziergang durch Röbel beginnt für die meisten Besucher an der **Müritzpromenade,** an der man gut das Auto abstellen kann. Wer mit dem Fahrgastschiff kommt, geht im Stadthafen an Land. Schon bei der Zufahrt sieht man den schlanken **Wasserturm** aus Stahlbeton. Er entstand 1912 als erster seiner Art in Norddeutschland. Vorbei an Fischimbiss und Schiffsanleger und immer mit Ausblick auf die langgezogene Bucht mit schönen Bootshäusern geht es entlang der **Straße der Deutschen Einheit.** Sie führt durch die gesamte Stadt, ändert den Namen im Zentrum in **Straße des Friedens.**

Zuerst erreicht man die lauschige Altstadt mit ihren sorgfältig gepflegten **Fachwerkhäusern.** Hier findet man den Beinamen „bunte Stadt" bestätigt. Weil die Fachwerkbauweise einst als wenig repräsentativ galt, wurden die Häuser im Nachhinein farbig verputzt oder gestrichen. An einigen Häusern sind die **Fassadenmalereien** des Grafikers *Werner Schinko,* u.a. mit Motiven aus Handwerk und Handel, ein Hingucker.

Marienkirche

Unser Tipp: Bald schon ist die Marienkirche sichtbar, das **Wahrzeichen der Stadt.** Sie entstand bereits im 13. Jh. auf einem ehemaligen Tempelhügel nahe dem alten Schloss und wurde mehrfach erweitert. Obwohl die Altstädter eher bescheiden leben mussten, wurde durch die Unterstützung der Herren *von Werle,* die hier Hof hielten, ein durchaus prachtvoller Kirchenbau möglich. Vom **Turm** geht der Blick weit über den See und die Stadt. Im Innenraum der Kirche sind die neugotische Kanzel, der Schnitzaltar und das Triumphkreuz sehenswert.

Neben der Marienkirche befindet sich das **Haus des Gastes,** die Touristinformation (s.u.), mit dem reizenden **Bürgergarten** und schönem Ausblick auf die Müritz. Eine kleine Heimatstube mit Geschichtsausstellung befindet sich im zweiten Stock des Gebäudes.

■ **Marienkirche Röbel,** Straße der Deutschen Einheit 14, mind. Mai bis Sept. tgl. 10–17 Uhr, im Winter nur eingeschränkt geöffnet.

Windmühle

Wenige Meter weiter lockt ein Abstecher auf den **Mühlenberg,** wo die mittelalterliche Burg und später das Schloss einst standen. Nach dessen Abriss im 15. Jh. entstand eine erste Bockwindmühle. Die heutige Röbeler Windmühle, erbaut um 1805 im holländischen Stil, ist nach umfassender Sanierung Galerie und Veranstaltungsort.

■ **Mühle Röbel,** Ausstellungs- und Kulturzentrum, Am Mühlenberg 4, Mai bis Okt. je nach Veranstaltungsprogramm.

Rund um Markt und Nikolaikirche

Weiter durch die Altstadt lohnt der **Ziegenmarkt** mit einigen Cafés einen Zwischenhalt. Von hier aus blickt man bereits auf die **Nikolaikirche** und den Markt. Die ebenfalls im 13. Jh. begonnene gotische Kirche beeindruckt durch ihre ineinandergeschobenen Kuben und einen wuchtigen Turm mit achteckigem Helm. Auch in diesem Gotteshaus ist einiges der mittelalterlichen Ausstattung und Ausmalung erhalten. Das hier untergebrachte Gestühl des ehemaligen Dominikanerklosters ist besonders erwähnenswert.

Der **Markt** bildet das Ende dieses rund einen Kilometer langen Spaziergangs. In seinem Verlauf bieten sich einige Abstecher in Nebenstraßen, zur alten **Stadtbefestigung** und zum Seeufer an. So entdeckt man auch Röbels jüdische Geschichte bei einem Stopp an der restaurierten **Synagoge,** einem Fachwerkbau aus dem Jahr 1831.

■ **Synagoge Röbel,** Land-und-Leute e.V. Engelscher Hof, Kleine Stavenstr. 10, Tel. 039931 53944, www.engelscherhof.de. Ausstellung zur jüdischen Geschichte, unregelmäßig geöffnet, bei Interesse zur Besichtigung am besten vorher anrufen.

Praktische Tipps

Information

■ **Touristinformation Röbel/Müritz,** im Haus des Gastes, Straße der Deutschen Einheit 7, 17207 Röbel/Müritz, Tel. 039931 80113, www.stadt-roebel.de, Nov. bis März Mo–Fr 10–15 Uhr, April bis Juni, Sept. und Okt. Mo–Fr 9–17, Sa 10–14 Uhr, Juli/Aug. Mo–Fr 9–18, Sa/So 10–16 Uhr.

Kunst und Kultur in der historischen Mühle mitten in Röbel

037ms tm

Unterkunft

■ **Stavenhof,** Große Stavenstraße 14 und 24, 17207 Röbel/Müritz, Tel. 0157 58186736 (ab 18 Uhr), www.stavenhof.com. Mitten in der Altstadt werden in zwei gegenüberliegenden Gebäuden gemütliche Ferienwohnungen vermietet. Die Ausstattung ist modern, jedoch wurde bei der Gestaltung der Wohnungen darauf geachtet, dass die ursprüngliche Bauweise der Fachwerkhäuser erhalten bleibt. Ein Garten im Hof kann von allen Gästen genutzt werden. Die Sehenswürdigkeiten und Einkaufsmöglichkeiten Röbels erreicht man bequem zu Fuß.

■ **Maty's Landhausperle an der Müritz,** Marienfelder Str. 53–57, 17207 Röbel/Müritz, Tel. 039931 59280, www.mueritz-landhausperle.de. Die Pension, ca. 3 km nördlich des Stadthafens, verfügt über Ferienwohnungen und Ferienhäuser auf einem Privatgrundstück mit Park und eigenem kleinen See. Alle Einheiten sind in frischen, kräftigen Farben gestaltet und haben eine Küchenzeile, teilweise ist auch Balkon oder Terrasse vorhanden. In der Saison ist zweimal wöchentlich ein kleiner Biergarten geöffnet und es werden Grill- oder Pizzaabende veranstaltet. Frühstück kann dazugebucht werden.

Gotthun

■ **Pension Müritzblick**②, Reitweg 4, 17207 Gotthun, Tel. 039931 8510, www.mueritzblick-gotthun.de. Etwa 5 km nördlich von Röbel im Dorf Gotthun bietet die Pension einfach ausgestattete Zimmer mit allen nötigen Annehmlichkeiten. Reisende mit Hund sind herzlich willkommen. Frühstück ist inklusive. Das hauseigene **Restaurant** serviert Mecklenburger Küche für den kleinen und großen Hunger. Von Mai bis September werden bei gutem Wetter an jedem Freitag Grillabende mit Buffet veranstaltet.

UNSER TIPP: **Schamper Mühle zu Gotthun,** Röbeler Str. 4, 17207 Röbel/Müritz, www.schamper-muehle.de. In der ausgebauten Windmühle befinden sich zwei Ferienwohnungen für je max. fünf Personen jeweils über drei Geschosse. Der Charme der Mühle bleibt trotz zeitgemäßer Einrichtung erhalten – die Eigentümer sind beruflich mit Architektur und Design befasst. Das Hauptschlafzimmer verfügt über ein Himmelbett. Ein Lebensmittelkorb eines Biohofs aus der Umgebung kann gegen Aufpreis bestellt werden.

Camping

Sietow

■ **Campingplatz „Sietower Bucht“,** Dorfstr. 21, 17209 Sietow, Tel. 039931 52068, www.weicamp.de, Ostern bis Anfang Oktober. Der kleine Camping-Platz in Sietow-Dorf, ca. 7 km nördlich von Röbel an der Müritz gelegen, verfügt lediglich über 40 Stellplätze. Es ist ein ruhiger Rasenplatz. Das Service-Angebot ist, besonders in der Nebensaison, eingeschränkt. Haustiere sind nicht gestattet.

Essen und Trinken

UNSER TIPP: **Regattahaus**②, Müritzpromenade 20, Tel. 039931 53536, tgl. 11–22 Uhr. An der Müritzpromenade, nur wenige Gehminuten vom Stadthafen Röbel entfernt, befindet sich das im Stil eines Seglerheims eingerichtete Restaurant. Hier genießt man Kaffee und Kuchen und vor allem Fischgerichte jeder Art, u.a. aus der hauseigenen Räucherei. Auch Kinder finden eine gute Auswahl an Gerichten.

■ **Kuchen- und Tortenbar,** Pferdemarkt 15, Tel. 039931 836795, www.cafe-roebel.de, tgl. 8–17 Uhr. Die Torten von *Kathrin Luschnat* sind nicht nur den Röbelern ein Begriff. In ihrer Tortenmanufaktur stellt sie kleine und große Kunstwerke her. Im Café kann man frühstücken oder die täglich neue Kuchen- und Tortenauswahl genießen.

■ **Café Stress,** Töpferwall 3, www.stress-in-roebel.de, tgl. 8.30–17 Uhr, Mo und Mi Ruhetag, im Winter nur bis 15.30 Uhr. Direkt am Busbahnhof südlich der Altstadt haben sich zwei Freundinnen den Traum vom eigenen Café verwirklicht und bieten Frühstück, Kaffee und Kuchen und ein Catering mit Häppchen und Schnittchen an. Die Atmosphäre ist zwanglos und gemütlich, das Frühstücksangebot reichlich. Alles ist auch zum Mitnehmen erhältlich.

■ **Gaststätte Waldeck**②, Marienfelder Str. 1a, 17207 Röbel/Müritz, Tel. 039931 59575, www.waldeck-roebel.de, mind. April bis Okt. tgl. 17–21 Uhr. Im nördlich gelegenen Ortsteil Marienfelde befindet sich diese kleine, rustikale Gaststätte mit Blick in die Natur. Die Speisekarte verspricht deftige Kost mit vielen Schnitzelvarianten und dem beliebten *Steak au four,* überbacken mit hausgemachtem Würzfleisch.

Sietow

■ **Fischerhütte Sietow,** Hafenstr. 6, 17209 Sietow, Tel. 039931 837900, fischerhuette-sietow.de, Restaurant Mai bis Sept. tgl. 17–21 Uhr, Mi Ruhetag, Okt. Do–Mo 17–20 Uhr, Nov. bis April geschl. Kiosk Nov./Dez. und März/April Do–So 10 bis mind. 17 Uhr, Mai bis Okt. tgl. 10 bis mind. 17 Uhr, Jan./Feb. geschl. In der Räucherei in Sietow-Dorf werden Fische aus dem See verarbeitet. Eine besondere Spezialität ist die Räucherfischsülze. Es werden auch Musikveranstaltungen und Grillabende geboten.

Einkaufen

Röbel bietet gute Möglichkeiten, sich mit den Waren des täglichen Bedarfs zu versorgen. Hier befinden sich mehrere große Supermärkte, Discounter und Baumärkte. Auch eine Tankstelle ist vorhanden. Läden und Boutiquen verteilen sich entlang der Durchgangsstraße.

▷ Die Bucht vor Röbel bietet ideale Bedingungen für Segler

Feste und Veranstaltungen

Am Pfingstsonntag beginnt in Röbel mit dem **Speckreiten** die Saison. Neben ausgefallenen Reiterspielen und Wettkämpfen für Freizeitreiter findet am Nachmittag das Speckreiten statt, bei dem der Tradition gemäß der Sieger eine Speckseite erhält.

Das **Seefest** mit Jahrmarkt und Festprogramm folgt Mitte Juli, es ist das große Röbeler Stadtfest.

Aktivitäten

Erlebnisbad

Müritztherme, Am Gotthunskamp 14, 17207 Röbel/Müritz, Tel. 039931 87819, www.mueritztherme.com, tgl. 9–21 Uhr (Sauna abweichend), Tageskarte Bad Erw. 20 €, Kinder 11 €. Die Therme ist ein Sport- und Spaßbad mit Schwimmbecken, Strömungskanal, Wasserrutsche und vielen Spielmöglichkeiten. Auch eine Saunawelt sowie Massage-Angebot und Fitnesscenter sind vorhanden.

Segeln und Bootsverleih

Segelcenter Müritz, Müritz Marina Röbel (Hafen des Seglervereins), Müritzpromenade, 17207 Röbel/Müritz, Tel. 0172 1388159, www.segelcenter-mueritz.de. Die Segelschule bietet neben Kursen auch den Verleih verschiedener Bootstypen an.

Wandelweg Sietow

Wenige Kilometer nördlich von Röbel bietet der rund neun Kilometer lange Wandelweg Sietow die Möglichkeit zur Entspannung in reizvoller Natur. An **elf Stationen** werden die Sinne inspiriert. Start und Ende ist der **Wandelweg-Infopoint in Sietow-Dorf** an der Müritz. Von dort geht es zunächst durch einen ufernahen Wald und dann weiter nach Sietow, dem Hauptdorf im Hinterland der Müritz. Infos: www.sietower-wandelweg.de.

Radfahren

Der **Müritz-Rundweg** führt durch Röbel. Vorwiegend auf Asphalt geht es in Seenähe nach Norden durch die Dörfer über rund 30 km bis nach Wa-

038ms tm

Kleine Radtour am Südwestufer der Müritz

- **Start/Ende:** Altstadt von Röbel/Müritz
- **Länge:** ca. 26 km

Von Röbel aus führt eine rund 26 km lange Tour durch reizvolle Dörfer im Südwesten der Müritz. Man verlässt die Altstadt von Röbel über die Mühlenstraße auf dem Müritz-Rundweg nach Osten und gelangt, zunächst immer am Südufer des **Binnensees** entlang, nach **Ludorf.** Hier lohnt ein Stopp zur Besichtigung des Herrenhauses und der Kirche. Vom **Müritzpark Ludorf,** dem Campingplatz an der Müritz, fährt man am Ufer entlang in südlicher Richtung bis **Zielow.** Nun geht es auf wenig befahrenen Landstraßen ins Inland über die Dörfer **Solzow** und **Spitzkuhn** bis nach **Bollewick.** Nach einem Besuch der Feldsteinscheune ist man nach 3 km zurück in Röbel.

Kleinod: die Ludorfer Kirche

ren. Von dort kann man durch den Müritz-Nationalpark im Osten der Müritz weiterfahren. Auf gut markierten Waldwegen rollt man mit vielen Möglichkeiten für Abstecher und Naturbeobachtungen bis nach Rechlin im Süden (ca. 35 km) und schließlich zurück nach Röbel. Die komplette Runde um den See ist 83 km lang.

Verkehr

Bus

- Röbel ist an die Nationalparklinie **Müritz Rundum** angebunden (siehe „Müritz-Nationalpark/Verkehr“, S. 60).
- Mit dem Nationalparkticket nutzt man die Buslinie 010 und 011 von **dat Bus** nach **Rechlin** bzw. **Waren** und hat somit Anschluss an die Nationalparklinie. Die wichtigste Haltestelle befindet sich am ZOB (Bahnhofstr./Mirower Str.). Weitere Haltepunkte sind in der Altstadt (zwischen Ziegenmarkt und Marienkirche) und am Hafen.
- **Informationen** zu den Buslinien in und um Röbel: mvvg-bus.de.

Schiffsverkehr

- In Röbel starten die Ausflugs- und Linienfahrten am Stadthafen. Mit den Schiffen der Weißen Flotte geht es auf **Linienfahrt** nach Rechlin oder Waren und zu kurzen **Ausflugsfahrten auf die Müritz** bzw. zur Tagesfahrt nach Waren (Müritz).

Im Herrenhaus Ludorf zeugt das Wappen über der Tür von den adligen Erbauern

Ludorf

Eine der ungewöhnlichsten Kirchen des Landes findet man in Ludorf, heute ein Ortsteil der Gemeinde **Südmüritz.** Das **ehemalige Gutsdorf** liegt etwas versteckt. Weit scheint der Weg, fährt oder radelt man von Röbel hinüber. Vorbei an großen Feldern und kleinen Häusergruppen erreicht man die Dorfmitte und steuert direkt auf das **Herrenhaus** zu, heute ein gehobenes Hotel, dessen zugehöriges Restaurant auch Tagesgästen offensteht (s.u.). Seine Fassade in dänischer Klinkerrenaissance wirkt einladend und warm.

Tatsächlich war der Flecken schon früh besiedelt. Das Rittergeschlecht *von Morin* wurde hier bereits um 1224 namentlich erwähnt, das Dorf Ludorf fand 1346 in einer Urkunde zur Kirchweihe Erwähnung. Bis zum Dreißigjährigen Krieg befand sich hier der Stammsitz der *Morins.* Reste eines **Burghügels** sind noch heute nördlich des Herrenhauses erhalten. Durch die Ehe mit einer Tochter der Familie *von Morin* gelangten die Herren *von Knuth* nach Ludorf. *Adam Levin von Knuth,* Minister am Hofe des dänischen Königs, ließ 1698 das Herrenhaus errichten. Nachfahren der Familie blieben noch bis 1901 Herren auf Ludorf. Die letzten Besitzer aus der Familie *Schulse-Bülow* bewirtschafteten 1928 bereits mehr als 3800 ha. Nach der Enteignung der adligen Bewohner 1945 zogen Flüchtlinge, u.a. aus Ostpreußen, in das Haus ein. Vieles wurde über die Jahre zerstört oder dem Verfall preisgegeben, bis 1998 die Familie *Achtenhagen* Herrenhaus und Gutsverwalterhaus kaufte und nach einer Sanierung als familiengeführtes Hotel öffnete. Es gelang u.a., **Deckenmalereien** an der Holzdecke des Saales und in weiteren Räumen wiederherzustellen. Ein kleines **Dorfmuseum** im ehemaligen **Gutsverwalterhaus** illustriert die Agrargeschichte Ludorfs.

040ms tm

Auffällig ist die dem Herrenhaus gegenüberliegende **Kirche** von Ludorf. Sie hat eine ungewöhnliche, oktogonale Form und erinnert in vielen Aspekten an die Grabeskirche in Jerusalem. Vermutlich hat ein Ritter aus der Familie *von Morin* die Idee zum Kirchenbau von einem Kreuzzug ins Heilige Land mitgebracht. 1346 wurde sie geweiht, existierte möglicherweise aber bereits 150 Jahre früher. Sie ist ein Zentralbau mit westlicher Vorhalle und einer Apsis im Osten. Markant ist auch das spitze Zeltdach. Später wurden zwei Polygonkapellen ergänzt. Im Inneren sind Wappen der *Morins* und *Knuths* und eine Familiengruft zu sehen.

Eine Besichtigung der Kirche ist spontan möglich. Am Eingang ist die Adresse und Telefonnummer einer engagierten Dorfbewohnerin zu finden, die Interessierte gern in die Kirche führt.

Hinter dem Herrenhaus spaziert man durch einen weitläufigen Park und einige Felder zum **Ufer der Müritz.** Hier befindet sich neben einem Campingplatz auch eine kleine Marina. Man ist mitten im Naturschutzgebiet, in dem besonders die zwei **Landzungen Großer Schwerin** und **Steinhorn** herausragen.

Unterkunft, Essen und Trinken

Unser Tipp: **Romantik-Hotel Gutshaus Ludorf**③, Rondell 7–8, 17207 Südmüritz/Ludorf, Tel. 039931 8400, gutshaus-ludorf.de. Die im Herrenhaus und im Gutsverwalterhaus befindlichen 26 Zimmer sind mit Rücksicht auf die ursprüngliche Gestaltung eingerichtet worden und versprühen einen urigen, jedoch eleganten Charme. Fernseher und Telefon sucht man vergeblich und auch der Handyempfang ist sehr gering. Hier kommt man zur Ruhe und genießt im **Restaurant Morizaner** die regional und saisonal im Sinne der Slow-Food-Bewegung inspirierten Speisen. Auch die Ausleihe von Fahrrädern und Stand-up-Paddle-Boards ist möglich.

Camping

■ **Müritzpark Ludorf,** Kasboomhorst, 17207 Südmüritz/Ludorf, Tel. 03993151640, www.mueritzpark-ludorf.m-vp.de, April bis Sept. Der Campingplatz am Westufer der Müritz liegt mitten in der Natur. Es werden Stellplätze für Wohnwagen, Wohnmobile sowie Zelte angeboten. Zur Anlage gehört auch ein Wasserwanderrastplatz mit Bootsliegeplätzen. Eine Liegewiese und der Verleih von Wassersportausrüstung ergänzen das Angebot. Gastronomie ist nicht vorhanden. Bis zur nächsten Einkaufsmöglichkeit in Röbel sind es 6 km. Der Müritz-Rundweg führt direkt am Campingplatz entlang.

Verkehr

Bus

■ Von Röbel gelangt man mit der Linie 017 nach **Ludorf.** Der Bus hält am Ortseingang. Das Nationalparkticket gilt auf dieser Strecke nicht.

041ms tm

Bollewick

Bollewick, ein Nachbarort von Röbel, strebt eine autonome Energieversorgung an und bezeichnet sich als **Bioenergiedorf.** Mehrere Biogas- und Photovoltaik-Anlagen zeugen vom fortschreitenden Ausbau eines Nahwärmenetzes für die Bewohner des Dorfes und der Ortsteile. Zwar ist Bollewick, was wohl so viel bedeutet wie „rundes Dorf", mit seinen 650 Einwohnern von überschaubarer Größe und war nach dem Dreißigjährigen Krieg bis zur Neubesiedlung im 18. Jh. sogar unbewohnt, doch hält ein Gebäude des Ortes bis heute einen ungewöhnlichen Rekord.

Feldsteinscheune

Als „Landwunder" bezeichnete die Zeitung „Der Mecklenburger" 1881 die Feldsteinscheune von Bollewick mit den damals riesigen Ausmaßen von 125 m Länge und 34 m Breite. Das vom Baron *Langermann zu Erlenkamp* errichtete Gebäude ist bis heute die größte Feldsteinscheune Deutschlands. Bis 1991 standen hier auf 10.000 m² Fläche in der Regel 650 Kühe. Nach aufwendigem Umbau findet man unter dem Scheunendach heute auf zwei Etagen einige **Werkstätten und Kunsthandwerker,** darunter eine Drechselstube, und verschiedene **kleine Geschäfte,** etwa einen Bauernladen, einen Stoffladen und einen Blumenladen. Der große Saal und weitere Räumlichkeiten werden regelmäßig für **Märkte** und andere **Veranstaltungen** genutzt. Im **Café** oder im Gasthof kann man die Gelegenheit zur Pause nutzen.

◁ Stöbern, bummeln und schlemmen in der mehr als 120 Jahre alten Feldsteinscheune Bollewick

■ **Die Scheune Bollewick,** Dudel 1, 17207 Bollewick, Tel. 039931 52009, www.diescheune.de, Mai bis Okt. tgl. 10–18 Uhr, Nov. bis April Mo–Sa 10–17 Uhr.

Irrgarten

Unweit der Scheune befindet sich ein kreativer, kleiner Irrgarten mit penibel geschnittenen Hecken. An dem 2006 eröffneten Labyrinth stehen noch weitere Attraktionen bereit. Große und kleine Besucher entdecken den Piratenpfad, die Märchenschatzsuche, die Knobeleien und Spielgeräte. Dazu gibt es Fußballbillard und einen Imbiss mit Sitzecke.

■ **Irrgarten Bollewick,** Röbeler Str. 48 h, 17207 Bollewick, Tel. 0152 29697272, www.irrgarten-bollewick.de, Mai bis Okt. tgl. 10–18 Uhr, Erw. 6 €, Kinder 5 €.

Verkehr

Bus

■ Bollewick ist von **Röbel** aus mit den Buslinien 016 und 023 erreichbar. Das Nationalparkticket gilt hier nicht.

Klink

Nur wenige Kilometer südwestlich von Waren (Müritz) liegt der kleine Ort Klink. Hier trennt ein nur 1,5 km breiter **Landstreifen** die Müritz vom **Kölpinsee.** Die rund 1000 Einwohner des Dorfes leben überwiegend auf der Müritzseite in den Ortsteilen Klink, Sembzin und Grabenitz.

Schon früh bestand hier eine Gutsanlage mit wechselnden Eigentümern. Heute ist davon nur noch wenig zu erkennen. 1897 gingen das **Gut Klink** und angrenzende Besitzungen an die Familie *Schnitzler.* In den folgenden Jahren ließ *Arthur von Schnitzler* – er war der Schwiegersohn des einflussreichen Unternehmers *August Borsig* – das Herrenhaus zu einem kleinen Schloss umgestalten. Wunschgemäß flossen in den Bau Stilelemente der französischen Frührenaissance ein, wie sie bei den Loire-Schlössern typisch waren. Auch der Berliner Maler *Max Liebermann* hatte Anteil an der Gestaltung und fertigte großformatige Darstellungen des Landlebens im Lauf der Jahreszeiten für den Saal im Erdgeschoss. Vom Innenleben des Schlosses blieb nach 1945 aufgrund der Nutzung durch die sowjetische Kommandantur und die Gemeinde nur sehr wenig erhalten. Ab 1971 wurde ein Er-

Wie aus dem Märchen: Schloss Klink

holungsheim darin eingerichtet und das Gebäude seitdem mehrmals saniert. Heute dient es als **Schlosshotel.**

Klink wurde ab 1964 zum **Ferienort** ausgebaut, am Ufer der Müritz entstanden Bungalowsiedlungen, Freizeiteinrichtungen und 1974 eines der größten Ferienhotels der DDR, das noch bis zum Abriss 2016 Gäste begrüßte.

Der **Strand** von Klink mit seinem **Schiffsanleger** und der Gastronomie ist nach wie vor ein populäres Ziel für Einheimische und Urlaubsgäste. Im Ort sind u.a. die **Kirche** aus der Mitte des 18. Jh., ein rechteckiger Backsteinbau ohne Turm, und das hübsche **Torhaus** sehenswert. Darin befindet sich die Touristinformation mit Fahrkartenverkauf für die Fahrgastschifffahrt. Besuchermagnet ist auch **Kells Bauernmarkt** mit seinem Gastronomieangebot (s.u.).

Praktische Tipps

Information

■ **Touristinformation Klink,** Schlossstraße 1, 17192 Klink, Tel. 03991 1822722, www.gemeinde-klink.info, Mai bis Okt. tgl. 10–18 Uhr.

Unterkunft, Essen und Trinken

■ **Appartementhaus Alter Speicher,** Hafenstraße 4a, 17192 Klink, Tel. 03991 187040, www.alter-speicher-klink.de. Die neun Studios und Zwei-Raum-Appartements im historischen Backsteinspeicher sind umfangreich ausgestattet und gemütlich mit zeitgemäßen Möbeln eingerichtet. Die Anlage liegt unweit des Müritz-Strands. Frühstück und Abendessen im Hotel Schloss Klink kann gegen Aufpreis gebucht werden.

■ **Hafen-Idyll**①, Hafenstr. 6, www.hafenidyll-klink.de, je nach Witterung mind. Mai bis Okt. tgl. 11–20 Uhr. Im kleinen Imbiss mit vielen Außenplätzen gibt es Fischbrötchen, Räucherfisch, Pommes und Wurst sowie eine große Auswahl an Getränken. Auch Kaffee und Kuchen sind im Angebot.

Sembzin

Müritz-Hof Knust, Dorfstr. 9, 17192 Sembzin, Tel. 0172 1023008, www.mueritzhof-knust.de. Familie *Knust* betreibt Landwirtschaft nach Bio-Maßstäben, z.B. mit Bio-Angusrindern und Freilandhennen. In vier modernen Ferienwohnungen und einem Ferienhaus können Familien erholsamen Urlaub verbringen und das Bauernhofleben genießen. Für die kleinen Gäste gibt es einen Spielplatz und die Möglichkeit, die Bewohner des Hofs kennenzulernen.

Unser Tipp: Im Sommer lockt das **Erdbeerfeld** an der B192 mit der Möglichkeit zum Selbstpflücken. Der **Hofladen-Automat** bietet Eier und Kartoffeln sowie selbstgemachte Marmeladen, Wurst und Liköre im 24-Stunden Verkauf.

■ **Atelier-Café,** Dorfanger 7A, 17192 Sembzin, Tel. 03991 182030, www.atelier-cafe-mueritz.de, Mai bis Sept. tgl. 11–18, Okt. tgl. 11–17, Nov. bis Mitte Dez. und März/April Sa/So 11–17 Uhr. Nicht nur Kunstinteressierte legen hier gern einen Stopp ein. Der umfunktionierte Kuhstall und der lauschige Garten mit seinem Café, in dem selbstgebackene Kuchen und Torten serviert werden, laden zum Verweilen ein. Die ausgestellten Kunsthandwerksartikel, z.B. Keramik und Accessoires für Haus und Garten, kann man erwerben.

Einkaufen

■ **Kells Müritzer Bauernmarkt,** Hafenstr. 3, www.kells.de, tgl. 10–20 Uhr. Der große Bauernmarkt am Ortsrand von Klink ist ein Ausflugsziel für einen kurzen oder längeren Stopp. Man kauft lokale und originelle Produkte aus dem Bereich Lebensmittel, Haushalt und Dekoration. In der **Konditorei** und im **Restaurant** werden süße Spezialitäten und deftige mecklenburgische Gerichte serviert.

- **Mürli,** Premium-Liköre von der Müritz, www.muerli.de. Die aus natürlichen Zutaten hergestellten **Kräuter- und Eierliköre** sind online und bei Handelspartnern, wie z.B. Kells Bauernmarkt, zu erwerben.
- **Christins-Glaswelt,** Hafenstr. 1, www.christins-glaswelt.com, Mo–Sa 10–17 Uhr. Die farbenfrohen und außergewöhnlich geformten Deko-Artikel aus Glas, u.a. Fensterbilder und Garten-Accessoires, sind im kleinen Laden in Klink, aber auch im Webshop erhältlich.

Feste und Veranstaltungen

- Ende Juni steht das **Mittsommerfest** in Klink an. Höhepunkt sind die Flottenparade der Weißen Flotte und das „Müritz in Flammen" genannte Höhenfeuerwerk inklusive Lichtshow.

Aktivitäten

Wellness

- **Salzgrotte,** Hauptstr. 32a, Tel. 0173 2191494, www.salzgrotte-klink.de, Mi–Sa 10–17 Uhr. Die 45 m^2 große künstliche Grotte ist mit 10 t Salz verkleidet und verfügt über ein spezielles Klima. Zusätzlich gibt es eine Sole-Vernebelungsanlage und ein Angebot an Massagen. Ein 45-minütiger Aufenthalt in der Salzgrotte kostet ab 10 €. Terminabsprache empfohlen.

Radfahren

- Der **Müritz-Rundweg** führt am Ufer entlang durch Klink.

Verkehr

Bus

- Bahnreisende und Ausflügler erreichen Klink mit Buslinie 011 und 022 von **Waren (Müritz)** aus, Infos: mvvg-bus.de.

Schiffsverkehr

- Vom Anleger in Klink am Badestrand können Passagiere auf die Ausflugsfahrten der Weißen und Blau-Weißen Flotte zusteigen, beispielsweise die **3-Seen-und-Kanalfahrten,** die Tagestouren nach **Malchow** und **Plau am See** und die **Müritzrundfahrt.**
- Auch die **Linienschiffe** der Weißen Flotte stoppen hier auf dem Weg nach Röbel und Rechlin.

043ms tm

Göhren-Lebbin

Die Gemeinde Göhren-Lebbin grenzt im Nordwesten an den **Fleesensee** und im Nordosten an den **Kölpinsee.** Hier liegen auch die Ursprünge der kleinen Orte Göhren (slaw. „am Berge gelegen“) und Lebbin (slaw. „Schwan“). Während die Ortsteile sich heute weit nach Süden ausdehnen, lagen sie vor 1500 Jahren viel näher am Kölpinsee. Durch den Anstieg des Wasserspiegels verlegte man die Siedlungen zusehends weiter ins Binnenland.

Am Kölpinsee sind noch Reste von **Burgwällen,** u.a. aus dem 8. Jh., zu erkennen. Der hier ansässige Gutsbetrieb wechselte mehrfach die Besitzer, bis 1822 *Graf Ludwig von Blücher* das Gut erwarb und sein Sohn 20 Jahre später ein Herrenhaus erbauen ließ. Jenes wurde nach einem Brand 1912 im neobarocken Stil wiedererrichtet. Auch in Göhren-Lebbin wurde das Gut nach dem Ende des Zweiten Weltkriegs neu besiedelt und das herrschaftliche Haus für verschiedenste Zwecke genutzt. Ähnlich wie in Klink entwickelte sich in Göhren-Lebbin ab den 1960er Jahren der Tourismus als wichtigster Wirtschaftszweig. Große Betriebe der DDR unterhielten hier Ferienobjekte. Die fast ausschließlich touristisch geprägte Nutzung setzte sich nach der Wiedervereinigung fort und im Jahr 2000 wurde die maßgeblich von der TUI geplante **Resortanlage Fleesensee** mit Schlosshotel, Ferienhäusern, Restaurants und Geschäften, einer Marina und einem Golfplatz eröffnet. In seiner Größe war die Anlage damals wegweisend.

Der **Strand in Untergöhren** bietet mit seinem flachen Wasser und den zahlreichen Liegewiesen ideale Bedingungen für Badevergnügen und Wassersport. Zudem gibt es am Westrand des Ortes eine **Marina** mit rund 100 Liegeplätzen und einem Anleger für die Fahrgastschifffahrt.

Mit der Beweidung der Grünflächen durch **Schafe** als „ökologische Rasenmä-

☐ Von See zu See mit dem Fahrgastschiff

☐ Ein Kanal stellt die Verbindung vom Kölpinsee zur Müritz her

044ms tm

her" und der Auszeichnung als **bienenfreundliche Gemeinde** geht man auch in Sachen Nachhaltigkeit heute voran. Im **Zeitreisepark** am Marktplatz der Ferienanlage wird die Ortsgeschichte anschaulich dargestellt.

Praktische Tipps

Information

■ **Touristinformation,** Marktplatz 12, 17213 Göhren-Lebbin, Tel. 039932 82186, www.goehren-lebbin.com, Mo–Fr 9–12 und 12.30–17, Sa/So 9–12 und 12.30–15 Uhr.

Unterkunft, Essen und Trinken

■ **Landhotel und Gasthof Zur Schmiede②**, Malchower Str. 6a, 17213 Göhren-Lebbin/Roez, Tel. 039932 47880, www.schmiede-roez.de. In der historischen Schmiede an der B192 werden schlicht, aber komfortabel eingerichtete Zimmer (3-Sterne-Standard) angeboten. Im Gasthof speist man im Gastraum und großen Biergarten deftig und reichlich. Auf der Karte stehen Mecklenburger Spezialitäten wie Sauerfleisch und Zanderfilet.

■ **BEECH Resort Fleesensee,** Am Kalkberg 1, 17213 Göhren-Lebbin, Tel. 039932 80300, beechresort-fleesensee.com. In den geräumigen Ferienwohnungen mit 38 bis 62 m² Größe finden Familien mit bis zu vier Kindern Platz. Es gibt ein umfangreiches Service-Angebot wie in einer Hotelanlage. Zum Komplex gehören mehrere Restaurants, ein Erlebnisbad sowie Angebote für Kinder (Spielplätze, Sport).

■ **Genusswerkstatt②**, Tannenweg 1, 17213 Göhren-Lebbin, Tel. 039932 804051, genusswerkstatt-fleesensee.de, mind. April bis Okt. Mi–Mo 12–21 Uhr. Das zum Golfplatz gehörende Restaurant mit Sportsbar steht auch Nicht-Golfern offen. Die Küche ist geprägt durch regionale Zutaten. Auf der Speisekarte stehen leichte Gerichte, auch vegetarisch und vegan, und deftiges wie Currywurst, aber auch Lachsfilet. Im Sommer finden regelmäßig Grillabende statt. In der Sportsbar kann man die großen Sportevents verfolgen.

■ **See-Wirtschaft im Resort Fleesensee①-②**, Strandweg 40, 17213 Göhren-Lebbin/Untergöhren, Tel. 01520 6064774, www.seewirtschaft-fleesensee.de, mind. Ostern bis Okt. tgl. 12–20 Uhr. Das Restaurant mit Blick auf den Fleesensee offeriert bodenständige Kost mit Fisch und Fleisch. Wer es eilig hat, nimmt nur eine Portion Pommes oder ein Fischbrötchen auf die Hand vom angeschlossenen Imbiss.

Aktivitäten

Bootsverleih und Marina

■ **Bootsvermietung Seewirtschaft Fleesensee,** Strandweg 40, 17213 Göhren-Lebbin/Untergöhren, Tel. 0152 38698735, www.seewirtschaft-fleesensee.de, mind. Mai bis Sept. tgl. 8–18 Uhr. Die zum Resort Fleesensee gehörige Bootsvermietung hat Wassertreter, Ruderboote, Motorboote verschiedener Größe und Angelboote in der Flotte. Diese können auf Stundenbasis sowie für den halben oder ganzen Tag gemietet werden. Auch Liegeplätze für Bootstouristen sind verfügbar.

Bienenlehrpfad

Für die kleinen Besucher gilt es, den Bienenlehrpfad zwischen **Göhren-Lebbin** und **Kirch-Poppentin** zu entdecken. Auf zwei Kilometern entlang einer baumbestandenen Landstraße vermitteln elf Schautafeln Wissenswertes. Die Biene Holli führt die Besucher in ihr Reich und wer ihr Rätsel löst, kann sich bei der Touristinformation in Göhren eine kleine Überraschung abholen. Dort oder zum Download unter www.goehren-lebbin.com/nachhaltigkeit-goehren-lebbin ist ein Flyer mit Rätseln erhältlich.

045ms tm

Laufen und Wandern

Das gut ausgebaute Wegenetz und die Weite der Landschaft bieten ausgezeichnete Bedingungen sowohl für Läufer als auch für Wanderer. In Göhren-Lebbin sind zwei attraktive **Laufstrecken** mit roten (5 km) bzw. blauen (12 km) Pfeilen markiert. Infos: www.goehren-lebbin.com/aktiv-entspannt-oder-entspannt-aktiv (GPX-Track zum Download).

Radfahren

■ **Fahrrad- und Go-Kart Vermietung Fleesensee,** Wendhofer Str. 26, Tel. 039932 12546, www.fleesensee-vermietung.de, Ostern bis Okt. tgl. 9–18 Uhr. Neben Fahrrädern werden hier auch Tretmobile (Go-Karts) vermietet.

Golf

■ **Golf Fleesensee,** Tannenweg 1, 17213 Göhren-Lebbin, Tel. 039932 80400, golf.fleesensee.de. Auf 5 Plätzen können Profis und Einsteiger insgesamt 73 Löcher anspielen. Auch für Kinder gibt es Angebote. Wer das eigene Equipment nicht mitbringen möchte, kann alles Nötige ausleihen. Außerdem gibt es mehrere Hallen- und Außenplätze zum **Tennis** Spielen.

Übernachten mit allem Komfort im Schloss Göhren-Lebbin

Verkehr

Bus

■ Wer im Land Fleesensee Urlaub macht, fährt innerhalb von Göhren-Lebbin kostenfrei mit dem **Fleesensee Shuttle.** Zwischen Ostern und Ende Oktober verkehrt der kleine Ortsbus mit stündlicher Abfahrt für alle Kurkarteninhaber. Infos: www.goehren-lebbin.com/fleesensee-shuttle.

■ Bahnreisende erreichen **Göhren-Lebbin** mit Bus 022 von Waren (Müritz) aus. Nach **Malchow** verkehren die Linien 015 und 022 (mvvg-bus.de).

Schiffsverkehr

■ Vom Anleger Göhren-Lebbin steigt man auf die Schiffe der Weißen und Blau-Weißen Flotte in Richtung **Waren** oder **Malchow** bzw. **Plau am See** zu. Es gibt mehrere Abfahrten am Tag.

046ms tr

2

Der Westen

»Weite, grüne Hügel, zwischen denen in der Ferne die roten Backsteine imposanter Kirchenbauten aufleuchten – so zeigt sich der Westen der Seenplattenregion allerorten. In den imposanten Klosteranlagen von Malchow und Dobbertin kommt man der Vergangenheit ganz nah. Auf Tuchfühlung geht man auch mit wilden Tieren, wenn Bären, Wölfe und Wisente in ihre Reservate locken. Natur- und Kulturerlebnisse treffen zwischen dem Plauer See und Güstrow immer wieder aufeinander.

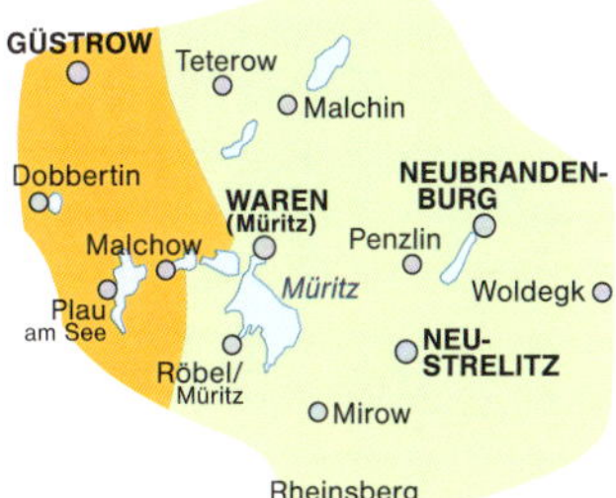

< Am Ufer der Elde in Plau am See

VOM PLAUER SEE BIS GÜSTROW

Der Westen der Seenplatte ist wohl ihre vielfältigste Region. Stille Wälder, große Seen, charmante Altstädte und ein breites Angebot an Aktivitäten sorgen für erlebnisreiche Aufenthalte. Zwischen Güstrow im Nor-

Der Westen – nördlicher Teil

Anschluss S. 92

den und dem Plauer See im Süden ist ein Großteil der westlichen Seenplatte unter Naturschutz gestellt. Am besten erkundet man die dünn besiedelte Landschaft auf Radtouren und Wanderungen.

Neben der Müritz zählen auch der **Plauer See,** der **Fleesensee** und der zwischen diesen beiden gelegene **Malchower See** zu den Oberen oder Großen Seen der Seenplatte. Auch wenn sie im Größenvergleich nicht mit der Müritz mithalten

Der Westen – südlicher Teil

0 2 km ©REISE KNOW-HOW
MeSeeK2b 1/23
Anschluss S. 91
Natur-
Krakower
See
schutz-
Obersee
gebiet
Walkmöhl
NSG
Dobbin-
131
-Linstow
15 Linstow
134
Hohen
Wangelin
Orthsee
Cramon
Hofsee
Linstower
See
Bornkrug
19
E 55
Malkwitzer
See
Kraazer
See
NSG
Glave
Gültzsee
Flacher
Blücher-
hof
See
Lütgendorf
Sophienhof
Louisenfeld
Tiefer
See
Alt Gaarz
Neu
Gaarz
Bergsee
Natur-
schutz-
gebiet
Krummer
See
108
Natur-
Drewitzer
Drewitz
Schwinzer
Heide
Dreiersee
schutz-
See
gebiet
Loppin
Mühlen-
see
Loppiner
See
Jabel
Jabelscher
See
128
Damerow
Wisent-
reservat
126
NSG
Damerower
Werder
Samoter
See
NSG
Mönch-
busch
124
124
Moorochse
Karower
Meiler
120
Alt
Schwerin
192
101
Nossentiner
Hütte
Hoher Berg
84
99
Silz
101
Nossentin
Sparow
Heidepark
Fleesensee
Kölpinsee
NSG
Leisten
NSG
115
Quetzin
103
103
Plauer
115
Heilwald
Quetziner Tannen
122
Werder
Plauer
Werder
Wendorf
Jürgenshof
Malchow
16
19
E 55
95
MALCHOW
Affenwald
102
West-
siedlung
Trostfeld-
siedlung
Malchower
See
Untergöhren
85
Göhren-
Lebbin
101
Laschendorf
Wendhof
Grabenitz
104
Lenz
Petersdorfer
See
Sandfeld-
siedlung
Kloster
Malchow
97
101
Penkow
Kirch
Poppentin
Poppentin
Roez
192
105
PLAU
am See
See
17
Waren
(Müritz)
Petersdorf
Grüssow
Kisserow
Sietow
115
Stadt-
wald
Plötzen-
höhe
Großer
Pätschsee
Adams-
hoffnung
99
Lexow
Hinrichsberg
Sietow-Dorf
76
Seelust
114
Appelburg
104
Zislow
Fünf-
Zierzow
Schamper
Mühle
Walow
Silbermühle
Suckow
Satow
Kogeler
See
Kogel
Strietfeld
Kleiner
Kreßinsee
Großer
Kreßinsee
Groß Kelle
Groß
Keller See
103
Drese-
now
Woldzegarten
-seen
Tangahnsee
Twietfort
118
Bärenwald
Müritz
Bad Stuer
119
Tal der Eisvögel
Rogeez
Krimm
Minzow
Stuerscher
See
NSG
Stuer
Vorwerk
Ganzlin
Stuer
117
Neu
Stuer
119
Darze
198
97
Eckerberg
Käselin
Röbel (Müritz)
Leizen
18
Dambecker
See
Dambeck
198
Altenhof
Ausbau
Fincken
Bütow
Karchow
Erlenkamp

können, so sind sie nicht weniger schön und bilden zudem eine gut befahrbare Gewässerkette. Mit dem Mietboot oder vom Fahrgastschiff aus lassen sie sich hervorragend erkunden. An ihren Ufern liegen nur zwei Kleinstädte, aber gerade die **Inselstadt Malchow** und **Plau am See** sind Perlen der Seenplatte.

NICHT VERPASSEN!

- Schiffe beobachten in der Inselstadt **Malchow** | 95
- An der Elde entlangschlendern in der malerischen Altstadt von **Plau am See** | 105
- Draisinefahren, Sternegucken und Vögel beobachten im **Naturpark Nossentiner/ Schwinzer Heide** | 123
- Begegnung mit den sanften Riesen im **Wisentreservat Damerower Werder** | 126
- Die Atmosphäre einer der schönsten Klosteranlagen auf sich wirken lassen im ehemaligen **Kloster Dobbertin** | 135
- Sich von den Skulpturen Ernst Barlachs in den Bann ziehen lassen im **Barlach-Atelierhaus Güstrow** | 147

Diese Tipps erkennt man an der gelben Markierung.

Etwas abseits der Großen Seen taucht man in der **Nossentiner/Schwinzer Heide** ein in unberührte Natur mit endlos scheinenden Kiefernwäldern, Mooren und stillen Waldseen. Die Bedeutung dieses Naturparks als wichtiges Vogelschutzgebiet wird durch mehr als 150 heimische Vogelarten und noch einmal rund 80 Durchzügler nur allzu deutlich. Auf dem **Damerower Werder** versetzen die **Wisente** Besucher in Erstaunen – die sanften Riesen leben hier in einem Reservat. Tierische Erlebnisse bieten auch der **Bärenwald Müritz in Stuer** mit seiner wichtigen Rettungsmission, der **Wildpark-MV in Güstrow** mit seinen Wölfen und nicht zuletzt der **Affenwald in Malchow.**

Geschichtliche und kulturelle Highlights erleben Interessierte in der **Barlachstadt Güstrow** und im **Kloster Dobbertin.** In **Alt Schwerin** wird das einstige Leben im Gutsdorf anschaulich dargestellt. Aber auch hier ist man im Handumdrehen wieder in der Natur und erkundet z.B. die **Krakower Seenlandschaft.** Die Region am Nordrand der Nossentiner/Schwinzer Heide pflegt einen überwiegend sanften Tourismus abseits der großen Zentren.

▷ Die malerische Altstadt von Malchow

Malchow

Der Luftkurort Malchow führt seit 2011 den Beinamen **Inselstadt** und wird ihm in vielerlei Hinsicht gerecht. Egal aus welcher Richtung man kommt, dass die kleine Malchower Altstadt nahezu komplett von Wasser umgeben ist, wird schnell klar. Lediglich im Osten ist der alte Ortskern dauerhaft mit dem Festland verbunden. Dort führt ein Erddamm vom Areal des Klosters Malchow über den **Malchower See** in die reizende Altstadt mit ihren engen Kopfsteinpflasterstraßen.

Bis ins 18. Jh. hinein spielte sich die Geschichte Malchows auf der Insel im See ab. Nachdem Stadtbrände und andere Widrigkeiten das Leben dort immer schwieriger gemacht hatten, erweiterte man das Stadtgebiet in östlicher und westlicher Richtung auf das Festland.

Das kleine Malchow hat man zwar zügig zu Fuß durchquert, doch gibt es so viele reizvolle Seeblicke, Cafés und Museen, dass am Ende doch ein ganzer Ausflugstag eingeplant werden kann.

Sehenswertes

Drehbrücke Malchow

Von Westen kommend, stellt die 15 m lange Drehbrücke die **Verbindung zur Altstadtinsel** dar. Die 2013 fertiggestellte Stahlbrücke ist im wahrsten Sinne des Wortes Dreh- und Angelpunkt in Malchow. Sie hatte verschiedene Vorläufer in Form von Holzbrücken. Eine erste Drehbrücke wurde im 19. Jh. notwendig, weil sich die Schifffahrt durch den 1846 errichteten Erddamm mit einem unüberwindbaren Hindernis konfrontiert sah. Die heutige Brücke wird rein elektrisch betrieben, ohne Handkurbel wie noch zu früheren Zeiten. In der Saison lässt der Brückenwärter stündlich den Schiffsverkehr passieren. Das sind **jährlich fast 20.000 Schiffe und Boote,** die

047ms tm

diese Engstelle passieren – ein herrliches Spektakel, das man besonders gut von den Terrassen der umliegenden Restaurants aus beobachten kann. Man lehnt sich gemütlich zurück und begutachtet genüsslich Fahrzeuge und Fähigkeiten der auf die Brückenöffnung wartenden Freizeit-Skipper. Von hier, dem Malchower **Stadthafen,** starten **Rundfahrten** auf dem See und nach Waren (Müritz) oder Plau am See. Auch wenn der Hafen nur ein Schiffsanleger für Fahrgastschiffe und Boote ist, beeindruckt doch das bunte Treiben rundum.

Altstadtinsel

Auf der kleinen Altstadtinsel führen Einbahnstraßen dicht an den Häusern entlang. Zum Wasser sind es von überall nur wenige Schritte. Das schöne Ensemble aus **Rathaus,** altem **Marktplatz** und ehemaligem **Amtsgericht** aus dem 19. Jh. ist noch heute der Mittelpunkt der Insel. Der grau gestrichene klassizistische Fachwerkbau des Rathauses und das backsteinrote Amtsgericht sind Sitz der Verwaltung des Amtes Malchow und des Standesamts. An dessen Fassade mahnt humorvoll der Spruch „Hochtiedtag du lustig büst, di annern Tag du sorgen müsst“ die zukünftigen Eheleute.

Im Westen der Stadt

Westlich der Drehbrücke geht es städtischer zu, jedoch haben auch hier die Straßen viel Charme. Die **Stadtkirche,** 1870–73 vom großherzoglichen Baukondukteur *Georg Daniel* errichtet, steht zehn Minuten zu Fuß von der Drehbrücke entfernt auf einer kleinen Anhöhe. Ihre Vorgänger befanden sich alle auf der Altstadtinsel und wurden immer wieder beschädigt.

Am Ortsrand nahe dem Bahnhof fällt die **Windmühle** vom Typ eines Galerieholländers ins Auge. Sie kann besichtigt werden. An Pfingsten findet hier das Mühlenfest zum Mühlentag statt.

- **Stadtmühle,** Friedrich-Ebert-Straße 9, Di–Sa 11–15 Uhr, Nov. bis März nur sporadisch geöffnet.

DDR-Museum

Wie aus der Zeit gefallen wirkt, nicht weit von der Drehbrücke entfernt, das Gebäude des **Filmpalastes von 1957,** in dem sich heute das DDR-Museum befindet. Das in einem ehemaligen Kino eingerichtete Museum stellt das Alltagsleben der DDR zur Schau – ein interessanter Einblick in die Kultur einer für viele schon weit entfernten Zeit. **Erinnerungsstücke aus allen Lebensbereichen,** z.B. Hochzeit, Schule, Arbeitsleben und Urlaub, lassen die Vergangenheit lebendig werden. **Kindheit** in der DDR ist das Thema der Ausstellung im Obergeschoss.

- **DDR-Museum,** Kirchenstr. 25, April und Okt. Di–So 10–16 Uhr, Mai bis Sept. Di–So 10–17 Uhr, Nov./Dez. Sa/So 11–15 Uhr, an Feiertagsmontagen geöffnet, Erw. 7 €, Kinder 4 €, Museumsticket für alle Malchower Museen Erw. 20 €.

Ein spannendes Sammelsurium an Gegenständen aus dem sozialistischen Alltag gibt es im DDR-Museum zu bestaunen

Kloster Malchow und seine Museen

Gegenüber der Innenstadt auf der Ostseite des Malchower Sees liegt das Klosterareal. Bereits 1298 siedelten Nonnen des Ordens der Büßerinnen aus Röbel hierher über und ein Kloster wurde eingerichtet. 1572 wurde dieses, ähnlich dem Schicksal Dobbertins, in ein adliges Fräuleinstift umgewidmet. Über die Zeit erfolgten viele Umbauten an den mittelalterlichen Strukturen und Neubauten für den Wohnkomfort der Stiftsdamen, die über ein beträchtliches Vermögen verfügten. Heute sorgt eine Stiftung unter dem Dach der Stiftung Denkmalschutz für den Erhalt des besonderen Ensembles.

Die **Klosterkirche** wurde 1844–49 durch den Neustrelitzer Baumeister *F.W. Buttel* neugotisch umgestaltet. Der markante Turm und die filigranen Verzierungen aus der Feder *Buttels* blieben auch nach dem Wiederaufbau, der nach einem Brand 1888 nötig wurde, erhalten.

053ms tm

(Unser Tipp:) Die Kirche verfügt über eine besondere Akustik – welch passender Rahmen für ein Orgelmuseum. Dieses ist sowohl in der Kirche als auch im Pfarrhaus untergebracht. Das **Mecklenburgische Orgelmuseum** hat sich die Aufbewahrung und Ausstellung gefährdeter Orgeln aus Mecklenburg zur Aufgabe gemacht. Mehr als zehn klingende Orgeln und zahlreiche Fragmente sind zu sehen und vor allem auch zu hören. Besonders aus der Zeit der Romantik kann man Orgeln bewundern, z.B. das 100. Werk des berühmten Mecklenburger Hoforgelbauers *Friedrich Friese III* aus Schwerin.

Im Klosterareal befinden sich zwei weitere sehenswerte Museen. Im **Kuriositätenmuseum** „Kiek in un wunner di“ wird Skurriles aus dem Alltag der ersten Hälfte des 19. Jh. ausgestellt. In Klassenraum, Schusterwerkstatt und beim Wäschewaschen können besonders die kleinen Besucher ungewöhnliche Dinge anfassen und ausprobieren. Wer weiß schon, was ein Tefifon ist oder hat schon einmal einen Nachttopf in einen Ohrensessel verbaut gesehen?

Reste mittelalterlicher Bausubstanz sind noch im ehemaligen Refektorium erhalten. Hier befindet sich neben dem gemütlichen **Café Kloster** das **Kunstmuseum Kloster Malchow,** welches Kunst aus Mecklenburg präsentiert, z.B. Leben und Werk der Malchower Künstler *Rudolf Gahlbeck, Sieghard Dittner, Friedrich-Franz Pingel* und *Peter Hesse.*

Südlich des Refektoriums schließt sich der sogenannte **Damenplatz** an, der von vier Wohngebäuden eingerahmt wird. Die umfangreiche Anlage diente nach Umbauten im 18. und 19. Jh. den Stiftsdamen als Wohnstätte. In den zweige-

schossigen Häusern mit Mansarddach, die Reihenhäusern ähneln, befinden sich heute Mietwohnungen, von denen man einen schönen Blick auf den Damenplatz hat.

Ebenfalls sehenswert sind der **Klosterfriedhof** und der angrenzende **Engelsche Garten,** der sich am Ufer des Malchower Sees entlangzieht. Er hat seinen Namen vom ehemaligen Küchenmeister des Klosters, *Johann Jakob Christian Engel,* der seine Anlage veranlasste.

■ **Mecklenburgisches Orgelmuseum,** Kloster 26, orgelmuseum-malchow.jimdofree.com, April und Okt. Di–So 10–16 Uhr, Mai bis Sept. tgl. 10–17 Uhr, Nov./Dez. Fr–So 11–15 Uhr, Erw. 7 €, Kinder (6–13 Jahre) 4 €, Turmbesteigung 2 €. Orgel live: Mai bis Okt. Do 12 Uhr 20 Minuten Orgelmusik an fünf Orgeln, Orgelmatinee Juli bis Sept. So 11.30 Uhr mit Musik von acht Orgeln.

■ **Kiek in un wunner di Museum,** Friedrich-Lessen-Weg 1, gleiche Öffnungszeiten, Erw. 5 €, Kinder 3 €.

■ **Kunstmuseum Kloster Malchow,** Kloster 32–34, gleiche Öffnungszeiten, Erw. 5 €, Kinder 3 €, **Klostercafé** im Refektorium Di–So 12–16.30 Uhr. Unser Tipp: Es gibt ein **Klosterticket** für alle Museen auf der Klosterinsel (Erw. 15 €) und ein **Museumsticket** für alle Malchower Museen inkl. DDR-Museum (Erw. 20 €).

⌃ Kloster Malchow, ein lebendiges Museum

Übersichtskarte S. 92

Praktische Tipps

Information

■ **Touristinformation,** Fleesensee-Touristik Malchow e.V., Kirchenstr. 11, 17213 Malchow, Tel. 039932 83186, www.inselstadt-malchow.de, Mai, Juni, Sept. Mo–Fr 10–18, Sa/So 10–14 Uhr, Juli/Aug. Mo–Fr 10–18, Sa/So 10–16 Uhr, Okt. Mo–Fr 10–17, Sa/So 10–14 Uhr, Nov. bis April Mo–Fr 10–16 Uhr.

Unterkunft

■ **Hotel Inselhof**②, Lange Str. 61, 17213 Malchow, Tel. 039932 544621, www.hotel-inselhof.de. Das Haus im Boutiquestil mit malerischem Garten und Innenhof hat 12 individuell eingerichtete Zimmer sowie ein Apartment mit Whirlpool. Es liegt am Rande der Altstadtinsel mit direktem Seezugang. Die Hotelgäste können von der Terrasse aus den Seeblick genießen oder – Voranmeldung nötig – im Saunafass oder auf den Wasserbetten im Pavillon entspannen. Das Frühstück kann individuell bestellt werden und ist nicht inklusive. Restaurants befinden sich in der Nähe.

■ **Hotel Rosendomizil**③, Lange Str. 2–6, 17213 Malchow, Tel. 039932 18065, www.rosendomizil.de. Direkt an der Drehbrücke im Herzen der Malchower Altstadt und am See gelegen, ist das Hotel eine Unterkunft für hohe Ansprüche. Alle Zimmer sind Studios und mit vielen Details und hochwertigen Möbeln ausgestattet. Im Wellnessbereich sind Sauna und Massagen im Angebot. Das hauseigene **Restaurant** mit eigener Konditorei ist von 8 bis 18 Uhr geöffnet und serviert Frühstück sowie tagsüber kleine und große Gerichte mit asiatischer Note.

■ **Strandhaus Malchow**①-②, Strandstr. 4b, 17213 Malchow, strandhaus-malchow.de. Die acht Ferienwohnungen und Ferienzimmer befinden sich in einem größeren Privathaus auf einem Grundstück am Malchower See, der hier in den Fleesensee übergeht. 1,5 km sind es bis zur Malchower Altstadt. Die solide Ferienunterkunft bietet Seeblick aus nahezu allen Zimmern. Die Gäste verpflegen sich selbst, Ferienzimmergäste können aber eine Gemeinschaftsteeküche und einen Aufenthaltsraum nutzen.

Silz

■ **Feriendorf Silz**①, Am Fleesensee 3, 17214 Silz, Tel. 039927 70017, feriendorf-silz.de. Die bunten Holzbungalows stehen in waldreicher Landschaft im kleinen Dorf Silz am Nordufer des Fleesensees. Die Ferienhäuser für 3 bis 8 Personen sind einfach ausgestattet und gemütlich. WLAN ist nur eingeschränkt vorhanden, dafür gibt es umso mehr Gelegenheit für geselliges Beisammensein und Ausflüge in die Natur. Die Anlage verfügt über einen Badestrand, Grillplätze und Spielmöglichkeiten für die Kleinen.

Lexow

■ **Gutshaus Lexow**②-③, Dorfstr. 29–30, 17209 Walow/Lexow, Tel. 039932 417037, www.gutshaus-lexow.de. Rund neun Kilometer südöstlich von Malchow übernachtet man stilvoll im Herrenhaus. Die sechs Ferienwohnungen und acht Doppelzimmer sind mit modernen und antiken Möbeln ausgestattet und großzügig geschnitten. Sie befinden sich im Haupthaus sowie in den Nachbargebäuden Alte Stellmacherei und Küchenhaus. Terrasse und Garten nutzen die Hausgäste gemeinsam. Das kleine **Café-Restaurant** serviert feine, regionale Küche.

Camping

■ **Naturcamping Malchow am Plauer See,** Zum Plauer See 1, 17213 Malchow, Tel. 039932 49907, www.naturcamping-malchow.de. Der weitläufige Platz liegt etwas westlich des Ortes am Ufer des Plauer Sees. Neben den Stell- und Zeltplätzen können auch Camping-Pods (ähnlich Schlaffässern), Ferienwohnungen und einfach ausgestattete Mietwohnwagen gebucht werden. Es gibt ein umfangreiches Freizeitangebot mit Spiel- bzw. Sportplätzen, Fahrrad-, Ruderboot-, Floß- und SUP-Verleih, dazu eine Gaststätte, Kinderanimation und einen Hundestrand. WLAN ist nur im Bereich der Rezeption verfügbar.

Essen und Trinken

■ **Restaurant Spiegelei,** Güstrower Str. 43, Tel. 039932 12451, Di–Sa 17–21 Uhr. Das gemütliche Lokal liegt westlich der Altstadt, nach einem kurzen Spaziergang ist man schnell da. Die übersichtliche Karte hat Hausmannskost, aber auch Ausgefallenes wie mexikanische Küche zu bieten. Eine Reservierung ist zu empfehlen, da es nur wenige Tische gibt.

Unser Tipp: **Doc's Beach Strandbar,** Kirchenstr. 11, auf Facebook bzw. Kontakt über Bootforfun, Saisonbetrieb von Mai bis Okt. tgl. meist 12 bis mind. 19 Uhr. Auf der Altstadtinsel, nur einen Katzensprung von der Drehbrücke entfernt, gibt es an der Strandbar Burger, Fritten und Drinks. Manchmal legt auch ein DJ auf.

■ **Provis Restaurant im Hotel Am Fleesensee,** Strandstr. 4a, Tel. 039932 1630, www.hotel-am-fleesensee.de/provisrestaurant, Fr–Di 18–22 Uhr, Nov. bis März Einschränkungen möglich. Das Restaurant mit 40 Plätzen und schöner Seeterrasse liegt etwas nördlich der Altstadt. Hier wird auf Zusatzstoffe jeder Art verzichtet und saisonal gekocht nach mecklenburgischen Rezepten, die mit internationalen Nuancen aufgepeppt werden.

■ **Steg-Haus am Seglerhafen,** Strandstr. 10a, Tel. 039932 82168, steg.haus, mind. Mai bis Sept. tgl. 12–20 Uhr. Beliebter Imbiss in direkter Nähe zur Badestelle und zum Seglerhafen im nördlichen Stadtbereich. Es gibt gemütliche Plätze drinnen und auf der Terrasse. Serviert wird rustikale, einfache Kost, z.B. Currywurst mit Pommes, Bauernfrühstück oder Matjes mit Bratkartoffeln.

■ **Bäckerei Kosegarten,** Lange Str. 56, Tel. 039932 12390, Mo–Sa 6.30–17 Uhr. Mit ihrem großen Garten mit Seeblick ist die Bäckerei in der Altstadt ein Anlaufpunkt für Genießer. Es gibt viel traditionelles Gebäck, z.B. gedeckten Apfelkuchen. Auch zum Frühstück ist die Bäckerei eine Empfehlung, vor allem wegen der schönen Plätze im Garten. Brot und Brötchen pur werden nur in begrenztem Umfang verkauft, man konzentriert sich auf den Cafébetrieb.

Einkaufen

Unser Tipp: **Malchower Aalräucherei und Spezial-Fischhandlung,** Lange Str. 18, Mo–Fr 9–18, Sa 9–13 Uhr. Der traditionsreiche und vor allem von außen herrlich nostalgische Laden bietet seit 1925 Räucherfisch aus eigener Produktion. Dazu gibt es hausgemachte Salate und Marinaden sowie Frischfisch je nach Fang. Fischbrötchen für den schnellen Snack gehen ebenfalls über die Theke.

055ms tm

☐ Räucherfischgenuss zum Mitnehmen

Nossentiner Hütte

■ **Manufaktur Löwenzahn,** Dorfstr. 32, 17214 Nossentiner Hütte, www.manufaktur-loewenzahn.de, Mo–Fr 9–16.30 Uhr, Jan./Feb. Betriebsferien. Fruchtaufstriche, Kräutersalze, Tees, Liköre und vieles mehr sind in dem Laden im Dorf Nossentiner Hütte, 6 km nördlich von Malchow, im Angebot. Die Zutaten dazu stammen großteils aus der Region. Die Inhaberin ist eine begeisterte „Kräuterhexe". Ein umfangreiches Sortiment an nicht alltäglichen Leckereien lohnt einen Stopp bzw. den Bummel im Onlineshop.

Laschendorf

■ **Textile Manufaktur & Galerie,** Laschendorf 29, www.kaa-reschwamm.de, Tel. 0151 17241431, meist ab Pfingsten bis Okt. Do–So 10–17 Uhr. In der stimmungsvollen Atmosphäre eines historischen Stallgebäudes verkauft Textildesignerin *Antje Reschwamm* selbstgefertigte Teppiche und ihr Mann, Segelmacher *Alexander Reschwamm,* Taschen, Geldbörsen und Rucksäcke aus Boots- und Segelstoffen. Zusätzlich wird handgemachte Keramik von Mecklenburger Töpfern angeboten. Für individuelle Anfertigungen vereinbart man einen Termin auch außerhalb der Öffnungszeiten.

Feste und Veranstaltungen

■ Die großen Stadtfeste Malchows sind das **Volksfest** am ersten Juliwochenende und das jährliche **Brückenfest** im September/Oktober.

■ Im Kloster finden regelmäßig Konzerte und andere Kulturveranstaltungen statt. Zur **Klosternacht** im Juni öffnet sich der Blick hinter die Kulissen der historischen Gemäuer.

■ Sportfreunde können sich das **Inselschwimmen** im Stadthafen im Juli vormerken.

■ Ebenfalls in der Klosteranlage wird im August das **Wikingerfest** mit Mittelalterflair abgehalten.

Kulturveranstaltungen in Nossentin

■ **Kunst- und Kinokirche Nossentin,** Am Park 2, 17214 Silz, kunst-kinokirche-nossentin.de. In der lauschigen, kleinen Kirche in Nossentin, rund 6 km nordöstlich von Malchow, finden von Mai bis September mind. zweimal im Monat Kinoabende statt. Zum Kultfilm werden oft auch die passenden Leckereien gereicht. Auch Lesungen und Konzerte, Ausstellungen und spezielle Gottesdienste finden statt. Der Eintritt ist frei, um Spenden wird gebeten.

Aktivitäten

Strandbad

■ Das **Strandbad Malchow** befindet sich neben dem Seglerhafen im Norden der Stadt, wo der Malchower in den Fleesensee übergeht. Neben einem Badesteg mit Sprungturm gibt es eine große Liegewiese und viel Platz für sportliche Aktivitäten, u.a. Basketball. Das Wasser ist seicht. Auch Umkleidemöglichkeiten und Toiletten sind vorhanden.

Wassersport und Bootsverleih

■ **Tret-In Bootsverleih,** Lange Str. 11, Tel. 0163 1963201, bootforfun.de, Mai bis Sept. Mo–Sa 10–18, So 14–18 Uhr. Am Damm, der zur Altstadt führt, werden führerscheinfreie Motorboote angeboten. Ob kleiner roter Flitzer oder Badeboot mit Sonnenverdeck und Badeleiter, ab ca. 85 € am Tag sind die Boote zu mieten.

Alpakawanderungen

Fleesensee Alpakas, Lebbiner Str. 5, 17213 **Penkow,** Tel. 0175 7200330, www.fleesensee-alpakas.de. Die kuschelig-niedlichen und neugierigen Alpakas begeistern große und kleine Besucher. Der Hof östlich von Malchow bietet Freizeitaktivitäten und tiergestützte Therapien an und verkauft im **Hofladen** Alpakaprodukte wie Dünger und Wolle. Interessierte können eine kurze (30 Min.) oder lange (2 Std.) Wanderung mit den Tieren buchen und erfahren viel Wissenswertes über die kleinen südamerikanischen Kamele. Immer inklusive sind ein Ausflug auf die Weide, eine Fütterung und natürlich die Gelegenheit zum Streicheln und vielleicht für einen Alpaka-Kuss. Besuche bitte vorab vereinbaren.

Sommerrodelbahn und Affenwald

Die 800 m lange Sommerrodelbahn mit sieben Steilkurven und sechs Schikanen kann man im Einsitzer oder zu zweit befahren. Ein Schlepplift bringt die Rodler wieder zurück zum Start. Nebenan im Naturgehege logiert eine Horde Berberaffen und lässt sich gern bestaunen. Die zutraulichen Affen sorgen für allerlei lustige Situationen.

Die Rodelbahn liegt 4 km nordwestlich von Malchow nahe der Autobahn, Karower Chaussee 6, Tel. 039932 18422, www.sommerrodelbahn-malchow.de, April bis Okt. tgl. 9–18 Uhr, Einzelfahrt Erw. 3 €, Kinder bis 14 Jahre 2,50 €, Affenwald Erw. 5 €, Kinder bis 14 Jahre 4 €.

Eishalle

Eishalle Malchow, Schulstr. 1, Tel. 039932 18270, Di–So 14.30–17.30 Uhr, Erw. 6,50 €, Kinder 3,50 €, Schlittschuhverleih 3 €. Auf der modernen Kunsteisbahn kann man ganzjährig Schlittschuhlaufen. Im Winter finden Spiele der Ostseeliga statt. Im Sommer ist auch Tischtennis, Badminton und Eisstockschießen möglich.

Radfahren

■ **Tommys Fahrradladen,** Kirchenstr. 9, Tel. 0159 03798230, www.tommys-fahrradladen.de, April bis Okt. Mo–Fr 9–13 und 13.30–18, Sa 9–12 Uhr, Nov. bis März Mo–Fr 9–13 und 13.30–17, Sa 10–12 Uhr. Der kleine Laden verleiht Räder aller Art, auch E-Bikes, und bietet einen Werkstattservice, falls am eigenen Rad mal was klemmt. Tourenrad pro Tag ab 10 €.

■ Von der Malchower Altstadt aus empfiehlt sich z.B. eine etwa 30 km lange Runde auf gut ausgebauten Radwegen bzw. kleinen Straßen nach **Lenz** und **Zislow** am Plauer See und zurück über **Adamshoffnung** und das **Kloster Malchow** zur Altstadt.

Verkehr

Bahn

Die nächstgelegenen Bahnhöfe mit Fernverkehrsanschluss sind Güstrow und Waren (Müritz). In der Sommersaison von Ende Mai bis September bietet die **Südbahn** eine Verbindung zwischen Malchow und Waren (Müritz) mit Halt in Nossentin und Jabel. An den Wochenenden fahren auch Züge zwischen Malchow und Plau am See mit Halt in Alt Schwerin und Karow. Infos: suedbahn-saisonverkehr.de.

Bus

■ Die MVVG bietet von Malchow aus vier Buslinien an. So fährt die Linie 015 über **Göhren-Lebbin** nach **Sietow** und bietet auch Halte in kleinen Orten wie Laschendorf und Lexow an. Mit Bus 022 fährt man über Sietow und Klink in rund einer Stunde nach **Waren.** In rund 45 Min. bringt die Linie 024 Fahrgäste nach **Röbel.** Alle Linien haben innerhalb der Stadt mehrere Haltestellen, so z.B. „Am Erddamm" und „An der B192" im Süden und ZOB sowie „Inselstadt (Bahnhof)" im Norden der Stadt. Direkt in der Altstadt gibt es keine Zustiegsmöglichkeiten.

■ Zusätzlich fährt außerhalb des Saisonbetriebs der Südbahn Bus 077 ab Bahnhof (Inselstadt Malchow) zwischen **Malchow, Karow** und **Plau am See.**

Schiffsverkehr

Von Malchow aus legen die Fahrgastschiffe zu einer Vielzahl an Seenfahrten ab, die zwischen 90 Min. und sechs Stunden dauern. Der Anleger befindet sich direkt an der Drehbrücke.

■ **Reederei Pickran,** Kirchenstr. 2, Tel. 039932 81735, www.pickran.de.

■ Wer nicht viel Zeit hat, dem sei eine **1½-stündige Tour** auf dem Malchower und den angrenzenden Seen empfohlen. Mehr bekommt man auf einer **5-Seen-Tagestour** mit Stopp und Aufenthalt in Waren (Müritz) zu sehen.

■ Am Abend finden oft romantische **Fahrten in den Sonnenuntergang** statt.

Plauer See

Am westlichen Rand der Mecklenburgischen Seenplatte gelegen, ist der Plauer See ein beliebtes Reiseziel. Von seiner Größe her ist der langgezogene See – er misst etwa 15 x 6 km und hat eine Fläche von 39 km² – in Deutschland die Nr. 7 und in Mecklenburg-Vorpommern der drittgrößte See. Von seinem Südufer ist die Grenze zu Brandenburg nur ca. fünf Kilometer entfernt, im Norden stößt er an den Naturpark Nossentiner/Schwinzer Heide.

Umgeben von einer hügeligen Landschaft, begeistert der Plauer See mit breiten Uferbereichen und vielen Buchten. Wie die meisten Seen der Region ist auch der Plauer See ein wichtiges **Biotop.** Unzählige Vogelarten, Fischotter, selten gewordene Muscheln, Schnecken und Fledermäuse fühlen sich hier wohl. Das **Naturschutzgebiet am Nordufer** mit seinen 631 ha Fläche und einigen Mooren und kleinen Seen steht schon seit 1960 unter Schutz. Vom **Aussichtsturm Moorochse** kann man dort die Natur ungestört beobachten. Auch auf dem **Plauer Werder,** der Halbinsel im Norden des Plauer Sees, lassen sich schöne Uferspaziergänge machen.

Uferwanderung auf dem Plauer Werder

In dem im Schnitt nur sechs bis sieben Meter tiefen See besteht eine Sichttiefe von vier Metern. Damit ist er auch ein gutes **Tauchrevier.** Da überwiegend Westwind herrscht, finden **Segler** und **Surfer** beste Bedingungen. Ihr Talent zeigen die Wassersportler hier bei zahlreichen Wettkämpfen. Im Sommer boomt der **Bootstourismus,** denn über die Müritz-Elde-Wasserstraße besteht eine Verbindung in den Kölpinsee, den Fleesensee und die Müritz im Osten sowie die Elbe im Westen. Die schleusenfreie Fahrt über mehrere Seen vom Plauer See bis in die Müritz ist einzigartig. Es sind jedoch strenge Regeln beim Befahren des Sees, beim Ankern und Anlegen zu beachten. Der Schutz der Natur steht an erster Stelle.

Zentrum der Region ist das Städtchen **Plau am See** an der Westseite mit seiner charmanten Altstadt und dem breiten Angebot an Übernachtungsmöglichkeiten, Restaurants und Veranstaltungen. In den kleinen **Dörfern** rund um den See geht es eher ruhig zu. Mit dem Rad entdeckt man die stille Landschaft und findet kleine Refugien abseits der Hauptstraßen.

Am Ostufer des Plauer Sees

An der Durchfahrt von der Müritz in den Plauer See liegt der kleine Ort **Lenz.** Neben einem Strandbad mit Bistro gibt es hier eine Schiffsanlegestelle. Der Ort lohnt sich für einen Badeausflug vom nahen Malchow. Hauptsächlich Fahrradfahrer und Reiter durchstreifen die Region zwischen Lenz und **Zislow,** wo es Campingplätze und Reiterhöfe gibt und ansonsten viel Gelegenheit, die Natur ungestört zu genießen. Etwas außerhalb von Zislow, an der Straße zur Autobahn, findet man mit dem Schälchenstein und einem **bronzezeitlichen Hügelgrab** zwei prähistorische Relikte.

UNSER TIPP: Am Ostufer des Plauer Sees gelegen, ist Lenz eine der wenigen Stellen, an denen man einen spektakulären **Sonnenuntergang** am See beobachten kann.

Unterkunft

Zislow

BIO-Vitalhotel Landhaus DIE ARCHE②, Lenzer Weg 1, 17209 Zislow, Tel. 039924 7000, die-arche.de. In ungestörter Natur zwischen Lenz und Zislow lädt das Hotel zur Auszeit ein. Die Möblierung der Zimmer und Hotelräume ist gemütlich im ländlichen Stil. Auf TV und WLAN wurde bewusst verzichtet. Gekocht wird vegan und mit Bioprodukten, Halbpension ist im Preis inbegriffen. Für Abwechslung sorgen das hauseigene Schwimmbad, eine Badestelle am See, ein Radverleih und Seminarangebote.

UNSER TIPP: Im Landhaus DIE ARCHE werden verschiedene **Fastenprogramme** angeboten. Das hauseigene Medical Wellness bietet mit dem New-Start-Programm eine eigene Kur mit natürlichen Heilmitteln.

Pferdehof Zislow, Alter Forsthof 5, 17209 Zislow, Tel. 039924 2561, pferdehof-zislow.de. Der besonders auf Kinder eingestellte Reiterhof am Dorfrand von Zislow verfügt über ein breit gefächertes Angebot. Zur Ferienwohnung lassen sich Reitstunden oder Ausritte buchen. Kleine Hobby-Reiterinnen können auch ohne Eltern ein paar spannende Tage auf dem Hof verbringen und sich dabei um „ihr" Ferienpony kümmern. Man kann sich auf dem Pferdehof auch eines der Ponys für einen Ausritt ausleihen. Auch „große" Reiter kommen auf ihre Kosten, aber für Mädchen ist hier ein Pferde-Paradies.

Wenn der Schleusenwärter die historische Hubbrücke in Plau anhebt, haben auch größere Boote genug Platz für die Durchfahrt

Camping

Zislow

■ **Campingplatz Zwei Seen,** Waldchaussee 2, 17209 Zislow, Tel. 039924 29018, www.zweiseen.de. Im Dorf Zislow am Ostufer des Plauer Sees liegt der Natur-Campingplatz auf einer Halbinsel. Es stehen rund 1000 m Seeufer für Stellplätze zur Verfügung. Der Platz ist ausgerüstet mit den nötigen Serviceleistungen, u.a. einem Mini-Laden und Bistro. Neben Stell- und Zeltplätzen können auch Blockhäuser, Safarizelte, Schlaffässer und sogar Tipis gemietet werden. Hinweis: Hier wird alles bargeldlos bezahlt. Saison ist von April bis Oktober.

UNSER TIPP: **Schlaffass-Dorf auf dem Campingplatz Zwei Seen,** www.schlaffass-am-see.de. 16 Schlaffässer locken Liebhaber ungewöhnlichen Campings oder besser „Glampings". Die Fässer sind für zwei Personen geeignet und verfügen über eine eigene Terrasse mit Hängematte oder Schaukel. Einige Fässer stehen direkt am See und einige sind für Gäste mit Hund eingerichtet. Eine Kühlbox kann auf Wunsch gestellt werden. Essen kann man im Bistro des Campingplatzes.

Plau am See

Wenn man es genau nimmt, schmückt sich Plau mit seinem Namenszusatz „am See" nicht ganz zu Recht. Die Kleinstadt liegt nicht unmittelbar am See, sondern einige Hundert Meter landeinwärts an der **Elde.** Der See ist allerdings nur einen kurzen Spaziergang von der Innenstadt entfernt. Wer an seiner Westseite auf der B103 unterwegs ist, ist schnell an Plau vorbeigefahren, denn um die Stadt zu sehen, muss man von der Hauptstraße abfahren. Und sehenswert ist Plau in jedem Fall.

Im Zentrum dominieren **Kopfsteinpflaster, Fachwerk und Backstein** das Bild. Es ist ein Vergnügen, durch die umfassend sanierte Altstadt und entlang der Elde zum See zu schlendern. In vielen der bunten Häuser findet man heute kleine Läden und Cafés. Außerhalb der

057ms tm

Innenstadt sind das **Villenviertel** an der Seeluster Bucht mit Badestellen und Hotels und der 315 ha große **Plauer Stadtwald** mit seinen Wanderwegen ein Anziehungspunkt. Beide liegen einige Kilometer südlich des Ortskerns. Im Stadtwald trifft man vielleicht sogar auf Plaulina. Die kleine Hexe ist heute Teil des Stadtmarketings. Man kann auf dem Wanderweg „Spur der Zaubersteine" auf eine Begegnung mit ihr hoffen.

Stadtgeschichte

Die Anfänge des Ortes liegen schon in der Mittelsteinzeit. Die später hier siedelnden Slawen vergaben den Namen *Plawe*, **Flößerort.** Die Elde verbindet mitten durch Plau die Mecklenburgischen Seen mit der Elbe. Somit stellte der **Transport von Waren und Holz über das Wasser** schon früh eine wichtige Einnahmequelle dar. 1235 erhielt Plawe – später umbenannt in *Plau* – Stadtrecht. Ab dem 15. Jh. wurden unter der Regie des in Plau eingesetzten Vogts *Lüdeke Hahn* eine Burg, Stadttore und eine Stadtmauer errichtet. Damals musste man sich noch gegen brandenburgische Raubritter aus der nahegelegenen Prignitz schützen. Der immer mehr ausgebaute Festungscharakter der Stadt ging nach dem Dreißigjährigen Krieg verloren, als die Anlagen geschleift werden mussten. Der **Burgturm** überlebte als einziger die Wirren der Zeit und mehrere Stadtbrände.

Im 19. Jh. ging es mit dem Anschluss an die **Bahnlinie Berlin – Rostock** und der damit einsetzenden Industrialisierung für die Plauer bergauf. Eine **Tuchfabrik** und eine **Maschinenfabrik** wurden gegründet. Die Eisenbahn kam 1882

058ms tm

hierher und fünf Jahre später wurde ein Kaiserliches Postamt gebaut. Der findige Plauer Tüftler *Ernst Alban* entwickelte eine Dampfmaschine und bereits 1845 fuhr ein nach ihm benannter dampfgetriebener Seitenraddampfer über den See.

1945 wurde Plau kampflos an die Rote Armee übergeben und blieb unversehrt. Der Zuzug von Flüchtlingen und Vertriebenen sorgte für eine Verdopplung der Einwohnerzahl auf 8000. Seit 1998 ist Plau am See staatlich anerkannter **Luftkurort.** Die heute rund 6000 Einwohner verdienen ihr Geld überwiegend im Tourismus.

Sehenswertes

Burgturm und Burgmuseum

Der Burgturm mit seinen drei Meter dicken Mauern ist ein weithin sichtbares Wahrzeichen Plaus. Er entstand 1447 und blieb als einziges Bauwerk der Burg und Stadtbefestigung erhalten. Eine Besichtigung des Turms und seines elf Meter tiefen **Verlieses** ist ein guter Einstieg in die Stadtgeschichte, welche im **Technik-Museum im Burghof** anschaulich präsentiert wird. Die Ausstellungen im Museum haben z.B. Geschichte und Handwerk der Stadt oder die heimische Vogelwelt zum Thema. Funktionstüchtige historische Maschinen lassen die Industriegeschichte lebendig werden. Besonderes Augenmerk liegt auf den Erfindungen des Plauers *Ernst Alban.* Er gilt als Pionier des Hochdruckdampfmaschinenbaus.

Im Obergeschoss können Besucher in die Kunst des **Bildhauers Wilhelm Wandschneider** (1866–1942) eintauchen. Auch er war ein gebürtiger Plauer und hat im ganzen Land Mecklenburg Skulpturen geschaffen. In der Altstadt sind noch einige seiner Werke zu finden.

■ **Burgmuseum,** Burgplatz 2, www.burgmuseum-plau.eu, Ostern bis Okt. tgl. 10–17 Uhr, Technikmuseum im Burghof 3 €, Burgturm 2 €, Kinder zahlen einmalig 0,50 €.

Rathaus und Marienkirche

Die engen, kopfsteingepflasterten Gassen mit den restaurierten Fachwerkhäusern führen von der ehemaligen Burg, in deren Nähe sich ein gebührenfreier Parkplatz befindet, hinunter zur Eldepromenade. Spaziert man vom Burghof ins Stadtzentrum, liegen die Stadtkirche St. Marien und das Rathaus am Wege. **St. Marien** ist ein stattlicher Backsteinbau mit Stilelementen aus Romanik und Gotik. Hier finden die Konzerte des Plauer Musiksommers statt. Wer die Stadt von oben betrachten will, steigt die 120 Stufen im **Turm** hinauf.

Das **Rathaus,** 1889 im Stil der niederländischen Renaissance entstanden, ist wegen seiner Fassade, an der wilder Wein rankt, ein Hingucker. 1985, nur sechs Monate vor dem 700-jährigen Stadtjubiläum, brannte es bei einem schrecklichen Unglück fast komplett aus. Engagierte Plauer Bürger sammelten innerhalb kurzer Zeit nahezu 70.000 Mark und Baumaterial für eine Renovierung. Damit setzten sie erfolgreich die Be-

◁ In der Marienkirche kann man im Sommer stimmungsvollen Konzerten lauschen

zirksregierung in Schwerin unter Druck, den Wiederaufbau bis zu den Feierlichkeiten zu erreichen.

■ **Marienkirche,** Kirchplatz 3, mind. April bis Okt. tgl. 9–18 Uhr.

Elde-Ufer und Brücken

Einen schönen Blick auf die Stadt hat man vom Ufer der Elde aus. Hier lässt es sich entspannt ausruhen und den regen Schiffsverkehr zwischen der **Schleuse** und dem Plauer See beobachten. Die weiß leuchtende **Fußgängerbrücke** an der Schleuse wird **Hühnerleiter** genannt. Der Name stammt aus der Nachkriegszeit, als die 1945 gesprengte Drehbrücke über die Schleuse durch eine Hochbrücke ersetzt wurde, deren Treppenstufen aufgrund knappen Baumaterials aus genagelten Leisten bestanden. Auch wenn der Neubau aus dem Jahr 2003 kaum noch Ähnlichkeit mit dem Vorgänger aufweist, blieb die Bezeichnung erhalten.

Wer mit dem Schiff die Schleuse durchfahren hat, wartet 400 m weiter, dass der Schleusenwärter die historische **Hubbrücke** hochfährt. Die 1916 gebaute, 13 m lange Stahlkonstruktion ist ein weiteres Wahrzeichen Plaus. Im geschlossenen Zustand hat man unter der Brücke 2,53 m „Luft". Wird sie angehoben, erlaubt sie eine Passierhöhe von 4,38 m.

Am Seeufer

Wenige Meter hinter der Hubbrücke fließt die Elde in den Plauer See. Entlang der Straße An der Metow führt die **Promenade** vorbei an Schiffsanlegern, Fischbuden und Ferienwohnungen zum neugebauten **Yachthafen** am Übergang zum See. Ganz am Ende lockt ein 13,50 m hoher, begehbarer **Leuchtturm** zum Blick über das Gewässer. Von seiner Galerie aus weist ein Sektorenfeuer den einfahrenden Schiffen den Weg. Hausboote und Segler steuern hier auf der Müritz-Elde-Wasserstraße in den Plauer See und weiter in Richtung Müritz.

■ **Leuchtturm,** im Yachthafen, im Sommer täglich, im Winter nur am Wochenende geöffnet.

060ms tm

In der Umgebung

Lehmmuseum Gnevsdorf

Das nach Angaben der Betreiber einzige Museum Deutschlands, das sich dem Thema **Lehm als Baumaterial** widmet, befindet sich in einer Feldsteinscheune in dem kleinen Ort Gnevsdorf, ca. neun Kilometer südwestlich von Plau. Kleine und große Baumeister dürfen hier staunen und ausprobieren.

■ **Lehmmuseum,** Steinstr. 64 a, 19395 Gnevsdorf, Tel. 038737 33830, www.lehmmuseum.de, Mai bis Sept. Do–So 13–17 Uhr, Erwachsene 4 €, Kinder (10–14 Jahre) 2,50 €.

Wangeliner Garten

Unser Tipp: Drei Kilometer westlich des Lehmmuseums kann man im Dorf **Wangelin** den größten **Kräutergarten** Mecklenburg-Vorpommerns besuchen. Im Wangeliner Garten erhält man Einblick in die Vielfalt der Pflanzenwelt und ihre Nutzung. In neun Abteilungen mit verschiedenen Kräutern oder „Duft- und Zauberpflanzen", im **Schmetterlingsgarten,** im **Bauerngarten** und auf der **Streuobstwiese** lernen Besucher die Besonderheiten von Nutz- und Wildpflanzen kennen. Die wie Tricks wirkenden Eigenschaften einiger Pflanzen sorgen oft für Staunen.

Zusätzlich erfährt man vieles über **ökologisches Bauen** und die Bionik. Wer mag, kann in den aus Strohballen und Lehm gestalteten Häusern **übernachten.** Das **Gartencafé** lädt ebenfalls zum Verweilen ein.

■ **Wangeliner Garten,** Vietlübber Str., 19395 Ganzlin, Ortsteil Wangelin, Tel. 038737 499878, wangeliner-garten.de, tgl. 10–16 Uhr, Mai bis Sept. bis 18 Uhr, Erw. 6 €, Kinder (7–16 Jahre) 3 €, von Nov. bis Feb. ist der Eintritt frei. Es gibt eine Kombikarte (9 €/4,50 €) mit dem Lehmmuseum Gnevsdorf. Man darf hier mit dem eigenen **Wohnmobil** übernachten.

⌃ Handwerk zum Anfassen: Lehmmuseum Gnevsdorf

< Das Elde-Ufer lädt zum Bummeln ein

Praktische Tipps

Information

■ **Touristinformation,** Burgplatz 2, 19395 Plau am See, Tel. 038735 45678, plau-am-see.de, Mai bis Sept. Mo–Fr 9–18, Sa 10–14 Uhr, Juni bis August Sa 10–16 Uhr, Okt. bis April Mo–Fr 10–16, Sa 10–13 Uhr.

Unterkunft

15 15 **Parkhotel Klüschenberg**②-③, Klüschenberg 14, 19395 Plau am See, Tel. 038735 49210, www.klueschenberg.de. Etwas südlich des Plauer Zentrums im Grünen gelegenes Komforthotel mit umfangreichem Angebot. Die Zimmer im Haupthaus und im Nebenhaus (Chalet) sind modern möbliert. Der Wellnessbereich wartet mit Pool und Sauna auf und im Restaurant wird eine Küche auf hohem Niveau angeboten. Das Hotel hat attraktive Paketangebote, z.B. für Radtouristen. Besonders beliebt ist das **Wintertheater** (Nov. bis März), ein

7-Gang-Menü, untermalt durch ein Theaterstück der leichten Muse.

1 Pension „Zur Scheune“①-②, Lübzer Chaussee 12, 19395 Plau am See, Tel. 038735 999738, www.zur-scheune-plau.m-vp.de. Die kleine Pension ist in einer umgebauten Bauernscheune untergebracht. Es gibt Doppelzimmer, aber auch Suiten mit Balkon oder Terrasse. Die Ausstattung ist ländlich-rustikal, Frühstück ist inklusive. Im Garten können die Hausgäste Sitzecken und Grillplätze nutzen. Bis ins Stadtzentrum sind es 400 m.

4 Hotel Marianne②, Quetziner Str. 77, 19395 Plau am See, Tel. 038735 8230, www.hotel-mariane-plau.de. Das familienfreundliche Hotel mit 17 Zimmern bietet gepflegte Unterkunft im klassischen Stil. Für das Frühstück in der Morgensonne steht ein Glasanbau zur Verfügung, angeschlossen ist **4 Restaurant Kiek In.** Zum See und hauseigenen Badestrand sind es nur wenige Schritte. Das Plauer Zentrum ist in 15 Min. zu Fuß erreichbar.

5 Ferienpark Heidenholz②, Kantor-Ehrich-Str. 3d, 19395 Plau am See, Tel. 038735 850, ferienpark-heidenholz.de. Die weitläufige Ferienanlage am See hat für jeden Geschmack etwas zu bieten. Übernachten kann man in einfachen Bungalows, komfortabel ausgestatteten massiven Ferien-

häusern oder Doppelzimmern und Apartments im Aparthotel. Für alle Gäste stehen ein Schwimmbad, ein Badestrand, Boots- und Radverleih, Streichelzoo sowie ein Restaurant zur Verfügung. Alle Einrichtungen des Ferienparks sind barrierefrei.

Barkow

Unser Tipp: **Gästehaus BärenHof**①-②, Ausbau am See 4, 19395 Barkhagen, Ortsteil Barkow-Ausbau, Tel. 0175 5218765, www.gaestehaus-baerenhof.de. Urlaub auf dem alten Bauernhof, aber mit zeitgemäßer Ausstattung, bietet die kleine Ferienanlage. Sie liegt 10 km westlich von Plau in ruhiger Lage direkt am kleinen Kritzower See. Es werden geräumige Ferienwohnungen und einige Doppelzimmer angeboten, alle im ländlichen Stil neu eingerichtet. Für die Gäste stehen eine eigene Badestelle, ein Verleih von Kajaks und Stand-up-Paddleboards, Spielplätze und Grillmöglichkeiten zur Verfügung.

Camping

17 **Campingpark Zuruf,** Seestraße 38d, 19395 Plau am See, Tel. 038735 45878, www.camping park-zuruf.de. Der ganzjährig geöffnete Campingplatz liegt 3 km südlich der Altstadt. Auf einem großen Seegrundstück werden Stellplätze in verschiedenen Kategorien angeboten. Drei Zeltwiesen und Finnhütten sowie Ferienwohnungen ergänzen das Angebot. Familien freuen sich über den großen Badestrand und die saisonale Kinderbetreuung. Ein Bistro, Brötchenservice und ein Minimarkt sorgen für das leibliche Wohl. Für Camper mit Hund ist ein separater Bereich eingerichtet.

Essen und Trinken

14 14 **Fackelgarten**②-③, Dammstr. 1, Tel. 038735 8530, fackelgarten.de, Mi–So 12–21 Uhr (Sa/So bis 22 Uhr), Jan./Feb. Betriebsferien. Das kleine **Hotel**② mit nur fünf Zimmern und **Restaurant**②-③ ist romantisch an der Elde direkt neben der Hubbrücke gelegen. Die Terrassenplätze sind heiß begehrt. Die Ausstattung ist modern-kreativ, aber gemütlich. Auf der Speisekarte stehen kleine und große Gerichte mit viel frischem Gemüse und teils nicht-alltäglichen Variationen. Hier bekommt man auch leichte, z.B. asiatisch oder französisch inspirierte Küche. Tagsüber sind süße Leckereien wie Eisbecher und Waffeln im Angebot.

13 **Zeislers Esszimmer**②-③, Strandstr. 4, Tel. 038735 497000, www.zeislers.de, Mo, Do 16–21, Fr–So 11.30–21.30 Uhr. *Anja* und *Stefan Zeisler* haben sich den Traum vom eigenen Restaurant erfüllt. In ungezwungener Atmosphäre werden Klassiker und Eigenkompositionen serviert. Die Speisekarte wechselt häufiger. Die Lage an der Elde verspricht einen tollen Ausblick. So kann man bei einem romantischen Abendessen nebenbei das Treiben auf dem Wasser zwischen Schleuse und Hubbrücke beobachten.

4 **Restaurant Kiek In**②, im Hotel Marianne (s.o.). Das am Abend geöffnete Restaurant hat sich auf mecklenburgische Küche spezialisiert. Besonders beliebt sind die Fisch- und Wildgerichte. Tipp: der hausgeräucherte Wildschinken.

Unser Tipp: 19 **Fischerhaus**②-③, An der Metow 12–16, Tel. 038735 83930, www.ferienpark-metow.de/restaurant-fischerhaus-plau-am-see, tgl. 11–21 Uhr. Mit Blick auf die Elde direkt an der kleinen Uferpromenade zwischen der Altstadt und der Marina am See ist das Restaurant ein beliebter Anlaufpunkt. Frischer Fisch aus dem See kommt hier auf den Tisch, das Angebot wechselt je nach Tagesfang. Mit etwas Glück gibt es z.B. Flusskrebse. Die Gerichte sind regional inspiriert. Es wird auch eine **Räucherschule** mit anschließender Verkostung angeboten. Die Termine sind meist am Wochenende.

12 **Café Faltenrock,** Große Burgstraße 21, Tel. 0173 7138016, auf Facebook, i.d.R. tgl. 13–18 Uhr, bei Veranstaltungen am Wochenende auch bis 22 Uhr. Hier darf es gern mal exzentrisch zugehen.

Das gemütliche Café hat eine außergewöhnliche Möblierung und die Inhaber sind bekannt für ihren Ideenreichtum. So gibt es mal eine Modenschau, ein anderes Mal einen Trödelmarkt. Bei hausgemachten Kuchen und Torten und einer großen Auswahl an Getränken kann man sich (nicht) sattsehen an den Dekorationen im Café.

Einkaufen

9 Creativ und Hobby Plau, Steinstr. 10, Tel. 0172 6514713, creativundhobby.com. Im Bastelgeschäft von *Petra Steininger* erwarten Interessierte eine Vielzahl an Papieren, farbenfrohen Stoffen und Wolle sowie Räucherkerzen. Die regelmäßig angebotenen **Workshops** zu Schmuckgestaltung, Basteleien mit Papier und vielem mehr sind kurzfristig buchbar (Termine auf der Website).

11 Plaupause, Große Burgstr. 13, plaupause.net, in der Saison Mi–Sa 11–18 Uhr. Ein charmanter, kleiner Laden zum Stöbern für Geschenke und Souvenirs. Besonders beliebt sind die von der Inhaberin *Heike Hartung* selbst kreierten, farbenfrohen Gruß- und Postkarten und die Shirts und Tassen mit Plau-Motiv.

10 10 PlauderKäseeck, Wallstr. 2, Tel. 038735 13968, plauderkaeseeck.de, tgl. 10–18 Uhr, Mi und So geschlossen. Klitzeklein und immer gut besucht ist der Käse- und Delikatessenladen in der Altstadt. Das Angebot ist umfangreich, auch Weine und Spirituosen finden sich in den Regalen. Das **Bistro** mit Plätzen im lauschigen Hof lädt dazu ein, die Köstlichkeiten direkt bei einem Glas Wein zu probieren.

7 Imkerei und Bauernhof Bode, Rostocker Chaussee 61, 19395 Plau am See, Tel. 038735 45225, www.bienen-bode.de, April bis Sept. Mo–Fr 10–18, Sa 10–15, So 11–14 Uhr, Okt. bis März Mo–Fr 10–16.30, Sa 10–14 Uhr, Bienen-Museum Erw. 1,50 €, Kinder 0,50 €. Der an der B103 ca. 5 km nördlich von Plau gelegene Bauernhof mit Imkerei betreibt einen umfangreichen Hofladen mit Honigprodukten und frischen Lebensmitteln aus eigener Herstellung. Auch ein kleines Bienenmuseum ist eingerichtet. Auf dem Hof sind u.a. Hühner, Kaninchen und Kamerunschafe zu bestaunen.

Feste und Veranstaltungen

- In der Plauer Burg finden im Juli die Plauer **Ritterspiele** und im August das **Burghoffest** statt.
- Der **Plauer Musiksommer** in der Stadtkirche St. Marien lockt von Ende Juni bis Mitte September mit stimmungsvollen Konzerten zu einem jährlich wechselnden Thema.
- Die über die Region hinaus bekannte **Badewannenrallye** auf der Elde mit Volksfestcharakter fand zum 30-jährigen Jubiläum 2019 zum vorerst letzten Mal statt. Eine Wiederbelebung wird von allen heiß ersehnt.

062ms tm

[>] Hervorragend dinieren und Schiffe gucken kann man in Zeislers Esszimmer

059ms tm

Aktivitäten

Stadtführung

■ Eine **zweistündige Stadtführung** durch Plau am See findet von April bis Oktober jeden Samstag um 11 Uhr statt. Treffpunkt ist an der Touristinformation, Erw. 5 €, Kinder 2 €.

Touristenbahn

18 Die kleine **Plauer Stadtbahn** fährt von Mai bis Sept. tgl. außer Fr zwischen 10.30 und 16.30 stündlich ab dem Schiffsanleger an der Metow zu Stadtrundfahrten ab. Die Rundfahrt kostet 8 €. Auch Teilstrecken sind möglich. In Kombination mit einer Schiffsfahrt (s.u.) gibt es 1 € Rabatt, www.fahrgastschiffahrt-wichmann.de/plauer-stadtbahn.

Bei einem Spaziergang an der Elde zum Plauer See fallen die traditionellen Bootshäuser ins Auge

Strandbäder

Badestellen gibt es am Plauer See reichlich. Zwei schöne Strandbäder liegen südlich der Altstadt.

■ Im **Strandbad Plötzenhöhe** stehen Liegewiese, Spielplatz, Imbiss und Toiletten zur Verfügung. Hier wachen Rettungsschwimmer über die Badenden. Am Steg gibt es einen Bootsverleih.

■ Beliebt ist die **Seeluster Bucht** an der Promenade weiter südlich. Der familienfreundliche Badestrand am flachen Ufer bietet u.a. einen Spielplatz, Toiletten und Gastronomie. In der Gegend befinden sich etliche Hotels.

Wassersport und Bootsverleih

2 **KanuTeam Plau am See,** Lübzer Chaussee 17b, Tel. 038735 14883, www.kanuteam-plauamsee.de. Der Bootsverleih – Kanu, Kajak, Stand-up-Paddle und Zubehör – von *Stefan Bull* ist ein idealer Ausgangspunkt für Paddeltouren auf dem Plauer See oder der Elde, welche durch ihre geringe Strömung in beide Richtungen gut befahrbar ist. Saison ist von April bis Oktober.

6 **Wasserski & Surfschule Plau am See,** August-Bebel-Str. 3, 19395 Plau am See/Quetzin, Tel. 0172 9402687, www.wassersport-plauer-see.de. Die im Ortsteil Quetzin am nördlichen Westufer des Plauer Sees gelegene Wassersportschule bietet beste Bedingungen für Wasserski- und Surfeinsteiger. Wasserski kann man täglich in einem ca. einstündigen Kurs lernen. Die ausgedehnten Flachwassergebiete sind für Kinder optimal. Kinder ab sechs Jahren können sich beim Wasserski und Wakeboarden ausprobieren und ab acht Jahren beim Windsurfen.

16 **Bootsverleih Abraham,** Seestr. 2b, in der Marina, Tel. 0162 6884643, bootsverleih-abraham.de. Wer eine individuelle Tour auf dem Plauer See plant, findet hier führerscheinfreie Boote verschiedener Größen, vom offenen Flitzer bis zum kleinen Kajütboot. Auch Ruderboote mit oder ohne Außenborder sind im Angebot.

Malen

3 **Atelier Seifarth,** Hauptstr. 13, 19395 Barkhagen / Kolonie Lalchow (5 km westlich von Plau), Tel. 038735 45619, www. malurlaub-mv.de. Im Urlaub künstlerisch tätig sein und die reizvolle Landschaft der Seenplatte auf die Leinwand bannen, das können Interessierte bei *Brigitte* und *Jürgen Seifarth*. Von April bis September werden Grundkenntnisse der Öl-, Acryl- und Aquarellmalerei vermittelt. Es werden täglich drei Stunden im Atelier oder draußen in der Natur gemalt. Das Atelier kann außerhalb der Malstunden weiterhin von den Teilnehmern genutzt werden. Preis ab 45 € pro Person/Tag zzgl. Materialkosten.

Nordic Walking

■ In einem seenahen Waldstück im Ortsteil Quetzin befindet sich der **Heilwald Quetziner Tannen.** An den Wegen wurden **Trainingsgeräte** aufgestellt, die besonders förderlich für Patienten mit neurologischen oder orthopädischen Krankheitsbildern sind. Die 3,5 km lange Nordic-Walking-Strecke führt teilweise entlang eines **Naturlehrpfads** (www.heilwald-plau.de).

Radfahren

■ Der **Plauer See Radrundweg** führt über 55 km von Plau am See um die Nordspitze des Sees nach Alt Schwerin und weiter Richtung Malchow und dort vom Campingplatz aus am Ufer entlang über Lenz und Zislow zum südlichen Ende des Sees und Stuer. Hier ist ein Besuch des Bärenwalds möglich, bevor die Runde zurück nach Plau vollendet wird. Die Markierung ist ein grünes Rad auf weißem Grund bzw. ein blauer Balken auf weißem Grund.

Rundwanderweg Spur der Zaubersteine

■ **Start/Ende:** Plau am See, Dammstraße/Ecke Ziegeleiweg

■ **Länge:** ca. 10 km

Den Rundwanderweg auf den Spuren von Hexe Plaulina weisen Findlinge, die mit einem Pfeil und grünem Punkt auf einem weißen Viereck markiert sind. Die Wanderung führt sowohl durch stille Natur als auch entlang der Seepromenade.

Man geht vom Zentrum aus (Hubbrücke) zunächst über die Dammstraße und den Ziegeleiweg in den Plauer **Stadtwald,** der südlich der Stadt beginnt, und dort zum Ziegelsee, zum Hofstätter Moor, Burgwall und Burgsee. Über den Ortsteil **Appelburg** gelangt man ans Seeufer. Vorbei an der **Seeluster Bucht** mit Einkehr- und Bademöglichkeit und durch den Ortsteil **Plötzenhöhe** endet der Rundweg wieder am Ausgangspunkt.

■ **Informationen und Flyer** zur Tour gibt es bei der Touristinformation und unter plau-am-see.de/home/wandern.

Die Strecke zwischen Lenz und Stuer ist teils schwer zu befahren. Hier kann man aber auf die wenig befahrene Straße ausweichen. Infos: www.plauersee-radrundweg.de.

8 **Fahrrad Luchs,** Steinstr. 38, Tel. 0173 7869332, www.fahrrad-luchs.de. Der Radverleih mit Reparaturservice hat von Touren- und Mountain- bis zu E-Bikes eine große Auswahl. Auch Tourenvorschläge werden gern vermittelt.

Verkehr

Parken

In den zum Teil recht engen Straßen der Plauer Altstadt sind nur wenige Parkflächen zu finden.

- Das Auto kann man gebührenfrei auf dem Großparkplatz **Ecke B103/Quetziner Straße** abstellen und hat so nur einen fünfminütigen Fußweg ins Zentrum. Hier stehen auch zwei **Ladesäulen** für E-Autos zur Verfügung.
- Ein weiterer Großparkplatz ist **An der Metow.** Das Parken kostet hier 0,50 € je 30 Min., eine Tageskarte ist für 6 € zu haben.

Bahn

- Einen Bahnanschluss hat Plau am See nur an Wochenenden in der Saison. Die von der ODEG betriebene **Südbahn** fährt von Juni bis Oktober von Parchim, wo Fernverkehrszüge halten, nach Plau (suedbahn-saisonverkehr.de). Zusätzlich erreicht man an den Wochenenden auch Malchow und Waren (Müritz). Der **Bahnhof** liegt etwa zehn Fußminuten von der Innenstadt entfernt.

Bus

- **Rundbus Plauer See,** www.rundbus.de. Mit dem roten Doppeldeckerbus geht es auf eine große Runde um den Plauer See. An 21 Haltestellen können Fahrgäste zu- bzw. aussteigen oder die Fahrt unterbrechen. Dazu gehören mehrere Haltepunkte in Plau und Stopps in Alt Schwerin (Agroneum), am Karower Meiler, am Affenwald in Malchow und am Bärenwald. Von Mai bis August startet der rote Bus seine Runde um 9 Uhr und dann im zweistündigen Rhythmus bis 17 Uhr in Plau am See. Im Sept./Okt. wird der Fahrplan reduziert mit weniger Abfahrten und nur Do–Mo. Die Tageskarte kostet 16 €. Gäste mit Unterkunft in Plau am See nutzen den Bus mit ihrer Kurkarte kostenfrei.
- **Linienbusse** stellen die Verbindung in die umliegenden Orte her. So fährt die Linie 016 der MVVG zwischen Plau und Röbel mit Halt in Stuer. Am Wochenende stellt die Linie 077 die Verbindung nach Malchow und Waren her. Die Verkehrsgesellschaft Ludwigslust-Parchim (VLP) bietet ebenfalls mehrere Routen ab Plau an, u.a. nach Parchim (700) und Wangelin über Gnevsdorf (725). Die Busse halten generell alle am Bahnhof, die Linie 725 steuert auch Haltestellen rund um die Altstadt an, wie z.B. Klüschenberg und Seelust.

Schiffsverkehr

- **Fahrgastschifffahrt Wichmann,** An der Metow, Tel. 0172 8027166, www.fahrgastschiffahrt-wichmann.de. Die Plauer Reederei mit drei Schiffen bietet eine Vielzahl an Touren an, darunter kurze Erkundungen auf dem Plauer See und halb- oder ganztägige Ausflüge z.B. nach Malchow, zum Damerower Werder oder nach Waren (Müritz). Gastronomie ist an Bord vorhanden. Saison von April bis Okt., Preisbeispiel: 2½ Std. Seenrundfahrt ab 16 €.
- **Plauer Fahrgastschifffahrt Salewski,** Anleger Steg 3 (gegenüber Restaurant Fischerhaus), Tel. 038735 42872, fahrgastschifffahrt-plau.de. Mit ihrer „Loreley" hält *Diana Salewski* die nahezu 30-jährige Familientradition am Leben und bietet vor allem 2½-stündige Drei-Seen-Fahrten nach Malchow (über Lenz) an. Auch ein Fahrradtransport ist möglich. Saison von Mitte April bis Mitte Okt.
- Die **Weiße Flotte Müritz** und **Blau-Weiße-Flotte** aus Waren und **Reederei Pickran** aus Malchow legen auf ihren Tagesfahrten ebenfalls in Plau am See an. Hier ist dann jedoch meist keine Rundfahrt, sondern nur die Teilstrecke zurück nach Waren oder Malchow buchbar.

Stuer

Das rund zehn Kilometer von Plau entfernte Stuer ist vor allem für seinen Bärenwald bekannt. Der Ort selbst nahe der Südspitze des Plauer Sees hat aber auch einige sehenswerte Bauten. Ruhesuchende finden hier Übernachtungsmöglichkeiten und reizvolle Wanderwege, wie die Tour ins Tal der Eisvögel.

Dass der Plauer See noch weit bis ins Mittelalter *Stuerer See* hieß, zeugt von der einstigen Stellung des Ortes. Mitte des 14. Jh. wurde der Familie *von Flotow* das Land übertragen, zu dem auch Malchow und Röbel gehörten. Rund 600 Jahre blieb es in ihrem Besitz. Als Zeugnis dieser Zeit ist die **Ruine der Burg Stuer** erhalten, einst Wohnturm der Wasserburg.

Die **Kirche** von Stuer wurde 1717 als Fachwerkbau neu errichtet. Der Vorgänger war im Dreißigjährigen Krieg zerstört worden. Das hübsche Ensemble aus Kirche, Pfarrhaus und Pfarrgarten mit viel Fachwerk ist einen Fotostopp wert.

Um 1845 wurde Stuer mit der Einrichtung einer Wasserheilanstalt zum Bad. Schon bald wendete man hier die Methoden *Kneipps* an und es entwickelte sich ein respektables Kurgeschäft, welches jedoch in den 1920er-Jahren in Konkurs ging. So ist **Bad Stuer** heute nur noch der am Plauer See gelegene Ortsteil von Stuer.

Die Fachwerkkirche von Stuer ist ein reizvolles Fotomotiv für Wanderer und Radler

Bärenwald Müritz

Der etwas außerhalb von Stuer gelegene Bärenwald ist der Besuchermagnet der Region. Die Einrichtung ist jedoch weder Zoo noch Tierpark. 2006 von der Tierschutzorganisation Vier Pfoten initiiert, handelt es sich um ein **Bärenschutzzentrum** – mit 16 ha Fläche das größte seiner Art in Westeuropa.

Die hier lebenden Tiere kommen aus Tierparks, Zirkussen oder aus privater Haltung. Im Bärenwald dürfen sie den Rest ihres Lebens in einer friedlichen und sicheren Umgebung mit vielen Anreizen zur Wiederentdeckung natürlichen Tierverhaltens verbringen. In Gefangenschaft gehaltene Bären können nicht wieder ausgewildert werden. Sie haben sich zu sehr an den Menschen gewöhnt und würden daher auch zukünftig seine Nähe suchen. Vermutlich würden die Tiere in der Wildnis gar nicht überleben.

Viele der Bären im Bärenwald sind verhaltensgestört und haben ihre Instinkte verloren. Die Tierpfleger von Vier Pfoten achten darauf, ihnen spielerisch ein Stück ihrer Freiheit zurückzugeben. Sie dürfen herumtollen, Höhlen graben, ihr Futter selbst suchen und sich zur Winterruhe zurückziehen.

Der Kontakt zu den Besuchern ist daher auf ein Minimum reduziert. Trotzdem können die jährlich 90.000 Gäste hier viel über das Leben der Bären – im Bärenwald leben aktuell **12 Braunbären** – und ihre Herkunft erfahren. In den langgezogenen Außengehegen zeigen sich die Tiere oft. Beobachten ohne zu stören ist die Devise.

Man kommt den Bewohnern des Bärenwalds an den Außengehegen recht nahe

An den **Lern- und Spielstationen** wird viel Wissenswertes über Bären vermittelt. Außerdem sorgen Spielplätze, ein Angelteich und ein Bio-Bistro mit gesunden Leckereien für Abwechslung. Am besten nimmt man an einer Führung teil und lernt die pelzigen Bewohner und ihre Schicksale kennen.

■ **Bärenwald Müritz,** Am Bärenwald 1, 17209 Stuer, Tel. 039924 79118, www.baerenwald-mueritz.de, Mitte März bis Okt. tgl. 9–18 Uhr, Nov. bis Mitte März tgl. 10–16 Uhr, Hauptsaison Erw. 11 €, Kinder (6–14 Jahre) 5 €, Nebensaison Erw. 6,50 €, Kinder 3 €, Hunde willkommen.

Einkaufen

Darze

Unser Tipp: **Friedas kleine Scheune,** Malchower Chaussee 6, 17209 Altenhof, Ortsteil Darze, www.friedaskleinescheune.de, Sept. bis Juni Di–Sa 11–17 Uhr, Juli/Aug. Mo–Sa 11–17 Uhr. Die urige Scheune lädt zum Stöbern ein. Dekoratives und Bastelsachen wurden mit viel Liebe zum Detail ausgesucht. Ein besonderer Tipp ist das integrierte **Puppenstubenmuseum** – Kindheitsträume und Erinnerungen kommen hier zurück. Die Scheune liegt 4 km östlich von Stuer in Richtung Röbel.

Wanderung ins Tal der Eisvögel

■ **Start/Ende:** Haupteingang Bärenwald in Stuer
■ **Länge:** 15 km

Vom Bärenwald Müritz aus lässt sich eine kleine Runde um den Ort Stuer mit einer Erkundung des Tals der Eisvögel verbinden. Als Abschluss der Tour kann man im Ortsteil Bad Stuer noch ein Bad im Plauer See nehmen.

Vom Parkplatz des Bärenwaldes aus beginnt die Wanderrunde an der Straße entlang in Richtung Suckow. Nach nur wenigen Hundert Metern biegt man rechts ab auf den Wanderweg nach **Stuer** und folgt ihm am Wald entlang bis zum Ort. Durch diesen geht es bis zum kleinen **Stuerschen See** und an seinem Südufer entlang in den Ortsteil **Vorwerk** mit seinem alten Gutshaus und Gutsarbeiterkaten. Von dort führt eine Eschenallee zur **Burgruine.** Auf gleichem Weg geht man zurück nach Stuer.

An der einzigen Kreuzung folgt man der Dorfstraße links zur **Kirche.** Kurz vor dem Gotteshaus wendet man sich nach rechts. Durch den Wald führt ein kleiner Pfad, der die Straße zum Parkplatz Bärenwald quert, bis zu den **Fischteichen.** Hier ist ein Imbiss, der frischen **Räucherfisch** anbietet.

Den Bärenwald im Rücken, beginnt an dieser Stelle der Wanderweg durch das **Tal der Eisvögel.** Er führt in rund 15–20 Minuten durch den Wald entlang eines lauschigen Bachs, das Jagdrevier der auch fliegender Edelstein genannten, blitzschnellen Vögel. Vielleicht lässt sich eines der bunt schillernden Exemplare beobachten. An ein Tal fühlt man sich am ehesten bei Betrachtung der Sandsteilwände, in denen die Eisvögel brüten, erinnert.

Der Weg führt nach **Bad Stuer** am Plauer See, wo man entlang der Straße Seeufer weitergeht. Ein Abstecher zum See mit Badestelle ist nicht weit. Vorbei an den alten Kuranlagen und Villen gelangt man in den Wald und zur Straße. Rechts entlang sind es dann noch 250 m zurück zum Parkplatz **Bärenwald.**

Alt Schwerin

So mancher Autofahrer, der auf der Autobahn A19 gen Norden unterwegs ist, hat sich kurz hinter der Abfahrt Malchow über die Windmühle und die zwei hohen Silotürme gewundert. Beides sind Exponate eines besonderen Museums – des Agroneums. Die landwirtschaftliche Ausstellung ist die Hauptattraktion in dem kleinen Ort Alt Schwerin, der als ganzes Dorf in die Museumslandschaft eingebunden zu sein scheint.

Alt Schwerin, bereits im 13. Jh. nachweislich existent, war ein typisches Rittergut. Spätestens nach dem Dreißigjährigen Krieg verloren immer mehr Bauern aus Geldnot ihren Besitz und wurden abhängig Beschäftigte auf dem wachsenden Gutsbesitz. In das **barocke Herrenhaus,** heute ein Pflegeheim, zogen im 18. und 19. Jh. fortlaufend neue Besitzer ein. Die *von Wangelins, von Flotows, von Levetzows* und viele andere gaben sich die Klinke in die Hand und bauten das **Gutsdorf** aus. Bis heute sind Herrenhaus, Park, Alleen, Wirtschaftsgebäude und die typischen Landarbeiterhäuser erhalten. Besonders eindrucksvoll sind die zwei großen Feldsteinkaten an der Hauptstraße. Nach der Enteignung des Gutes 1945 blieb die Landwirtschaft das bestimmende Gewerbe.

▷ Trubel beim Traktoren- und Oldtimertreffen

▷ Die Holländerwindmühle von 1843 mit einer Spannweite von 22 Metern fand 1975 im Agroneum ein neues Zuhause

Agroneum

Bereits ab 1963 bemühte man sich um die touristische Entwicklung des Dorfes und richtete ein **Agrarmuseum** ein. Das damalige Museum nutzte verschiedene alte **Gutsgebäude** im Dorf und wurde somit Teil des Dorflebens. Nach und nach setzte man passende Bauwerke, u.a. eine **Windmühle** und eine **Schmiede,** aus anderen Orten des Landes auf ein eigens hergerichtetes Gelände um und schuf die große Freiluftausstellung. Die Landwirtschaftsgeschichte der Region des heutigen Mecklenburgs wird, seit 2012 unter dem Namen Agroneum, anschaulich präsentiert. Dabei fand auch die zu DDR-Zeiten gestaltete Sammlung des Agrarmuseums ihren Platz und ist heute als Ganzes selbst zum Ausstellungstück geworden. Zu finden ist sie in der **ehemaligen Schnitterkaserne** von 1904 an der Durchgangsstraße des Dorfes.

Die Besucher können entlang der Straße weitere Häuser besichtigen und

066ms tm

065ms tm

erhalten Einblick in die Wohnsituation der Familien zu verschiedenen Zeiten, u.a. 1870, 1910 und 1965. Auf dem **Freigelände** werden eine Vielzahl an **Landmaschinen** und Fahrzeugen, typische Gewerke wie eine **Dorfschmiede,** eine **Stellmacherei** und eine **Seilerei** präsentiert. Im Eingangsbereich beeindruckt das schmiedeeiserne **Tor** des ehemaligen Gutshauses Vollrathsruhe aus den 1880er-Jahren. Die Konstruktion wurde auf der Weltausstellung in Chicago mit einem Preis ausgezeichnet. Wer durch das Dorf und das Ausstellungsgelände spaziert, taucht in die verschiedenen Themenwelten ein wie Feldbestellung, Viehwirtschaft, Hoftechnik, Lagerung, Handwerk und Wohnen. Viele Gerätschaften kann man auch selbst ausprobieren.

Übers Jahr finden Thementage und Feste statt. Besonders beliebt sind das **Hoffest** im Juli, das **Oldtimer- und Traktorentreffen** im August und das **Kartoffelfest** im September. Von Ende April bis Anfang Oktober findet an einem Wochenende im Monat gegenüber vom Agroneum an der B192 ein **Antik- und Trödelmarkt** statt (www.trödel markt-altschwerin.de).

■ **AGRONEUM Alt Schwerin,** Achter de Isenbahn 1, 17214 Alt Schwerin, www.agroneum-altschwerin.de, Ende März bis Anfang Nov. tgl. 10–18 Uhr, Erw. 12 €, Kinder (6–16 J.) 6 €. Im **Museumsshop** werden regionale Produkte, aber auch Spielzeug, Bücher und Souvenirs angeboten. Wer nach den vielen Eindrücken Hunger verspürt, langt im **Bauernbistro** zu.

Unterkunft, Essen und Trinken

■ **Hotelpension Pfarrhaus**②, Kastanienallee 14, 17214 Alt Schwerin, Tel. 039932 417081, www.landhotel-altes-pfarrhaus.de. Im umgebauten alten Pfarrhaus befindet sich die kleine Pension mit 13 Zimmern in verschiedenen Kategorien. Die Ausstattung ist zeitgemäß und die meisten Zimmer sind sehr geräumig, ein Frühstück wird serviert. Die Gäste können Sitzecken im Garten nutzen. Fahrradtouristen sind herzlich willkommen, es gibt Unterstellmöglichkeiten und eine Ladestation.

Am Plauer See

■ **Ferienpark Plauer See,** Insel Werder 6, 17214 Alt Schwerin, Tel. 039932 827010, www.ferienpark-plauersee.de. Auf dem Plauer Werder, der Halbinsel im Norden des Plauer Sees, hat man im Ferienpark eine vielfältige Auswahl an Übernachtungsmöglichkeiten, u.a. Hotelzimmer, Ferienwohnungen und Blockhütten. Die Anlage ist groß und verfügt über Sportangebote, einen eigenen Badestrand, einen Wellnessbereich und eine Bowlingbahn. Das **Restaurant Tulpenbaum**② serviert bodenständige Küche mit einer Auswahl an vegetarischen und veganen Gerichten. Das Hotel und viele der Angebote im Ferienpark sind barrierefrei.

(Unser Tipp:) **Restaurant Forelle**②, Wendorf 4, 17214 Alt Schwerin, Tel. 039932 49905, www.fischerei-alt-schwerin.de, März bis Dez. tgl. (außer Weihnachtsfeiertage) ab 11 Uhr bis mind. 18 Uhr, Juni bis Aug. bis 21 Uhr, Sept./Okt. bis 20 Uhr, Frühstücksangebot Juni bis Aug. 8–10 Uhr. Frisch aus dem Plauer See kommen Forelle, Wels, Aal und mit etwas Glück auch Maräne auf den Tisch. Alles ist nach regionalen Rezepten zubereitet, einfach und gut. Bei schönem Wetter locken die Plätze auf der Terrasse mit Blick zum See. Wer will, nimmt noch frischen oder geräucherten Fisch aus dem Hofladen mit nach Hause. Besonders lecker sind die in Gelee eingelegten Räucherspezialitäten. Für Eilige gibt es Fischbrötchen auf die Hand.

Camping

Am Plauer See

■ **Camping am See,** An den Schaftannen 1, 17214 Alt Schwerin, Tel. 039932 42073, www.camping-altschwerin.de. Direkt am Nordufer des Plauer Sees verteilt sich der Campingplatz auf einer Länge von 1000 m. Die meisten der Zelt-, Wohnwagen- und Wohnmobilplätze liegen in erster und zweiter Reihe nur wenige Schritte vom Wasser entfernt. Für Kinder wird u.a. eine Animation geboten. Zwei Kinder bis 14 Jahre campen gratis. Es gibt eine kleine Gastronomie und mehrere Sanitärgebäude, auch mit Küche. Geöffnet April bis Okt.

■ **Inselcamping Werder,** Werder 8, 17214 Alt Schwerin, Tel. 039932 42074, www.inselcamping.com. Der große und bei Dauercampern beliebte Platz hat unschlagbaren Seeblick und viel Ruhe zu bieten. Es stehen auch Mietwohnwagen zur Verfügung. Der Wohnmobilhafen vor dem Eingang ist ganzjährig geöffnet. Am eigenen Badestrand und auf dem Spielplatz kommen kleine Gäste auf ihre Kosten. Die „Kleine Kneipe" sorgt von Frühstück bis Imbiss und zum Tagesausklang fürs leibliche Wohl.

Verkehr

Bus

■ Alt-Schwerin ist durch die Linie 077 der VLP (Verkehrsgesellschaft Ludwigslust-Parchim, www.vlp-lup.de) von Parchim über Plau am See nach **Malchow** angebunden.

☒ Kraniche schätzen die Ruhe der Ackerflächen im Naturpark – im Frühjahr und Herbst machen sie hier Rast

Naturpark Nossentiner/ Schwinzer Heide

Wald, so weit das Auge reicht, ab und zu ein kleiner See und kaum mal ein Dorf in Sicht – im Naturpark Nossentiner/ Schwinzer Heide mit einer Bevölkerungsdichte von gerade mal neun Einwohnern pro Quadratkilometer kann man genau das erleben.

Der Naturpark umfasst das **größte zusammenhängende Waldgebiet** in Mecklenburg-Vorpommern und wird grob vom Plauer See im Süden, von Fleesensee und Kölpinsee im Osten, von Krakow am See im Norden und Dobbertin im Westen begrenzt. Damit zieht er sich quer von Nordwest nach Südost durch die Mecklenburgische Seenplatte. Mehr als die Hälfte seiner Fläche besteht aus Wald. Die **60 Seen** und zahlreichen kleinen Bäche und Flüsse machen rund 14 % aus, darunter Nebel und Mildenitz, die hier entspringen. Die Landschaft ist ein Relikt der letzten Eiszeit. Die von Norden vordringenden Gletscher hinterließen nach dem Abschmelzen eine Endmoränenlandschaft, an deren südlichem Ende auf den Sandern große Mengen an Sand und Kies abgelagert wurden.

Bereits seit 1990 wird die sensible Region der Nossentiner/Schwinzer Heide geschützt. 1994 fixierte man den Status als Naturpark inklusive 16 Naturschutzgebieten. Auch als **Europäisches Vogelschutzgebiet** ist der Naturpark ausgezeichnet. Mehr als 150 Brutvogelarten und über 80 Durchzügler leben in den Kiefernwäldern und Mooren, an Seen und auf Heiden. Die prominentesten sind See- und Fischadler sowie die Große Rohrdommel. Auch zehn Fledermausarten sind hier heimisch. Auf dem Grund der Seen leben zahlreiche Varianten von Armleuchteralgen. Sie bilden regelrechte Rasen und gelten als besonderer Schatz der Gewässer.

Äcker und Weideflächen nehmen ein Viertel der 365 km^2 Gesamtfläche ein. Dabei sind diese landwirtschaftlich genutzten Bereiche hauptsächlich an den Rändern des Naturparks zu finden. So sollen Störungen durch den Menschen in den sensiblen Kernzonen möglichst gering bleiben. Die Spuren, die der Mensch hier über Jahrtausende hinterlassen hat, sind dennoch unübersehbar. Besonders schädlich war sein Einfluss in den letzten 250 Jahren. Der **Raubbau am Wald** u.a. durch 16 Glashütten, 23 Teeröfen, 12 Kalköfen, 15 Ziegeleien sowie viele Holzmeiler, die hier um 1800

068ms tm

das Bild prägten, hinterließ bleibende Schäden. Um den Nachschub an Holz zu sichern, wurde mit schnell wachsenden **Kiefern** aufgeforstet. Heute strebt man die **Umwandlung in Mischwälder** an. Das Herz des Schutzgebiets ist aber nach wie vor eine mit Kiefern bewachsene, riesige Sanderfläche.

Kulturell hat der Naturpark ebenfalls Interessantes zu bieten. Viele der **Dörfer** haben eine lange Geschichte und oft sind noch ihre alten **Kirchen** erhalten. **Gutshäuser und Herrenhäuser,** die den Vergleich mit Schlössern nicht scheuen müssen, fallen in den Orten auf. Sie zeugen von der dramatischen Veränderung der Landwirtschaft nach dem Dreißigjährigen Krieg. Eine Folge war das sogenannte Bauernlegen und die Verarmung, die aus einst freien Bauern abhängige Tagelöhner und Knechte machte, während ihr Land in Gutswirtschaften und Rittergütern aufging. Die Kulturgeschichte der Region wird im **Kloster Dobbertin** und im **Agroneum in Alt Schwerin** eindrucksvoll dargestellt.

Über **300 km Rad- und Wanderwege** innerhalb des Naturparks machen eine schonende Erkundung dieser einzigartigen Landschaft möglich. Die Nossentiner/Schwinzer Heide gilt übrigens als eine der dunkelsten Regionen Deutschlands und zwar im positiven Sinne: Hier kann man nachts wunderbar die **Sterne** funkeln sehen (siehe dazu S. 134).

Mehr über den Naturpark, die Waldwirtschaft und auch die traditionelle Köhlerei lässt sich im **Informationszentrum in Karow** erfahren. Dort werden auch die tierischen Bewohner der Region vorgestellt.

Naturparkzentrum Karower Meiler

Die bekannteste Sehenswürdigkeit von Karow, einem Dorf am Südrand des Naturparks nahe dem Plauer See, liegt etwa einen Kilometer von der Ortsmitte entfernt. Das einem historischen **Holzkohlemeiler** nachempfundene Gebäude fungiert als Informationszentrum des Naturparks Nossentiner/Schwinzer Heide und präsentiert auf unterhaltsame Weise Wissenswertes. In der **Ausstellung** erleben die Besucher die Landschaft interaktiv, z.B. von der Aussichtsplattform Utkiek mitten im Gebäude in Form eines fliegenden Seeadlerpräparates oder im Fuchsbau. Fotos, Dioramen und Hörstationen machen die Informationen auch für Kinder spannend und anschaulich. Im Außenbereich wurde ein **Bauerngarten** mit Teich angelegt.

Das Zentrum bietet Anregungen und umfangreiches Infomaterial (Karten, Prospekte) für eigene Erkundungen des Naturparks. Auch ein **Fahrrad** kann man hier leihen oder zu festen Terminen mit den **Rangern auf Exkursion** gehen. Mehrmals im Jahr ergänzen Sonderausstellungen regionaler Künstler das Programm.

Unser Tipp: Ein besonders schöner Blick und Gelegenheit zur Naturbeobachtung bietet sich vom **Aussichtsturm Moorochse.** Die nächste Parkmöglichkeit ist am Karower Meiler. Von dort geht es auf dem Radweg an der B192 und zuletzt über einen Holzsteg in rund zwei Kilometern zum Aussichtsturm.

■ **Kultur- und Informationszentrum Karower Meiler,** Ziegenhorn 1, 19395 Karow (Plau am See), Tel. 038738 70292, www.naturpark-nossentiner-schwinzer-heide.de, April tgl. 10–16 Uhr, Mai bis

067ms tm

Bei der Fahrt mit einer Draisine taucht man im wahrsten Sinne ein in die urwüchsige Natur

Sept. tgl. 10–17 Uhr, Okt. bis März Mo–Fr 10–16 Uhr (Dez./Jan. geschlossen), Eintritt frei.

■ Von Mitte Sept. bis Ende Okt. bietet das Informationszentrum jeden Do. um 13 Uhr eine geführte **Pilzwanderung** inkl. Pilzberatung an. Treffpunkt ist der Karower Meiler. Anmeldungen unter Tel. 038738 73900.

Draisinenbahn

Unser Tipp: Gemütlich fährt man auf einer **stillgelegten Bahnstrecke** durch den Naturpark Nossentiner/Schwinzer Heide und genießt die urige Landschaft. Von Damerow Kaserne, nahe **Karow,** geht es auf der Draisinenbahn insgesamt **23 km pro Richtung** über Goldberg bis nach Borkow. Die Strecke ist eingleisig und wird halbtägig in die eine oder andere Richtung befahren. Es gibt mehrere mögliche Wendepunkte, sodass man je nach Ausdauer die Fahrtlänge bestimmen kann. Gebucht werden die Draisinen für maximal vier Personen entweder ganztags oder für den halben Tag ab Mittag oder am Abend.

■ **Mecklenburger Draisinenbahn,** Tel. 0172 3260694, www.draisine-mecklenburg.de, Reservierung erforderlich, ab 40 € pro Draisine.

Wisentreservat Damerower Werder

Auf dem Damerower Werder, einer **Halbinsel im Kölpinsee,** werden seit den 1950er-Jahren Wisente gezüchtet. Das Reservat im äußersten Osten des Naturparks Nossentiner/Schwinzer Heide hat es sich zur Aufgabe gemacht, das europäische Urrind eines Tages wieder heimisch werden zu lassen.

Imponierend und einschüchternd steht er da, fast 1000 kg urwüchsige Kraft, an die zwei Meter hoch. Das kastanien- bis dunkelbraune Fell lässt den Wisentbullen noch mächtiger erscheinen. Der im Verhältnis zum restlichen Körper eher klein wirkende Kopf ist tief angesetzt, sodass ein Buckel zwischen den massigen Schultern den höchsten Punkt markiert – bei imposanten 1,90 m. Der dennoch sanft wirkende Riese schnaubt laut und wendet sich dann wieder seiner Gras-Mahlzeit zu. Keine Sorge, diese Begegnung ist gänzlich ungefährlich. Sie geschieht am Gatter des Wisentreservats Damerower Werder.

Der Wisent, auch **Europäischer Bison** genannt, streift nicht frei durch die Wälder der Mecklenburgischen Seenplatte. Bis ins Mittelalter hat er das aber wahrscheinlich getan. Damals waren die mächtigen Tiere aus der Familie der Rinder noch mehr oder weniger in ganz Europa verbreitet. Laub-, Nadel- und Mischwälder sind ihr Revier, denn die Schicht aus Kraut und niedrigen Büschen in diesen Wäldern sind ihre Nahrungsquelle. Ihr Lebensraum schwand jedoch zunehmend, weil Wälder gerodet wurden und die dort siedelnden Menschen zudem **Jagd** auf die Wildrinder machten. Im 16. Jh. waren Wisente in Deutschland nicht mehr anzutreffen. Nur in Polen, im königlichen Jagdgebiet von Białowieża, waren sie noch bis zum Ersten Weltkrieg heimisch. Die strenge Abschirmung der Staatsjagd mit drakonischen Strafen auf Wilderei und die Pflege des Waldes sorgten dafür, dass die Wisentherden sich dort sicher fühlen konnten. Nach 1920 fanden sich Wisente in Deutschland nur noch in Zoos und Tiergehegen und es gab erste Bestrebungen, neue Herden anzusiedeln.

Eine mühsame **Nachzucht** und der Aufbau eines Genreservoirs für die akut bedrohte, letzte wild lebende Rinderrasse in Europa begann. Sie hat bis heute ihr Herz im Białowieża-Nationalpark in Polen, wo 1952 die erste Herde wieder angesiedelt werden konnte. Die Ranger des Parks sind die Hüter des Weltwisentzuchtbuchs. Von dort kamen 1957 mit *Pumik* und *Puella* die ersten beiden Wisente nach Mecklenburg auf den Damerower Werder. Der jedem Kind in der DDR bekannte Direktor des Berliner Tierparks *Prof. Dr. Dr. Heinrich Dathe* war einer der Initiatoren des Wisentreservats auf der Halbinsel im Kölpinsee. Seitdem wurden mehr als 300 Kälber hier geboren. Viele von ihnen sind über die ganze Welt verteilt worden, um wieder neue Nachkommen zu zeugen und den Genpool zu erweitern. Denn für die kräftigen Tiere, die ausgezeichnete Sprinter sind und bis zu 60 km/h laufen können, sind Krankheiten die größte Bedrohung. Seit 1976 lebt im Reservat wieder eine Herde im Freibereich. In Mecklenburg ist keine Auswilderung geplant, jedoch wurden 2013 im Rothaargebirge einige Wisente ausgesiedelt.

Heute bewohnen die Tiere im Reservat auch eine **Schauanlage** und werden am Gatter zu festen Zeiten gefüttert. Das 320 ha große Areal ist so gestaltet, dass sie sich jederzeit selbst versorgen können und man nur im Winter im Freigehege mit Heu, Rüben und Kraftfutter zufüttern muss. Um aber den Besuchern zu ermöglichen, Wisente zu sehen und mehr über sie zu erfahren, wird eine kleine Gruppe im Gatter gehalten. Eine **Fütterung** (tgl. 11 und 15 Uhr) sollte man sich nicht entgehen lassen. Mitarbeiter des Forstamts Nossentin erläutern den Zuschauern dabei auf unterhaltsame Weise die Besonderheiten der Tiere.

So sind die gemütlich erscheinenden Paarhufer, bei denen sowohl die männlichen als auch die weiblichen Tiere Hörner tragen, ziemlich kurzsichtig und orientieren sich vor allem mit ihrem Geruchssinn. Sie sind zwar generell eher behäbig, können aber auch Hindernisse von bis zu zwei Metern Höhe oder drei Metern Breite überspringen.

Im Wisentreservat Damerower Werder können besonders Familien einen unterhaltsamen und lehrreichen Nachmittag verbringen. Im Eingangsgebäude ist eine **Ausstellung** zu Wisenten und zum Naturschutzgebiet sowie eine Innen- und Außengastronomie untergebracht. Auf dem Weg zum Schaugatter und rund um die Anlage wurde ein **Waldlehrpfad** mit Spiel- und Lernstationen eingerichtet. Neben den Wisenten kann man im **Rotwildgatter** Hirsche beobachten. Auch die Aussichten auf den Kölpinsee lohnen den Spaziergang durch die Anlage. Die Wisente bewegen sich, abgesehen vom für die Besucher hergerichteten Bereich, frei über das Wald- und Wiesengelände des Reservats. Um die empfindlichen Tiere vor Störungen zu schützen, wurde auch die

069ms tm

Uferzone gesperrt und Boote dürfen das durch Tonnen markierte Areal nicht befahren.

- **Wisentreservat Damerower Werder,** Zum Werder 5b, 17194 Jabel, Ortsteil Damerow, www.wald-mv.de/walderlebnis/ausflugsziele, Ostern bis Okt. tgl. 10–18 Uhr, Nov./Dez. Sa/So 10–17 Uhr, 5 €, Kinder bis 12 Jahre frei.
- Die **Anfahrt** zum Reservat zwischen dem Kölpinsee und dem Jabelschen Waldsee erfolgt am ein-

Eine Tonne Urgewalt ist so ein Wisent

fachsten mit dem Auto. In der Feriensaison gibt es eine Zugverbindung der **Südbahn** mit Halt in **Jabel.** Von dort ist es ein Spaziergang von 3 km bis zu den Wisenten.

Essen und Trinken

■ **Fischerhof Damerow**①-②, Zum Werder 7d, 17194 Damerow, Tel. 039929 76698, www.mueritzfischer.de/fischerhoefe/fischerhof-damerow, Juni bis Aug. tgl. 11–18 Uhr, April, Mai und Sept. Di–So 11–17 Uhr, Okt. Mi–So 11–16 Uhr. Die Müritzfischer betreiben am **Jabelschen Waldsee** ihre bewährte Gastronomie. Die Lage an dem idyllischen, etwas weniger frequentierten See und die gemütliche Rotunde mit Feuerstelle in der Mitte machen eine Rast zu einem besonderen Erlebnis in uriger Atmosphäre. Über die Theke gehen verschiedene Fischbrötchen, die Fischsoljanka und vor allem Räucherfisch.

Krakow am See

Die Seenlandschaft rund um das Städtchen Krakow erstreckt sich am Nordrand des Naturparks Nossentiner/Schwinzer Heide, mit dem **Krakower Obersee** als größtem See der Region. Der weit über Mecklenburg hinaus bekannte niederdeutsche Schriftsteller *Fritz Reuter* stellt 1860 in seiner Urgeschichte von Mecklenburg fest, dass sich bei Groß Bäbelin, Serrahn und Krakow das Paradies befände. Er hatte Krakow am See besucht und war von der reizvollen Landschaft der Seen mit ihren Buchten und Inseln und dem lauschigen Städtchen begeistert. Bis heute verströmt der zweitälteste Luftkurort Mecklenburgs eine besonders erholsame Atmosphäre.

070ms tm

Stadtgeschichte

Der Name *Krakow* ist dem Slawischen entnommen und bedeutet „Ort der Krähen". Nachweise einer slawischen Siedlung konnten durch Ausgrabungen erbracht werden. Erstmals 1298 urkundlich erwähnt, war der Ort Sitz der Herrschaft *Werle-Güstrow.* Nach deren Aussterben fiel Krakow an Mecklenburg und entwickelte sich zu einer namhaften Ackerbürgerstadt mit Handwerkern, Händlern und Fischern. Man war sogar Teil der Landständischen Union und nahm bis 1918 an den sogenannten Landtagen teil. Besonders im 19. Jh. war das Gewerbe hier geprägt von **Mühlen.** So gab es über die Zeit u.a. eine Walkmühle, eine Wassermühle sowie je zwei Bockwind- und Holländerwindmühlen. Nachdem die markante Holländerwindmühle auf dem Mühlenberg 1975 durch Blitzschlag zerstört wurde, ist jedoch das Kapitel Mühlenstadt zugeschlagen. Die rund 3800 Einwohner von Krakow und den zugehörigen Gemeinden, z.B. Alt Sammit, leben heute von Handel, Gewerbe und vor allem vom Tourismus.

Sehenswertes

Alte Synagoge und Alte Schule

Die Stadt lässt sich gut auf einem Spaziergang entdecken. Auf dem Schulplatz locken mit der Alten Synagoge und der Alten Schule gleich zwei Kulturorte. Die 1866 gebaute und später an die Stadt veräußerte Synagoge wird seit 1995 vom Kulturverein als **Ausstellungs- und Veranstaltungsort** betrieben. Neben den Dauerausstellungen locken Lesungen, Vorträge, Konzerte und vor allem Kinoabende Einheimische und Besucher an. Nahe der Synagoge lässt sich der südlich davon gelegene **alte jüdische Friedhof** mit 60 Einzelgräbern besichtigen.

In der benachbarten Alten Schule (erbaut 1869) ist neben der **Heimatstube** mit der hübschen Ausstellung „Leben zu Großmutters Zeiten" vor allem das **Buchdruckmuseum** interessant. Das 1998 eröffnete Museum ist das erste und einzige seiner Art im Land und präsentiert eine lebendige Werkstatt aus den 1920/30er-Jahren. Die Buchdruckkunst wird anschaulich vorgeführt, es ist alles funktionstüchtig: Auf den alten Druckerpressen werden auch heute noch u.a. typografische Blätter und Grußkarten gedruckt.

■ **Alte Synagoge,** Schulplatz 1, Tel. 038457 23647, www.kulturverein-altesynagoge.de, Mai bis Sept. Di–Sa 9.30–12 und 13–16.30 Uhr, Okt. bis April Di–Fr 10–12 und 13–16 Uhr.

■ **Alte Schule,** Schulplatz 2, **Buchdruckmuseum:** offizin-schwarze-kunst.de, Di–Do 10–12 und 13–17 Uhr, **Heimatstube** Mo und Mi 13–17, Di 10–12 und 13–18, Fr 10–12 Uhr.

Am Markt

Folgt man der Plauer Straße stadteinwärts, ist schnell der Markt erreicht. Das 1875 entstandene, neugotische **Rathaus** wurde umfassend saniert. Im Dachgeschoss dienen fünf noch bis 1920 genutzte Gefängniszellen als Archiv. Gegenüber bildet die **Stadtkirche** verschie-

☒ Paddler auf dem Jabelschen Waldsee – sie können bei den Müritzfischern in Damerow anlegen

dene Baustile ab: Der Ursprungsbau aus dem 13. Jh. wurde nach dem großen Stadtbrand 1756 barock und im 19. Jh. neugotisch umgestaltet. Auch nach der Sanierung in den Jahren nach der Wiedervereinigung sind alle Bauphasen sichtbar geblieben.

Am Seeufer

Die Kirchenstraße stellt die Verbindung zur **Seepromenade** her. Hier am Ufer des Krakower Sees laden Bänke zum Verweilen mit Seeblick ein. Die überwiegend in den 1950er-Jahren gebauten, rohrgedeckten **Bootshäuser** geben ein idyllisches Bild ab. Am besten nimmt man sich etwas Zeit und folgt der Seepromenade bis zur **historischen Badeanstalt** und zum Aussichtsturm. Die denkmalgeschützte Badeanstalt wurde erstmals um 1905 nachgewiesen und bekam 1938 ihr heutiges Aussehen.

Unser Tipp: Der 28 m hohe **Aussichtsturm auf dem Jörnberg** ist jüngeren Datums. 1995 wurde der Neubau eröffnet, er ersetzt jedoch einen bei Kriegsende gesprengten Vorgänger, den Bismarck-Turm von 1905. 126 Stufen führen zur Aussichtsplattform hinauf, die einen herrlichen Blick über die Krakower Seenlandschaft ermöglicht. Hier ist man auch schon mitten im **Kurwald,** der ideal für kleine Wanderungen ist und sich mit seinen 18 ha Fläche bis auf die **Halbinsel Lehmwerder** erstreckt. Dass man

Vom Aussichtsturm auf dem Jörnberg bewundert man die urigen Bootshäuser am Krakower See

1910 an dieser Stelle *Fritz Reuter* mit einem Gedenkstein „tau sinen 100. Geburtstag“ ehrte, dürfte angesichts der paradiesischen Landschaft nicht verwundern.

■ **Aussichtsturm auf dem Jörnberg,** April/Mai und Sept./Okt. tgl. 9–18 Uhr, Juni bis Aug. 9–20 Uhr, Nov. bis März 9–16 Uhr, kostenfrei zugänglich.

072ms tm

In der Umgebung

Wassermühle Kuchelmiß

Rund um den Krakower See, der sich in einen Ober- und Untersee teilt, gibt es einige lohnenswerte Ausflugsziele. Etwa acht Kilometer nordöstlich liegt die noch bis 1972 genutzte Wassermühle Kuchelmiß. Mit ihrer nahezu vollständig erhaltenen Einrichtung ist das technische Baudenkmal heute als **Museum** zugänglich. Ein **Naturlehrpfad** führt von hier aus ins Nebel-Durchbruchstal.

■ **Wassermühle Kuchelmiß,** Mühlenweg 5, 18292 Kuchelmiß, wassermuehle-nebeltal.de, Museum und Café Mai bis Sept. Sa/So 12–17 Uhr.

Wolhynier Umsiedlermuseum in Linstow

Im zehn Kilometer südöstlich von Krakow gelegenen Linstow wird an das Schicksal der **Wolhynier-Deutschen** erinnert. Wolhynien liegt in der heutigen Westukraine. Das Museum im Nachbau eines typischen Wohnhauses erläutert, wie die ursprünglich im 19. Jh. in das Russische Reich eingewanderten Deutschen und Schweizer mit Beginn des Zweiten Weltkriegs immer wieder **zwangsumgesiedelt** wurden. Über 70 Familien kamen ab 1947 nach Linstow und durften sich auf einem zehn Hektar großen Areal ein neues, ländliches Leben aufbauen. Das Museum zeigt anschaulich die Lebens- und Arbeitswelt der Umsiedler.

■ **Wolhynier Umsiedlermuseum,** Hofstr. 5, 18292 Linstow, umsiedlermuseum-wolhynien.de, ganzjährig Mi 14–16 Uhr, Mai bis Sept. Sa/So 14–16 Uhr, Erw. 4 €, Kinder 2 €.

Schäferbuche in Neu-Dobbin

Im nahe Linstow gelegenen Neu-Dobbin ist eine bemerkenswerte Buche mit **8,50 m Stammumfang** zu sehen. Die Schäferbuche ist ein Naturdenkmal und die dickste Buche des Landes. Sie erhielt ihren Namen, weil die Schäfer früher mit ihren Herden Rast unter dem mächtigen Baum machten.

⌃ Ein rekonstruiertes Bauernhaus bildet den Mittelpunkt des Freilichtmuseums in Linstow

Praktische Tipps

Informationen

■ **Touristinformation Krakow am See,** Markt 21, 18292 Krakow am See, Tel. 038457 22258, www.krakow-am-see.de, Mai, Juni, Sept. Mo, Di, Do, Fr 10–12 und 13–17, Sa 10–14 Uhr, Juli, Aug. Mo–Fr 9–12 und 13–17.30, Sa 10–14 Uhr, Okt. bis April Mo, Di, Do, Fr 10–12 und 13–16 Uhr.

Unterkunft

■ **Landwind Ferien,** Jörnbergweg 21, 18292 Krakow am See, Tel. 0177 6916853, www.landwind.de. Die Ferienanlage liegt rund zehn Fußminuten vom Krakower Zentrum entfernt am See. Es stehen komfortabel, im ländlichen Stil möblierte Ferienwohnungen und Ferienhäuser für 2–4 Personen zur Verfügung, alle mit Balkon oder Terrasse. Einige haben Seezugang, andere sind einen kurzen Fußweg vom Ufer entfernt. Brötchenservice ist inklusive. WLAN ist aufgrund der mangelhaften Netzabdeckung nur eingeschränkt verfügbar.

Alt Sammit

■ **Schloss Alt Sammit,** Am Schloss, 18292 Alt Sammit (Krakow am See), Tel. 038457 23332, www.schloss-alt-sammit.de. 3 km westlich von Krakow liegt das ehemalige Gutshaus idyllisch im kleinen Ort Alt Sammit. Mehrere Seen sowie Rad- und Wanderwege befinden sich in der direkten Umgebung. Das im 19. Jh. erbaute Schloss verfügt über acht einfach möblierte Ferienwohnungen, die meisten für zwei Personen. Man versorgt sich hier komplett selbst, denn im Schloss wird Gastronomie nur für gebuchte Festlichkeiten angeboten. Wer mit seinem Pferd anreist – die Gegend ist ideal dafür – kann es im Ort in einer Außenstelle des Gestüts Ganschow (s.S. 148) unterbringen.

Zietlitz

UNSER TIPP: **Gutshaus Zietlitz②**, Serrahner Str. 2, 18292 Dobbin-Linstow, Ortsteil Zietlitz, Tel. 038457 22243, www.gutshaus-zietlitz.de. Die kleine Pension in einem alten Gutshaus bietet Erholung

Stege wie dieser sind ideal für den Sprung ins kühle Nass des Krakower Sees

073ms tm

abseits von Trubel und Verkehr und ist trotzdem über die A19 gut erreichbar. Acht individuelle Doppelzimmer, überwiegend mit eigenem Bad, und gemütliche Gemeinschaftsräume schaffen eine familiäre Atmosphäre. Frühstück ist inklusive und Getränke stehen zur Selbstbedienung zur Verfügung. Auf Wunsch ist Abendessen möglich. Das Haus kann auch komplett gemietet werden, z.B. für größere Familien oder Gruppen.

Camping

■ **Campingplatz am Krakower See,** Windfang 1,18292 Krakow am See, Tel. 038457 50774, www.campingplatz-krakower-see.de, ganzjährig außer Jan./Feb. Direkt am Nordufer des Krakower Sees kann man sowohl sein Zelt aufschlagen als auch einen Stellplatz für das Wohnmobil mieten. Daneben stehen von Mai bis September Ferienwohnungen und Hütten sowie spezielle Anglerunterkünfte zur Verfügung. Hunde sind willkommen und können für sie vorgesehene Bereiche nutzen. Eine Gaststätte ist vorhanden.

Essen und Trinken

Treff am See②, Güstrower Chaussee 9, Tel. 038457 22433, www.treffamsee.de, Mi/Do 17–21, Fr 17–22, Sa 12–15 und 17–22, So 12–15 und 17–21 Uhr. Die kleine Gaststätte liegt unmittelbar am Krakower See. Wer mit dem Boot anreist, kann direkt vor dem Lokal festmachen. Im Sommer stehen Plätze auf der Seeterrasse sowie auf der Liegewiese zur Verfügung. In rustikaler, lockerer Atmosphäre speist man reichlich und deftig. Für Unterhaltung sorgen eine hauseigene Bowlingbahn und Spielmöglichkeiten für Kinder.

■ **Fleischerei Nielebock, Raststätte B103**①, Wilhelm-Pieck-Str. 19, Tel. 038457 22467, fleischerei-nielebock.de, Raststätte Mo–Do 7–16, Fr 7–15 Uhr, Mittagstisch 11–14.30 Uhr, Fleischerei Mo–Fr 8.30–18, Sa 8.30–11.30 Uhr. Die einzig verbliebene Privatfleischerei in Krakow bietet im Krakower Zentrum an der B103 eine große Auswahl an Gerichten an. Man isst vor Ort oder nimmt die Mahlzeit mit ins Quartier. Natürlich kann man hier auch Aufschnitt und Grillfleisch einkaufen.

Einkaufen

■ **Kunst & Allerlei,** Lange Str. 1, Di 9–13, Do 9–13 und 14–18, Sa 10–14 Uhr. Im kleinen Künstlerladen mit schönen großen Schaufenstern stellen regionale Kunsthandwerker ihre Produkte zum Verkauf. Die Bandbreite reicht von Getöpfertem, Gestricktem und Gemaltem bis zu kleinen Accessoires und Geschenkideen.

Aktivitäten

Strandbad

Badeanstalt Krakow am See, Jörnbergweg 23, 15.5.–10.9. tgl. mind. 10–18 Uhr, Erwachsene 3 €, Kinder 2 €. Die historische Badeanstalt am Krakower See bietet sichere Badebedingungen und viel Spaß für die Kleinen. Es stehen Wasserrutschen und Sprungbrett, Spielplätze, eine Liegewiese und ein Imbiss zur Verfügung. Für die Kleinsten gibt es einen abgegrenzten Nichtschwimmerbereich.

Fledermauspfad

■ **Fledermauspfad Bossow,** Bunkeranlage 18292 Bossow, Tel. 038738 73900 (Naturparkverwaltung). An der B103, 5 km südlich von Krakow in Richtung Plau am See, wurde in der DDR ein Munitionslager betrieben. Die **alten Bunker** sind heute zu Schlafplätzen und vor allem Winterquartieren für eine Vielzahl an Fledermausarten umgestaltet worden. Ein 1,3 km langer Lehrpfad mit 12 interaktiven Stationen stellt die nachtaktiven Tiere vor. Am besten schließt man sich einer Führung an. Um telefonische Voranmeldung wird gebeten.

Sternenbeobachtung

UNSER TIPP: Im Naturpark Nossentiner/Schwinzer Heide besteht nur eine geringe Lichtverschmutzung. Damit ist die Region ideal für den nächtlichen Blick in den Himmel. Zehn **Sternenbeobachtungsplätze** mit Informationstafeln, Sternenkarten und einer Doppelliege sind rund um Krakow am See eingerichtet, z.B. in Neu Sammit oder am Fledermauspfad Bossow. Wer sich unter fachkundiger Anleitung den Sternenhimmel ansehen möchte, nimmt an einer Wanderung oder **Teleskopführung** mit *Kurt Höffgen* teil. Treffpunkt ist die Infotafel am Burgplatz in Krakow am See für die Nachtwanderung. Wer an der Teleskopführung teilnehmen möchte, findet sich am Sternenbeobachtungsplatz am „Dr. Neubauer Blick" am Krakower Obersee ein. Die Führung findet zu festen Terminen statt und kostet pro Person 10 €, Anmeldung unter Tel. 0177 6511116.

Trabant mieten

■ **TrabiTrip,** Liepener Str. 4, 17194 Hohen Wangelin, Tel. 039933 73869, www.trabitrip.de. Ein besonders (n)ostlagisches Erlebnis ist eine Tour durch die Seenplatte im Original-Trabant. Nach einer kurzen Einweisung geht es los im Trabant 601 oder Trabant Cabrio. Neugierige Blicke sind sicher, wenn man die Straße entlangknattert. Für die Miete gibt es eine halbtägige (ab 80 €) und eine ganztägige Pauschale (ab 110 €). Eine Voranmeldung ist nötig.

Golf

■ **Golfhotel Serrahn,** Dobbiner Weg 24, 18292 Serrahn, Tel. 038456 6692222, serrahn.vandervalk.de/golf. Das Hotel der Kette Van der Valk, idyllisch gelegen beim kleinen Ort Serrahn, betreibt einen 18-Loch-Golfplatz direkt am Serrahner See. Interessierte können eine Greenfee oder die günstige After Work Greenfee buchen. Auch eine Driving Range ist vorhanden, Schnupperkurse sowie der Verleih von Ausrüstung sind möglich.

Verkehr

Bus

■ Rund um Krakow am See bietet das Nahverkehrsunternehmen Rebus (rebus.de) Fahrten an. In Krakow halten Busse der Linien 250 nach **Güstrow** und Linstow über Dobbin und 251 nach **Teterow** mit Halt u.a. in Kuchelmiß und Alt Sammit.

Dobbertin

Der Hauptanziehungspunkt von Dobbertin, einem kleinen Ort im Westen des Naturparks Nossentiner/Schwinzer Heide, ist sein ehemaliges Kloster, eine der **größten und schönsten erhaltenen Klosteranlagen** Mecklenburg-Vorpommerns. Zwar scheint das Kloster Dobbertin alles zu überstrahlen, aber auch das Dorf selbst ist sehenswert. Eine Fülle wertvoller Bausubstanz in Fachwerk und Backstein lässt Dobbertin ein wenig wie ein Freiluftmuseum erscheinen.

Beispiele **mecklenburgischer Hallenhäuser** stehen in einer Seitenstraße beim Platz der Arbeit. Diese beiden Fachwerkbauten von 1787 und 1862 waren Wohnraum, Stallung und Erntelager zugleich. Die Bewohner des bereits in der Slawenzeit besiedelten Ortes arbeiteten häufig für die Abtei, schufen sich jedoch auch eine eigene Gemeinschaft mit Handwerkern, Bauern und einem Pfarrhaus. Die schön gepflegten, rohrgedeckten Häuser aus Backstein und Fachwerk lassen sich am besten bei einem Spaziergang bewundern.

Der 18 Hektar große **Klosterpark** war einmal ein Moor und bildete eine Art Barriere zwischen dem Dorf und dem

Kloster. Der Landschaftspark bietet Zugang zum **Dobbertiner See.** Das 5,4 km lange und maximal einen Kilometer breite Gewässer wird von der Mildenitz durchflossen. Mehrere Halbinseln gliedern den See optisch in vier Teile. Hier lässt sich noch intakte Natur erleben. Die „MS Condor" startet als einziges Fahrgastschiff zu Rundfahrten auf dem See. Besonders die ornithologischen Ausflüge sind beliebt.

Etwa vier Kilometer westlich von Dobbertin ist das Dorf **Dobbin** einen Abstecher wert. Hier wurden bei Ausgrabungen zahlreiche Spuren von stein- und bronzezeitlicher, aber auch slawischer Besiedlung entdeckt. Interessant ist ein Gang durch den Plagenweg mit etlichen denkmalgeschützten Bauernhäusern.

Kloster Dobbertin

Auf einer in den See reichenden Landzunge entstand über Jahrhunderte hinweg die umfangreiche Klosteranlage. In den alten Mauern betreibt heute das **Diakoniewerk Kloster Dobbertin** eine Wohn- und Bildungsstätte für Menschen mit geistiger oder psychischer Beeinträchtigung. Besucher sind herzlich willkommen und können die Außenanlagen individuell sowie die Klosterkirche, mit ihrer Doppelturmfassade ein weithin sichtbares Wahrzeichen, und den Kreuzgang bei **geführten Rundgängen** besichtigen. Das **Kloster-Café** und das **Brauhaus** laden zu einer kulinarischen Pause

Die neogotische Klosterkirche in Dobbertin

074ms tm

und zu Begegnungen ein. Im Sommer finden im Innenhof **Konzerte** statt.

Geschichte des Klosters

Die Geschichte des Klosters beginnt um 1220, als **Mönche des Benediktinerordens** aus den Händen Fürst *Borwins I.* sowohl Erlaubnis als auch Land für die Niederlassung erhielten. Aus der Anfangszeit gibt es nur wenige Überlieferungen. Bereits um 1234 wird die Abtei nur noch als **Nonnenkloster** genannt. Schon bald waren die Benediktinerinnen hier sehr angesehen und verfügten über weite Ländereien und einen beachtlichen Reichtum. Da die Damen sich der liturgischen und pflegerischen Tätigkeit widmeten, waren Handwerker nötig, um den Klosterbetrieb zu bewältigen. So siedelten sich im und um das Kloster Maurer, Bäcker, Schreiner und weitere Gewerbe mit ihren Familien an.

Obwohl 1547 im Land Mecklenburg die Reformation eingeführt wurde, dauerte es noch 25 Jahre, bis das Nonnenkloster aufgelöst wurde. Erst 1572 erfolgte die Umwandlung in ein **evangelisches Damenstift.** Von nun an lebten hier Töchter von Adel, Ritterschaft und von Bürgermeistern einflussreicher Städte. Da das Stift und auch die Konventualinnen selbst über einen großen Besitz verfügten, lebten sie sehr bequem. Die Stiftsdamen hatten in der Regel eine Wohnung mit bis zu sechs Zimmern, einem kleinen Garten und dazu Bedienstete. Über die Zeit sind immer wieder dieselben Familiennamen verzeichnet, z.B. *von Bassewitz, von Oertzen* oder *von Bülow,* die alle zum damaligen **mecklenburgischen Kleinadel** zählten. Selbst im 19. Jh. hatte das Stift noch einen enormen Besitz, zeitweise bis zu 25.000 Hektar Wald, Wiesen, Acker und Wasser. Dazu kamen 26 Klostergüter, 43 Schulen, 19 Kirchen, 12 Förstereien, drei Ziegeleien sowie Kalkbrennerei, Sägewerk, Mühlen, Brauerei und vieles mehr.

Nach dem Ersten Weltkrieg versuchten wechselnde Regierungen immer wieder, Neuaufnahmen zu verhindern, was jedoch am Widerstand des Kloster-

075ms tm

vereins, hinter dem die einflussreiche Ritterschaft stand, scheiterte. Erst der Zweite Weltkrieg, die anschließende Übernahme durch die sowjetischen Besatzer sowie Plünderungen führten zum Ende des Stifts. Für wenige Jahre lebten hier bis zu 500 alte Menschen unter teils kargen und ärmlichen Bedingungen in dem von der mecklenburgischen Landesregierung eingerichteten **Landesalters- und Pflegeheim.** 1961 übernahm die **Bezirksnervenklinik** das Areal und brachte erstmals Menschen mit Beeinträchtigungen und psychisch Kranke unter. Die Zustände waren nach wie vor erdrückend.

Das neu gegründete Diakoniewerk ließ ab 1991 mit Unterstützung der Landesregierung alle Bauten renovieren und modernisieren und schuf neben den 285 **Wohnheimplätzen** auch **Therapieräume,** einen Freizeitbereich und eine Schule zur individuellen Lebensbewältigung – heute **Förderschule** mit dem Schwerpunkt geistige Entwicklung – im Bereich der Klausur. 2013 war der größte Teil der Modernisierung abgeschlossen.

Klosteranlage

Die weitläufige Klosteranlage besteht aus der Klosterkirche mit dem Kreuzgang, den Klausurgebäuden, den ehemaligen Wohnhäusern der Stiftsdamen, dem Klosterhauptmannshaus sowie weiteren Wirtschaftsgebäuden. Der wohl älteste erhaltene Bau der Anlage ist die bereits 1275 begonnene **Kirche** mit ihrem markanten neugotischen Doppelturm aus dem 19. Jh. Im Inneren sticht die auf einem Kreuzrippengewölbe erbaute, mittelalterliche Nonnenempore hervor. Sie ist über das Portal mit dem Schlafsaal der Nonnen verbunden gewesen, schließlich mussten diese zwischen 21 und 5 Uhr mehrmals zum Gebet zusammenkommen. Vieles von dem, was heute sichtbar ist, entstand im Zuge der Neugestaltung 1853–57. Dazu zählen im Kirchenraum z.B. die Ausmalung, das neue Altarbild und die farbigen Glasfenster, alles Arbeiten der herzoglichen Hofmaler *Gaston Lenthe* und *Gustav Stever.*

Der vierflügelige **Kreuzgang** ist das Herzstück der Klosteranlage. Auch die zahlreichen Grabsteine in Kirche und Kreuzgang sind sehenswert. Im Konventsaal und im **Klosterinnenhof** finden Konzerte und Ausstellungen statt, organisiert z.B. durch den **Theodor-Fontane-Freundeskreis.** *Fontane* unterhielt damals eine enge Freundschaft mit einer der adligen Konventualinnen. Die Flügel des Kreuzgangs und die Klausurgebäude spiegeln unterschiedliche Baustile wider. Heute befinden sich hier Wohnbereiche und der **Klosterladen.**

Rund um den Fontaneplatz und am **Seeufer** stehen weitere Wohnhäuser. Bei einem Spaziergang erreicht man auch das **Kloster-Café** und das **Brauhaus.** Hier sind Gäste willkommen. Ein Bauwerk, das aufgrund seiner grauen Putzfassade und des hohen Daches zwischen all den eher kleinen Backsteinfachwerkhäusern auffällt, ist das alleinstehende **Klosterhauptmannshaus** am Eingang zum Klostergelände. In dem barocken Gebäude aus dem 18. Jh., das wie ein Gutshaus wirkt, lebte der von der Ritterschaft ernannte Verwaltungsbeamte für das Stift.

◁ Das Klosterhauptmannshaus war einst Sitz des Verwaltungsbeamten des Stifts

Ebenfalls zur Abtei gehört der **Klosterfriedhof.** Wurden bis zum 18. Jh. die Stiftsdamen noch in und um die Klosterkirche bestattet, so hat man den Friedhof später 500 m entfernt an den Ortsrand verlegt. Auf den Grabkreuzen findet man die Namen bekannter Mecklenburger Adelsfamilien.

■ **Kloster Dobbertin,** Am Kloster, 19399 Dobbertin, www.kloster-dobbertin.de. Die öffentlichen Bereiche (Außenanlagen) sind jederzeit zugänglich. Um Rücksicht auf die Bewohner wird gebeten. Innenbesichtigungen (Kirche, Kreuzgang etc.) Mai bis Sept. Di–So 11–17 Uhr. Für geführte Rundgänge (Anmeldung nötig, Start und Kartenverkauf am Klosterladen) zahlt man 5 €. **Klosterladen** Mai bis Okt. Di–So 11–17 Uhr, **Brauhaus** Mai bis Okt. Di–So 11–17.30/18 Uhr, Nov. bis April Di–So 11–16.30/17 Uhr.

Praktische Tipps

Unterkunft, Essen und Trinken

■ **Insel-Hotel & Ferienhäuser Dobbertin**②, An der Mühle 2, 19399 Dobbertin, Tel. 038736 80243, www.insel-hotel-dobbertin.de. In ruhiger Alleinlage am Dobbertiner See und mit Zugang zum Klosterpark bietet das Hotel in der restaurierten Wassermühle Zimmer mit historischem Flair und moderner Ausstattung. Dazu können Ferienhaushälften gebucht werden, in denen auch Haustiere willkommen sind. Zur Hotelanlage gehören Liegewiesen und Grillmöglichkeiten am See sowie ein Bootsverleih. Wer mag, macht mit dem Hausherrn einen Schiffsausflug ins Naturschutzgebiet. Im hauseigenen **Restaurant** wird neben dem Frühstück auch Kaffee und Kuchen sowie Abendessen angeboten.

■ **Gasthaus Zwei Linden**②, Platz der Arbeit 1, Tel. 038736 42472, www.zwei-linden.com, tgl. ab 8 Uhr. Im historischen Gästehaus des Klosters mitten im Dorf werden in gemütlicher Atmosphäre regionale Spezialitäten, besonders saisonale Fisch- und Wildgerichte, serviert. Im Sommer lockt der Biergarten zu einer Pause. Auch einige Pensionszimmer sind vorhanden.

Einkaufen

■ **Die Wildmanufaktur,** Kleestener Weg 10, Mo–Fr 8–16, Sa 9–12 Uhr. Wild aus eigener Jagd wird als Wurstspezialitäten und als Frischware angeboten. Im Hofladen in Dobbertin erhält man z.B. Wildsalami, Hirschschinken oder Wildmett im Glas sowie frische Bratwürste zum Grillen. Dazu werden regionale Spezialitäten, u.a. Aufstriche und Spirituosen, verkauft.

Aktivitäten

Schiffsausflüge

■ **Fahrgastschiff MS Condor Dobbertiner See,** An der Mühle 2, Tel. 0172 3029315, www.ms-condor.de. Kapitän *Müller* bietet mit seiner „MS Condor" als einziger Anbieter Ausflugsfahrten auf dem geschützten Dobbertiner See an. Das kleine, gemütliche Schiff legt zwischen April und Anfang Oktober zu Seerundfahrten und Themenfahrten ab, z.B. in der Dämmerung oder zur Vogelbeobachtung. Da eine Mindestteilnehmerzahl benötigt wird, ist Anmeldung empfohlen. Montags ist generell kein Fahrbetrieb.

Verkehr

Bus

■ Die Buslinien 713 und 716 der Verkehrsgesellschaft Ludwigslust-Parchim (VLP) verbinden Dobbertin mit **Güstrow** und Parchim bzw. Goldberg und Lübz.

Güstrow

Am nordwestlichen Rand der Seenplatte gelegen, hat die rund 30.000 Einwohner zählende Stadt Güstrow geschichtlich und vor allem architektonisch einiges zu bieten. Sie ist umgeben von grünen Hügeln und kleinen Dörfern. Aufgrund der guten Infrastruktur lohnt es, hier das Urlaubsquartier aufzuschlagen und in die Seenplatte auszuschwärmen, wenn man sich die sehenswerte Stadt nicht nur bei einem Tagesausflug anschauen möchte. Kunstliebhaber sollten den Ort aufgrund der vielen Spuren des Bildhauers *Ernst Barlach* auf dem Reiseplan haben. Nicht umsonst darf sich Güstrow seit 2006 **Barlachstadt** nennen.

Farbenfrohe Fassaden schmücken die Nordseite des Güstrower Marktplatzes

Stadtgeschichte

Die Stadtgründung wurde 1228 offiziell bestätigt. Dass die Stadt aber schon vorher existierte, zeigt der Dom, der bereits 1226 von *Heinrich Borwin II.* als **Kollegiatskirche** gestiftet worden war. Güstrow lebte von Handel und Landwirtschaft und war Sitz der **Herrschaft Werle,** einer Nebenlinie der Landesherren. Zwischen 1503 und 1512 fielen fast alle mittelalterlichen Häuser Stadtbränden zum Opfer. Der Aufstieg begann mit der Einrichtung einer Residenz für Herzog *Ulrich* ab 1558. Er strebte die Loslösung eines Landesteils als Mecklenburg-Güstrow an und ließ ein **Renaissanceschloss** anstelle der alten Burg bauen. In das 16. Jh. fällt auch die Gründung der **Domschule,** der ältesten Lateinschule des Landes. 1621 erreichte *Ulrichs* Neffe und Nachfolger die Gründung von **Mecklenburg-Güstrow.** Mangels eines

männlichen Thronfolgers fiel der Landesteil jedoch bereits 1695 wieder zurück an die Hauptlinie in Schwerin.

Im Dreißigjährigen Krieg nahm der Feldherr *Wallenstein* im Schloss seine Residenz, blieb fast zwei Jahre und stieß einige Reformen und Umbauten am Schloss an. Im Rampenlicht der Weltgeschichte stand die kleine Stadt unverhofft, als hier 1712 **Friedensverhandlungen im Nordischen Krieg** stattfanden. Zar *Peter der Große, August der Starke* und der schwedische General *Steenbock* nahmen daran teil.

Hinter dem im Empire-Stil dekorierten Rathaus ragt die Pfarrkirche empor

Güstrow entwickelte sich im 18. und 19. Jh. zu einem wichtigen Zentrum für Märkte, Verwaltung und Kultur. Der jährliche Wollmarkt zog Händler an, die Stadt war Standort eines **Oberpostamts** und des **Landgerichts** und 1828 gründete man ein erstes **Theater.** Auch in der Bauweise fand dieser Aufbruch Ausdruck. Neben dem **Rathaus** waren auch viele Bürgerhäuser klassizistisch oder später im Jugendstil gestaltet. Einige sahen in Güstrow das Flair eines „Klein-Paris".

Am 2. Mai 1945 kapitulierte die Stadt vor der Roten Armee und blieb unzerstört. Allerdings hinterließen die Jahre der Vernachlässigung in der DDR-Zeit ihre Spuren in der Altstadt. Die gesamte Republik blickte nach Güstrow, als im

Dezember 1981 **Bundeskanzler Helmut Schmidt,** ein großer Verehrer *Ernst Barlachs,* die Stadt besuchte und man eilig alles herrichtete und alle mutmaßlich kritischen oder auffälligen Bürger von den Straßen fernhielt.

Heute beherbergt Güstrow einige größere Betriebe und viele kleine Handwerksunternehmen sowie im Tourismus tätige Firmen.

Sehenswertes

Markt mit Rathaus und Marienkirche

Güstrows wichtigste Sehenswürdigkeiten liegen im Dreieck von Markt, Dom und Schloss. Der Markt im Herzen der Altstadt ist ein Bilderbuch der Baukunst. Nach den großen Stadtbränden am Beginn des 16. Jh. wurden alle Häuser und auch das Rathaus und die Pfarrkirche neu errichtet. So blickt man auf **Renaissancegiebel,** aber auch im **Jugendstil** dekorierte Fassaden.

Das **Rathaus** mit seiner rosafarbenen Schaufront im klassizistischen Stil entstand 1798. Von der Rückseite aus lässt sich noch gut erkennen, dass bei dem Umbau vier ältere Giebelhäuser aus dem 16. Jh. integriert wurden, die sich zum Markt hin hinter der neuen Fassade verstecken. Als Baumeister wählte man den in Güstrow geborenen *David Anton Kufahl,* der gerade erst seine Studien beim berühmten Architekten *David Gilly* in Berlin beendet hatte.

Fast „Rücken an Rücken" steht das Rathaus mit der **Pfarrkirche.** St. Marien wurde 1308 erstmals urkundlich erwähnt und war reich ausgestattet. Auch sie wurde 1503 vom Stadtbrand stark beschädigt, aber schon fünf Jahre später konnte die neu errichtete Kirche geweiht werden. Ihr **Turm** ist mit 53 Metern erstaunlicherweise fast zehn Meter höher als der des Doms. 1534 erfolgte die von den protestantischen Landesherren vorangetriebene Reformation und die Pfarrkirche wurde den Protestanten überlassen. Von der spätmittelalterlichen Ausstattung blieb viel erhalten, so z.B. der 1522 von *Jan Borman* aus Brüssel geschaffene **Altar,** die **Triumphkreuzgruppe** mit Adam und Eva von 1516 und eine geschnitzte **Pietà** aus dem 15. Jh. Aus der nachreformatorischen Zeit sind Kanzel, Ratsgestühl und vor allem die prächtige **Orgel** sehenswert. Auch heute noch gilt die Güstrower Pfarrkirche als eine der am reichsten ausgestatteten in Mecklenburg-Vorpommern. Der hübsche barocke Turmhelm, den man zur Aussicht erklimmen kann, wurde 1765 ergänzt. Heute trägt das Kirchenäußere die Handschrift des neugotischen Umbaus von 1883.

Neben der Kirche sitzt eine **Skulptur von Archimedes** in Gedanken versunken unter dem Baum und lässt so manchen Betrachter grübeln, was denn der griechische Mathematiker mit Güstrow zu tun haben mag. Es gibt schlichtweg keine Verbindung, aber seine Präsenz schmückt den Platz ungemein.

■ **Pfarrkirche St. Marien,** Markt 31, www.pfarrgemeinde-guestrow.de, April, Mai, Okt. Di–Sa 10–12 und 14–16, So 14–16 Uhr, Juni bis Sept. Mo–Sa 10–17, So 14–16 Uhr, Nov. bis März Di–Sa 11–12 und 14–15, So 12–15 Uhr.

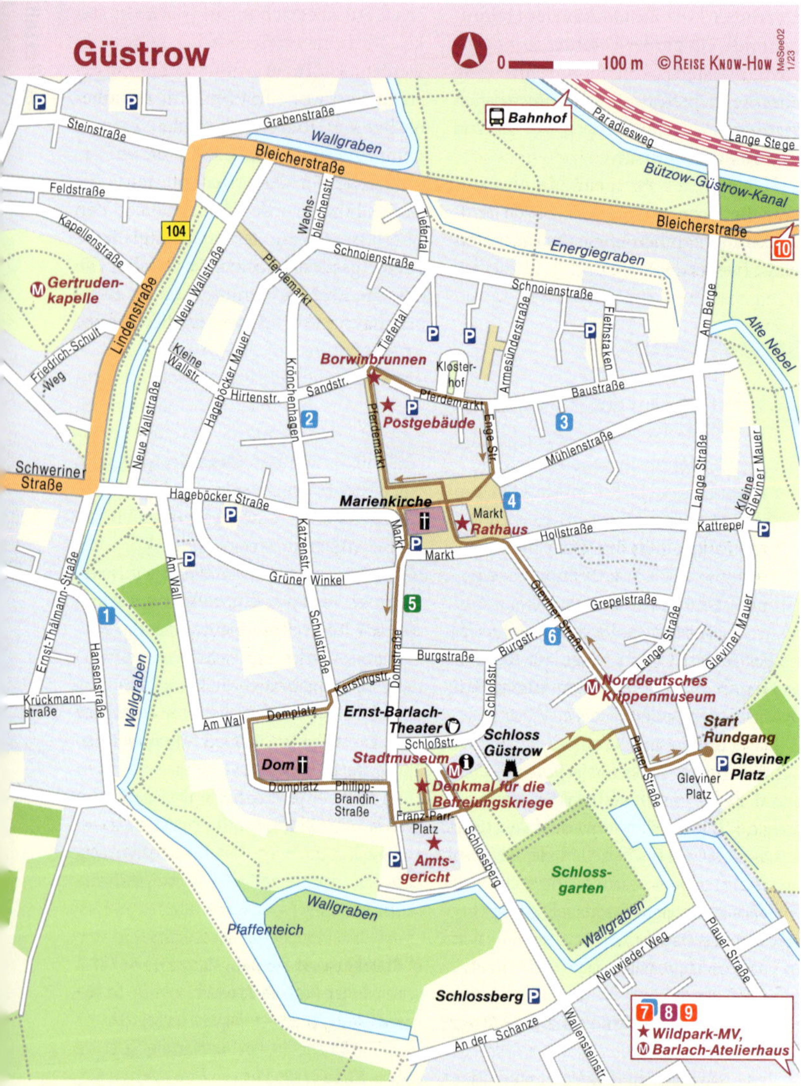

Übernachtung
7 Strandhaus am Inselsee
9 Caravanplatz am Tierpark
10 Hotel und Pension Villa Camenz

Essen und Trinken
1 Anmut.Bar
2 Bistro Verdura
3 Schnick Schnack
4 Markt-Restaurant Voss
6 Wiener Café
7 Strandhaus am Inselsee

Einkaufen
5 Inselliebe

Aktivitäten
8 Oase Güstrow

Rundgang durch die Altstadt

Pferdemarkt

Wenige Meter nördlich der Marienkirche auf halber Höhe der **Fußgängerzone** Pferdemarkt befindet sich der gleichnamige Platz. Hier thronen ein imposantes historisches **Postgebäude** und der **Borwinbrunnen.** Letzterer wurde 1889 anlässlich der Inbetriebnahme des ersten Wasserwerks der Stadt und zu Ehren des Stadtgründers *Heinrich Borwin II.* errichtet.

Norddeutsches Krippenmuseum

Südöstlich des Marktes hat das Norddeutsche Krippenmuseum in der **ehemaligen Heilig-Geist-Kirche** ein passendes Zuhause gefunden. In dieser Kirche wurde 1525 der erste protestantische Gottesdienst der Stadt abgehalten. Von 1824 bis 1945 war die ursprünglich im 14. Jh. gebaute Hospitalkirche Kapelle des im Schloss befindlichen Landarbeitshauses. Sehenswert ist die barocke

Rundgang durch die Altstadt

Vom **Parkplatz Gleviner Platz** kann man eine sehenswerte Runde durch das Güstrower Zentrum starten. Das Schloss liegt nicht weit entfernt und bildet das Finale des Spaziergangs. Entlang der Gleviner Straße wird zuerst das **Norddeutsche Krippenmuseum** in der Heiliggeistkirche passiert. Auf dem Weg zum Markt lohnt ein Blick auf die Fassaden und besonders die restaurierten Türen an dieser wohl ältesten Straße der Stadt. Das **Rathaus** thront mitten auf dem **Markt** und ist umgeben von Bauten aus verschiedenen Epochen. Außer der **Marienkirche** wurde davon jedoch nichts vor dem 16. Jh. gebaut. Der große Stadtbrand von 1503 zerstörte die alte Bebauung. Geht man um das Rathaus herum, kommt besagte Kirche bereits ins Blickfeld.

Spaziert man an der Nordseite des Marktes entlang, erreicht man schnell die Fußgängerzone, die rechts zum **Pferdemarkt** führt. Ein kurzer Abstecher dorthin lohnt. Nach einem Blick auf das historische **Postgebäude** und den **Borwinbrunnen** geht es nach rechts in die Straße Pferdemarkt und kurze Zeit später wieder rechts in die **Enge Straße** zurück zum Markt, diesmal mit Blick auf sehenswerte Altstadtbebauung.

Wieder an der Pfarrkirche angekommen, folgt der Rundgang der **Domstraße** mit ihren zu alter Pracht renovierten Bürgerhäusern. Nach wenigen Hundert Metern biegt man rechts in die **Kerstingstraße** ein. Sie wurde benannt nach dem Güstrower Maler der Romantik und Malervorsteher in Meißen, *Georg Friedrich Kersting.* Auf dem **Domplatz** angekommen, muss die gewaltige gotische Kirche nahezu umrundet werden, denn der Eingang befindet sich an der Westseite. Nach dem Dom-Besuch sind es nur wenige Schritte entlang der Philip-Brandin-Straße bis zum **Franz-Parr-Platz.** Mit dem historischen Landgericht, der **Siegessäule zum Gedenken an die Befreiungskriege 1815,** dem **Ernst-Barlach-Theater** und dem **Stadtmuseum** gibt es hier einiges zu entdecken.

Der Zugang zum **Schloss** erfolgt über die Schlossbrücke mit Blick und Zugang in den Garten. Vom Innenhof des Schlosses führt eine Stiege hinunter zur Gleviner Straße und somit zum Ausgangspunkt zurück.

078ms tm

Bohlendielendecke. Seit 2007 kann man hier **Weihnachtskrippen aus aller Welt** bestaunen. Von den mehr als 700 Exponaten der Sammlung werden dauerhaft rund 100 Krippen präsentiert. Der sanierte Kirchenraum bietet ein stimmungsvolles Ambiente für die Ausstellung.

■ **Norddeutsches Krippenmuseum,** Heiligengeisthof 5, www.norddeutsches-krippenmuseum.de, Juni bis Sept. und 1. Advent bis 15.1. tgl. 11–17 Uhr, 16.1. bis Mai und Okt./Nov. Di–So 11–16 Uhr, Erw. 3,50 €, Kinder 2 €.

⌃ Der Güstrower Dom besticht im Inneren durch seine wertvolle Ausstattung vom Mittelalter bis in die Zeit der Renaissance

Dom

Südwestlich des Marktes liegt der Domplatz, eingerahmt u.a. von der ältesten Schule des Landes, *Wallensteins* Hofgericht und natürlich dem Dom. Er wurde bereits 1226 gestiftet und nach etwas mehr als 100 Jahren Bauzeit geweiht. Nach der Reformation machte ihn Herzog *Ulrich* zur Hofkirche und bis 1695 wurden hier die Mitglieder der Linie *Mecklenburg-Güstrow* in opulenten Renaissance-Grabanlagen bestattet bzw. mit Epitaphien geehrt. Auch das Taufbecken und die Sandsteinkanzel sind Werke der Renaissance und entstanden Ende des 16. Jh. Aus der Zeit vor der Reformation sind besonders der mit Gold verzierte Flügelaltar und die gotische Tauffünte aus Muschelkalk, die im nördlichen Seitenschiff steht, zu erwähnen. Die fast lebendig wirkenden Apostelfiguren aus der Zeit um 1530 in den Arkaden des Mittelschiffs sind ebenfalls sehenswert.

Neben den Zeugnissen aus Mittelalter und früher Neuzeit birgt der Dom eine weltberühmte **Bronzeskulptur.** Unweigerlich zieht es Besucher zum „Schwebenden“ von **Ernst Barlach.** Die von der Decke hängende Figur mit ihren geschlossenen Augen hat, wie viele meinen, das Antlitz von *Käthe Kollwitz.* Fast scheint sie der Welt entrückt. Die Arbeit wurde 1927 als Mahnmal für die Opfer des Ersten Weltkriegs geschaffen. Die Nationalsozialisten ließen die Skulptur 1937 aus dem Dom entfernen und später einschmelzen. Freunden *Barlachs* gelang es, einen Zweitguss zu verstecken. Dieser kam nach Kriegsende in Köln in die Antoniterkirche. 1953 konnte dann ein Abguss dieses „Schwebenden“ gemacht und dem Güstrower Dom übereignet werden. Auch *Helmut Schmidt* wünschte bei seinem Besuch 1981, die Kirche zu besichtigen. Mit Mühe gelang es der Kirchgemeinde durchzusetzen, dass einer aus ihren Reihen den Kanzler führen durfte.

■ **Dom Güstrow,** Phil.-Brandin-Str., dom-guestrow.de, April bis Mitte Mai und Mitte Okt. bis Mitte Nov. Di–Sa 10–12 und 14–16, So 14–16 Uhr, Mitte Mai bis Mitte Okt. Mo–Sa 10–17, So 14–16 Uhr, Mitte Nov. bis März Di–Sa 11–12 und 14–15, So 14–15 Uhr.

Am Franz-Parr-Platz

Vom Dom aus ist das Schloss schon in Sichtweite. Auf dem davorliegenden Franz-Parr-Platz steht eine auffällige Gedenksäule im Stil einer Siegessäule. Das **Denkmal der Befreiungskriege** ehrt die Mecklenburger Kämpfer im Krieg gegen *Napoleon* 1815. Dahinter erblickt man das schön restaurierte **Landgerichtsgebäude** (in dem heute das Amtsgericht untergebracht ist) aus dem 19. Jh. und an der Ostseite des Platzes das bereits 1828 gegründete **Ernst-Barlach-Theater** und das **Stadtmuseum.** Darin wird die Historie Güstrows anschaulich dargestellt und an einige berühmte Bürger, z.B. den Maler *Georg Friedrich Kersting* und den Schriftsteller *John Brinkman,* erinnert.

■ **Stadtmuseum Güstrow,** Franz-Parr-Platz 10, Mo–Fr 10–18, Sa/Feiertage 10–16 Uhr, Eintritt frei.

Schloss Güstrow

Der Süden der Güstrower Altstadt wird vom kaum zu übersehenden Schloss dominiert. Der Garten und die Wassergräben rahmen den Bau so ein, dass er zum Blickfang wird. Aus der Innenstadt kommend, taucht das Schloss eher überraschend auf. Tatsächlich sind, bedingt durch den Baugrund, von der Gartenseite her fünf Geschosse und von der Stadtseite her nur drei Geschosse sichtbar. Bei kürzlichen Renovierungsarbeiten stellte man fest, dass keines der 280 Fenster in der Schlossfassade einem anderen gleicht.

Schloss Güstrow ist ein **Renaissancepalast** mit einer Mischung aus italienischen, französischen und deutschen Elementen. Herzog *Ulrich,* der den Bau 1558 veranlasste, war ein modern denkender Fürst und hatte während seiner Ausbildung und Reisen im Süden

Deutschlands und in Italien den Stil der Renaissance lieben gelernt. Als Mitregent seines Bruders *Johann Albrecht* forderte er eine eigene Residenz und einen eigenen Landesteil. Letzteres wurde erst nach seinem Tod verwirklicht. Güstrow schien ihm der geeignete Platz für die Einrichtung der Residenz. Eine hier vorhandene Burg seiner Vorfahren, der Herren *von Werle,* brannte 1557 teilweise ab und machte den Neubau möglich.

Ulrich ließ den lombardischen Architekten *Franz Parr* mit dem Palastbau beginnen. Süd- und Westflügel tragen seine Handschrift. Im Sinne der Renaissance wäre Sandstein das Material der Wahl gewesen, jedoch stand dieser in Mecklenburg nicht zur Verfügung. Also wurde **Backstein** verwendet und geschickt zu einer Sandsteinstruktur verputzt. Die Galerie außen am Südflügel ist jedoch echter **Sandstein.** Als *Parr,* u.a. wegen des knappen Budgets, zu anderen Bauprojekten weiterzog, lag die Weiterführung des Schlossbaus in den Händen des in Wismar ansässigen Niederländers *Philip Brandin.* Er gestaltete den Norflügel. Statt, wie üblich, die Flügel als Spiegelbild des jeweils anderen zu gestalten, sieht man hier deutlich die Unterschiede der **italienischen** und der **niederländischen Renaissance.** Herzog *Ulrich* starb 1603 kurz nach Fertigstellung des Schlossbaus. Sein Nachfolger *Gustav Adolf* ließ den Niederländer *Charles Philippe Dieussart* Ergänzungen, u.a. die **Schlossbrücke** und das **Torhaus,** vornehmen. Nach Aussterben der Linie *Mecklenburg-Güstrow* 1695 fiel auch der Besitz des Schlosses wieder an die Verwandtschaft in Schwerin. Diese interessierte sich wenig für den mediterran wirkenden Palast und ließ sogar den Ostflügel abreißen. Der Rest blieb erhalten, wurde aber zusehends artfremd genutzt.

Da keine weiteren Umbauten stattfanden, ist das Schloss bis heute als reiner Renaissancebau erhalten – eine Rarität im Norden. Von 1817 bis 1945 war darin das Landarbeitshaus, eine Art Besserungsanstalt mit Zwangsarbeit, eingerichtet und danach ein Altenheim. Bereits in der DDR begann eine umfangreiche Sanierung, besonders der Innenräume. Polnische Stuckateure leisteten in den 1960er-Jahren großartige Arbeit im Jagdsaal.

Das Schloss konnte bald als **Museum** genutzt werden. Innen ist nur wenig an Mobiliar erhalten und man stattete das Schlossmuseum daher mit **Kunstwerken** aus, die zur Bauzeit passen, aber nicht alle zum damaligen Inventar gehörten. In einigen Räumen sind kunstvolle **Fliesenböden, Stuckdecken** und **Wandgestaltungen** erhalten. Besonders sehenswert ist der **Jagdsaal** mit seinen reichen Verzierungen an Wänden und Decke. In den Untergeschossen wird eine Sammlung mittelalterlicher, hauptsächlich **sakraler Kunst** ausgestellt, während im Erdgeschoss und in der ersten Etage die Renaissance in Mobiliar, Bildern und Kunstwerken dominiert. Auch *Wallenstein,* eine Zeitlang Herr über das Schloss, wird gewürdigt. Die zweite Etage bietet zusätzlich Raum für Sonderausstellungen.

Der sich südlich anschließende **Garten** wurde mit viel Liebe zum Detail wieder hergerichtet. 1570 entstanden, ist er mehrfach umgestaltet worden. Er bezaubert durch die für die Renaissance typischen geometrischen Formen der Beete, die Bepflanzung mit Lavendel und die Wandelgänge aus Hainbuchen.

079ms tm

■ **Schloss Güstrow,** Franz-Parr-Platz 1, www.mv-schloesser.de/de/location/schloss-guestrow, der Schlossgarten ist bis zur Dämmerung geöffnet. Das Schloss wird zurzeit umfangreich saniert und auch die Museumsräume sind **geschlossen.**

Barlach-Atelierhaus

In ruhiger Lage auf einem Seegrundstück am Inselsee steht *Ernst Barlachs* Wohn- und Atelierhaus. Die 1994 gegründete Ernst-Barlach-Stiftung erweiterte die bereits bestehende Ausstellung um einen modernen Neubau und präsentiert heute im Atelierhaus *Barlachs* Leben und Werk. Im Ausstellungsforum und im angebauten **Graphikkabinett** werden Sonderschauen mit Werken anderer, thematisch harmonierender Künstler gezeigt.

■ **Atelierhaus und Ausstellungsforum-Graphikkabinett,** Heidberg 15, www.ernst-barlach-stiftung.de, April bis Okt. Di–So 10–17 Uhr, Nov. bis März Di–So 11–16 Uhr, Erw. 8 €, Kombiticket mit Gertrudenkapelle 11 €. Im Ausstellungsforum befinden sich die Kasse und ein sehr gut sortierter Museumsshop.

☐ Das Renaissance-Schloss Güstrow erstrahlt zukünftig wieder in seiner historischen Pracht

Gertrudenkapelle mit Barlach-Ausstellung

UNSER TIPP: In der kleinen ehemaligen Wallfahrtskapelle aus dem 14./15. Jh. am Rande der Altstadt werden seit 1953 **Skulpturen** *Ernst Barlachs* gezeigt. Bereits zu Lebzeiten äußerte der Künstler den Wunsch, in dieser besonderen Umgebung auszustellen. Ein Besuch der kleinen Schau ist eine stimmungsvolle Ergänzung zum Rundgang durch das Atelierhaus am Inselsee.

■ **Gertudenkapelle,** Gertrudenplatz 1, April bis Okt. Di–So 10–17 Uhr, Nov. bis März Di–So 11–16 Uhr, Erw. 5 €, Kombiticket mit Atelierhaus und Graphikkabinett 11 €.

Wildpark-MV

Der Wildpark am östlichen Ortsrand von Güstrow ist eine erlebnisreiche Mischung aus Tierpark und Umweltbildungsstätte. Wilde Tiere wie **Wölfe** und **Bären** sind hier ebenso zu bestaunen wie typische **Haustiere.** Im Freigehege und Streichelzoo ist man hautnah bei den Bewohnern. Hinzu kommen interaktive Stationen zu **Artenschutz, Energie und Umwelt.** Ein besonderes Erlebnis sind die Wolfswanderungen in der Dämmerung.

■ **Wildpark M-V,** Primerburg, 18273 Güstrow, Tel. 03843 24680, www.wildpark-mv.de. März tgl. 9–18 Uhr, April bis Okt. tgl. 9–19 Uhr, Nov. bis Feb. tgl. 9–16 Uhr, Erw. 16 €, Kinder (3–16 Jahre) 8 €.

Praktische Tipps

Information

■ **Touristinformation Güstrow,** im Stadtmuseum, Franz-Parr-Platz 10, 18273 Güstrow, Tel. 03843 681023, www.guestrow-tourismus.de, Mo–Fr 10–18, Sa/Fei 10–16 Uhr. Es wird eine **Gäste-Card** mit Vergünstigungen bei touristischen Angeboten und verschiedenen Geschäften und Einrichtungen angeboten.

Unterkunft

UNSER TIPP: 10 **Hotel und Pension Villa Camenz**②, Lange Stege 13, 18273 Güstrow, Tel. 03843 24550, www.hotel-camenz-guestrow.de. In einer Villa im englischen Landhausstil werden 15 Zimmer und drei Ferienwohnungen vermietet. Frühstück ist inklusive. Ein Clubraum und der Garten können von den Gästen genutzt werden. Zur Güstrower Altstadt sind es rund 10 Min. zu Fuß.

7 7 **Strandhaus am Inselsee**②, Heidberg 5, 18273 Güstrow, Tel. 03843 850200, www.strandhaus-guestrow.de. Das kleine Hotel mit drei Sternen liegt am Inselsee, rund 4 km südöstlich der Innenstadt in direkter Nachbarschaft zum Barlach-Atelierhaus. Für Radfahrer – der Fernradweg von Berlin nach Kopenhagen führt am Hotel vorbei – wird besonderer Service geboten, z.B. Unterstellmöglichkeiten und Ladestation. Hier befindet sich auch ein Rad- und Bootsverleih. Die Zimmer sind hell eingerichtet und verfügen über einen kleinen Kühlschrank und einen Wasserkocher. Das zugehörige Restaurant mit Seeterrasse ist auf italienische und mediterrane Küche spezialisiert.

Reiterhof

■ **Gestüt Ganschow,** Gestüt 3, 18276 Ganschow, Tel. 038458 20226, www.gestuet-ganschow.de. Auf dem größten privaten Gestüt Mecklenburg-Vorpommerns mit 300 Pferden sind große und kleine

Adobe Stock © pixcell

Ernst Barlach in Güstrow

Der 1870 in Wedel geborene **Bildhauer** *Ernst Barlach* fand am **Inselsee in Güstrow** ab 1910 ein Zuhause und eine inspirierende Arbeitsatmosphäre. Nach vielen Reisen, u.a. nach Paris und durch Russland, ließ er sich hier bei seiner Mutter und seinem Sohn nieder. *Barlachs* Schaffen ist geprägt von der Darstellung menschlicher Lebenssituationen und Emotionen. Seine **Skulpturen aus Bronze und Gips** wirken lebensnah und eindringlich. Ab den 1920er-Jahren wurde er vermehrt um die Fertigung von **Mahnmalen für den Weltkrieg** gebeten. Besonders bekannt sind der „Geistkämpfer" in Kiel (1927), das „Magdeburger Ehrenmal" (1927/28) und das „Hamburger Ehrenmahl" (1931) sowie der 1927 fertiggestellte „Schwebende" im Güstrower Dom.

Mit der Machtergreifung der Nationalsozialisten wurde Barlachs Kunst bald von der offiziellen Propaganda immer mehr angefeindet und als **entartete Kunst** bezeichnet. Zunächst verschwanden seine Werke aus Ausstellungen und öffentlichen Bereichen, bevor er schließlich 1937 Berufsverbot erhielt. *Barlach* starb 1938 in einer Rostocker Klinik.

Ein Großteil seines Nachlasses ist in Güstrow verblieben und wurde schon ab 1953 u.a. in der **Gertrudenkapelle** und ab 1978 in seinem **Atelierhaus** gezeigt. Anziehungspunkte für Barlach-Liebhaber sind auch die großen Kirchen der Stadt. Die **Pfarrkirche St. Marien** stellt das Terrakottarelief „Engel der Hoffnung" aus und im **Dom** hängt ein Nachguss des „Schwebenden", ein Monument für die Gefallenen des Ersten Weltkriegs. Das **Theater** am Franz-Parr-Platz erhielt seinen Namen, denn *Barlach* verfasste auch einige Dramen und Bühnenstücke. Den Titel **Barlachstadt** trägt Güstrow mit Stolz und macht den Künstler für Gäste erlebbar.

Der älteste erhaltene Theaterbau Mecklenburgs trägt heute Barlachs Namen

Urlauber willkommen. In **Ferienwohnungen** (2 bis max. 8 Personen) auf dem Gestütsgelände ist man den Tieren ganz nah. Die Wohnungen sind mit dem nötigen Komfort ausgestattet, einige haben Zugang zum Garten. Wer möchte, nimmt am Reitunterricht oder an geführten Ausritten teil. Im Juli finden die traditionellen Stutenparaden mit vielen Vorführungen statt. Das Gestüt liegt rund 10 km südwestlich von Güstrow.

Camping

9 **Caravanplatz am Tierpark,** Verbindungschaussee 7, 18273 Güstrow, Kontakt via Hotel am Tierpark, Tel. 03843 7800, www.familienhotel-am-tierpark-guestrow.de/caravan-platz. In der Nähe des Wildparks sind 30 parzellierte Stellplätze (60–100 m^2) für Wohnmobile eingerichtet. Stromanschluss, WLAN, Sanitäranlagen und Ver- bzw. Entsorgungsmöglichkeiten für Wasser und Abwasser sind vorhanden. Im gegenüberliegenden Hotel am Tierpark sind die Camper zu Frühstück und Abendessen willkommen oder kaufen ihre Zeitung oder die Brötchen.

Essen und Trinken

4 **Markt-Restaurant Voss**②, Markt 14, Tel. 03843 683232, marktrestaurant-voss.de, Di–Sa 11.30– 14.30 und 17.30–21, So 11.30–14.30 Uhr. Gegenüber vom Rathaus am Güstrower Markt kocht man herzhaft und nach regionalen Rezepten. Es sind auch Außenplätze vorhanden.

2 **Bistro Verdura**①, Krönchenhagen 12, Tel. 03843 466760, Mo–Fr 11–14.30 Uhr. Bio-zertifizierte und hauptsächlich vegetarische Küche sind das Motto dieses kleinen Bistros in der Altstadt. Auf Zusatzstoffe wird komplett verzichtet. Das in den Backwaren verwendete Mehl wird in der hauseigenen Kornmühle gemahlen. Man wählt aus einer täglich wechselnden Karte.

1 **Anmut.Bar,** Hansenstr. 1, Tel. 0172 4673670, www.anmut.bar. Kaffee und Kuchen oder Flammkuchen mit einem Cocktail genießt man in der Atmosphäre eines gemütlichen Wohnzimmers in der kleinen Café-Bar in einer alten Jugendstilvilla in den Stadtwallanlagen. Das Haus hat eine interessante jüdische Geschichte. Wer Lust auf Tango hat, kann jeden Montag 19.30–21.30 Uhr an einer freien Session teilnehmen. Wechselnde Ausstellungen und gemütliche Filmabende ergänzen das Angebot.

3 **Schnick Schnack**①, Baustraße 35b, Tel. 03843 7737887, www.schnickschnack-guestrow.de, Mo–Sa ab 17 Uhr. Urige Kneipe in einem alten Speicher in der Güstrower Altstadt. Neben einem umfangreichen Getränkeangebot, u.a. sechs Biersorten vom Fass, gibt es auch eine Speisekarte mit Snacks und einfachen Gerichten zum Sattwerden, auch für Vegetarier.

6 **Wiener Café,** Gleviner Str. 29, Tel. 03843 686733, Di–Sa 12.30–17, So 14–17 Uhr. Das charmante Café in Güstrows ältester Straße ist schon von außen ein Hingucker, hängt doch das Schaufenster voller Porzellankannen. Drinnen herrscht behagliche Kaffeehaus-Atmosphäre. Serviert werden Kuchen und Torten aus eigener Konditorei.

Einkaufen

5 **Inselliebe,** Domstr. 2, www.inselliebe-guestrow.de, Di–Fr 11–18, Sa 11–14 Uhr. Der Concept Store offeriert schöne und vor allem fair gehandelte Dinge aus den Bereichen Wohnen, Bücher und Mode. Vieles stammt aus kleinen Manufakturen und von Kunsthandwerkern, u.a. Design aus Skandinavien. Beliebt sind die thematischen Wundertüten zum Verschenken.

Feste und Veranstaltungen

- In Güstrow findet im Juni auf dem Marktplatz das **Stadtfest** und im August das **Inselseefest** am Strand des Inselsees statt. Eine bunte Händlermeile, Fahrgeschäfte und Attraktionen sowie ein Bühnenprogramm machen beide Volksfeste aus.
- Im Dezember gibt es für rund zwei Wochen einen **Weihnachtsmarkt** in der Altstadt.

Aktivitäten

Stadtführungen

Angeboten werden ein klassischer Rundgang und ein Nachtwächterrundgang, Start ist an der Touristinformation.

- **Stadtrundgang,** April bis Okt. tgl. 11 Uhr, Nov. bis März Sa. 11 Uhr, Anmeldung nicht nötig, 6,50 €.
- **Nachtwächterrundgang,** April bis Dez. freitags zu jahreszeitlich wechselnden Zeiten, Anmeldung nötig, 8,50 €.

Schwimmbad

8 **Oase Güstrow,** Plauer Chaussee 7, Tel. 03843 85580, www.oaseguestrow.de, Di–Fr 14–21, Sa/So/Fei und Schulferien 10–21 Uhr, Wasserwelt 4 Std. Erw. 12,50 €, Kinder 9 €. Die Oase ist ein mittelgroßes Bad mit sowohl Schwimmbecken als auch Spaßbereichen und Rutschen. Eine Saunawelt ist ebenfalls vorhanden.

Verkehr

Parken

Die Zufahrt bis in die Altstadt ist möglich, aufgrund der engen Straßen und der vielen Einbahnstraßen für Ortsfremde jedoch nicht empfehlenswert.

- Die **Parkplätze Gleviner Platz** und **Schloßberg** am Rande der Innenstadt, beiderseits des Schlosses, bieten kostengünstige Parkmöglichkeiten, z.B. bis zu drei Stunden mit der Parkscheibe.

Die Altstadt erreicht man nach wenigen Hundert Metern bequem zu Fuß.

Bahn

- Der Bahnhof Güstrow, ca. 15 Fußminuten (850 m) vom Markt entfernt, wird von der **S-Bahn aus Rostock** sowie den Linien **RE4** (Stettin – Lübeck) und **RE5** (Berlin – Rostock) angefahren.

Bus

- In der Stadt und der Umgebung sind Busse von Rebus unterwegs, www.rebus.de. Der Busbahnhof befindet sich unmittelbar vor dem Bahnhof. Es gibt mehrere Stadtbuslinien, welche auch am Franz-Parr-Platz und am Markt halten. Ziele außerhalb von Güstrow werden u.a. von der Linie 240 nach **Teterow** und 250 nach **Krakow am See** angesteuert. Mit der VLP kann man von hier aus mit Linie 713 nach **Dobbertin** fahren.

088ms tm

3

Der Norden

Die Mecklenburgische Schweiz ist eine anmutige, sanft gewellte Landschaft mit endlos scheinenden Feldern und kleinen Seen. Imposante Herrenhäuser mit einladenden Parks, malerische Dörfer und Kleinstädte bilden reizvolle Tupfer in dieser idyllischen Hügelwelt, einst geschaffen von eiszeitlichen Gletscherströmen. Eine Landschaft wie ein Edelstein, geschliffen von der Macht des Eises.

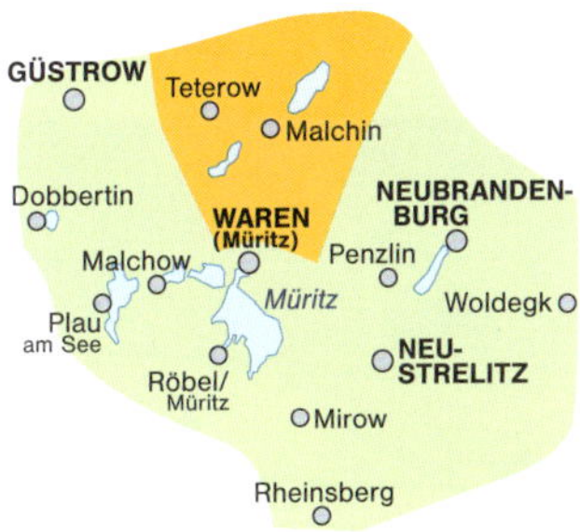

Die Mecklenburgische Schweiz bietet herrliche Ausblicke über Hügel und Felder – hier vom Röthelberg

MECKLENBURGISCHE SCHWEIZ

Alpinen Charakter hat sie nicht, diese Schweiz. Die hohen Berge sind hier nur runde Hügelkuppen, die Wasserfälle und wilden Schluchten entpuppen sich als sanft dahinplätschernde Bäche. Auch wenn die letzte Eiszeit mit ihrer brachialen Kraft ein Auf und Ab von Moränenzügen hinterlassen hat und ihre Gletscherzungen zu Seen gewordene Löcher gruben, so türmen sich hier keine unüberwindbaren Höhen auf. Die wenigen nennenswerten Erhebungen erreichen gerade mal 100 bis 120 Meter. Doch auch hier ergibt sich die Möglichkeit, den Blick weit schweifen zu lassen, bieten sich reizvolle Aussichten über vielfältige Landschaften. Aus dem so flachen deutschen Norden sticht sie heraus, die Mecklenburgische Schweiz.

Das idealtypische Bild der Schweiz und ihre romantische Verklärung im 19. Jh. bescherte der Mecklenburgischen Schweiz ihren Namen. Der spätere Großherzog *Georg von Mecklenburg-Strelitz* soll 1811 im Rahmen einer Herrenrunde maßgeblich an der Benennung des Landstrichs beteiligt gewesen sein.

Ähnlich wie die Seenplatte hat die Mecklenburgische Schweiz keine klar umrissenen Grenzen. Sie erstreckt sich etwa zwischen Teterow im Westen und und Malchin im Osten. Die Stauchmoränenlandschaft entstand vor rund 10.000 Jahren. Der **Kummerower See** und der weiter südlich gelegene **Malchiner See** zeigen mit ihrer Ausrichtung, dass sie eine geologische Einheit bilden. Beide formen, als nach Süden flacher werdende Rinne, das Malchiner Becken. Das Herz der Mecklenburgischen Schweiz liegt westlich dieser Seen. Ihren Gipfel findet man bei Pohnstorf, ca. zehn Kilometer

Hotel Seeschloss Schorssow

098ms tm

nordöstlich Teterows. Der **Hardtberg** misst stolze 125 m. Das wellige Profil, das schon mal die Fitness herausfordern kann, ist bei Radfahrern beliebt. Die Blicke streifen über endlose Felder bis zum Horizont, unterbrochen meist nur von kleinen Bauminseln, die in eiszeitlichen Toteislöchern, Söllen, entstanden sind.

Die B104 verbindet als Lebensader die drei wichtigsten Städte der Region. Im Abstand von je rund zwölf Kilometern sind **Teterow, Malchin** und **Stavenhagen** die touristischen Zentren, wobei Stavenhagen schon östlich der Mecklenburgischen Schweiz liegt. Die Geburtsstadt von *Fritz Reuter* ist für Literaturbegeisterte ein beliebtes Ausflugsziel.

Neben diesen Kleinstädten sind es die kleinen, früheren **Gutsanlagen,** welche die Kulturlandschaft prägen. Besonders rund um den Malchiner See findet man mit **Basedow, Schorssow** und **Ulrichshusen** einige der bekanntesten und schönsten ehemaligen Gutshäuser. Viele von ihnen sind heute Herbergen, in denen man fast königlich übernachten kann. Der Begriff **Schloss** ist manchmal nicht übertrieben. Meist bildet ein Herrenhaus den Mittelpunkt im Dorf. Die Geschichte der Region wurde viele Jahrhunderte durch die einflussreichen Adelsfamilien bestimmt. Ihren Ursprung haben die meisten Orte jedoch in der Zeit der slawischen Besiedlung nach der Völkerwanderung.

Die landwirtschaftlich geprägte Region hat neben reizvollen Aussichten und eleganter Architektur auch viel unberührte Natur zu bieten. Ausgedehnte Waldflächen und die überall verstreut liegenden Seen machen einen großen Teil der Landschaft aus. Weite Areale der Mecklenburgischen Schweiz stehen unter Schutz. So ist u.a. der fast 70.000 ha zählende **Naturpark Mecklenburgische Schweiz und Kummerower See** seit 1997 ein einzigartiges Vogelschutzgebiet. Doch der Naturpark ist eine Landschaft, die von Menschen genutzt wird. Landwirtschaftsbetriebe mit teils großen Flächen bieten noch immer zahlreichen Bewohnern ein Einkommen. Die Besucher wissen die Vorzüge der Agrarlandschaft ebenfalls zu schätzen. Viele der **Bauernhöfe** verkaufen in ihren Hofläden Produkte aus eigener Herstellung. Die Mecklenburgische Schweiz ist ein anschauliches Beispiel dafür, wie sich **Natur- und Kulturlandschaft,** sanfter Tourismus und verantwortungsvolle Nutzung ideal verbinden können.

NICHT VERPASSEN!

- Die anmutigen Nymphen des Brunnens bewundern im **Landschaftspark der Burg Schlitz** | 168
- Durch das einzigartige Dorfensemble mit Herrenhaus, Landschaftspark und Kirche spazieren in **Basedow** | 174
- Bibern und Eisvögeln nahekommen bei einer **Paddeltour auf der Peene** | 182
- Die uralten Bäume hautnah erleben auf dem **Baumkronenpfad Ivenacker Eichen** | 196

Diese Tipps erkennt man an der gelben Markierung.

Altdiekhof
Lissow-Rau
Groß Wüstenfelde
108
Schwiessel
Klenz
Diekhof
Striesenow
Marienhof
Knegendorf
Diekhof-Siedlung
Drölitz
Matgendorf
Schwetzin
Schaalbeke
Gottin
Sukow
Lüningsdorf
Tellow
Perow
Dornrehmelberg 35
Plaaz
Pölitz
Warnkenhagen
Todendorf
Zapkendorf
Schmooksberg 127
Levitzow
Tenze
Tolzin
Amalienhof
Hilgenberg 71
Thürkow
Wendorf
Bartelshagen
Dalkendorf
Mierendorf
Neu Sührkow
Schlieffenberg
Neu Krassow
Appelhagen
Neu Mierendorf
NSG
Schlieffenberger See
Zierstorf
163
Teterower Bergring
Roggow
Burgwallinsel
Teterower See
Niegleve
Krummer See
Rachow
Mieckow
100
Teterower Heidberge
166
Friedrichshagen
Wotrum
Teschow
Gremmelin
Neu Rachow
Klein Roge
Teschower Siedlung
Wotrumer See
Reinshagen
Warin-see
Radener See
Groß Roge
104
13
Güstrow
Hofsee
Wattmannshagen
164
158
Niendorf
Vietgest
Lalendorf
Raden
Neu Wokern
TETEROW
Flacher Ziest
Pampow
Klein Wokern
Groß-Wokern
Klein Köthel
Schweiz
Nienhagen
Grambzow
19
Tiefer Ziest
Vogelsang
Schillersee
Groß Köthel
E 55
Lübsee
Bergfeld
Katnerberg 87
und
Glasow
Schwiggerow
Hohen Demzin
Badenberg 84
Grubenhof
Mameroow
Klaber
167
Nienhagen
Bansow
Rothspalk
168
Bristow
Striggow
Burg Schlitz
Görzhausen
Carlsdorf
Tessenow
Dersentin
Tabaksberg 106
Skulpturenweg
103
Röthelberg
Karstorf
Carlshof
Hinzenhagen
Koppelow
Kummerower
Bülow
Wassermühle Kuchelmiß
131
Krakow am See
14
Langhagen
Barz
Haussee
Schorssow
Ahrenshagen
Primerberg 102
Mecklenburgische
Malchiner
170
Wilsen
Klein Luckow
Kuchelmiß
Ziddorf
Nebel
Schloß Grubenhagen
Großen Luckow
Serrahn
Rothenmoor
134
Großbäbeliner
See
Dahmen
Seegrube
Hallalit
Kirch Grubenhagen
171
Holz
Krakower
Groß Rehberg
Groß Bäbelin
Vollrathsruhe
Rambow
132
Klocksin
172
Zietlitz
Liepen
Moltzow
173
Schloss Ulrichshusen
Schäferbuche
Flacher
15
Linstow
Hohen Wangelin
Blücherhof
See
Marxhagen
Lütgendorf
Orthsee
Dobbin-
Walkmöhl
Linstow
Cramon
Sophienhof
123
Hofsee
Linstower See
Louisenfeld
Tiefer See
Naturpark
Bomkrug
Alt Gaarz
Sommerstorf
Glave
Nossentiner/
Malkwitzer See
Kraazer See
Gültzsee
Schwinzer
Neu Gaarz
Drewitzer
Bergsee
Naturschutzgebiet
Krummer See
See
Drewitz
Heide
Grabowhöfe

Gehmkendorf
Kusserow
Vurzbach
Kusserow-Hof
Sarmstorf
Schwarzenhof
Waqun
Kützerhof
Naturschutz-
Schönfeld
189
Große
Aalbude
Verchen
Schorrentin
185
Naturpark
Warsow
Rosin
Klein Markow
Lelkendorf
Neu Warsow
gebiet
68
Langer Berg
Kummerower See
Metschow
Gravelotte
191
Meesiger
190
NEU-KALEN
Groß Markow
Mecklenburgische
Borrentin
165
Peene
Kamitz
Alt Sührkow
Schlakendorf
Ziegelei
Sommersdorf
Gnevezow
Pohnstorf
Hardtberg
125
Salem
186
Wolkwitz
Schweiz
Hohen Mistorf
Retzow
Gülitz
Gorschendorf
Neu Sommersdorf
Moltzahn
Axelshof
Harkenberg
108
Jettchenshof
Peenekanal
Kummerow
187
Grammentin
194
Kentzlin
NSG
Pisede
104
Remplin
183
Neu Panstorf
Alt Panstorf
Mühletorsiedlung
Leuschentin
Kaserne
179
MALCHIN
Wüstgrabow
Basepohl
Wendischhagen
Dahmer Kanal
Fuhrtsberg
195
Ivenack
196
Ivenacker Eichen
Ivenacker See
Viezenhof
Basedow-Höhe
175
178
Ostpeene
Scharpzow
Kölpin
Klockow
Schloss Basedow
Gielow
Duckow
193
STAVENHAGEN
See
174
Gessin
Gülzow
Amtsbrink
171
Basedow
Gielow Ausbau
Seedorf
Stöckersoll
Kipsenberg
57
Neubauhof
Pribbenow
Eichberg
54
Liepen
Hinrichsfelde
Demzin
Pinnow
Ritzerow
Schießberg
62
Jürgenstorf
Langwitz
Rottmannshagen
Krummsee
Christinenhof
Carlsruhe
Voßhagen
Lupendorf
Schwinkendorf
Faulenrost
Zettemin
Bauernreihe
Sülten Hof
Rittermannshagen Hof
Rützenfelder See
Oevelgünde
Sülten
Tressow
Schwabendorf
Rittermannshagen
Rützenfelde
Kittendorfer Peene
Mittelhof
Kittendorf
Ulrichshusen
Peene-
Hinrichshagen
Rittermannshagener See
Schwarzenhof
Lanser See
Hungerstorf
Clausdorf
Neu Bredenfelde
Lansen
Levenstorf
Großer Varchentiner See
Bredenfelde
Panschenhagen
-hagen
Schönau
Groß Gievitz
Varchentin
Neu Schönau
Alt Schönau
Sorgenlos
Klein Varchentiner See
Carolinenhof
Groß Varchow
Baumgarten
Alt Falkenhagen
Jägerhof
Klein Gievitz
Beckenkrug
Lehsten
Torgelower See
Torgelow am See
Deven
Hoppenbarg

Teterow

Wenn ohrenbetäubender Lärm und der Geruch von Benzin durch die kleinen Gassen Teterows ziehen, dann steht die Stadt am westlichen Rand der Mecklenburgischen Schweiz zwei Tage lang im Mittelpunkt für Motocross- und Speedwayfans aus aller Welt. Dass **Motorsport** hier großgeschrieben wird, zeigt bereits am Ortseingang das gelbe Schild mit dem Namenszusatz **Bergringstadt,** den man seit 2017 tragen darf.

Doch nicht nur während der Rennen am Pfingstwochenende ist die Stadt einen Besuch wert. Teterow steht noch in ganz anderer Hinsicht gern im Mittelpunkt, nämlich im Mittelpunkt Mecklenburg-Vorpommerns. Hier soll das **geografische Zentrum des Bundeslandes** liegen. Mit seiner überschaubaren Größe von 8400 Einwohnern und einem sehenswerten, noch heute kreisrund ausgeprägten Stadtzentrum ist Teterow am gleichnamigen See ein reizvolles Reiseziel. Nach umfangreicher Sanierung der Altstadt flaniert man heute über historisches Pflaster und hat nur einen kurzen Weg ins Grün der **Heidberge,** ein beliebtes Wandergebiet, und zum **Teterower See** mit seinen Badestellen.

Stadtgeschichte

Auf einer Insel im Teterower See entstand bereits um 300 v.Chr. eine erste Siedlung, die durch einwandernde Slawen zu einem Burgwall mit Marktort ausgebaut wurde und bis ins 12. Jh. Bestand hatte. Aus dieser Zeit stammt auch der Name des Ortes. *Teter* steht im Slawischen für das Wildhuhn und ist hier wohl als „Ort des Birkhahns" zu deuten. Um 1235 mit deutschem Stadtrecht versehen, entwickelte sich Teterow bald zu einem belebten Marktort mit Stadtmauer, Wall und einer gotischen Stadtkirche. Vier große Stadtbrände zwischen 1632 und 1793 zerstörten immer wieder die Altstadt, welche großteils aus strohgedeckten Fachwerkhäusern bestand. Fortan wurden die Häuser mit Ziegeldächern wieder aufgebaut.

Das 19. Jh. brachte eine merkliche Modernisierung. So wurden feste Straßen zu den Nachbarorten Güstrow und Malchin gebaut, entstanden eine erste Badeanstalt und ein Krankenhaus. Vorstädte wuchsen um die von der Ringstraße umschlossene historische Stadt. Mit dem Bau des **Bahnhofs** 1864 und der Gründung einer freiwilligen Feuerwehr 1868 wurden Meilensteine der Stadtentwicklung gesetzt. 1930 brachte der Bau der **Grasbahnrennstrecke** am Bergring Teterow international ins Gespräch.

Sehenswertes

Der Teterower **Markt** ist ein guter Ausgangspunkt für eine Stadterkundung, hat man doch die wichtigsten Sehenswürdigkeiten hier bereits im Blick: das Rathaus mit dem Hechtbrunnen, die da-

[>] Das Rathaus bildet den Mittelpunkt von Teterow. Auf dem Vorplatz finden häufig Märkte und Feste statt

hinterliegende Stadtkirche sowie das Rostocker Tor im Nordwesten und das Malchiner Tor im Südosten.

Rathaus und Hechtbrunnen

Vermutlich gab es bereits im Mittelalter an dieser Stelle eine Bürgermeisterei. 1708 entstand ebenda ein stattlicher Verwaltungsbau in Fachwerk, der später klassizistisch überformt wurde. Die im 19. Jh. im Zuge der Industrialisierung zu Wohlstand gekommene Stadt entschied sich Anfang des vergangenen Jahrhunderts zu einem Neubau an gleicher Stelle, der im November 1910 feierlich eingeweiht wurde. Der prächtige Bau mit seinem auffälligen Türmchen prägt noch heute das Bild des Marktes. Nach dem Krieg diente das Rathaus zunächst der Roten Armee als Kommandantur und von 1953 bis 1990 als Sitz des Volkspolizeikreisamtes. Seit der Wiedervereinigung lenkt die Stadtverwaltung wieder vom Rathaus aus die Geschicke der Stadt.

Mitten auf dem Marktplatz befindet sich eine in den Boden eingelassene, gusseiserne **Reliefplatte,** welche den **Mittelpunkt** des Bundeslandes markiert. Fast spaziert man unachtsam daran vorbei. Kaum zu übersehen ist jedoch die Figur des kleinen Jungen mit dem Hecht um seine Schultern, die den Hechtbrunnen, 1914 von *Prof. Wandschneider* aus Plau am See geschaffen, auf dem Platz schmückt. Zum alljährlichen Hechtfest feiert die Stadt ihre **Schildbürgerstreiche,** u.a. mit einer Darstellung der Hechtsage (→ Exkurs S. 160).

■ **Rathaus,** Markt 1–3, Eingangsbereich für Gäste geöffnet, u.a. Prospekte erhältlich.

090ms tm

Teterow – das Schilda Mecklenburgs

Über die Teterower kursieren einige **Anekdoten,** die von verpassten Gelegenheiten und einer besonderen Schläue berichten. Die Bürger nehmen es mit Humor und pflegen die Geschichten ihrer **Schildbürgerstreiche** mit Hingabe, so z.B. mit schauspielerischen Einlagen zum Stadtfest.

Von einem Fest handelt auch die wohl bekannteste Episode. Dem Stadtfischer war ein prächtiger **Hecht** ins Netz gegangen. Da in einigen Tagen das Schützenfest stattfinden sollte, wollte er den kapitalen Fang für diese Gelegenheit aufbewahren. Die geniale Idee war, dem Fisch ein **Glöckchen um den Hals** zu binden, ihn wieder in den See zu setzen und mit Hilfe des Glockentons immer seinen Aufenthaltsort zu kennen. Als zusätzliche Absicherung machte er eine Kerbe in sein Boot, genau an der Stelle, wo er den Hecht ins Wasser entließ. Wie groß war die Enttäuschung, als das Prachtstück zum Festtag nicht aufzufinden war. Dem Hecht zu Ehren entstand 1914 auf dem Markt ein **Brunnen.**

Eine andere bemerkenswerte Geschichte dreht sich um den **Generalfeldmarschall Blücher,** den man auf der Durchreise nach Ivenack gern mit einem Empfang überraschen wollte. Der Stadtdiener sollte an der Durchgangsstraße Ausschau nach dem ehrwürdigen Reisenden halten und so rechtzeitig Bescheid geben. Leider war der berühmte Feldherr dem Beamten nicht bildlich bekannt und so kam es zu einem denkwürdigen Zwischenfall. *Gebhardt Leberecht von Blücher* rauchte genüsslich seine Pfeife in der Kutsche, als er von besagtem Stadtdiener angehalten wurde. Nach einem Tadel, dass das Rauchen wegen der Feuergefahr in der Stadt verboten sei, konfiszierte der pflichtbewusste Wächter dessen Pfeife und ließ ihn dann passieren. Als das Malheur des verpassten Besuchs *Blüchers* bekannt wurde, eilte eine Delegation nach Ivenack und brachte dem hohen Herrn eine neue Pfeife. Der lachte nur und meinte „Wat futsch is, is futsch". Auch diese Geschichte fand ihre Würdigung in einem kleinen Denkmal, am Platz des Friedens in Teterow.

089ms tm

Es hat nicht funktioniert – dem legendären Hecht mit dem Glöckchen um den Hals ist ein Brunnen auf dem Marktplatz gewidmet

Stadtkirche Peter und Paul

Die im Stil der **Backsteingotik** errichtete Stadtkirche erhebt sich direkt hinter dem Rathaus. Erstmals erwähnt um 1270, zog sich der Bau rund 200 Jahre hin. Entstanden ist ein Gotteshaus in verschiedenen Baustilen mit etlichen nachträglichen Planänderungen. So wurde der ca. 40 m hohe **Westturm** erst im 15. Jh. errichtet. 1877–80 erfolgte eine Renovierung mit Anpassungen im neugotischen Stil. Während dieser Renovierung entdeckte man wertvolle **mittelalterliche Fresken** aus dem 14. Jh. und legte diese frei bzw. besserte sie nach. Zu den sehenswerten Motiven zählen u.a. die Erschaffung der Welt, die Vertreibung aus dem Paradies, aber auch Kreuzigung und Auferstehung Jesu. Der **Marienkrönungsaltar** von 1430, gefertigt in einer Rostocker Werkstatt, das eindrucksvolle **Triumphkreuz** und die **Orgel** des Mecklenburger Meisters *Paul Schmidt* von 1789 (Gehäuse original) gehören zu den erhaltenen historischen Ausstattungsstücken. Ein Schlaglicht auf die jüngere Geschichte wirft das von einem Teterower Schmied aus dem Stahl eines Schützenpanzerwagens gefertigte **Denkmal** mit dem Titel **„Schwerter zu Pflugscharen"**. Es erinnert an die friedliche Revolution in der DDR Ende der 1980er-Jahre.

■ **Stadtkirche St. Peter und Paul,** Kirchplatz, www.kirche-teterow.de, Besichtigungen in der Regel Anfang Mai bis Anf. Okt. Mo–Fr 10–16 Uhr.

Rostocker und Malchiner Tor

Die beiden ehemaligen **Stadttore** wurden zusammen mit dem **Stadtwall** bereits im 14. Jh. erstmals erwähnt. Ihre weißen Putzblenden und Spitzbogenelemente sind typisch für die Backsteingotik. Im Malchiner Tor befindet sich das kleine **Stadtmuseum,** welches die drei Tor-Etagen und Räume im angrenzenden alten Rats- und Polizeidienerhaus nutzt. Die originalen **Gefängniszellen** aus dem 19. Jh. sind besonders beliebt bei Besuchern. Die liebevoll gestaltete Ausstellung bietet Geschichte zum Anfassen.

■ **Stadtmuseum,** Südliche Ringstraße 1, Di und Do 10–12 und 13–17, Fr 13–17, Sa 10–16 Uhr, Erw. 2 €, Kinder 1 €.

091ms tm

> Das Rostocker Tor markiert einen der historischen Zugänge in die Stadt

Mühlviertel

UNSER TIPP: Direkt vor den Toren der Altstadt liegen die **Alte Stadtmühle,** der **Mühlenteich** mit Zugang zum schönen **Stadtpark** mit etlichen Skulpturen und Denkmälern sowie das alte **Feuerwehrspritzenhaus.** Letzteres beherbergt eine Ausstellung historischer Löschtechnik. Einige Exponate kann man bereits durch die großen Fenster betrachten.

■ **Feuerwehrspritzenhaus,** Am Mühlteich, Juni bis Anf. Sept. Sa 14–17 Uhr und nach Vereinbarung, Eintritt frei.

Am Mühlenteich und im Stadtpark kann man ausspannen mit einem schönen Stadtblick

Galerie im Bahnhof

Der 1864 gebaute Bahnhof ist ein stattlicher Bau. Der heute nur noch geringe Zugverkehr scheint der Größe des Gebäudes nicht gerecht zu werden. Neues Leben hielt daher mit der Galerie im Bahnhof Einzug, u.a. in die Wartehalle und den Außenbereich. Es wird **zeitgenössische Kunst** (Malerei, Grafik und Skulpturen) und hochwertiges **Kunsthandwerk** internationaler Künstler gezeigt. Sommer- und Bahnhofsfeste sowie der jährliche **Töpfermarkt** im August ziehen ebenfalls Besucher an. Auch ein Restaurant ist hier zu finden.

■ **Galerie Teterow,** Bahnhofstraße 1, Tel. 03996 172657, www.galerie-teterow.de, Di–Fr 10–13 und 14–18, Sa 10–16 Uhr.

Teterower See und Burgwallinsel

Der mit einer Länge von 3,3 km und einer Breite von 1,9 km recht kleine Teterower See liegt in fußläufiger Entfernung zur Altstadt. Das **Naherholungsgebiet** und Naturparadies zieht besonders in den Sommermonaten zahlreiche Besucher an.

Die im See gelegene, schmale Burgwallinsel wurde schon sehr früh besiedelt. Ausgrabungen Anfang der 1950er-Jahre förderten, neben Alltagsgegenständen, eine 750 m lange slawische Brückenanlage zutage – ein sensationeller Fund. Die gut geschützte Burg war so mit dem Festland verbunden. Im 12. Jh. wurde sie aufgegeben. Im 20. Jh. entwickelte sich die Insel zum **Ausflugsziel.** Bereits 1927 gab es eine Ausflugsgaststätte. Die Teterower erreichten sie ab 1929 mit einer Kurbelfähre, die 1977 durch eine **Seilzugfähre** ersetzt wurde. Diese bringt bis heute im Pendelverkehr Fußgänger auf das Eiland. Zusätzlich fährt die **Barkasse Regulus,** ein kleines Fahrgastschiff, zur Burgwallinsel mit ihrem Gasthof, einer Naturbadestelle und Spielplätzen.

■ **Seilzugfähre,** während der Öffnungszeiten der Ausflugsgaststätte Wendenkrug (s.u.) vom Anleger am Burgwallweg zur Insel, Erw. 1,50 €, Kinder 1 €.
■ **Barkasse Regulus,** Stadtwerke Teterow, Anleger am Naturbad Teterow (An der Badeanstalt), Abfahrten zwischen 10.45 und 16.45 Uhr, ab 1,50 €. Die historische Barkasse (Baujahr 1910) fährt im Fährverkehr zur Burgwallinsel und bietet auch Seerundfahrten an.

Bergring

Drei Kilometer nordwestlich der Innenstadt entstand 1930 die 1,877 km lange **Grasbahnstrecke für motorisierte Zweiräder** in den Heidbergen. Heute gilt sie mit ihren engen Kurven und Kuppen als schönste ihrer Art in Europa. Schnell wurde sie über die Landesgrenzen hinaus berühmt. Während beim ersten Rennen am 29. Juni 1930 der Sieger, *Freiherr von Schoeler,* noch mit damals rasanten 59,6 km/h über die Bahn preschte, werden heute Geschwindigkeiten von bis zu 160 km/h erreicht. Die berühmte Rennstrecke überstand die Wirren der Zeit und wurde 2002 durch eine **Speedway-Bahn** im angrenzenden Kellerholz ergänzt. Heute findet das große **Bergringrennen** mit internationaler Beteiligung jährlich zu Pfingsten statt. Zusätzlich gibt es mit **Rust'n'Dust Jalopy** im Juli ein Nostalgiewochenende mit Fahrzeugen bis zum Baujahr 1959 und zeitgemäßem Ambiente.

■ **Bergring Teterow,** Appelhäger Chaussee 1, 17166 Teterow, bergring-teterow.de.

094ms tm

☐ Auf dem Bergring dröhnen am Pfingstwochenende die Motoren

Heidberge

Die Hügellandschaft nordwestlich von Teterow ist ein beliebtes **Wandergebiet.** Die höchsten Erhebungen der Heidberge recken sich bis auf knapp 100 m. Mittendrin steht das riesige, begehbare **Ehrenmal für die Gefallenen des Ersten Weltkriegs,** 1927 von *Paul Korff* errichtet, mit der Anmutung eines in den Boden gerammten Schwertes. Eine **Aussichtsplattform** befindet sich in etwa 20 m Höhe.

Praktische Tipps

Information

- **Touristinformation Teterow,** östliche Ringstraße 105, Tel. 03996 172028, www.teterow.de/tourismus, Mo–Fr 9–17 Uhr (Nov. bis März Fr nur bis 14 Uhr). Die kleine Informationsstelle berät zu Unterkünften und Sehenswertem. Es gibt auch einen Souvenirshop.
- **www.mecklenburgische-schweiz.com,** die Website des Tourismusverbands Mecklenburgische Seenplatte e.V. bietet einen Überblick zur Region Mecklenburgische Schweiz mit vielen Erlebnistipps.

Unterkunft, Essen und Trinken

- **Gästehaus Schiemann**①, Auf dem Vietsmorgen 10, 17166 Teterow, Tel. 03996 173288, www.gaestehaus-schiemann.de. Das ca. 1,5 km nördlich der Altstadt gelegene Gästehaus hält gut ausgestattete Zimmer für Selbstversorger bereit. Hunde sind willkommen.
- **Bootshaus Neumann „Urlaub am Teterower See",** Tony Neumann, An der Badeanstalt 49, 17166 Teterow, Tel. 0162 9184566, www.bootshaus-urlaub-mv.de. Urlaub am Wasser für Ruhesuchende und Naturfreunde. Die drei Bootshäuser der Familie *Neumann* können wochenweise gemietet werden und verfügen über eine komfortable Einrichtung und Zugang zum Bootssteg mit eigenem kleinen Motorboot für die Gäste.
- **Waldgaststätte, Biergarten & Pension „Uns Hüsung**②, Lärchenweg 1, 17166 Teterow, Tel. 03996 157846, www.pension-in-teterow.de. Die etwas außerhalb am Rande der Heidberge gelegene, familienfreundliche Pension mit Gastronomie bietet gemütliche Gastlichkeit im Grünen mit einfachen, modern gestalteten Zimmern und Frühstück. Hunde sind willkommen.
- **Restaurant Moshack**②, Bahnhof 1, Tel. 03996 1852396, www.restaurant-moshack-teterow.de, Di–Do 12.30–14.30 und 17.30–21, Fr/Sa bis 22 Uhr. Das modern eingerichtete Restaurant im Bahnhof serviert regionale und internationale Gerichte im modernen Ambiente. Unter der Woche ist ein Mittagstisch im Angebot.
- **Wendenkrug,** Burgwallinsel, Tel. 03996 157705, wendenkrug.burgwall-teterow.de, je nach Wetter von Ostern bis ca. Mitte Sept. Di–So mind. 11–18 Uhr. Beliebtes Ausflugslokal mitten im Teterower See.
- **Eisgarten Grimm,** Rostocker Str. 38, www.eisgarten-grimm.de, mind. April bis Okt. tgl. 10–18 Uhr. Teterower Eiscafé mit Tradition. Der Familienbetrieb produziert eigenes Eis, auch Softeis, und hat ein Kaffeeangebot und eine Auswahl an Kuchen.

Niendorf

Forsthof Niendorf, Forsthof 1, 17166 Teterow, Ortsteil Niendorf, Tel. 0152 29654304, www.forsthof-niendorf.de. Bei Familie *Hübner* stehen im mit Liebe zum Detail renovierten Forsthaus vier Ferienwohnungen für Gäste offen. Der große Garten mit Sonnenliegen, Spielplatz und Streuobstwiese darf mitgenutzt werden. Die Gastgeber geben gern Tipps für die Urlaubsgestaltung.

Einkaufen

Markt

■ **Wochenmarkt** Di und Do 8–14 Uhr auf dem Teterower Marktplatz.

Hofladen mit Restaurant

Milchhof Alt Sührkow, Dorfstr. 39, 17166 Alt Sührkow, Tel. 03996 1598740, www.milchhof-as.de, Di–Fr 9–17, Sa 9–12 Uhr. Der kleine Hofladen befindet sich ca. 7 km nordöstlich vom Stadtzentrum Teterows im Dorf Alt Sührkow. Angeboten werden Fleisch und Wurst aus eigener Produktion sowie Honig und Eier von regionalen Partnern. Nebenan betreibt der Milchhof im Gutshaus (Schlossstraße 10) ein **Restaurant**② mit Mecklenburger Küche, Mo, Do, Fr 17–22, Sa/So 11.30–22 Uhr.

Feste und Veranstaltungen

■ Zum großen Stadtfest am Wochenende vor Pfingsten – **Hechtfest** genannt – gehört ein zünftiges Markttreiben und ein bunter Umzug.

■ Highlight des Veranstaltungskalenders sind die **Rennen auf dem Bergring** (s.o.), am Pfingstwochenende findet der wichtigste Wettbewerb statt. Das Festival **Rust'n'Dust Jalopy** steigt dort im Juli (www.rustndustjalopy.de).

■ Anfang Oktober bildet das **Erntedankfest** rund um den Markt den Abschluss der Saison.

Aktivitäten

Strandbäder

NaturBad Teterower See, An der Badeanstalt. Das Strandbad, erbaut 1858 und zuletzt renoviert 2014, bietet Badestege, Gastronomie und Spielmöglichkeiten für Kinder. In der Saison ist ein Rettungsschwimmer vor Ort. Ganzjährig von 5 Uhr bis Sonnenuntergang (max. 21 Uhr), Kinder bis 4 Jahre frei, 4–16 Jahre 0,50 €, ab 16 Jahre 1 €, .

■ Eine Badestelle befindet sich in der Saison auch auf der **Burgwallinsel.**

Beliebtes Ausflugsziel: die Burgwallinsel

Planwagenfahrten

Der Milchhof Alt Sührkow (s.o.) bietet im Juli und August am Samstag um 10 Uhr eine **Kuh-Safari** an, d.h. eine Ausfahrt mit dem Jeep oder Traktor-Planwagen auf die Weiden zu den Rinderherden. Neben der spielerischen Wissensvermittlung kommt auch der Spaß, z.B. beim Kälbchenstreicheln, nicht zu kurz. Die Safari ist direkt über den Milchhof und bei der Touristinformation buchbar (ohne Anmeldung ist keine Teilnahme möglich).

Golf

- **Golfclub Schloss Teschow e.V.,** Alte Dorfstraße 13, 17166 Teterow, Ortsteil Teschow, Tel. 03996 140454, gc-schloss-teschow.de. Die 27-Loch-Golfanlage vor der Kulisse des Herrenhauses Teschow besticht u.a. durch ihren alten Baumbestand. Tagesgäste sind willkommen. Es gibt verschiedene Greenfee-Angebote.

Verkehr

Parken

- Rund um die **Altstadt** gibt es öffentliche Parkplätze. In der Altstadt stellt man das Auto mit Parkscheibe (max. 1 Std.) ab.
- Kostenfrei ist auch der Parkplatz am **Stadtpark** (Pastor-Fiedler-Weg), zwei Minuten Fußweg zum Marktplatz.

Bahn

- **RE4** fährt stündlich vom Bahnhof Teterow in Richtung Güstrow und Bützow sowie Neubrandenburg und Stettin. Anschluss an die Linien Richtung Hamburg oder Berlin über Güstrow, Bützow und Neubrandenburg.

Bus

- Busse des Verkehrsverbundes Warnow (ausgeführt durch Rebus, www.rebus.de), z.B. Linie 240 nach **Güstrow,** Linie 251 nach **Krakow am See** oder Linie 232 über u.a. Basedow nach **Malchin.**

Schorssow und die südliche Mecklenburgische Schweiz

Südlich von Teterow bis zum Malchiner See breitet sich eine von der Eiszeit geprägte Hügellandschaft mit weiten Feldern und schmalen Alleen aus. Verstreut liegen hübsche kleine Dörfer mit eindrucksvollen Kirchen und eleganten Herrenhäusern.

Unser Tipp: Am besten lässt sich die Gegend auf **Radtouren** über die kleinen Nebenstraßen und Feldwege entdecken. Dort herrscht nur wenig Verkehr, die Straßen sind zwar schmal, aber meist gut befestigt. Straßenbegleitende Radwege gibt es selten. Etappen auf der B108 sollte man vermeiden, da diese stark befahren ist. Die Anstiege in der hügeligen Landschaft können Pedalritter dennoch ins Schwitzen bringen. Die Aussicht entschädigt jedoch für alle Mühsal.

Schorssow

Das ehemalige Gutsdorf Schorssow, u.a. zeitweise im Besitz der Familien *Maltzahn* und *Hahn*, hat noch heute eine **schöne Dorfanlage.** Die im 16. Jh. zerstörte Kirche ist eine malerische Ruine.

Etwas außerhalb des Ortes, direkt am **Haussee,** liegt das **Seeschloss Schorssow.** Das 1730 gebaute, später klassizistisch umgestaltete Herrenhaus ist heute ein Hotel. Auf einer ca. drei Kilometer langen Route rund um den Haussee führt ein **dendrologischer Pfad,** der zu einer entspannenden kleinen Wanderung einlädt. Die am südöstlichen Ende des Haussees liegende, nur wenige Meter vom Seeschloss entfernte **Badestelle** lockt mit einem kleinen Sandstrand, Liegewiese, Steg und Badeplattform.

Unterkunft

- **Seeschloss Schorssow**②-③, Am Haussee 3, 17166 Schorssow, Tel. 039933 790, www.schloss-schorssow.de. Das Schlosshotel mit Wellnessbereich liegt direkt am kleinen See. Die Atmosphäre ist familiär. Das **Café Rose Tiele-Winckler** (in der Saison tgl. 7.15–10.30 und 12–17 Uhr) mit seiner Seeterrasse steht auch Nicht-Hotelgästen offen.
- **Landhotel Schorssow**②, Am Haussee 4, 17166 Schorssow, Tel. 039933 70645, www.landhotel-schorssow.de. Komfortabel auf dem Land übernachten kann man in diesem gemütlichen Hotel mit individuell eingerichteten Zimmern, rustikalem Restaurant sowie großem Außenbereich mit Terrasse.

096ms tm

Bristow

Im kleinen Dorf Bristow, acht Kilometer südöstlich von Teterow am Malchiner See gelegen, entdeckt man noch heute zahlreiche Backsteinhäuser, die einst zum **Gut Bristow** des *Grafen Carl August Ludwig von Bassewitz-Levetzow* gehörten, das er ab 1845 ausbauen ließ. Entlang der Dörpstrat stehen u.a. **Marstall, Kutschenremise** und ehemalige Wirtschaftsgebäude, einige saniert und bewohnt, andere mit dem Charme des Verfalls. Besonderer Hingucker ist das ehemalige Geflügel- bzw. **Taubenhaus** gegenüber der Dorfkirche. Das kreisrunde Türmchen wurde liebevoll restauriert.

Unser Tipp: Die **Dorfkirche Bristow** wurde ab 1593 durch die Familie *Hahn* als erstes rein evangelisches Gotteshaus in Mecklenburg errichtet. Sie überrascht mit einer aufwendigen und bemerkenswerten Innenausstattung, die man in solch einer kleinen Dorfkirche nicht erwarten würde. Der **Renaissance-Altar** ist in seiner originalen Farbgestaltung erhalten und fasziniert mit kunstfertigen Schnitzereien. Über dem Altar entlockt die Himmelfahrtsszene dem Besucher ein Schmunzeln, verschwindet doch Jesus in den Wolken. Nur die Füße schauen aus der Decke noch heraus.

- **Dorfkirche Bristow,** Dörpstrat 15, 17166 Bristow, www.bristow.de. Die Kirche kann auf Anfrage besichtigt werden, einfach telefonisch bei Pastor *Johannes Holmer* (Tel. 039933 70345) melden.

Unerwartet prächtig ist die Ausstattung der Bristower Kirche in einem sehenswerten Dorfensemble

097ms tm

Wanderung von Burg Schlitz auf dem Skulpturenweg Görzhausen

- **Start/Ende:** Landschaftspark Burg Schlitz
- **Länge:** ca.4 km

UNSER TIPP: Vom **Nymphenbrunnen** im Park der Burg Schlitz lohnt eine Wanderung durch den **Landschaftspark,** der vom Grafen nach seinem Lebensmotto „Wünsche wenig, wirke viel" mit Wegmarken in Form von Obelisken, Monumenten und Grablegen geschmückt wurde. Über **Karstorf** geht es zum **Röthelberg,** wo bereits die ersten Objekte des Skulpturenwegs in den Blick kommen. Ein kurzer Abstecher führt zum **Aussichtspunkt** auf dem Röthelberg. Auf 96 m Höhe bietet sich ein weiter Blick in die Landschaft der Mecklenburgischen Schweiz. Zurück auf dem Hauptweg führt die Route nach links weiter Richtung **Görzhausen,** einst entstanden als Wohnstätte für die Arbeiter auf dem gräflichen Gut. Immer wieder trifft man auf die frei in der Landschaft stehenden Kunstwerke. In Görzhausen angekommen, lädt das **Gartencafé Zander** zu einer Rast ein, bevor man den Rückweg, diesmal vorbei am kleinen **Luisensee,** zur Burg Schlitz antritt.

Die Kunstwerke regen die Fantasie an

Burg Schlitz

Zwei Kilometer südlich des Dorfes **Hohen Demzin** thront auf dem Buchenberg die Burg Schlitz. Der junge *Hans Graf von Schlitz* ließ das **klassizistische Herrenhaus** mit imposantem Säulenvorbau und Aussichtsturm zwischen 1806 und 1823 errichten. Es war Teil des Landguts Kastorf, welches er auf moderne, nachhaltige Weise betrieb. Nach dem Tod des Grafenpaares übernahm zunächst der Schwiegersohn *Graf Bassewitz* das Gut, in dessen Familienbesitz es bis 1931 blieb. Danach wechselte es bis 1951 noch mehrmals den Besitzer. 1951 wurde das Schloss unter Denkmalschutz gestellt, saniert und schließlich viele Jahre als Seniorenheim genutzt. Mit der Wiedervereinigung erwarb die Jägermeister AG aus Wolfenbüttel den herrschaftlichen Sitz und wandelte es in ein elegantes **Schlosshotel** um. Mit dem nötigen Kleingeld für eine Übernachtung öffnen sich für Besucher die Türen zum liebevoll restaurierten, neugotischen **Rittersaal** und zum klassizistischen **Schinkelsaal.**

Landschaftspark

Zur Burg Schlitz gehörte schon von Beginn an ein ausgedehnter Landschaftspark mit zahlreichen **Monumenten.** Direkt neben dem Schloss am Eingang zum Park findet man die **Karolinenkapelle.** *Graf Schlitz* ließ sie 1822 zu Ehren seiner verstorbenen Schwiegermutter im Stil einer portugiesischen Wallfahrtskapelle errichten. Nur wenige Meter entfernt plätschert das Wasser des ursprünglich 1903 in Berlin gefertigten

Adobe Stock © Bergringfoto

Nymphenbrunnens. Seit 1934 tanzen die drei reizenden, in Bronze gegossenen Damen um das Wasserspiel. Der Park und die Gastronomie stehen auch Tagesgästen offen.

Skulpturenweg Burg Schlitz – Görzhausen

Ungewöhnliche **Kunstinstallationen** am Wegesrand, in Bäumen und in den Feldern sorgen zwischen der Burg Schlitz und Görzhausen für Überraschungsmomente. Der seit Ende der 1990er-Jahre von *Wilfried Duwentester* und befreundeten Künstlern gepflegte und immer weiter ausgebaute Skulpturenweg verbindet Kunst und Naturerlebnis. Man kann den Skulpturenweg als Wanderung von Burg Schlitz aus begehen oder über eine Zufahrt von der B108 in Hohen Demzin nach Görzhausen direkt anfahren. Ein kleiner Besucherparkplatz ist vorhanden. Die Ausstellung ist ganzjährig geöffnet und kostenfrei zugänglich.

■ **Skulpturenweg Burg Schlitz – Görzhausen,** 17166 Hohen-Demzin, Ortsteil Görzhausen, skulpturenweg-ev.de. Spenden an den Förderverein sind willkommen.

Unterkunft, Essen und Trinken

■ **Burg Schlitz,** 17166 Hohen Demzin, Tel. 03996 12700, www.burg-schlitz.de. Das **Schlosshotel**③ in landschaftlich reizvoller Lage hat edel ausgestattete Zimmer und Suiten und ein **Gourmetrestau-**

Burg Schlitz thront auf einem Hügel der Mecklenburgischen Schweiz

rant③. Die Gäste können das umfangreiche Angebot an Reitwegen – inklusive Unterstellen des eigenen Pferds im Marstall – sowie das Jagdrevier der Schlossherren nutzen.

■ **Café und Brasserie Louise**②-③, Burg Schlitz. Das edle Café des Schlosshotels bietet Plätze im schön dekorierten Innenraum und auf der Terrasse mit Parkblick. Frühstück tgl. 8.15–11 Uhr, 13–17 Uhr Lunch sowie Kaffee und Kuchen, ab 18.30 Uhr werden auch Menüs angeboten. Dafür ist eine Reservierung erforderlich.

■ **Gartencafé Zander,** 17166 Hohen-Demzin, Ortsteil Görzhausen, Tel. 0157 74018954, meist Mai bis Sept. Sa/So/Feiertage 13–17 Uhr. Für Besucher des Skulpturenpfads ist das lauschige Gartenlokal der Familie *Zander* eine willkommene Rastmöglichkeit. Es gibt Kaffee und Kuchen und kleine Erfrischungen.

Malchiner See

Der Malchiner bildet mit dem Kummerower See das Malchiner Becken. Diese rund 30 km lange eiszeitliche Rinne entstand durch die Ansammlung von Schmelzwasser unter dem die Region bis vor 12.000 Jahren bedeckenden Eispanzer. Die Westpeene durchfließt den nur acht Kilometer langen Malchiner See, der über den **Dahmer Kanal** und den **Peenekanal** seine Anbindung an den Kummerower See hat und damit ein attraktives Revier für Paddler und andere Wassersportler ist. Der Bau der Kanäle führte zu einer Absenkung des Wasserspiegels des ohnehin durch seine Entstehung mit durchschnittlich zwei Meter Tiefe recht flachen Sees. So misst er an der tiefsten Stelle zwar zehn Meter, jedoch sind es auf der Sandbank in der Seemitte nur 50 Zentimeter. Die **verschilften Ufer** und das ruhige Umfeld machen den See zum Paradies für Naturfreunde, besonders Vogelkundler.

Adobe Stock © tilody16

☐ Idyllische Ruhe am Dahmer Kanal, der Verbindung zwischen dem Malchiner und dem Kummerower See

Seedorf und Dahmen

Am Malchiner See finden sich vor allem in Seedorf am Ostufer und Dahmen ganz im Süden Angebote zur Erholung und für sanften Wassersport. Da das Ufer des Malchiner Sees überwiegend mit Schilf bestanden und eher sumpfig ist, gibt es relativ wenige Bademöglichkeiten. Auch aufgrund des Naturschutzes ist der Sprung ins kühle Nass nicht überall erlaubt. Es gibt jedoch einige ausgewiesene **Badestellen** und gepflegte Badestrände mit Parkplätzen und Gastronomie in Seedorf und Dahmen. In Seedorf befindet sich auch ein Hundestrand in der Nähe des Campingplatzes. Unser Tipp: Ein kleiner Spaziergang von der Badestelle in Dahmen zum 1,5 km entfernten **Beobachtungsturm** am See lohnt sich. Mit etwas Glück gerät ein Seeadler vor die Linse.

Unterkunft

- **Oase am See,** Philosophenweg 5–7, 17166 Dahmen, Tel. 01520 5126140, www.oaseamsee.de. Die von drei engagierten Frauen betriebene Anlage umfasst drei Holzbungalows mit jeweils zwei Ferienwohnungen für vier Personen. Alle verfügen über eine Terrasse mit Grill. Bis zum Badestrand am Seeufer sind es 300 m. Gastronomie ist in Laufweite vorhanden. Fahrräder und Boote leiht man beim Camping-Paradies.

Camping

- **Camping-Paradies Dahmen,** Am Erlengrund 1, 17166 Dahmen, Tel. 039933 733753, campingparadies-dahmen.de. Der naturnah direkt am Malchiner See gelegene Campingplatz verfügt über 80

100ms tm

Radtour um den Malchiner See

- **Start/Ende:** Parkplatz Burg Schlitz
- **Länge:** ca. 27 km

Die Tour auf Radwegen und wenig befahrenen Straßen führt durch zahlreiche idyllisch gelegene Dörfer mit sehenswerten Kirchen und prächtigen Herrenhäusern. Viele der Straßen sind gesäumt von alten und neu angelegten Alleen. Einige Etappen haben Pflastersteine, meist fährt man jedoch auf Asphalt.

Nach dem Start bei der **Burg Schlitz** geht es über **Carlshof** und **Tessenow** nach **Bristow.** Nach einem Stopp an der reizvollen Dorfkirche führt die Tour weiter nach **Wendischhagen** und **Basedow-Höhe** und dann nach **Basedow.** Hier lohnt sich ein längerer Halt zur Dorfbesichtigung und Einkehr. Den Rückweg plant man über **Seedorf, Rothenmoor** und **Dahmen** nach **Ziddorf,** von wo die letzte Etappe nach **Schorssow** und zurück nach **Carlshof** nahe dem Startpunkt der Tour leitet.

Der Malchiner See scheint immer in greifbarer Nähe, seine Ufer sind jedoch nur an wenigen Stellen frei zugänglich. Als Badestopp empfiehlt sich der **Campingplatz in Dahmen** am Malchiner See oder die Badestelle am **Haussee in Schorssow.**

⌃ Kaffeepause im Alten Schafstall in Basedow

Zelt- und 40 Wohnmobilstellplätze. Er ist familienfreundlich und hat direkten Zugang zum Badestrand. Rad- und Bootsverleih, Kiosk, umfangreiche (kostenfreie) Entsorgungsmöglichkeiten sowie WLAN gehören zum Service. Saison ist von Mai bis Dezember.

■ **Campingpark Seedorf,** Campingplatz 1, 17139 Basedow, Ortsteil Seedorf, Tel. 039957 29139, www.campingpark-seedorf.de. Der Naturcampingplatz liegt auf einer Waldlichtung und verfügt über einen Strand. Neben Stell- und Zeltplätzen sind auch Mietwohnwagen, einfache Ferienwohnungen und Hütten verfügbar. Zum Service gehören Brötchenlieferung, WLAN, ein Bootsverleih sowie ein Kinderspielplatz.

Einkaufen

■ **Seenfischerei Dahmen,** Seestr. 29, www.seenfischerei.de, Di–Fr 9–17, Sa 9–12 Uhr. Die ganze Bandbreite der Fische aus Malchiner See und Peene ist bei Familie *Kacan* erhältlich. Im kleinen Laden des Fischereihofs am Seeufer in Dahmen kauft man frischen, eingelegten und geräucherten Fisch. Ein Tipp ist die Fischsülze.

Hofladen

Biohof Peitz, Hofladen, Feldweg 3, 17194 Klocksin, Tel. 01744292475, www.biohof-peitz.de, tgl. 8–20 Uhr. Der Familienbetrieb bei Moltzow, einige Kilometer südlich von Dahmen, hält Rinder nach ökologischen Richtlinien. In den Regalen des kleinen Hofladens stehen neben den Fleischerzeugnissen, Gemüse, Honig und Saft auch Produkte lokaler Partner, z.B. Eier aus Rosenhagen.

Verkehr

Bus

■ Linienbusse der Firma Rebus (www.rebus.de) bedienen das Streckennetz **rund um den Malchiner See** und bis nach Waren (Müritz). Anschluss an den Zugverkehr besteht in Malchin und Teterow.

099ms tm

Ulrichshusen

Das kleine Dorf Ulrichshusen erreicht man nach einem sechs Kilometer langen Abstecher von der B108 in Moltzow südlich des Malchiner Sees. Eine rustikale Kopfsteinpflasterstraße schlängelt sich entlang des kleinen Landschaftsparks in den Ort hinein und schon der erste Blick auf das gern als Schloss betitelte Gutshaus bezaubert.

Das ursprünglich 1562 als sogenanntes Festes Haus errichtete **Wasserschloss** war Teil des Ritterguts der einflussreichen und weit verzweigten Familie *von Maltza(h)n. Bernd-Ludolph Maltzan,* seines Zeichens Quartiermeister beim Feldherrn *Wallenstein,* ließ nach einem verheerenden Feuer um 1624 den Wiederaufbau im Renaissancestil vornehmen. Mit seinen drei Stockwerken, den markanten Giebeln, dem Risalit an der Nordseite und dem im Süden vorgesetzten Treppenturm stellt Ulrichshusen eine gelungene Mischung aus wehrhafter Burg und repräsentativem Schloss dar. Als *Hellmuth Freiherr* und *Alla von Maltzahn* 1993 den Besitz ihrer Vorfahren kauften, fanden sie nur eine Brandruine vor. Mit viel Mut und Geschick gingen sie den Wiederaufbau an und eröffneten 2001 ihr **Schlosshotel.** Durch das original erhaltene Torhaus betritt man eine reizvolle Welt. Trompe-l'oeil-Malereien erschaffen erstaunliche Illusionen in den Innenräumen. Wer nicht im Hotel übernachtet, kann bei Veranstaltungen einen Blick ins Schloss werfen.

Rund um das Renaissanceschloss spaziert man durch einen **Landschaftspark** mit altem Baumbestand und zum **Ulrichshusener See,** der zum Baden und Bootfahren einlädt. Hergerichtet für den Hotelbetrieb wurden auch die Stellmacherei und die Pferdeställe sowie 2012 das zwei Kilometer entfernt in Tressow gelegene Gut.

Besondere Bekanntheit erlangte Ulrichshusen bereits 1994, als in der großen Feldsteinscheune des Dorfes die ersten Konzerte der heute so populären **Festspiele Mecklenburg-Vorpommern** stattfanden. Kein geringerer als *Lord Yehudi Menuhin* dirigierte damals das London Symphony Orchestra. Das umtriebige Engagement der Familie *Maltzahn* und der Erfolg der Festspiele weckten ganz Ulrichshusen aus dem Dornröschenschlaf. Alles ist heute herausgeputzt, neues Leben zog in alte Mauern ein.

☐ Trutzig wie eine Burg und doch elegant wirkt das Schloss Ulrichshusen in malerischer Lage

Unterkunft, Essen und Trinken

■ **Schloss & Gut Ulrichshusen**②-③, Schlossstraße 14, 17194 Ulrichshusen, Tel. 039953 7900, www.ulrichshusen.de. Das Hotel bietet stilvolle Zimmer und Ferienwohnungen im Schloss sowie u.a. im restaurierten Pferdestall, der Stellmacherei und dem Müllerhaus. Bei der Übernachtung im Schloss darf man sich wie ein Prominenter fühlen, neben den Stargästen der Festspiele hat hier u.a. *Barbara Schöneberger* ihre Hochzeit gefeiert. Das zugehörige **Restaurant Am Burggraben** steht auch Tagesgästen offen und pflegt eine ländlich-feine Küche. Von hier hat man einen schönen Blick auf das Schloss und den Park (tgl. ab 12 Uhr).

Aktivitäten

Treckerfahrten

Unser Tipp: **Treckerausflug Lupendorf,** Lindenplatz 3, 17194 Lupendorf, Tel. 0179 5911150, www.treckerausflug.com. Ein nostalgischer Spaß für Jung und Alt bietet sich im Nachbardorf von Ulrichshusen, in Lupendorf. Mit dem Bulldog darf man selbst über die kleinen Landstraßen tuckern. Möglich sind ganz- oder halbtägige Touren auf eigene Faust oder nach einer Empfehlung des Anbieters, so z.B. die Vier-Schlösser-Tour. Die Preise (max. 3 Personen pro Traktor erlaubt) starten bei 169 €, Mai bis Okt. Di–So, Fahrzeugeinweisung um 10 Uhr, von Nov. bis April nur nach Terminvereinbarung.

Pilgerweg

Der 2017 anlässlich des Lutherjahres entstandene Pilgerweg **Mecklenburger Kapellenweg** führt zu acht Andachtsorten in der Mecklenburgischen Schweiz in der **Umgebung von Ulrichshusen.** Die ausgewählten Orte liegen alle unter freiem Himmel. Überwiegend handelt es sich um nach dem Dreißigjährigen Krieg oder später aufgegebene Kirchenorte aus dem 13. Jh. Ihre Gestaltung erfolgte einheitlich mit einem 2,20 m hohen **Eichenkreuz mit einer weiblichen Figur,** Seelenfigur genannt, einer Sitzgelegenheit, einem Baum und einer kleinen Mauer. Somit sind alle Andachtsorte gut zu erkennen und stimmungsvoll hergerichtet. Der Weg ist ca. 32 km lang und führt u.a. über die Orte Tressow, Lupendorf und Rambow. Die Strecke lässt sich auch gut mit dem Fahrrad oder Auto abfahren.

■ **Mecklenburger Kapellenweg,** Wegbeschreibung inkl. GPS-Track: www.kirche-mv.de/pilgerwege/kapellenweg.

Basedow

Das Dorf Basedow, etwas nordöstlich des Malchiner Sees, kann ohne Übertreibung als eines der schönsten in Mecklenburg-Vorpommern bezeichnet werden. Die Komposition aus Herrenhaus, Landschaftspark und Dorfanlage mit Teich und Kirche ist stimmig und hat eine **eindrucksvolle Architektur.**

Tatsächlich hat die Adelsfamilie *von Hahn,* welche von 1337 bis 1945 fast 600 Jahre lang hier den Ton angab, im 19. Jh. den Umbau des Dorfes aufwendig planen und umsetzen lassen. Entstanden ist ein sogenanntes **Geschmücktes Landgut,** eine Gutsanlage, die das Schöne mit dem Nützlichen verbindet. Dabei werden nicht nur Herrenhaus und Park in den Fokus genommen, sondern die gesamte **Dorfanlage,** u.a. mit Arbeiterhäusern, Schule, Pfarrhaus und den Wirtschaftsgebäuden des Gutshofs. Der bekannte preußische Baumeister *Friedrich August Stüler* und Gartenarchitekt *Peter Joseph Lenné* orientierten sich an englischen Idealen und gestalteten viele der Bauten im Stil der Neo- bzw. Tudorgotik und den Park als **Englischen Landschaftsgarten.** Der Gesamteindruck blieb auch nach dem Ende der Hahnschen Herrschaft 1945 erhalten. Aktive Bürger im Dorf, u.a. unterstützt durch Nachfahren der adligen Vorbesitzer, haben es geschafft, die wichtigsten Bauten des Guts und viele, mittlerweile private Wohnhäuser ansprechend zu erhalten.

So wird man am Ortseingang schon durch imposante **Ziergiebel** an den Ställen begrüßt, passiert dann das eindrucksvolle, schlossartige Herrenhaus

101ms tm

mit weitem Blick in den Park und spaziert im Anschluss entlang einer schönen **Allee,** vorbei an schmucken Wohnhäusern zur **Dorfkirche** mit ihrem markanten Turm. Der Reiz Basedows hat sich herumgesprochen und mittlerweile gibt es einige touristische Angebote, z.B. Ortsrundgänge, Cafés und ein Hotel.

Schloss Basedow

Das Schloss, genaugenommen ein Herrenhaus, gilt als eine der bedeutendsten Anlagen in Mecklenburg-Vorpommern. Die Familie *von Hahn* ließ sich bereits im 14. Jh. hier nieder und es entstand ein Rittergut mit Burg. Die **Reste der Burganlage** wurden bei späteren Umbauten teils bewahrt und sind an der Gartenseite des heutigen Hauses noch erkennbar. Im 16. Jh. erfolgte eine Umgestaltung zum **Herrenhaus mit Treppenturm im Renaissancestil.** Einschneidende Veränderungen wurden ab 1839 durch den Berliner Baumeister *Friedrich August Stüler* für den Grafen *Friedrich Wilhelm Adolf von Hahn* vorgenommen. Neben einer Neugestaltung des Haupthauses ergänzte er die Terrassen, das Torhaus und den Marstall. Nach einem Brand erfolgten 1891 noch Umbauten im Stil der **Neorenaissance** durch *Albrecht Haupt.* Das Schloss ist eine unregelmäßige Dreiflügelanlage. Besonders sehenswert sind die **Terrakottaporträts** an der Fassade. Seit 1951 besteht Denkmalschutz für den Bau. Die Anlage ist in Privatbesitz und kann daher nur von außen besichtigt werden.

⌃ Mittelpunkt des Geschmückten Landguts Basedow ist das Herrenhaus

Landschaftspark

Der 200 ha große Park des Schlosses Basedow steht seit 1985 unter Denkmalschutz. *Peter Joseph Lenné,* königlich-preußischer Gartenarchitekt, komponierte die Anlage. Die wirtschaftliche Leistung der Gutsanlage sollte sich hier mit ihrer ästhetischen Gestaltung verbinden. Entstanden ist so ab 1835 eine idyllische Landschaft mit Ausblick in die Weite, von **Wassergräben** (teils noch aus der mittelalterlichen Befestigung) durchzogen und mit **Baumgruppen** als Blickfang. Um die Ideen *Lennés* zu verstehen, geht man am besten an der äußeren Kante einmal um den Park herum. Dabei passiert man auch den **Marstall.** Der imposante klassizistische Bau von 1835 misst 95 x 53 m und beherbergte eine große Reithalle und in den Seitenflügeln Reitställe mit bis zu 50 Boxen. Die Pferdezucht hatte auf dem Hahnschen Gut Tradition. Berühmt waren die **Basedower Renner.** Zwischen 1818 und 1853 züchtete man hier Vollblutstuten für die Doberaner Rennbahn.

Der von *Lenné* gestaltete **Blumengarten** vor dem Schloss ist ein beliebtes Fotomotiv und lädt mit seinen Sitzgelegenheiten ein, Schloss und Dorf in Ruhe zu betrachten. Basedow gilt als eines der Hauptwerke *Peter Joseph Lennés* und wurde als eines von 50 Projekten in einem vergoldeten Ehrenlorbeerkranz zu seinem 50-jährigen Dienstjubiläum verewigt.

Stilvoll und rustikal: Farmer Hotel Basedow

102ms tm

Dorfkirche

Etwa 300 m weiter an der Schlossstraße steht die Dorfkirche Basedows. Ein erstes Gotteshaus wurde bereits 1247 erwähnt. Die noch zum großen Teil mittelalterlich erhaltene Kirche – sie war Patronatskirche – erhielt 1855–57 vom Architekten *Stüler* ihren markanten **neugotischen Turm.** Von ihm stammen auch das **Friedhofstor** und das **Mausoleum** der *von Hahns* an der Nordseite der Kirche. Im Inneren beeindruckt vor allem die farbenfroh gefasste **Orgel,** welche auf der UNESCO-Welterbeliste vermerkt ist. Der reich geschmückte Orgelprospekt stammt noch aus dem 16. Jh. Das Werk wurde um 1680 von einheimischen Meistern gefertigt, sie gilt somit als älteste Barockorgel in Mecklenburg. Mit ihren 1100 Pfeifen, verteilt auf 36 Register, eignet sie sich hervorragend für **Konzerte.** Seit 1983 geben jeden Sommer renommierte Künstler Gastspiele mit Renaissance-Bezug.

Neben der Orgel lohnen auch der **Altaraufsatz** (1592) mit seinen Marmorreliefs und Wappenreihen und die an die Stifterfamilie erinnernden **Epitaphien** eine genauere Betrachtung.

■ **Kirche Basedow,** Dorfstraße/Kirchsteig, 17139 Basedow, Facebookseite für Orgelkonzerte, Mai bis Okt. Di–Sa 13–16, So 14–16 Uhr.

Praktische Tipps

Unterkunft, Essen und Trinken

■ **Farmer Hotel**②-③, Brauereiweg 1, 17139 Basedow, Tel. 039957 299390, www.farmerhotel.de. Ein Hotel mit 30 Zimmern, darunter auch luxuriöse Suiten, erwarten in Basedow die Wenigsten. Jedoch ist das Konzept stimmig und das Ambiente in den historischen Wirtschaftsgebäuden aus Backstein elegant und trotzdem gemütlich. Wer möchte, reist mit dem Pferd an und findet für dieses im Marstall eine passende Unterkunft. Das **Restaurant Das Kranich** serviert in der Saison Wildgerichte, Di–Sa 17 Uhr bis mind. 21 Uhr. Frühstück gibt es auch für externe Gäste (20 €).

UNSER TIPP: **Ferienwohnungen Petra Weu,** Gessiner Str. 20, 17139 Basedow, Tel. 0173 1689405, rentmeisteramt-basedow.jimdo.com. Im historischen Gutsinspektorenhaus (Rentmeisteramt) vermieten Mutter und Tochter *Weu* gemütliche Ferienwohnungen mit historischen Details und zum Teil auch Blick auf Schloss und Park.

■ **Café Alter Schafstall**①, Wargentiner Str. 7, 17139 Basedow, Tel. 039957 20454, www.alter-schafstall-basedow.de, April bis Okt. tgl. mind. 10–17 Uhr. Das Café eignet sich bestens für eine kleine Rast. Üppige Kuchenstücke, herzhafte Wurst aus lokaler Produktion und eine Tagessuppe machen die Wahl nicht leicht. Im Außenbereich sitzt man zwischen ausgefallenen Dekorationsstücken, die auch zum Verkauf stehen. In der urigen Scheune werden regionale Produkte zum **Verkauf** angeboten.

Einkaufen

Gessin

Naturkost & Café – Der Dorfladen Gessin, Gessin 7, 17139 Gessin, Tel. 039957 18305, www.dorfladen-gessin.org, Laden Mo–Fr 14–18, Sa 8–12 Uhr, Café Mo–Sa 15–18 Uhr. Zwischen Basedow und Gielow hat man sich dem Angebot von Bio-Lebensmitteln verschrieben. Von Backwaren über Molkereiprodukte bis zu frischem Obst und Gemüse kommt alles direkt aus der Region. Im Hof-Café genießt man Kaffee und Kuchen.

Aktivitäten

Ortsrundgang

■ **Dorfführungen in Basedow,** Gästeführerin *Christel Müller,* Tel. 0160 95650843, www.gaestefuehrerin-mueller.de. Frau *Müller* kennt sprichwörtlich jeden Stein im Dorf. Wer mehr über die Geschichte und Geschichten von Basedow erfahren möchte, sollte sich ihrem Rundgang anschließen. 75-minütiger Rundgang in der Regel Mai bis Okt. Mo, Mi, Do, Fr, Sa 11 und 14 Uhr oder nach Absprache, 4 € pro Person. Treffpunkt ist an der Kirche. Eine Innenbesichtigung des Schlosses ist nicht Teil der Tour.

Balkonweg Basedow

Den Spaziergang auf dem Balkonweg startet man am besten vor dem Schloss am schönen **Blumengarten.** Von dort geht es in Richtung der **Dorfkirche** und etwa 150 m hinter ihr nach rechts in die Straße Am Dröbel. Nach ca. 750 m entlang des Feldes mit dem Teich zur Rechten zweigt der Balkonweg ab und führt in einem weiten Bogen zurück zum Dorf (Wargentiner Straße). Hier besteht ein direkter Zugang in den **Schlosspark,** den man ebenfalls in einem weiten Bogen mehr oder weniger umrundet. Abstecher weiter hinein in den Park sind empfehlenswert. Am Ende der ca. 4,5 km langen Route kommt wieder das Schloss in Sicht.

Gielow

Sechs Kilometer östlich von Basedow lohnen Gielow und das dazugehörige **Liepen** einen Abstecher. Das Dorf Gielow existierte bereits im 13. Jh. und gehörte zum Kloster Dargun. Hier saß bis 1618 die Familie *Maltzan*, die Schutzmacht für das Kloster war und in Liepen eine Wasserburg errichten ließ. Die **Wasserburg Liepen** ist heute in Privatbesitz und wird bewohnt. Die neuen Eigentümer, Nachfahren der Basedower *Hahns*, stellen hier **Pomeranzenlikör** her.

Die gut erhaltene **Kirche** von Gielow stammt aus dem 14. Jh. und verfügt über eine sehenswerte Granittaufe aus dem 13. Jh. Die alte **Mühle,** etwas außerhalb in Richtung Malchin gelegen, ist ein beeindruckendes Zeugnis der Industriearchitektur des 19. Jh. In der DDR war Gielow gemeinsam mit Schwinkendorf eine große LPG (Landwirtschaftliche Produktionsgenossenschaft) mit dem Schwerpunkt Rinderzucht und Pflanzenproduktion. Die Landwirtschaft prägt auch heute das Bild.

■ **Wasserburg Liepen,** Liepen 6b, 17139 Gielow, www.wasserburg-liepen.de, nur zu Veranstaltungen geöffnet.

■ Den **Pomeranzenlikör** der Gräfin *Verena Hahn von Burgsdorff* sowie Marmeladen, Tees und Seifen kann man online bestellen (www.alte-pomeranze.de) oder in Hofläden wie dem Alten Schafstall in Basedow erwerben.

Essen und Trinken

■ **Restaurant Samos**①-②, Straße der Einheit 48c, 17139 Gielow, Tel. 039957 299163, auf Facebook, Di–So 17–21.30, Sa/So auch 12–14 Uhr. Das griechische Restaurant der Familie *Petrou* ist ein fester Bestandteil des Dorflebens. Man sitzt drinnen oder draußen auf der Terrasse. Die Portionen sind ebenso wie die Auswahl reichlich.

Faulenrost

Unser Tipp: **Welshof Schliemann**②, Dorfstraße 3, 17139 Faulenrost, Tel. 039951 2135, www.welshof.de, **Restaurant** tgl. außer Di 11–21 Uhr (Fr/Sa bis 22 Uhr), Jan. bis März nur Fr–So, **Hofladen** Mo–Fr 8–17, Sa 9–16, So 9–11.30 Uhr. Auf der schmalen Ostpeene und den kleinen Seen in der Umgebung fischt Familie *Schliemann* Hecht, Karpfen, Wels und Aal. Die Speisekarte des gemütlichen Gasthauses hat einige außergewöhnliche Rezepte zu bieten, z.B. Wels-Ragout Fin oder Gyros vom Wels.

Frisch zubereitet auf dem Welshof: Edelfischwürfel mit Bratkartoffeln

103ms tm

Malchin

Neben Teterow ist der „kleine Ort“ Malchin – so die slawische Bedeutung des Namens – ein zweites Zentrum der Mecklenburgischen Schweiz. Wer hier achtlos vorbeifährt, dem entgeht ein Kleinod. Die **Altstadt** mit Kirche, Rathaus und Wallanlagen sowie die **Wassersportangebote** locken zahlreiche Besucher an.

Strategisch günstig **zwischen Malchiner und Kummerower See** sowie an der Kreuzung mehrerer Handelswege gelegen, wurde die Siedlung bereits 1236 mit Stadtrecht versehen und entwickelte sich zu einem wichtigen Marktort. Zwischen 1621 und 1916 war Malchin – im Wechsel mit dem im Westen Mecklenburgs gelegenen Sternberg – Tagungsort für den Landtag. Bereits zu Zeiten der DDR und auch heute sind in der Stadt Betriebe der Lebensmittelverarbeitung und Futtermittelherstellung ansässig. Zwar wurde Malchin am Ende des Zweiten Weltkriegs beim Einmarsch der Roten Armee größtenteils zerstört, doch sind einige sehenswerte historische Bauten erhalten.

Ein Spaziergang zum **Hafen an der Peene** sollte ebenfalls auf dem Besuchsprogramm stehen. Die Peene ist bis Malchin für kleinere Güterschiffe befahrbar und hat daher einen kleinen Industriehafen. Die Zeiten der Dampfschifffahrtslinie Malchin – Demmin – Stettin sind allerdings lange vorbei. Heute ist das Amt Malchin für rund 7300 Einwohner in der Stadt und den eingemeindeten Dörfern, u.a. Remplin, zuständig.

Sehenswertes

Stadtbefestigung

Auch wenn von der historischen Stadtbefestigung nur wenig bewahrt werden konnte, so zeugt das, was heute noch sichtbar ist, von der einstigen Pracht Malchins. Die zwei erhaltenen der ehemals vier Stadttore, der **Fangelturm** und Reste der **Wallanlagen** markieren den ehemaligen Verlauf der Stadtmauer. Sowohl das **Kalensche Tor** im Norden, das wegen seiner fein gegliederten Fassade ein beliebtes Fotomotiv ist, als auch das **Steintor** im Süden wurden um 1900 aufwendig restauriert. Dass Malchin dereinst ein wehrhafter Handelspunkt war, zeigt auch, dass beide erhaltenen Tore lediglich die Vortore der einstigen Doppeltore waren.

Marktplatz mit Rathaus

Das Zentrum Malchins bildet der quadratische Marktplatz mit Rathaus und angrenzender St. Johanniskirche. Der Verwaltungsbau und Sitz des Bürgermeisters wurde von den Mecklenburger Baumeistern *Paul Korff* aus Laage und *Erich Tietböhl* aus Malchin geschaffen und 1927 der Stadt übergeben. Auffallend auf dem Mansarddach ist der **kleine Turm.** Von oben hat man einen weiten Blick bis zum Malchiner und Kummerower See. Im Inneren des Hauses ist der **Rathaussaal** mit seinen 72 gemalten Gewerbewappen das Prunkstück.

Ebenfalls auf dem Marktplatz erinnert ein schmales, silber glänzendes **Denkmal** in Form eines aufwendigen Wasserspiels an den wohl berühmtesten Malchiner Bürger. Der Erfinder *Siegfried Marcus* (1831–98) ist vor allem Österreichern bekannt, da er in seiner Wahlheimat Wien bereits 1870 an einem Verbrennungsmotor tüftelte.

Johanniskirche

Ein kaum zu übersehendes Wahrzeichen der Stadt steht am westlichen Rand des Marktes. Die Kirche St. Johannis mit ihrem wuchtigen Turm wurde im gotischen Stil erbaut und 1440 geweiht. Ihre für eine Kleinstadt überraschende Größe zeugt ebenfalls von der damaligen Stellung Malchins in der Landespolitik. Die **dreischiffige Backsteinbasilika,** die in ihrer Innenwirkung einer Kathedrale nahekommt, hat eine außergewöhnliche Bauweise. Der **Turm** wurde statt an der Mittelachse seitlich versetzt errichtet. Nach dem Einsturz des ursprünglichen Turms hat man eine achtseitige, barocke Haube aufgesetzt, die 1897 leicht verändert wurde. Auch von hier oben hat man einen herrlichen Blick über die Endmoränenlandschaft der Mecklenburgischen Schweiz.

Die Kirche verfügt zudem über eine wertvolle Innenausstattung. Bemerkenswert ist die **Renaissancekanzel.** Bäckermeister *Conradus Frolike* stiftete diese 1571, und zu seinen Ehren zieren die Kanzel drei Heißwecken. Der von einem unbekannten Meister geschaffene **Marienaltar** aus dem 15. Jh. gilt als größter Schatz der Kirche. Er war früher der Hauptaltar und steht heute in der an einer Kirchenseite angebauten Marienkapelle.

Auf der Grünfläche neben St. Johannis zeigt eine 2019 errichtete **Sonnenuhr** auf die Minute genau, was die Stunde geschlagen hat, und unterscheidet dabei sogar zwischen Sommer- und Winterzeit. Das Uhr-Gestein, der 4,5 Tonnen schwere Findling, wird auf rund eine Milliarde Jahre geschätzt.

■ **Kirche St. Johannis,** Schweriner Str. 5, www.st-johannis-malchin.de, für Besucher geöffnet Ende Mai bis Okt. Mo–Fr 11–17 (ab Mitte Sept. bis 15 Uhr), Mai bis Mitte Sept. auch Sa 11–13 Uhr.

Museum in der Stadtmühle

Das kleine Heimatmuseum in der alten Stadtmühle zeigt Exponate zu bekannten Malchinern, z.B. den Malern *Fritz Greve* und *Friedrich-Franz Pingel* und vor allem dem Erfinder *Siegfried Marcus,* der es in Wien zu Ruhm und Ehre brachte. Weiterhin ist die Werkstatt eines Pantoffelmachers und eine **Ausstellung zur Ur- und Frühgeschichte** rund um den Malchiner und Kummerower See anzuschauen.

■ **Museum in der Stadtmühle,** Goethestr. 5, www.museum-malchin.de, April bis Okt. So 14–17 Uhr.

[>] Präzise ohne Uhrwerk – der Findling vor der Johanniskirche unterscheidet sogar Sommer- und Winterzeit

Praktische Tipps

Information

■ **Stadtinformation Malchin,** Steinstraße 6, 17139 Malchin, Tel. 03994 640111, www.amt-malchin-am-kummerower-see.de, Mo–Do 10–12 und 13–16 (Do bis 18), Fr 10–14 Uhr.

Essen und Trinken

■ **Min Leevsten Café Konditorei,** Am Markt 4, auf Facebook, Mo–Fr 9–18, Sa/So 13–18 Uhr, Nov. bis März Einschränkungen möglich. Das bei Einheimischen und Besuchern beliebte Café ist mit seinen hausgemachten Kuchen, Eisbechern und kleinen Gerichten ein Anlaufpunkt für eine kleine Pause. Es sind auch Plätze im ruhigen Innenhof vorhanden.

■ **Peenecafé Kösters Eck,** Am Kanal 1, Tel. 03994 2993636, www.peenecafe.de, Di–So mind. 11–19 Uhr, Nov. bis März Einschränkungen möglich. Das direkt am Wasserwanderrastplatz gelegene Lokal serviert Paddlern, Spaziergängern und Hausbooturlaubern süße und herzhafte Speisen, u.a. Fischbrötchen und Flammkuchen. Von den Terrassenplätzen aus blickt man auf die Peene.

104ms tm

Einkaufen

- **Liebevolllädchen,** Karl-Dressel-Str. 35, www.liebevoll-laedchen.de, mind. Mo/Di 10–17.30, Do 10–13 Uhr. *Martina Milbrandts* kleiner Laden hat eine große Auswahl an Naturölseifen, Badekonfekt und weiteren Seifenprodukten aus eigener Herstellung. Dazu gibt es allerlei Kleinigkeiten zum Verschenken.

Feste und Veranstaltungen

- Das **Mecklenburger Motorradtreffen** Ende April/Anfang Mai hat sich seit 1996 zum größten Motorrad-Event in Mecklenburg-Vorpommern entwickelt. Nahezu 10.000 Biker nehmen an den Ausfahrten teil. In der Waldarena wird auf verschiedenen Bühnen Live-Musik und Show geboten (www.mecklenburger-motorradtreffen.de).
- Das Ende Juni stattfindende **Stadtfest Malchin** ist bekannt für seinen großen Festumzug, an dem sich die Vereine und Gruppen der Stadt rege beteiligen. Informationen bei der Touristinformation.
- Beim **Mecklenburger Oldtimertreffen** des Oldtimerclub Marcus e.V. können in der Waldarena Malchin nostalgische Automobile bewundert werden. Für Bastler gibt es einen Teilemarkt. Bei den großen Ausfahrten sind auch alte Traktoren dabei. Dazu gibt es Musik und Unterhaltung (auf Facebook, dort auch die aktuellen Veranstaltungstermine).

Aktivitäten

Freibad

Peenebad, Am Fuhrtsberg, Tel. 03994 222403, Facebook-Seite, 15. Mai bis 15. Sept. Mo–Fr 9–10 und 13–20 Uhr, Sa/So sowie während der Sommerferien 10–20 Uhr, Erw. 3 €, Kinder 1 €. Das Freibad lockt mit Schwimmer- und Nichtschwimmerbecken sowie Babyplanschbecken. Rutschen und Sprudler sorgen für Abwechslung. Drumherum gibt es weitere Spiel- und Sportangebote und einen Imbiss.

Paddeln

- Vom **Hafen Malchin** aus lässt sich eine schöne **Paddeltour auf der Peene** und/oder dem Malchiner oder Kummerower See unternehmen. Zunächst geht es auf dem Peenekanal und der Westpeene in den **Kummerower See,** der nach ca. 3,6 km erreicht wird. Dort paddelt man am besten am Ufer entlang. Unbedingt das Wetter beachten, denn bereits ab Windstärke drei können sich auf dem See starke Wellen aufbauen. Alternativ ist eine Tour über den Dahmer Kanal in den **Malchiner See** interessant. Hier geht es etwas ruhiger zu. Auf beiden Routen können mit etwas Glück Eisvögel, Biber oder Seeadler beobachtet werden.
- **Wasserfreizeit Bremer,** Am Kanal 2, Tel. 03994 223665, www.wasserfreizeit.com. Neben dem Bootsverleih sind auch **Fahrräder** im Sortiment. **Anglern** wird ebenfalls ein umfangreicher Service geboten.
- **Malchiner Kanu-Klub e.V.,** Am Kanal 4, Tel. 03994 239468, www.malchiner-kanu-club.de. Neben der Vermietung von Kanus und Kajaks werden zu festen Terminen geführte Touren mit dem Ranger (Bibertour) angeboten. Das Zelten auf dem Vereinsgelände ist möglich und es gibt einige Wohnmobilstellplätze.

Motorradfahren

Die Gegend eignet sich hervorragend für Ausfahrten mit dem Motorrad. Die kleinen Landstraßen rund um den Malchiner und den Kummerower See sind nicht sehr stark befahren und führen durch landschaftlich reizvolles Gebiet.

- **Zweirad Hassemer,** Stavenhagener Str. 19, Tel. 03994 223004, www.zweirad-hassemer.de, Mo–Fr 9–18, Sa 9–12 Uhr. Das Motorrad- und Fahrradgeschäft hat einen umfangreichen Verleihservice. Motorräder lassen sich für eine Spritztour rund um die Seen ausleihen. Fahrräder (auch E-Bikes) können gegen Aufpreis an den Wunschort geliefert werden.

Ballonfahrten

■ **Faszination Ballon,** Tel. 039933 70312, www.faszination-ballon.de. *Jan Fencik* hat seine Passion zum Beruf gemacht und bietet Ballonfahrten über der Mecklenburgischen Schweiz und der Müritzregion an. Das exklusive Abenteuer kostet ab 179 € pro Person. Es sind mehrere Startplätze rund um Teterow und Malchin möglich. So schwebt man über den Schlössern und sieht die reizvolle Hügellandschaft von oben.

Verkehr

Bahn

■ Vom Bahnhof Malchin fährt stündlich der **RE4** in Richtung Bützow bzw. Pasewalk. Mehrmals täglich sind auch Verbindungen ohne Umsteigen nach Lübeck bzw. Ueckermünde im Angebot.

Bus

■ Busse von Rebus (www.rebus.de) fahren u.a. nach **Basedow** und **Remplin** (Linie 230 und 232).

Remplin

Wenige Kilometer westlich von Malchin liegt der Ortsteil Remplin. Hier war bis ins 19. Jh. der Verwaltungssitz der Güter der Familie *von Hahn.* Die wohl im wahrsten Sinne des Wortes begütertste Familie Mecklenburgs – man besaß 1795 rund 25.000 ha – bewohnte hier ein **Herrenhaus.** Das 1865 von seinem letzten Besitzer Herzog *Georg zu Mecklenburg* im Stil der französischen Renaissance umgebaute Schloss wurde bei einem Brand 1940 nahezu vollständig zerstört. Nur der zwar erhaltene, aber noch unsanierte **Nordflügel** lässt das ursprüngliche Ausmaß des Gebäudes erkennen.

⌃ Wochenendhäuser und Gärten an der Peene in Malchin

Vom Komplex des Herrenhauses ist heute noch das **Schreiberhaus** mit Ställen und dem Taubenturm sowie ein imposanter dreigeschossiger **Torturm** erhalten. Einige Gebäudeteile werden privat bewohnt.

Auch die alte **Wassermühle,** gegenüber dem Park an der B104 gelegen, wird von einem Förderverein Stück für Stück wieder zum Leben erweckt. Die Turbinenmühle ist die älteste erhaltene ihrer Art.

■ **Wassermühle Remplin e.V.,** Rempliner Hauptstraße 19, www.muehle-remplin.de.

Kunstkapelle

Kulturinteressierte zieht es in die Kunstkapelle, die schon bei der Zufahrt zum ehemaligen Gutshof ins Auge sticht. Diese war tatsächlich einmal die **Schlosskapelle** und wurde 1702 in barocker Manier mit Mansarddach und Turmlaterne errichtet. Nachdem sie bereits als Stall, Turnhalle und Antiquitätenhandel diente, wird hier heute Kunst ausgestellt und es finden **Kulturveranstaltungen** statt. Gezeigt werden zeitgenössische Gemälde und Skulpturen u.a. von *Wilfried Duwentester.* In der Saison gibt es auch ein kleines Café.

■ **Kunstkapelle,** Kunstagentur Peter Balsam, Schloßstr. 15, 17139 Remplin, Tel. 0163 8693632, www.kunst-kapelle.de.

Sternwarte Remplin

Einen kleinen Schatz findet man in dem nach Plänen von *Lenné* gestalteten Park. Hier steht die **älteste Sternwarte Mecklenburg-Vorpommerns.** *Friedrich II. Graf von Hahn* ließ ab 1790 ein Observatorium und um 1800 den Turm für die Sternwarte bauen. Sein Interesse galt der Astronomie, weswegen er über die Jahre eine umfangreiche Sammlung physikalischer Instrumente aufbaute und einige anerkannte Schriften zum Thema verfasste. Sogar ein Krater auf dem Mond heißt ihm zu Ehren „Hahn". Seit 1980 bemüht sich ein engagierter Verein um den Erhalt des Turms und konnte ihn 2018 – ausgestattet mit einem modernen **Teleskop** (Coudé-Refraktor) – wieder für Besucher zugänglich machen. Leider war der Sohn als Erbe des Grafen *Friedrich II. von Hahn* weniger wissenschaftlich eingestellt als der Vater. Dass er als „Theatergraf" bekannt wurde, lag an sei-

⊡ Der Torturm des Rempliner Schlosses verharrt im Dornröschenschlaf

ner kostspieligen Leidenschaft für die Bühne. Seine eigene Schauspieltruppe sowie seine großzügigen Unterstützungen für fahrende Theaterensembles ließen das Vermögen in nur drei Jahren rapide schrumpfen. Obwohl die Familie ihn 1808 entmündigen ließ – man gestand ihm lediglich jährlich 6000 Taler zu –, um den Familienbesitz zu retten, drohte der Gesamtkonkurs. Die von hunderten Gläubigern geforderten Summen führten schließlich zur Zwangsversteigerung. Remplin mit der Sternwarte und viele weitere Güter der Familie mussten 1816 verkauft werden.

■ **Sternwarte Remplin,** im Lenné-Park, 17139 Remplin, www.sternwarte-remplin-ev.de, Besichtigungen mit Himmelsbeobachtung zu festen Terminen (siehe Website).

Unterkunft

■ **Rempliner Wiesenhof**①, Wendischhägener Str. 20, 17139 Remplin, Tel. 03994 631792, www.rempliner-wiesenhof.de. Ruhe und Erholung verspricht der Wiesenhof in idyllischer Lage etwas außerhalb des Ortes. Neben einfach eingerichteten Hotelzimmern gibt es auch Ferienwohnungen. Frühstück kann auf Anfrage serviert werden. Zum Hof gehört auch eine Pferdepension.

Aktivitäten

Angeln

■ **Angelteiche Remplin,** Rempliner Hauptstraße (im Lenné-Park), www.angelteiche-remplin.de, März bis Okt. Di–Sa 8–18, So 8–12 Uhr. In den historischen Kanälen des Lenné-Parks können Forellen, Karpfen und Wels geangelt werden. Bezahlt wird nur der Fang (nach Gewicht).

Naturpark Mecklenburgische Schweiz und Kummerower See

Der 1997 gegründete Naturpark Mecklenburgische Schweiz und Kummerower See erstreckt sich über 61.600 ha zwischen Dargun und Demmin im Norden, Teterow im Westen und Malchin im Osten. Im Süden reicht er fast bis Waren (Müritz) heran. Die beiden großen Gewässer **Kummerower und Malchiner See** sowie etliche kleinere Seen machen 9 % der Fläche aus. In der offenen Landschaft nehmen **Wälder** nur rund ein Fünftel ein. In einem Naturpark besteht der Anspruch, Mensch und Natur gleichermaßen gerecht zu werden. So dient ein großer Teil als **Kulturlandschaft,** Äcker und Felder machen ca. 40 % des Areals aus.

Geologisch ist die **Mecklenburgische Schweiz** durch eine eiszeitliche Hügellandschaft mit Anhöhen bis zu 120 m, sogenannte Stauchmoränen, und den dazugehörigen Niederungen, in denen die Seen liegen, geprägt. Kulturelle Landmarken sind Herrenhäuser und Parkanlagen. Auch Großsteingräber und historische Burgwälle sind Teil der Landschaft.

Der Naturpark Mecklenburgische Schweiz und Kummerower See, zu dem auch neun Naturschutzgebiete zählen, ist ein wichtiges **Vogelschutzgebiet.** Bless- und Saatgänse, Haubentaucher, eine Vielzahl an Entenvögeln sowie Kraniche

rasten hier. See-, Fisch- und Schreiadler sind wieder häufiger anzutreffen. Für die Vogelbeobachtung stehen Beobachtungstürme zur Verfügung, z.B. in Verchen am Kummerower See und in Dahmen am Malchiner See. In den überwiegend als Landschaftsgärten angelegten Parks in Schlitz, Remplin oder Basedow können Spaziergänger seltene Arten wie den nickenden Milchstern, Aronstab oder den Braunen Storchenschnabel entdecken.

■ **Internetpräsentation des Naturparks:** www.naturpark-mecklenburgische-schweiz.de

Hervorragende Badebedingungen gibt es an vielen Stellen am Kummerower See

Rund um den Kummerower See

Der im Nordosten des Naturparks gelegene Kummerower See ist mit elf Kilometern Länge und bis zu drei Kilometern Breite der **viertgrößte See in Mecklenburg-Vorpommern.** Anders als der Malchiner See ist er vergleichsweise tief, die tiefste Stelle liegt 25 m unter der Seeoberfläche. Die Quellflüsse der **Peene** münden in den See.

Historisch gesehen gehörte der See in den letzten 1000 Jahren überwiegend zum **Herrschaftsbereich Pommern.** Daher gab es auch einige Auseinandersetzungen in der Region, so z.B. die Schlacht *Heinrichs des Löwen* gegen die

Slawen bei Verchen im 12. Jh. oder Scharmützel im Dreißigjährigen Krieg in Kummerow. Geografisch gesehen, ist das Westufer mecklenburgisch und das Ostufer pommersch. Auch geologisch unterscheiden sich die Seeufer. Im Osten gibt es eine beeindruckende, bis zu 37 m hohe **Steilküste.** Der stete Westwind sorgte über Jahrhunderte durch den Wellenschlag für die Erosion des Ufers. Der Westen ist eher von einer Moränenlandschaft mit sanften Kuppen geprägt. Der **Schilfgürtel** des Kummerower Sees ist ein wichtiges Rückzugsgebiet vieler Vogelarten. Die zahlreichen Otterwechsel-Verkehrszeichen an den Straßen weisen darauf hin, dass der wasserliebende Marder hier noch sehr oft beobachtet werden kann.

Damit dies auch so bleibt, setzt man auf sanften Tourismus. **Segler** und **Paddler** sind eher anzutreffen als Motorboote, die aber bis zu einer gewissen Geschwindigkeit zulässig sind. Mit dem Kajak oder Motorboot kann man der Peene folgen und über Demmin und Anklam bis zum Achterwasser vor Usedom gelangen. Vom Abfluss der Peene aus dem Kummerower See in Aalbude am Nordufer bis zum Stettiner Haff sind es rund 85 Flusskilometer. Der Kummerower See mit seinen angrenzenden Kanälen bietet Wassersportlern aber auch ohne die ganz große Tour zur Ostsee eine Vielzahl an Ausflugsmöglichkeiten.

Kummerow

Orte mit Namen *Kummerow* gibt es mehrere. Der Begriff entstammt dem Slawischen und beinhaltet den wenig einladenden Ausdruck für „Mücke". Der rund 570 Einwohner zählende Ort am Südende des Sees, der sich erst seit rund 100 Jahren *Kummerow* schreibt, gab dem See seinen Namen. Das alte *Cummerow*, bereits unter den Slawen gegründet und seit 1255 Stadt nach deutschem Recht, war nach dem Dreißigjährigen Krieg nahezu wüst. Nur 16 Einwohner überlebten die Kriegsjahre. Die hier ansässige Linie der *Maltzans* lieferte sich danach noch einige Auseinandersetzungen mit den Schweden, die nun Herren über Pommern waren und das auf der Grenze liegende Örtchen als Teil ihres Besitzes ansahen. Die *Maltzans* kehrten jedoch immer wieder zurück. Bis 1945 blieb das Dorf eine **Gutsanlage.** Heute ist die wichtigste Sehenswürdigkeit das Schloss.

Schloss Kummerow

Aus einer Burg machte Familie *Maltzan* schon früh ein stattliches Herrenhaus. Dieses wurde nach einem Brand 1725 nochmals komplett neu gestaltet. Entstanden ist 1730 eine **barocke Anlage,** die einem Stilvergleich mit Versailles standhalten würde. Das Haupthaus verfügt über zwei Etagen zuzüglich Dachgeschoss in einem hohen Mansardwalmdach und ist durch Galeriebauten mit zwei flankierenden Pavillons verbunden. Zum See hin schmückt ein auffälliger **Portalgiebel** das Haus, sodass dort der Eindruck eines geschlossenen Baus, eines breiten Riegels entsteht. Durch die **Pavillonbauten** öffnet sich zum Dorf hin ein Ehrenhof. Wirtschaftsgebäude komplettieren das Ensemble und verdeutlichen, dass dies nicht nur eine Residenz, sondern das Zentrum einer Gutswirtschaft war. Die Seeseite war den

Schlossbewohnern vorbehalten. Der vom bekannten Gartenplaner *Lenné* dort um 1830 angelegte **Landschaftsgarten** macht heute eher einen romantisch-verwilderten Eindruck.

Nachdem Familie *Maltzahn* 1945 das Dorf verlassen musste, diente das Schloss u.a. als Konsum und Schule. 1993 versuchte man erstmals eine Privatisierung, die jedoch scheiterte. 2011 erwarb der 2020 verstorbene Immobilienhändler *Torsten Kunert* aus Berlin das marode Schloss für 150.000 Euro und begann eine umfangreiche Sanierung. Noch glänzt nicht alles wie in alter Zeit, aber das Schloss ist aus dem Dornröschenschlaf erwacht. *Kunerts* **Privatsammlung moderner Kunst** mit dem Schwerpunkt **Fotografie** wird seit 2016 in verschiedenen Ausstellungen gezeigt. Rund 300 Arbeiten sind dauerhaft zu bestaunen. Die Räume des stattlichen Baus bieten auch großformatiger Kunst und **Video-/Filminstallationen** eine Bühne. Man erinnert damit an die ursprüngliche Ausstattung des Schlosses mit Gobelins als Wandschmuck.

Auch ohne die Ausstellung zu besuchen, kann man die Anlage von außen erkunden und im Park den versteckten Friedhof der literarischen Gestalten des Künstlers *Uwe Schloen* entdecken. Grabsteine erinnern hier symbolisch an *Tolstois* Anna Karenina, *Kafkas* Gregor Samsa oder *Goethes* Werther.

Nicht weit vom Schloss ist eine beliebte **Badestelle** und Wege führen am See entlang in Richtung Hafen.

■ **Schloss Kummerow,** Am Schloss 10, 17139 Kummerow, schloss-kummerow.de, April, Mai, Okt. Fr–Sa 11–17 Uhr, Juni bis Sept. Mi–So 11–17 Uhr, Nov. bis März Winterpause, Erw. 12 €, Jugendliche 5 €, Kinder bis 14 Jahre frei.

Dorfkirche Kummerow

Vor den Verheerungen des Dreißigjährigen Krieges soll es im damals sehr wohlhabenden Städtchen vier Kirchen gegeben haben. Geblieben ist dem Ort ein Gotteshaus. Im Kern bereits aus dem 13. Jh., zeigt es heute ein **barockes Äu-**

ßeres aus der Zeit um 1760 und auch die Innenausstattung mit Kanzelaltar, Empore und Hochloge ist von barocker Gestaltung. Die **Orgel** des Stettiner Meisters *Barnim Grüneberg* stammt aus dem Jahr 1854. Wappen und Grabplatten in der Kirche erinnern an die Familie *von Maltzahn,* welche das Patronat innehatte.

■ **Kirche Kummerow,** Dorfstraße 35, Besichtigung nach Anmeldung im Pfarrhaus.

Verchen

Am Nordufer des Kummerower Sees gelegen, ist Verchen ein beliebter Urlaubsstandort. Im Ort findet man etliche Ferienunterkünfte, Erlebnisanbieter und Gastronomie. Hier ist der **Abfluss der Peene** in Richtung Ostsee. Der Fluss markiert an dieser Stelle die **historische Grenze zwischen Mecklenburg und Pommern.** In Verchen waren von 1269 bis zur Reformation Benediktinerinnen ansässig. Im ehemaligen Kloster ist heute ein Jugendhotel untergebracht. Die **Klosterkirche** aus dem 13. Jh. ist gut erhalten. Die Glasmalereien an den Fenstern des Chores zählen zu den ältesten in Mecklenburg-Vorpommern. Auch die sonstige Innenausstattung, so das Triumphkreuz und der Altaraufsatz, stammt zum größten Teil noch aus dem Mittelalter.

■ **Kirche Verchen,** Pastorweg 7, 17111 Verchen, Mai bis Okt. für Besichtigungen geöffnet.

◁ Kunst und Kultur finden im Kummerower Schloss einen passenden Rahmen

Aalbude

Aalbude, ein Ortsteil von Dargun, liegt westlich von Verchen am Abfluss der Peene aus dem Kummerower See. Es ist nach den früher dort ansässigen **Fischern** benannt, die mit Aalwehren im Fluss dem schmackhaften Fisch nachstellten. So ist es nicht verwunderlich, dass auf der Speisekarte der Gaststätte in Aalbude auch **Aal** in unterschiedlicher Zubereitung zu finden ist. Das Ausflugslokal am westlichen Flussufer ist von Verchen mit einer kleinen **Fähre** zu erreichen. Für Wanderer und Radler ist diese Fährverbindung über die Peene eine nützliche Einrichtung. Bestünde sie nicht, müsste man einen rund 30 km langen Umweg machen, um nach Aalbude und zum Nordwestufer des Kummerower Sees zu gelangen.

■ **Fähre Aalbude,** zwischen Wasserwanderrastplatz und Ausflugsrestaurant, mvvg-bus.de/mvvg-faehre, im 15-Minuten-Takt Juni bis Aug. tgl. 10–20 Uhr, April/Mai und Sept./Okt. tgl. 10–18 Uhr, pro Person 1,60 €, Fahrrad 2 €, E-Bike 2,50 €.

Moorgebiet Große Rosin

Auf der Westseite der Peene hat man Zugang ins Große Rosin, Westeuropas größtes **Niedermoor.** Die beeindruckende **Wasserlandschaft** ist durch die Flutung der Polder entstanden. Unzählige **Vogelarten,** von der Schnatterente bis zum Kampfläufer, lassen sich hier auf Wanderungen erspähen. Einen Parkplatz gibt es am Rand des Naturschutzgebiets in **Kützerhof.** Auf markierten Wanderwegen, teils Holzstegen im Moor, sind verschiedene Routen durch das Moorgebiet möglich, der kürzeste Weg ist 2,5 km lang. Unterwegs sind einige **Beobachtungstürme** aufgestellt, von denen aus man eine Vielzahl an Vogelarten beobachten kann.

Praktische Tipps

Information

- Die Website **kummerower-see.1000seen.de** des Tourismusverbands Mecklenburgische Seenplatte bietet eine Vielzahl an Urlaubstipps für jeden Geschmack.

Unterkunft, Essen und Trinken

Salem

Ferienland Salem②, Am Hafen 1, 17139 Salem, Tel. 03994 2340, ferienland-salem.de. Die von der Kolping-Initiative betriebene, große Ferienanlage ist zertifiziert familienfreundlich. Die in Salem am Westufer des Kummerower Sees gelegene Unterkunft verfügt über einfach, aber modern eingerichtete Hotelzimmer und Appartements und viele Spielbereiche für Kinder. Dazu gibt es Angebote wie Kanu- und Fahrradverleih und eine Segelschule. Die Gäste wählen zwischen Frühstück, Halb- und Vollpension mit günstigen Preisen. Das Ferienland ist barrierefrei. Es sind auch Pauschalurlaube und Familienfreizeiten im Angebot.

Neukalen

Vegan Resort, Warsow 39, 17154 Neukalen, Tel. 03995 620004, www.veganresort.de. Etwas abseits des Sees im etwa 20 km von Kummerow entfernten Neukalen wird ein Urlaub im Resort von den Betreibern als tierleidfreie Auszeit beworben. Neun Ferienhäuser aus überwiegend nachhaltigen Materialien und 100 % bio-zertifizierte Speisen und Getränke in der zubuchbaren Halbpension machen vegane Ferien möglich.

Verchen

- **Pension „Am See"**①, Seestraße 13, 17111 Verchen, Tel. 03994 10930, www.pension-am-see-verchen.de. Die kleine Pension vermietet acht einfache Ferienzimmer und bietet Frühstück an. In einer Gemeinschaftsküche können die Gäste sich selbst Mahlzeiten zubereiten. Auch ein Aufenthaltsraum steht zur Verfügung.
- **Café im Brauhaus,** Kirchstr. 16a, 17111 Verchen, www.freizeitspass-verchen.de/hotel/cafe-im-brauhaus, April bis Okt. Mo–Do 14–17 Uhr. Im ehemaligen Kloster und heutigen Jugendhotel steht das Café im alten Brauhaus allen Besuchern offen. Bei Kaffee, Kuchen und Eis lässt man die besondere Atmosphäre auf sich wirken.

Aalbude

- **Ausflugsrestaurant und Pension Aalbude** ①, Aalbude 2, 17159 Dargun, Tel. 03995 927679, www.ausflugsrestaurant-aalbude.de, Mai bis Okt. Di–So meist 11–20 Uhr, Nov. bis April meist Fr–So 11–20 Uhr. Das beliebte, rustikale Lokal am Westufer der Peene erreicht man von Verchen aus mit der Fähre. Es werden bevorzugt Fischgerichte serviert. Der Wirt bietet auch vier preisgünstige Pensionszimmer an.

Grammentin

Unser Tipp: **Familien-Konditorei Komander,** Dorfstraße 7–9, 17153 Grammentin, Tel. 03995 223912, www.ivenacker-baumkuchen.com, Di–Sa 10–18 Uhr. Im 5 km östlich von Kummerow gelegenen Grammentin verkaufen *Komanders* ihren vielgelobten Baumkuchen. Die Qualität des Gebäcks und der Torten – die Reutertorte ist mittlerweile überregional bekannt – hat sich herumgesprochen. Alle Leckereien können im Café genascht, mitgenommen oder im Onlineshop geordert werden.

- **Brasserie Märchengarten,** Dorfstr. 37, 17153 Grammentin, Tel. 039952 460091, maerchengar ten-mv.de, Juni bis Sept. Mo 17–21, Mi–So 11–21 Uhr, Okt. bis Mai Mi–So 12–20 Uhr. Einen weiteren gastronomischen Anziehungspunkt im beschaulichen Grammentin bildet die kleine Brasserie. Das Ambiente ist gemütlich und die Mosaikfliesen sind nur einer von vielen Hinguckern in der Einrichtung. Gekocht wird italienisch. Auf der Terrasse entspannt man mit Blick in die weite Hügellandschaft. Auf dem 3,5 ha großen Grundstück sollen nach und nach Themengärten entstehen.

Camping

Sommersdorf

- **Campingpark Sommersdorf,** Am Hafen 2, 17111 Sommersdorf, Tel. 03995 22973, www.camping-sommersdorf.de. Der ganzjährig geöffnete Platz mit Zelt- und Wohnmobilstellplätzen liegt sechs Kilometer von Kummerow entfernt in schöner Lage direkt am Ostufer. Es stehen auch Mietwohnmobile zur Verfügung sowie ein Spielplatz und ein Bistro. Die Atmosphäre ist, auch aufgrund der begrenzten Größe der Anlage, familiär und ruhig.

Meesiger

- **Camping- und Wasserwanderrastplatz Gravelotte,** Am Kummerower See, 17111 Meesiger, Tel. 039994 10732, www.campingplatz-gravelotte.de, April bis Okt. Auf vier Hektar Waldgrundstück direkt am See gelegen, bietet der Campingplatz viel Raum für Zelte und Wohnmobile. Es gibt einen eigenen Strand und nebenan einen Hundestrand. Ein Imbiss ist vorhanden und das nahegelegene Hotel Gravelotte verfügt über ein Restaurant. Der Wasserwanderrastplatz steht für Motorboote zur Verfügung und gilt als einer der schönsten am See.

Einkaufen

- **Peenefischer,** Haus 21, 17139 Salem, www.peenefischer.de, Mo 12–17, Di–Fr 9–17, Sa 9–13

109ms tm

Radtour um den Kummerower See

- **Start/Ende:** Salem
- **Länge:** 44 km

Die Tour führt im Uhrzeigersinn um den Kummerower See, auf straßenbegleitenden Radwegen, wenig befahrenen Landstraßen und gelegentlich auf festem Kies oder Schotter. Vom Ferienland Salem am Westufer geht es in Richtung **Neukalen** (4,5 km) und von dort durch das **Moor Große Rosin** über Neu-Warsow und Kützerhof nach **Aalbude** (9,5 km). Im Ausflugsrestaurant diesseits der Peene bietet sich eine Pause für ein Fischbrötchen an. Mit der Fähre gelangt man hinüber ans andere Flussufer und ist nach weniger als einem Kilometer in **Verchen.** Die Radtour führt nun weiter am Ostufer des Sees entlang, am Reiterhof Peeneland vorbei über **Meesiger** und **Sommersdorf** bis nach **Kummerow** (13,5 km) ganz im Süden. Hier sei ein Abstecher nach **Grammentin** (5 km pro Richtung) empfohlen, um bei der Konditorei Komander oder in der Brasserie Märchengarten kulinarisch aufzutanken. Kulturinteressierte besuchen die Fotoausstellung in **Schloss Kummerow.** Von dort führt die Radrunde nach **Malchin** (8,5 km) und dann auf der letzten Etappe 7,5 km über **Jettchenshof** zurück nach Salem.

Von der Eiszeit geformt: typische Landschaft in der Mecklenburgischen Schweiz

Uhr. Im Fischladen werden Räucherfisch, Frischfisch und Marinaden aus eigener Herstellung angeboten. Gefischt wird auf dem Kummerower See und der Peene.

Aktivitäten

Strandbäder

Der Kummerower See ist ein Stillgewässer mit flach abfallenden Ufern, in dem besonders Kinder gut baden können.

- An den Badestellen in **Kummerow, Sommersdorf, Verchen** und **Salem** gibt es Sandstrände mit Parkplätzen, Gastronomie und weiteren Angeboten in direkter Nähe.

Paddeln

Der See und die angrenzenden Kanäle der Peene bieten ausgezeichnete Paddelrouten. Meist geht es eher ruhig zu und man kommt der Natur sehr nahe. Die Mitarbeiter der Kanustation geben gern Tipps für eine schöne Tour.

Unser Tipp: **Abenteuer Peenetal,** Kanustation und Naturparkinformation, Seestraße 7, 17111 Verchen, Tel. 03994 749937, abenteuer-peenetal.com, 15.4. bis 11.10. tgl. 10–16 Uhr, Mai bis Aug. tgl. 9.30–18 Uhr. Neben dem Verleih von Kanus, Kajaks und Stand-up-Paddle-Boards und einem **Fahrradverleih** bietet das kleine Unternehmen auch geführte Touren an. So fährt man z.B. gemeinsam mit einem Ranger zur Beobachtung von Biber, Seeadler und Eisvogel. Für individuelle Paddeltouren wird ein Rücktransport angeboten.

Reiten

Die Region verfügt über ein umfangreiches Reitwegenetz und bietet Naturerlebnisse und viel Ruhe für Pferd und Reiter. Mehrere Anbieter stehen Reitinteressierten und vor allem Wanderreitern zur Verfügung.

- **Reiterhof Peeneland,** Peeneland 143, 17111 Meesiger, Tel. 0170 1842705, www.reiterhof-peeneland.de. *Jeannette Bombis* bietet auf ihrem Hof Gastboxen, eine Reitanlage und Ferienwohnungen. Man kann Unterricht nehmen oder an organisierten Ausritten teilnehmen. Die Umgebung von Meesiger am Ostufer des Kummerower Sees hat einige sehr schöne Routen.
- **Wanderreitstation Kummerow,** *Bettina Frank,* Mühlenweg 3, 17139 Kummerow. Hier finden Pferd und Reiter Angebote für eine Rast.

Verkehr

Bus

- Es fahren Linienbusse der MVVG (mvvg-bus.de) z.B. zwischen **Malchin** und **Kummerow** (Nr. 407) oder von Verchen entlang dem Ostufer des Kummerower Sees (Nr. 323). Den Norden des Sees erschließen Busse ab **Demmin.** Die nächstgelegenen Bahnhöfe sind Malchin und Stavenhagen.

110ms tm

111ms tm

Stavenhagen

Ein Besuch von Stavenhagen lohnt besonders für Literaturfreunde. Seit 1949 darf man sich offiziell **Reuterstadt** nennen. Alles wichtige – Schule, Apotheke, Straße, Hotel und Restaurant – ist nach dem großen Sohn der Stadt benannt. Der **niederdeutsche Schriftsteller Fritz Reuter** kam 1810 in Stavenhagen zur Welt, genauer gesagt im Rathaus der Stadt. Schließlich war Vater *Georg* dort amtierender Bürgermeister. *Reuters* überlebensgroßes **Denkmal,** es zeigt ihn im Lehnstuhl sitzend in nachdenklicher Pose, dominiert den **Marktplatz.** Das 1911 von *Wilhelm Wandschneider* aus Plau am See gefertigte Bronzemonument wurde von Großherzog *Friedrich Franz IV. von Mecklenburg-Schwerin* persönlich enthüllt – eine große Anerkennung für den 1874 verstorbenen, stets humorvoll, aber auch sozial-kritisch dichtenden *Fritz Reuter.* Die Reliefs am Denkmal zeigen Szenen aus seinen bekanntesten Geschichten.

Ihren Namen verdankt die Stadt dem Ritter *von Stove.* 1264 erhielt der in der Nähe der Ritterburg gelegene Flecken das Stadtrecht. Kriegerische Handlungen zwischen 1618 und 1648 und vor allem zwei große Stadtbrände im 18. Jh. sorgten dafür, dass das Stadtbild neu gestaltet wurde. So präsentiert sich die Innenstadt von Stavenhagen weitgehend einheitlich im barocken Stil.

⌃ Schloss Stavenhagen ist heute Verwaltungssitz

‹ Uns oll Fritzing (Reuter) wird im Norden noch immer sehr geschätzt

Fritz-Reuter-Literaturmuseum

Im ehemaligen **Rathaus** gleich hinter dem Denkmal befindet sich das Fritz-Reuter-Literaturmuseum. Seit 1949 wurde das 1788 fertiggestellte Rathaus Stück für Stück ganz der musealen Nutzung gewidmet. Die seither darin untergebrachte Ausstellung verfügt über eine umfangreiche Sammlung originaler **Handschriften und Dokumente** sowie persönlicher Dinge aus *Reuters* wechselvollem Leben. Die zugehörige **Fachbibliothek** umfasst 17.000 Bände. Des Weiteren finden hier die Reuterfestspiele statt und es wird das Plattdeutsche Wort des Jahres gekürt. Das Museum zeigt auch eine Ausstellung zum Maler und Illustrator *Ernst Lübbert*.

■ **Fritz-Reuter-Literaturmuseum,** Markt 1, 17153 Stavenhagen, Tel. 039954 21072, www.fritz-reuter-literaturmuseum.de, April bis Okt. tgl. 10–17 Uhr, Nov. bis März Di–Sa 10–17 Uhr, Erw. 4 €, Kinder 1 €.

Sehenswertes im Zentrum

Die Stadtverwaltung für die rund 5700 Bürger residiert im **Schloss.** Auf einer Anhöhe wurde dieses ab 1740 auf den Resten einer alten Burg errichtet. Wegen der Hanglage zählt man auf der Gartenseite drei Geschosse und auf der Hofseite lediglich zwei.

Auch die **Stadtkirche,** geweiht 1782, hat ein barockes Antlitz. Der Innenraum strahlt in Weiß, Gold und Blau. Aus einer Vorgängerkirche ist noch ein Renaissancealtar erhalten. Für die neue Kirche wurde ein barocker Altar mit einem Altarbild („Die Auferstehung") des Ludwigsluster Malers *Johann Heinrich Suhrlandt* und einer sehenswerten Kreuzigungsdarstellung geschaffen. Sehenswert auf einem kleinen Stadtbummel ist auch die zum **Kulturzentrum** umgestaltete **Synagoge** aus dem 18. Jh.

■ **Kulturzentrum Alte Synagoge,** Malchiner Str. 34, www.synagoge-stavenhagen.de.

Praktische Tipps

Informationen

■ **Touristinformation,** im Rathaus, Markt 1, 17153 Stavenhagen, Tel. 039954 279835, Nov. bis März Di–Sa 10–17 Uhr, April bis Okt. tgl. 10–17 Uhr. Neben Informationen über Sehenswertes, Unterkünfte und Veranstaltungen gibt es auch einen Souvenirverkauf.

Unterkunft, Essen und Trinken

■ **Hotel Reutereiche**②, Werdohler Str. 10, 17153 Stavenhagen, Tel. 039954 34113, www.reutereiche.de. Das Hotel verfügt über 78 hell eingerichtete Zimmer mit 3-Sterne-Standard. Es ist ein barrierefreier Zugang via Lift zu allen Zimmern möglich. Das Restaurant und der Biergarten (tgl. geöffnet) bieten gemütliche Gastlichkeit mit Gerichten, die an *Fritz Reuter* erinnern sollen. Ein Radverleih gehört ebenfalls zum Hotel. Das Stadtzentrum ist in Laufweite.

■ **Restaurant und Café am Markt**①-②, Malchiner Str. 9, Tel. 039954 22241, www.cafe-am-markt.m-vp.de, tgl. meist 10–22 Uhr. Das einladend farbenfroh eingerichtete Lokal im Stadtzentrum serviert typisch mecklenburgische Küche und rustikale Klassiker. Saisonal sind auch Wildgerichte auf der Karte. Kaffee und Kuchen genießt man auf der Terrasse.

Gülzow

- **Pension Zur Hufe I**①, Dorfstr. 16, 17153 Gülzow, Tel. 039954 27835, www.petznick.eu/pension. Die kleine Pension auf einem Dreiseitenhof mit zwei Angelteichen und einem Badeteich sowie einem parkähnlichen Garten liegt ca. 4 km westlich von Stavenhagen. Das Frühstück kann preisgünstig dazugebucht werden. Die Atmosphäre ist familär.
- **Café Lütt Smedhoff**①, Dorfstr. 15, Gülzow, auf Facebook, mind. April bis Okt. Do–So 14–18 Uhr. Das Gartencafé vor einem typischen roten Backsteinbauernhaus offeriert vor allem Süßes für einen kurzen Zwischenstopp. Der Ziegenhof ist etwas außerhalb der Stadt im Ortsteil Gülzow gelegen. Hier wird auch mal Frühschoppen oder ein Herbstfest gefeiert.

Feste und Veranstaltungen

- Die am zweiten Wochenende im Juni stattfindenden **Reuterfestspiele** auf dem Marktplatz beginnen mit einem plattdeutschen Gottesdienst. Zwei Tage lang wird in Stavenhagen „Platt geschnackt" bei Lesungen, Konzerten und Theateraufführungen. Hier wird auch das plattdeutsche Wort des Jahres gekürt.

Damwild läuft frei im Ivenacker Tiergarten

Ivenack

Naturliebhabern lässt der Name Ivenack die Herzen höherschlagen. Im angrenzenden Wald halten die Königinnen der Bäume Hof. Wegen dieser **Eichen,** die wohl schon seit fast **1000 Jahren** hier stehen, ist Ivenack am gleichnamigen See weit über die Landesgrenzen hinaus bekannt.

Den kleinen Ort selbst könnte man als schlafende Prinzessin bezeichnen, die noch wachgeküsst werden muss. Dem schönen **Ensemble aus Schloss, Kirche, Orangerie und Marstall** sieht man an, dass in den vergangenen Jahrzehnten wenig in den Erhalt der Bauwerke investiert wurde. Nun soll das einstige Rittergut in den kommenden Jahren für mehrere Millionen Euro saniert werden.

Der Name *Ivenack* entstammt dem Slawischen und bedeutet „Weidenort". Leider trifft man diese Baumart hier heute kaum noch an. Das erste Mal auf der Landkarte erscheint der Ort 1252 als **Kloster,** gestiftet vom Ritter *Stove* für die Zisterzienserinnen. Nach der Auflösung des Klosters im Zuge der Reformation

113ms tm

wurde Ivenack landesherrlicher Besitz und vielfach verpachtet und verpfändet. Siedler zog es eher nicht hierher, denn außer Wald und Morast gab es nicht viel. Man bezeichnete die Gegend früher treffend als Sibirien Mecklenburgs.

Erst lange nach dem Ende des Dreißigjährigen Krieges blühte das zerstörte Dorf wieder auf. Besonderen Einfluss auf die Entwicklung nahm *Helmuth Reichsgraf von Plessen*. Mit dem umfangreichen Titel „Königlich Polnischer und Kurfürstlich Sächsischer Kammerherr, Wirklicher Geheimer Rat, Staatsminister und Gesandter beim Dänischen Hof“ verfügte er über ausgezeichnete Beziehungen. So war es ihm gestattet, Hengste vom dänischen Hof für seine Zucht zu nutzen. Unter seiner Regie wurden Herrenhaus und Schlosspark erweitert. Eine Orangerie und ein halbrunder Marstall entstanden, ebenso wie der Teepavillon und der erste **Tiergarten,** in dem sich heute die Ivenacker Eichen befinden. Ivenack wuchs zum **größten Rittergut des Herzogtums** heran und verfügte im 19. Jh. über nahezu 7000 ha Fläche. Um 1800 war die **Vollblutzucht** Ivenacks sehr bekannt. Der prächtige weiße **Hengst Herodot** war sogar Kriegsbeute der napoleonischen Truppen 1806. Laut einer Legende versuchte man, ihn in einer hohlen Eiche vor den Soldaten zu verbergen, jedoch verriet er sich durch Wiehern. Herodot kehrte mit dem Generalfeldmarschall *Blücher* zurück. Dieser hatte auf dem Wiener Kongress persönlich über das Schicksal des Hengstes verhandelt.

Das barocke, zum See hin u-förmig geöffnete Schloss, der halbrund angelegte Marstall und die Orangerie werden nach und nach aufwendig saniert. Ein dänischer Geschäftsmann hatte die Anlage 2012 erworben und plant eine touristische Nutzung mit Erlebnisgastronomie und Ausstellungen. Das Schloss soll für Hochzeiten und Ferienwohnungen hergerichtet werden. In den Marstall zog 2022 das Forstamt Stavenhagen ein.

Auch die **Schlosskirche** kann man besichtigen. Sie war einst Teil des Klosters und wurde seitdem mehrfach umgestaltet. Im Inneren sind die Kanzel, die Orgel und die Patronatsloge besonders sehenswert.

■ **Schlosskirche Ivenack,** Am Schloss 1, meist Mai bis Sept. tgl. 10–18 Uhr.

Ivenacker Eichen mit Baumkronenpfad

Als die Eichen, die man heute im Ivenacker Tiergarten bewundern kann, noch als winzige Keimlinge ihr erstes Grün der Sonne entgegenstreckten, saßen die einst hier siedelnden Slawen vielleicht gerade an ihrem Herdfeuer. Und als sich *Kolumbus* aufmachte, den

Der Baumkronenpfad führt hinauf zu den Wipfeln der jahrhundertealten Eichen

Seeweg nach Indien zu finden, waren sie schon mehrere Hundert Jahre alt. Die Eichen bei Ivenack sind imposant und zu Recht seit 2016 das **erste Nationale Naturmonument Deutschlands.** Damit werden einzigartige Naturerscheinungen von nationaler Bedeutung geehrt. Die Landschaft wird geschützt, darf aber auch genutzt werden. Zusätzlich wurde Ivenack zum **Waldgebiet des Jahres 2020/21** ernannt. Seit dem Jahr 2023 ist eine **Sonderbriefmarke** mit den Ivenacker Eichen als Motiv ein Botschafter für dieses besondere Naturmonument.

112ms tm

Eichen sind von jeher untrennbar mit der deutschen Kultur und Mythologie verbunden. Auch um diese Methusalems in Ivenack ranken sich Sagen und Gedichte. So sollen sieben der Eichen erstarrte Nonnen sein, die aus dem Kloster geflüchtet sind.

Die größte Eiche umfasst 140 Kubikmeter und ist damit die volumenreichste in Europa. In Brusthöhe hat sie einen Umfang von elf Metern. Das Alter der Bäume ist schwer zu bestimmen, da die Stämme überwiegend hohl sind. Untersuchungen legen ein **Alter von mindestens 800 bis 1000 Jahren** nahe. Der Wald um die uralten Bäume herum ist kein Urwald, sondern ein sogenannter **Hudewald.** Er wurde bereits von den Slawen und später durch das Rittergut als Weideland genutzt. Schweine und Schafe wurden zum Mästen in die Eichenwälder getrieben. Nebenher fraßen sie alle jungen Pflänzchen weg und sorgten so dafür, dass sich der Wald lichtete, d.h. nicht verjüngte und am Ende nur breitkronige Buchen und Eichen überleben konnten.

Im 18. Jh. wurde hier nicht heimisches **Damwild** zur Jagd angesiedelt. Zeitweise umfasste das Gatter 800 Stück Wild. Heute sind es nach der Verkleinerung und Renaturierung des **Tiergartens** noch ca. 80 Tiere, die sich frei bewegen können und keine große Scheu vor den Besuchern zeigen. Ab dem Sommer hört man die Hirsche oft „fegen", wenn sie versuchen, ihre Geweihe an Bäumen oder Sträuchern von der störenden und juckenden Basthaut zu befreien. Zusätzlich zum Damwild gibt es im Park ein Gehege mit **Turopolje-Schweinen,** einer bedrohten Haustierrasse.

Das 70 ha große Gelände bietet Wanderwege und einen **Naturerlebnispfad** (ca. 2 km lang). Das Damwild kann man gut an einer **Futterstelle** am Barockpavillon beobachten. In dem historischen Gebäude ist eine **interaktive Ausstellung** untergebracht, die Besucher durch die Lebenszeit der Eichen leitet. Dabei kann man z.B. Vogelstimmen lauschen, in einen Eichhörnchenkobel klettern und spannende Details über die Jagd und die vielfältige Nutzung des Waldes erfahren.

Seit 2017 gibt es einen 620 Meter langen **Baumkronenpfad.** Er ist barrierefrei und führt bis zu einer **Aussichtsplattform** in 40 m Höhe. Unterwegs kann man an 14 Stationen den Wald spielerisch und informativ von den Wurzeln bis zur Krone erkunden.

Der **Haupteingang** mit der Kasse ist am Ivenacker Tor außerhalb des Ortes an der Landstraße Richtung Basepohl. Dort sind mehrere Parkplätze ausgeschildert. Nebeneingänge zum Park sind über eine Wanderung um den **Ivenacker See** oder von Klockow aus zu erreichen.

■ **Ivenacker Eichen,** 17153 Ivenack, www.wald-mv.de/landingpage/ivenacker-eichen, März Sa/So 9.30–16 Uhr, April und Okt. tgl. 9.30–17 Uhr, Mai bis Sept. tgl. 9.30–18 Uhr, 27.12. bis 30.12. 9.30–16 Uhr. Der **Baumkronenpfad** ist nur von April bis Okt. zugänglich. Tageskarte Park 6 €, mit Baumkronenpfad 11 €, Kinder (6–14 Jahre) Park 2 €, mit Baumkronenpfad 4 €, Kinder bis 6 Jahre frei. Es werden regelmäßig Führungen angeboten.

Essen und Trinken

■ **Café im Tiergarten,** am Barockpavillon. Kleine Snacks und ein großes Angebot an Kuchen und Eis

laden die Besucher des Tiergartens und Baumkronenpfads zu einer Pause ein. Von den Außenplätzen aus kann man oft das Damwild an einer Futterstelle beobachten. Geöffnet ist in der Regel zu den Parköffnungszeiten, April bis Okt. tgl. 10.30–17 Uhr, Nov. bis März Sa/So und zwischen Weihnachten und Silvester tgl. 10–16 Uhr.

UNSER TIPP: **Wildimbiss,** am Barockpavillon, der kleine Imbisswagen verkauft Wildburger, Wildsoljanka und auch Hotdogs mit Wildwiener. Eine leckere Imbissalternative, auch wenn das Damwild in Sichtweite auf der Wiese grast. Der Imbiss ist in Anlehnung an die Öffnungszeiten des Baumkronenpfads in Betrieb, d.h. mind. Ostern bis Okt. tgl. 10.30–17 Uhr.

Grischow

■ **Taum Spieker**①, Speicherstr. 15, 17153 Ivenack, Ortsteil Grischow, Tel. 039600 20457, taumspieker.de, Di–Fr 11–14, Do/Fr 17.30–21, Sa 11–21, So 10.30–17 Uhr. *Ines Kolbe* führt 5 km südöstlich von Ivanack einen klassischen Landgasthof in einem alten Speicher. Serviert wird Deftiges, z.B. Schnitzelvariationen und das beliebte Bauernfrühstück.

☐ Kinder freuen sich über die Turopolje-Schweine

Einkaufen

■ **Hofladen des Forstamts Stavenhagen,** Am Haupteingang zum Naturmonument Ivenacker Eichen, März Sa/So 9.30–16 Uhr, April und Okt. tgl. 9.30–17 Uhr, Mai bis Sept. tgl. 9.30–18 Uhr. Das Forstamt verkauft Frischfleisch und Konserven von Dam- und Muffelwild sowie Wurst und Schinken.

Verkehr

Bus

■ Linienbusse der MVVG (Linie 420 und 421) verkehren über Ivenack nach **Stavenhagen,** wo Anschluss an weitere Linien und den Bahnverkehr besteht.

117ms tm

4 Der Osten

» Die östliche Seenplatte ist kulturell wie auch historisch sehr vielseitig. Die imposanten Burgen in Penzlin und Stargard laden zu einem Mittelalterabenteuer ein. Die Vier-Tore-Stadt Neubrandenburg lockt zum Stadtbummel, während in Woldegk majestätische Windmühlen das Bild prägen. Für Naturliebhaber bieten der Tollensesee und die Feldberger Seenlandschaft einzigartige Erlebnisse auf dem Wasser und im Fahrradsattel.

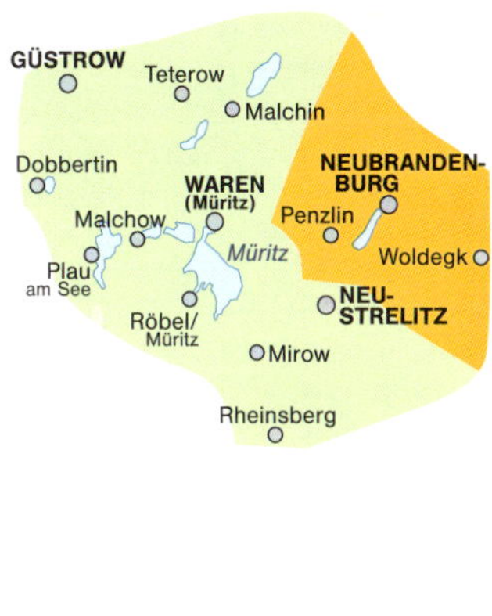

◁ Die Seen um Feldberg bieten einmalige Gelegenheiten für „sanften" Wassersport

VON NEUBRANDENBURG ZU DEN FELDBERGER SEEN

Der Osten – nördlicher Teil

Als Land der Burgen und Windmühlen könnte man den Osten der Mecklenburgischen Seenplatte auch bezeichnen. In Norddeutschland einzigartig sind die Höhenburg in Burg Stargard und die Hexenkeller der Burg Penzlin. Die alten Backsteinmauern sind ein Schaufenster in die Vergangenheit. Beide Burgen, östlich und westlich vom Tollensesee, sind durch eine reizvolle Tageswanderung verbunden. Ein Kleinod an der Grenze zu

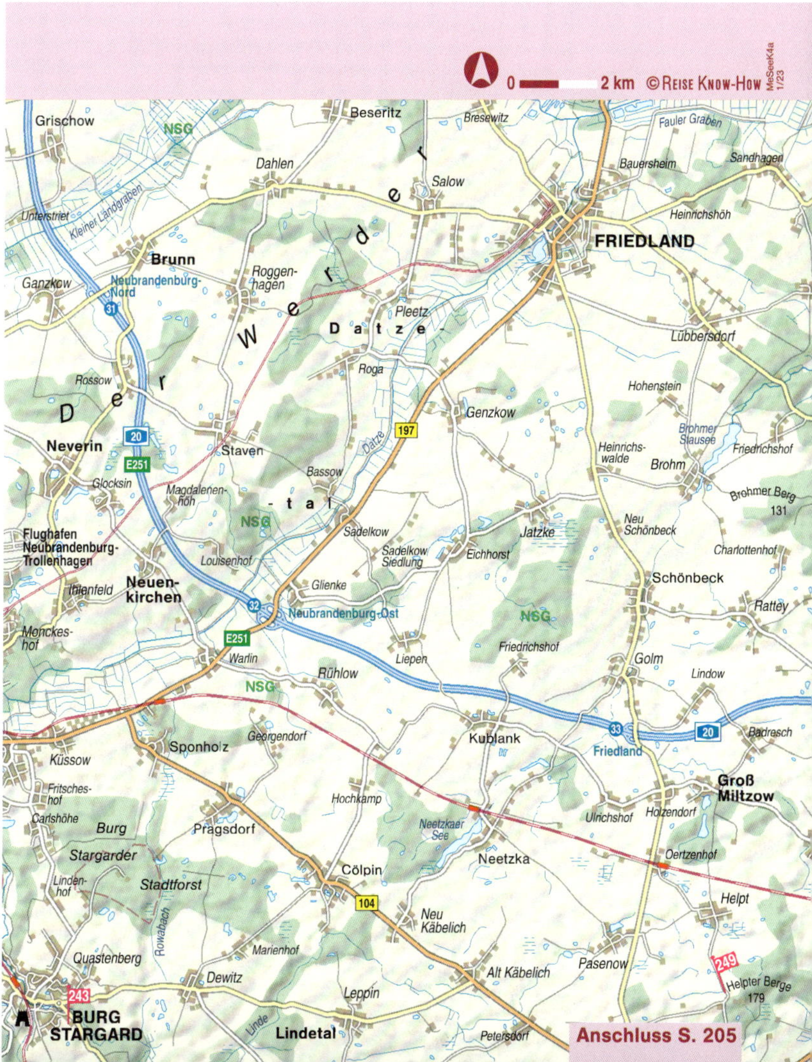

Der Osten – südlicher Teil

Anschluss S. 202

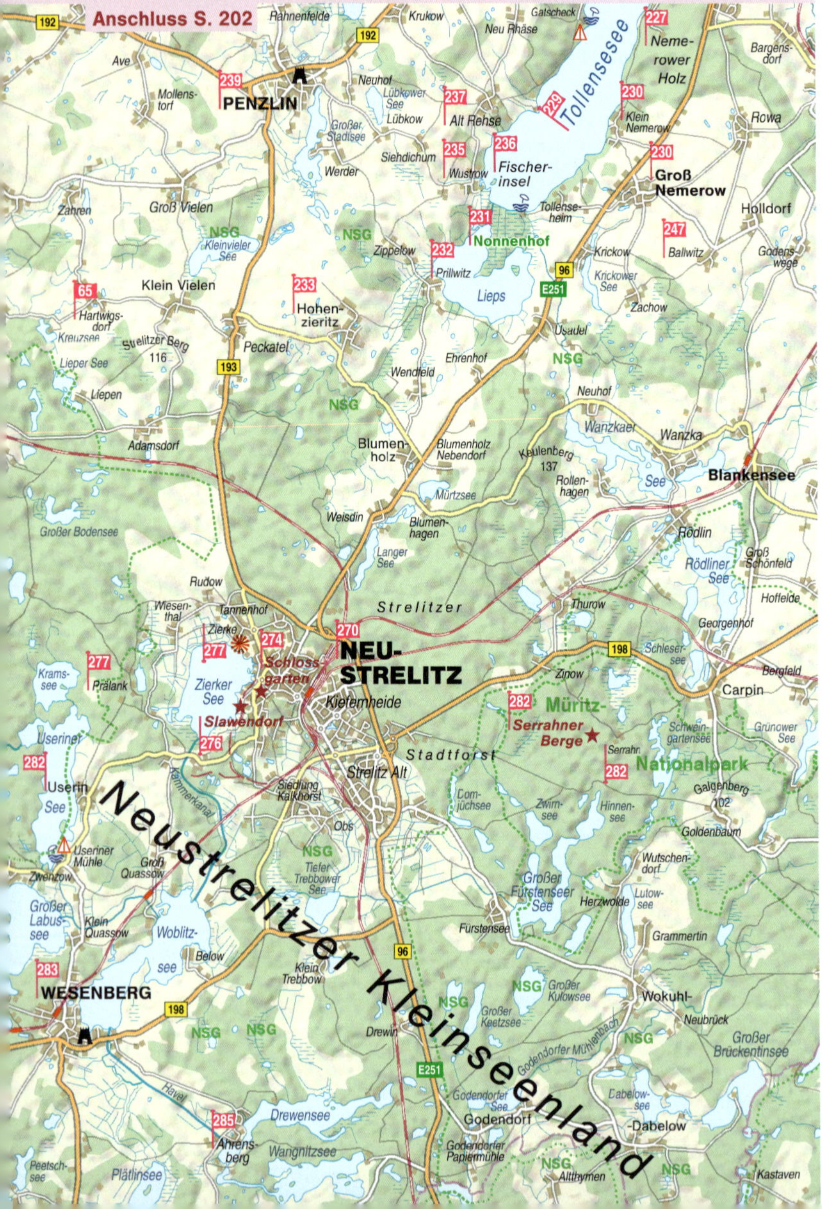

0 2 km
©Reise Know-How
MeSeeK4a 1/23
Anschluss S. 203
Quastenberg
243
BURG STARGARD
Höhenburg
Dewitz
Marienhof
Neu Käbelich
Pasenow
Helpt
Alt Käbelich
249
Helpter Berge 179
Leppin
104
248
WOLDEGK
Lindetal
Rosenhagen
Petersdorf
Plath
Oltschlott
Canzow
Stadtsee
Scharfer Berg 129
Sabel
Teschendorf
Ballin
Plather See
Hinrichshagen
Großer Wehenberg 126
Balliner See
Riepke
Gramelow
Rehberg
NSG
Cammin
Lötz
198
Gramelower See
Camminer See
Quadenschönfeld
Göhren
Hildebrandshagen
Georginenau
Vorheide
Bredenfelde
Warbende
Neugarten
Grauenhagen
Dammsee
Krumbeck
Großer See
Friedrichsfelde
Flatow
Möllenbecker Haussee
Stolpe
Ravensberg 137
Fürstenwerder
Wendorf
250
Möllenbeck
Watzkendorf
Cantnitz
Feldberger
Lichtenberg
Wrechen
Wrechener See
Cantnitzer See
Schlicht
Naturpark
Ollendorf
Reiherberg 143
Schönhof
Warbende
Großer Parmensee
Breiter Luzin
Euchsberg 118
Parmen
Dolgen
Weitendorf
Tornowhof
Wootzensee
259
Grünow
Haussee
254
Fürstenhagen
Colgener See
251
Wittenhagen
261
258
256
FELDBERG
Fürstenau
Koldenhof
Lüttenhagen
252
Weggun
257
Luzinfähre
Zansen
Hirschberg 144
Buchenwald „Heilige Hallen"
Neuhof
Schmaler Luzin
Hullerbusch
Conow
Buchenhain
Seenlandschaft
Carwitzer See
Feldberger
Boisterfelde
Mellensee
Mellenau
Krewitz
Carwitz
253
Laeven
Triepkendorf
Funkenhagen
Krewitzsee
Dreetzsee
255
Hasselförde
Krüselinsee
Thomsdorf
Boitzenburger
Seenlandschaft
Steinrode
Boitzenburg
Mechow
Beenz
Zieslsee
Rosenow
Linowsee
Rednitzsee
Großer Mechowsee
Brüsenwalder
Hardenbeck
Clanssee
Haussee
Rutenberg
Naturschutzgebiet
Heide
Land
Klaushagen
Großer Kronsee
Großer Küstrinsee
Stiepensee
Türkshof
Lichtenhain
Stabeshöhe

Brandenburg ist Woldegk, die Windmühlenstadt. Hier kann man auch den höchsten Gipfel des Landes, die 179 m hohen Helpter Berge, erklimmen. Die Feldberger Seenlandschaft mit ihren zum Teil kristallklaren Seen lädt zu Paddeltouren ein. Die Wälder und Seeufer bieten aussichtsreiche Wanderrouten und auf den kleinen Straßen lässt es sich wunderbar radeln. Die Buchen im Waldreservat Heilige Hallen haben schon viele inspiriert. Hier findet jeder sein kleines Paradies.

NICHT VERPASSEN!

- Lebendige Kultur und die eindrucksvolle Stadtbefestigung entdecken in der Vier-Tore-Stadt **Neubrandenburg** | 207
- Wie einst Königin Luise im Park lustwandeln am **Schloss Hohenzieritz** | 234
- Den Bergfried besteigen und im Kräutergarten Kuchen essen auf der **Höhenburg Stargard** | 244
- Mit dem Kanu durch glasklares Wasser gleiten auf dem **Schmalen Luzin** | 252, 262
- Die Magie der zum Himmel strebenden Bäume spüren in den Buchenwäldern **Heilige Hallen** | 257

Diese Tipps erkennt man an der gelben Markierung.

Schon vor dem 10. Jh. ließen sich **slawische Stämme** in dieser Region nieder. Die dichten Wälder und sumpfigen Ufer schreckten sie nicht ab. Überreste ihrer Siedlungen finden sich überall. Die Eroberer und Missionare des Heiligen Römischen Reichs rangen die kämpferischen Slawen nieder und gründeten neue Siedlungen und **Klöster,** wie in Broda am Tollensesee. Die slawischen Namen vieler Orte und Gewässer blieben erhalten und Archäologen suchen seit Generationen – allerdings ohne großen Erfolg – nach dem mystischen **slawischen Heiligtum Rethra.**

Der Dreißigjährige Krieg brachte Unheil und Verderben über die Region. Erst der Anschluss ans Eisenbahnnetz in der zweiten Hälfte des 19. Jh. führte wieder zu Wohlstand, vor allem durch den einsetzenden Fremdenverkehr. So entstand ab 1855 in **Feldberg** die erste **Wasserheilanstalt** im Norden und lockte Kurgäste in die abgeschiedene Region. Die Kämpfe zum Kriegsende 1945 hinterließen viele zerstörte Innenstädte, so auch in Penzlin und Neubrandenburg. Ein mühevoller Neuaufbau begann. In den vergangenen Jahrzehnten entwickelten sich langsam touristische Anziehungspunkte.

Neubrandenburg ist als drittgrößte Stadt des Bundeslandes Mecklenburg-Vorpommern zugleich wirtschaftliches, kulturelles und touristisches Zentrum im Osten der Seenplatte. Die mächtigen Tore dieser Stadt gelten wie auch die Burg Stargard als eindrucksvolle Beispiele der Backsteingotik und zeugen vom Aufschwung im Mittelalter. Überhaupt sind es die kleinen Städte und Dörfer wie Woldegk und Feldberg mit ihrer spannenden Geschichte und die sie umge-

bende, unberührte Natur, die Reisende in die Region locken. So wie die steil aufragenden Ufer und das türkisblaue Wasser des **Schmalen Luzin,** die den Eindruck schaffen, als wäre man hier nicht in Mecklenburg, sondern an einem norwegischen Fjord. Rund um den **Tollensesee** entdeckt man, am besten mit dem Fahrrad, interessante historische Orte wie die Luisengedenkstätte in Hohenzieritz. Natur und Kultur – eine gelungene Verbindung im Osten der Seenplatte.

Der rund 9,5 km lange Tollensesee lädt zu Wassersport vor der Silhouette Neubrandenburgs

Neubrandenburg

Neubrandenburg liegt etwas abseits im Nordosten der Mecklenburgischen Seenplatte. Dies und das **Image als Industriestadt** in einer immer noch als ärmlich geltenden Region Deutschlands lässt die ganz großen Touristenströme an der Stadt noch vorbeiziehen. So mancher Reisende ist zunächst ernüchtert und fühlt sich seiner Vorurteile bestätigt, wenn er sich dem Zentrum nähert. Rund um die Altstadt entstanden in den 40 Jahren nach dem Krieg zahlreiche gesichtslose Plattenbausiedlungen entlang breiter Ausfallstraßen. Doch hat man erst einmal durch eines der vier Stadttore das Herz Neubrandenburgs erreicht, überrascht die Stadt mit baulichen Zeugen ihrer **mittelalterlichen Geschichte.**

Die gravierenden Kriegszerstörungen machten einen **schnellen Wiederaufbau** nötig. Wer genauer hinschaut, erkennt auch in der baulichen Gestaltung von Stargarder und Badstüber Straße Spuren der Aufbau-Euphorie der 1950er- und 1960er-Jahre. Das Haus der Kultur und Bildung mit seinem 56 m hohen Turm auf dem Marktplatz mag von vielen als Fremdkörper verspottet werden, ist aber ebenfalls zu einem Wahrzeichen geworden.

Die Hauptattraktion Neubrandenburgs befindet sich allerdings nicht innerhalb des Mauerrings, sondern ist die Befestigungsanlage selbst. Sie gilt als die **besterhaltene Stadtmauer der Backsteingotik in Europa.** Eindrucksvoll sind vor allem die vier Tore, denen Neubrandenburg nicht umsonst den Beinamen **Vier-Tore-Stadt** verdankt.

Neubrandenburg hat aber nicht nur auf dem Gebiet der Architektur Weltklasse zu bieten. Fragt man einen Mecklenburger, was ihm zu Neubrandenburg einfällt, wird er mit Sicherheit auch den **Sport** nennen. Die Namen der Olympiasieger *Andreas Dittmer* (dreimal Gold im Kanusport) und *Astrid Kumbernuss* (Gold im Kugelstoßen) gehen nicht nur den Einheimischen leicht von der Zunge. An den **Olympiastützpunkten** der Stadt trainieren Kanuten, Leichtathleten und Triathleten für den Traum einer Medaille bei zukünftigen Olympischen Spielen. Ein **Walk of Sport** – dem Hollywood Walk of Fame in Los Angeles nachempfunden – in der Innenstadt stellt einige der Neubrandenburger Spitzensportler vor. Schon *Friedrich Ludwig Jahn,* der sogenannte „Turnvater", unternahm in Neubrandenburg während seiner Anstellung als Hauslehrer 1803/04 mit den Jugendlichen der städtischen Gelehrtenschule Ausflüge, in die er Turnübungen einbaute. Heute finden Freizeitsportler hier noch immer zahlreiche Betätigungsmöglichkeiten. An den im Süden auf Stadtgebiet liegenden **Tollensesee** zieht es vor allem Wassersportler und Badefreunde.

Die mit 63.500 Einwohnern **drittgrößte Stadt Mecklenburg-Vorpommerns,** in der DDR zur Bezirksstadt des gleichnamigen Bezirks auserkoren, ist das **kulturelle Zentrum** im Osten des Bundeslandes. Einheimische und Gäste können hier das ganze Jahr über aus einem großen Angebot an Lesungen, Theater, Comedy und Konzerten, z.B. in der Konzertkirche im Rahmen der Festspiele Mecklenburg-Vorpommern, auswählen.

Dass die Stadt aber auch inspirieren kann, bewies schon **Fritz Reuter.** Der niederdeutsche Schriftsteller lebte ab 1856 sieben Jahre in Neubrandenburg. Er liebte den Eichenkranz, das die Stadt umschließende Grün, und den Tollensesee und bezeichnete die Zeit hier als seine glücklichste und schöpferischste. Vielleicht sagt das eines Tages auch einer der derzeit rund 2200 Studierenden der **Hochschule Neubrandenburg.** Diese sorgt seit 1991 dafür, dass hinter den alten Mauern modern gedacht wird.

[>] Imposante Backsteingotik – das Stargarder Tor mit Vor- und Haupttor ist der südliche Zugang zur Altstadt

Geschichte

Mitte des 13. Jh. überreichte der Askanier *Johann I. Markgraf von Brandenburg* seinem „getreuen Herbord“ den schriftlichen Auftrag zur planmäßigen Gründung einer Stadt im Stargarder Land, das erst seit elf Jahren den Brandenburgern gehörte. Die Neugründung sollte die gleichen Rechte erhalten wie der Hauptsitz der Askanier. So überwachte *Herbord* ab 1248 rund 140 km von der Stadt **Brandenburg an der Havel** entfernt die Entstehung eines **„neuen“ Brandenburgs,** einer Stadt, die sich zunächst mit einem kreisrunden Palisadenzaun vor Angriffen schützte. Im Zuge des Ausbaus der Stadtbefestigung entstand wohl auch das für Planstädte so typische Straßennetz im Schachbrettmuster.

Um 1271 gab es bereits die noch heute existierende Vierrademühle und 1298 wurde der Hauptaltar der Marienkirche geweiht. Die Stadt wuchs und blühte schnell auf. Ab dem 14. Jh. gaben die Mecklenburger Herren den Ton an. Um gegen Angriffe gewappnet zu sein, wurde die Wehranlage in der Folge zur heutigen Pracht ausgebaut.

Das 17. Jh. brachte viel Unglück für die Neubrandenburger. Zahlreiche Brände verheerten die Stadt und im Dreißigjährigen Krieg richteten die kaiserlichen Truppen unter dem Kommando *Graf Jean Tillys* ein regelrechtes Blutbad in der von den Schweden verteidigten Stadt an. 1708 wurde Neubrandenburg Vorderstadt, vergleichbar einer heutigen Kreisstadt, im unlängst gegründeten **Herzogtum Mecklenburg-Strelitz.** 1775 verleg-

118ms tm

te Herzog *Adolf Friedrich IV.* seine Sommerresidenz hierher und gründete u.a. das **Schauspielhaus.** Einen weiteren Aufschwung brachte das 19. Jh., u.a. mit der Abschaffung des Torzwangs 1863. Die Stadt konnte nun jederzeit betreten werden. Ein Jahr später erfolgte der Anschluss ans **Eisenbahnnetz.** Mit der Gründung eines ersten Museumsvereins (1872) und der Kunstsammlung (1890) wurde Neubrandenburg kulturell ein Vorreiter.

Im Dritten Reich ließ der Ausbau Neubrandenburgs zu einem wichtigen **Militärstandort** Kasernen und den Fliegerhorst Trollenhagen entstehen. In den Mechanischen Werkstätten und in der Torpedoversuchsanstalt am Tollensesee mussten Zwangsarbeiter und KZ-Häftlinge für die Kriegsmaschinerie der Nationalsozialisten arbeiten. Auch Insassen des 1939 gebauten **Kriegsgefangenenlagers Fünfeichen** südlich der Stadt wurden herangezogen. Kämpfe beim Einzug der **Roten Armee** am 29./30. April 1945 führten zu einem verheerenden Stadtbrand, der nahezu 80 % der Innenstadt vernichtete.

Der mühevolle **Wiederaufbau** bzw. Neubau der Stadt beschäftigte die Bürger – seit 1952 war man Bezirkshauptstadt – noch viele Jahre nach dem Krieg. Mit der Gründung der **Hochschule** 1991, der Wiedereröffnung der Marienkirche als **Konzertkirche** 2001 und der Profilierung als **Sportförderzentrum** hat Neubrandenburg nach der Wiedervereinigung schnell seinen Weg gefunden.

⌃ ⌄ Das Friedländer Tor und der 25 m hohe Fangelturm sind Teil der Stadtmauer

Sehenswertes

Stadtbefestigung

Die größte Sehenswürdigkeit Neubrandenburgs stellen unverkennbar die **mittelalterlichen Verteidigungsanlagen** der Stadt dar. Der hölzerne Wehrring, der kurz nach der Stadtgründung entstand, wurde nur wenige Jahre später durch ein massives Bollwerk ersetzt. Wohl ab 1300 entstanden bis zum 15. Jh. sowohl die ca. 2,3 km lange **Stadtmauer** als auch die 25 erhalten gebliebenen Wiekhäuser, der **Fangelturm** und die vier Wahrzeichen der Stadt: die **Tore** im Westen, Süden, Osten und Nordosten. Sie zählen zu den schönsten Profanbauten der norddeutschen Backsteingotik.

119ms tm

Zur Stadtbefestigung gehörte auch eine vorgelagerte **Wallanlage.** Als grüner Gürtel umschließt sie noch heute das Zentrum. Interessant ist, dass die rund 7,50 m hohe Stadtmauer überwiegend aus sorgfältig bearbeiteten Feldsteinen besteht und nur der obere Abschluss mit Backsteinen gemauert wurde. Nachdem die Stadt ab 1701 zum Herzogtum Mecklenburg-Strelitz gehörte, ergänzte man **Zollhäuser** für den fürstlichen Steuereinnehmer und **Torwächterhäuser** an den Stadttoren. Bis 1863 herrschte Torzwang und die Stadttore wurden nachts verschlossen. Somit war die gesamte Konstruktion der Stadtbefestigung in Neubrandenburg noch komplett erhalten, als andere Städte die ihre längst schleifen ließen. 1824 begann man bereits, die Wallanlagen zur **Promenade** auszubauen. Die einzigartige Doppelringwallanlage hatte eine Ausdehnung von nahezu 70 m. Neben den **Eichen,** die schon *Fritz Reuter* so beeindruckten, findet man hier heute auch Ahorn, Linden und den **Seltsamen Lauch.** Das Bärlauchgewächs bedeckt im Frühjahr den Wall und duftet aromatisch.

Bei einer Umrundung der Stadt entlang der Stadtmauer passiert man alle vier Tore sowie die Wiekhäuser und Türme. Das **Friedländer Tor** Richtung Nordosten, gen Friedland, ist das älteste der Tore, es wurde im 13. Jh. errichtet. Mit 88 m ist es das längste Torkonstrukt. Sowohl Vor- als auch Haupttor sind erhalten und mit Mauern verbunden. Davor steht der später ergänzte Zingel. Im Durchgang zwischen den Toren erinnert eine Tafel an die Erstürmung der Stadt durch die Truppen *Tillys* 1631 und die mutigen, aber erfolglosen schwedischen Verteidiger. Eine Außenstelle des Standesamts macht Trauungen im Friedländer Tor möglich.

Nicht weit entfernt steht das nach Osten gewandte **Neue Tor.** Nach 1450 gebaut, ist es das jüngste Tor. Es sollte die Zufahrten in die Stadt erweitern. Erhalten ist nur das Haupttor, das Vortor wurde im Dreißigjährigen Krieg zerstört. Auf der Innenseite sind acht Terrakottafiguren mit langen Gewändern, erhobenen Armen und zu Fäusten geballten Händen zu sehen. Die Bedeutung dieser

121ms tm

Adorantinnen ist unklar. *Fritz Reuter* verglich die mysteriösen Figuren mit Ratsherren, die unschuldig die Arme heben und sagen: „Wi hemm ok keen Geld". Die Fritz Reuter Gesellschaft hat im Neuen Tor ihren Sitz.

Nähert man sich von Süden her der Stadt, erblickt man vor sich das **Stargarder Tor.** Mit seinem 24 m hohen Haupt- und dem 18 m hohen, besonders reich geschmückten Vortor ist es die repräsentativste der vier Toranlagen. Auch hier sind die seltsamen Terrakotta-Gestalten auf der Stadtseite angebracht.

Das **Treptower Tor,** erstmals 1271 erwähnt, bewachte den Zugang zur Stadt von Westen her. Das Haupttor überragt mit seinen 32 m das Vortor um das Doppelte und bot so den Verteidigern Neubrandenburgs einen hervorragenden Ausguck. Bereits 1873 gab es im Treptower Tor ein erstes bürgerliches Museum. Heute unterhält das **Regionalmuseum** hier eine Außenstelle und es finden Kulturveranstaltungen statt.

Gegenüber liegt am Beginn der Rostocker Str. die **Vierrademühle.** Das mit Efeu bewachsene Gebäude wurde schon im 13. Jh. vom Sohn des Stadtgründers als Getreidemühle errichtet und blieb bis 1996 als Mühle in Betrieb. Für den Betrieb der vier Mühlräder wurde Wasser angestaut und der Wasserspiegel des Sees um einen Meter erhöht. Man legte als Verbindung in den Tollensesee den **Oberbach** an, der heute ein beliebtes Ausflugsziel für Spaziergänger und Wassersportler ist.

☐ In den Wiekhäusern befinden sich heute lauschige Cafés und gemütliche Unterkünfte

Die Verteidigung der Stadt erfolgte von ursprünglich 56 **Wiekhäusern** aus. Dies waren halbrunde oder rechteckige Ausbauten, im Abstand von ca. 30 m in die Stadtmauer eingefügt. Nach dem Dreißgjährigen Krieg verloren sie weitgehend ihre Verteidigungsfunktion und wurden in Fachwerk zu Wohnhäusern umgebaut. Die 25 erhaltenen Wiekhäuser Neubrandenburgs sind besondere Hingucker. Sie sind liebevoll wiederhergerichtet und beherbergen **Wohnungen, Restaurants, Ateliers und Geschäfte.** In Wiekhaus Nr. 25 in der 3. Ringstraße befindet sich das **Versicherungsmuseum,** gleichzeitig Niederlassung der 1797 in Neubrandenburg gegründeten Mecklenburgischen Versicherung.

Der dreigeschossige, runde **Fangelturm** mit seinen Zinnen in der 2. Ringstraße, nahe der Johanniskirche, war einst **Stadtgefängnis.** Der Zugang zum Verlies erfolgte durch ein Loch in der Decke. Die mutmaßlichen Verbrecher wurden hier regelrecht „eingelocht".

■ **Das wahrscheinlich kleinste Versicherungsmuseum der Welt,** 3. Ringstraße, Wiekhaus Nr. 25, www.mecklenburgische.de/versicherungsmuseum, Mi–So 10.30–13 und 15–17 Uhr, Eintritt frei.

Markt und Boulevard

Einen Markplatz, umgeben von historischen Gebäuden, wie man ihn nach Durchschreiten der alten Stadtmauer vielleicht erwartet, hat Neubrandenburg nicht mehr. Kampfhandlungen und ein verheerendes Feuer beim Einmarsch der Roten Armee löschten die ursprüngliche Bebauung aus. Der junge sozialistische Staat DDR gestaltete das Areal in der da-

mals favorisierten, der Zukunft zugewandten Architektur neu. Im Zuge des Wiederaufbaus entstanden auch Zweckbauten, die viele nach Ende der DDR als störend und hässlich empfanden. So setzte erneut eine Umgestaltung ein.

Mitten auf dem Marktplatz steht ein **Modell der Altstadt** aus Messing im Maßstab 1:750. Es lässt sich ertasten. Dominant wirkt der 56 m hohe Turm, das **Haus der Kultur und Bildung,** kurz **HKB.** Das gern auch „Kulturfinger" genannte Gebäude entstand 1963–65 und steht heute teils unter Denkmalschutz. Mit Touristinformation, Aussichtsplattform, Bibliothek, Café und vielem mehr ist es ein Anlaufpunkt für die Bürger und Gäste der Stadt. Der Platz ist umgeben von **Shopping-Galerien** und bietet eine große Freifläche für Veranstaltungen.

Vom Rande des Marktes geht in östlicher Richtung die **Turmstraße** ab. In der Boulevard genannten **Fußgängerzone** sind kleine Geschäfte angesiedelt. Kunstinstallationen wie die Skulpturen „Leo" von *Walther Preik* und „Meer" von *Anne Sewcz* beleben die Straße. Die den Markt querende **Stargarder Straße** durchschneidet vom Bahnhof bis zum Stargarder Tor die Altstadt in Nord-Süd-Richtung. Ihre Bebauung geht auf die 1950er-Jahre zurück und mischt verschiedene Stile zur sogenannten Norddeutschen Renaissance oder Nationalen Tradition.

⌃ Geben noch heute Historikern Rätsel auf: die Adorantinnen am Neuen Tor

Konzertkirche

Baubeginn für die prächtige **Stadtkirche** war bereits kurz nach der Stadtgründung Mitte des 13. Jh. Schon 1298 konnte der Bischof von Havelberg den Hauptaltar weihen. Mit dem **90 m hohen Turm** war sie das höchste Gebäude der Stadt. Der filigran verzierte Ostgiebel wurde weithin gerühmt als Perle der Backsteingotik. Die zahlreichen Stadtbrände setzten auch dem Gotteshaus zu und so war im 19. Jh. eine Instandsetzung durch den Strelitzer Hofbaumeister *Friedrich Wilhelm Buttel* nötig. 1945 wurde die Kirche stark beschädigt. Nur die Außenmauern und der Kirchturm standen noch, als in den 1970er-Jahren der Wiederaufbau begann. Der in der DDR überall herrschende Mangel zog die Arbeiten jedoch in die Länge. Erst nach 1990 konnte die Restaurierung abgeschlossen werden. Nach einem preisgekrönten Konzept des finnischen Architekten *Pekka Salminen* erfolgte der Umbau zur Konzertkirche, in der sich seit der Eröffnung 2001 Alt und Neu z.B. in Form von Backstein und Beton ausdrucksstark gegenüberstehen. Eine Orgel wurde 2015 auf Initiative und Kosten des örtlichen Unternehmers und Mäzens *Günther Weber* eingebaut.

Rundgang durch die Altstadt

Die überschaubare Größe der Innenstadt ist ideal für einen Rundgang. Die rechtwinklige Anordnung der Straßen macht außerdem die Orientierung leicht.

Einen Spaziergang durch die fast kreisrunde Altstadt beginnt man am besten vor dem **Bahnhof** und überquert den Friedrich-Engels-Ring in Richtung Stargarder Straße. In den Wallanlagen thront **Fritz Reuter** auf seinem Podest. Ihm schräg gegenüber stemmt **Mudder Schulten,** bekannt als resolute Bäckersfrau aus *Reuters* Geschichte „Dörchläuchting", im gleichnamigen **Brunnen** entschlossen die Arme in die Hüften. Wenige Schritte weiter in Richtung Stadtkern laden rechter Hand das **Regionalmuseum im alten Franziskanerkloster** und die **Johanniskirche** zu einem ersten längeren Stopp ein.

Der Rundgang führt nun gegen den Uhrzeigersinn weiter entlang der historischen Stadtmauer, hier **2. Ringstraße.** Vorbei an Wiekhäusern und dem **Fangelturm** gelangt man zum **Treptower Tor.** Das höchste der vier Tore ist Außenstelle des Regionalmuseums. Gleich daneben bietet das Zollhaus Café Gelegenheit zu einer Pause.

Weiterhin der Stadtbefestigung folgend, nun entlang der **3. Ringstraße,** kommt bald das **Stargarder Tor** ins Blickfeld. Es ist das baulich prächtigste Tor. Auffallend sind die an der Außenfassade angebrachten Figuren, **Adorantinnen** genannt. Sie haben schon manchen ins Grübeln gebracht.

Der Rundgang um die Altstadt folgt nun der **4. Ringstraße** bis zum jüngsten Stadttor. Das **Neue Tor** markiert seit dem 15. Jh. den östlichen Eingang zur Stadt. Auch hier sind wieder Adorantinnen, Figuren in anbetender Haltung, anzutreffen. Durch das Tor hindurch geht es stadteinwärts auf der Neutorstraße, einem besonders schönen Straßenzug, zur **Konzertkirche.** Nach einer Besichtigung der wiedererrichteten gotischen Kathedrale und vielleicht einem Turmaufstieg ist der **Markt** nur ein paar Schritte nach Norden entfernt.

Lohnend sind links und rechts der Kirche Abstecher in die Große und Kleine Wollenweberstraße mit ihren reizenden, renovierten Wohnhäusern. In Ersterer lockt die **Kunstsammlung Neubrandenburg** zu einem Besuch. Den Markt prägt neben den Einkaufspassagen der sogenannte Kulturfinger, eigentlich **Haus der Kultur und Bildung.** Von der Aussichtsplattform in der 15. Etage lässt sich die Stadt wunderbar überblicken.

Durch die vom Markt abgehende **Fußgängerzone Turmstraße** schlendert man zurück zur Stadtmauer und biegt links in die **5. Ringstraße** ein, um kurz darauf das letzte Stadttor in Augenschein zu nehmen. Nach ausreichender Würdigung des **Friedländer Tores** ist, über die **1. Ringstraße,** das Fritz-Reuter-Denkmal wieder erreicht.

Neubrandenburg

0 200 m
© Reise Know-How
MeSee04 1/23
Bahnhof
Start Rundgang
Fritz-Reuter-Denkmal
Mudder-Schulten-Brunnen
Fangelturm
Regionalmuseum
Johanniskirche
Wallanlage
Friedländer Tor
Haus der Kultur und Bildung
E-Bike-Ladestation
Marktplatz
Treptower Tor
Vierrade-mühle
Versicherungsmuseum
Neues Tor
Kunstsammlung Neubrandenburg
Konzertkirche
Schauspiel-haus
Stargarder Tor
Brigitte-Reimann-Literaturhaus
Sportgymnasium
Jahnsport-forum
Stadt-halle
Reitbahnsee, Trollenhagen, Podewall
Augustabad, Fünfeichen, Aussichtsturm Behmshöhe
Friedrich-Engels-Ring
Demminer Str.
Woldegker Straße
Neustrelitzer Straße
Treptower Straße
Turmstraße
Stargarder Straße
Clara-Zetkin-Straße
Ziegelbergstraße
Gartenstraße
Weidenweg
Schwedenstraße
Parkstraße
Lessingstraße
Heidenstraße
L35

Heute ist die Marienkirche Sitz der **Neubrandenburger Philharmonie** und Veranstaltungsort für das Abschlusskonzert der **Festspiele Mecklenburg-Vorpommern.**

Im Turm können Besucher die **Ausstellung** „Wege zur Backsteingotik – in Neubrandenburg zur Wehr und Zier" erleben oder auf den **Aussichtsturm** steigen. Ein Fahrstuhl überwindet die erste Etappe, danach geht es über Stufen hinauf.

■ **Konzertkirche Neubrandenburg,** An der Marienkirche, www.konzertkirche-nb.de, Eintritt inkl. Turmaufstieg und Ausstellung Erw. 3 €. Eine Besichtigung ist nur an veranstaltungs- und probenfreien Tagen möglich. Am besten vorab auf der Website informieren. Informationen zu den Veranstaltungen und Ticketverkauf in der Touristinfo.

Johanniskirche und Regionalmuseum

Vom am nördlichen Eingang zur Stadt gelegenen **Franziskanerkloster** sind Kirche und Refektorium erhalten. Die gotische Hallenkirche St. Johannis ist heute Hauptpfarrkirche der Stadt und wird auch für Konzerte, u.a. die **Internationalen Orgeltage,** genutzt. Im Innenraum fallen die Pflanzenmotive im Kreuzrippengewölbe auf. Der barocke Choraltar von 1730 und die Kalksteinkanzel aus dem Jahr 1598 sind ebenfalls sehr sehenswert.

Im ehemaligen Kloster aus dem 14. Jh. ist seit 2013 das Regionalmuseum untergebracht. Es nutzt vor allem das gut erhaltene **Refektorium.** Vorgestellt wird die **Stadtgeschichte** vom Mittelalter bis zur Neuzeit. Auch die Früh- und Urgeschichte sowie die Forschung zum slawischen Heiligtum Rethra werden thematisiert. Außenstellen befinden sich im Treptower Tor und in der Konzertkirche. Vor dem Museum erinnert seit 2015 die Plastik „Die Trauernde" des Rostockers *Wolfgang Friedrich* an das Leid der Zwangs- und Fremdarbeiterinnen, die im Dritten Reich in Neubrandenburg eingesetzt wurden.

■ **Stadtkirche St. Johannis,** Stargarder Str. 4, www.musik-an-sankt-johannis.de (Informationen zu Konzerten), Ostern bis Weihnachten Di–Sa 10–16 Uhr.

■ **Regionalmuseum Neubrandenburg,** Treptower Str. 38, www.museum-neubrandenburg.de, Mi–So 10–17 Uhr, Eintritt 6 €, Kombiticket mit der Kunstsammlung (1 Monat gültig) 10 €.

Reuter-Denkmäler

Der **niederdeutsche Schriftsteller** *Fritz Reuter* kann nach heutigen Maßstäben zweifelsohne Bestsellerautor des 19. Jh. genannt werden. Seine Auflagen erreichten bemerkenswerte Höhen und hierzu hat Neubrandenburg einen nicht zu unterschätzenden Teil beigetragen. Der Schriftsteller lebte 1856–63 in der Stadt und hatte hier die Blütezeit seines Schaffens. So ist es kein Wunder, dass die Bürger der Stadt ihrem „Fritzing" gleich zwei Denkmale gesetzt haben.

Am nördlichen Eingang zur Altstadt, unter dem Grün der Laubbäume, steht das von *Martin Wolf* geschaffene **Fritz-Reuter-Denkmal** von 1893. Finanziert wurde das Bronzemonument durch engagierte Bürger, die mit ihren Spenden den Guss ermöglichten. Hier sitzt er nun, der Dichter, auf seinem zwei Meter hohen Podest und beobachtet das Treiben zu seinen Füßen. Der Standort wurde mit Bedacht gewählt, schließlich gehörten die Wallanlagen zu seinen Lieblingsorten.

Schräg gegenüber steht der **Mudder-Schulten-Brunnen,** welcher vom Markt zunächst vor den Bahnhof und 2019 hierher versetzt wurde. 1923 hatte ihn der Neubrandenburger Bildhauer *Wilhelm Jäger* aus einem 250 Zentner schweren Muschelkalk-Block gefertigt. Gestiftet wurde er vom Kaufmann *Carstens* zum 100-jährigen Bestehen seines Geschäfts. Inszeniert wird eine Episode aus *Reuters* Novelle „Dörchläuchting“: Der in Neubrandenburg eine Sommerresidenz unterhaltende Herzog *Adolf Friedrich IV.* hatte beim Bäcker Schulte über etliche Jahre Backwaren geordert und anschreiben lassen. Nun wollte der Bäckermeister ihn an die Rechnung erinnern. Die lautstarke und couragierte Zahlungsaufforderung übernahm seine Frau, als sie den Herzog auf der Straße traf. Laut Legende war er erstaunt und erbost und stürmte schimpfend davon. Die resolute Bäckersfrau und der fein gewandete Herr zieren den Brunnen und illustrieren *Reuters* Humor.

Kunstsammlung Neubrandenburg

Neubrandenburg verfügte über das erste bürgerliche Kunstmuseum im Großherzogtum Mecklenburg-Strelitz. Der Maler *Henry Stoll* und der Kunsthändler *August Schmidt* legten 1890 den Grundstein dazu. Zur Sammlung gehörten Gemälde, Grafiken und kunsthandwerkliche Arbeiten von bekannten Künstlern wie z.B. *van Dyck* und *Murillo* sowie eine Sammlung Meißner Porzellanarbeiten.

Die Stadt richtete 1920 für die Kunstsammlung den Südflügel des herzoglichen Palais' ein. 1945 brannte das Gebäude ab und die wertvollen Bestände galten als verschollen. 2006 wurden bei Ausgrabungen auf dem Marktplatz einige Teile der **Porzellan- und Skulpturensammlung** gefunden. 2003 hat die Kunstsammlung in der Wollenweberstraße in einem für diesen Zweck renovierten, barocken ehemaligen Wohnhaus eine neue Heimat gefunden. In einem Raum wird an die verlorene alte Sammlung erinnert. Gezeigt wird auch **zeitgenössische Kunst.**

■ **Kunstsammlung Neubrandenburg,** Große Wollenweberstr. 24, www.kunstsammlung-neubranden burg.de, Mi–So 10–17 Uhr, Eintritt 5 €, erm. 2,50 €, Kombiticket mit Regionalmuseum (1 Monat gültig) 10 €.

Schauspielhaus

In der Pfaffenstraße steht das älteste noch erhaltene Theatergebäude Mecklenburgs. *Adolf Friedrich IV.* gründete das Schauspielhaus 1787 als Teil seiner Sommerresidenz. Nach seinem Tode wurde es durch die Nachfolger aufgrund der zerrütteten Staatsfinanzen eher stiefmütterlich behandelt. Es ist eines der wenigen Gebäude in der Altstadt, das den Zweiten Weltkrieg unbeschadet überstanden hat. 1994 wurde es saniert und wiedereröffnet. Heute haben im Theatersaal 180 Gäste Platz.

■ **Theater-Service Neubrandenburg im Schauspielhaus,** Pfaffenstr. 22, Tel. 0395 5699832, tog.de.

Kulturpark

Zwischen dem Stargarder Tor und dem Tollensesee wurde ab den 1960er-Jahren mit dem Kulturpark eine Parklandschaft mit Skulpturen einheimischer Künstler, Spielplätzen und einem Tiergehege angelegt. Das Areal umfasst auch das Sportgymnasium und das **Jahnsportforum** und ist fast genauso groß wie die gesamte Altstadt. Das moorige Gelände wurde seinerzeit u.a. mit Schutt aus den Trümmern der im Zweiten Weltkrieg zerstörten Stadt zugänglich gemacht. Die 1969 eröffnete **Stadthalle** mit ihrer zeltartigen Architektur wird ebenfalls für Kulturveranstaltungen genutzt. Zwischen dem Kulturpark und dem Strandbad Broda fließt der **Oberbach.** Er ist mit seinen **Bootshäusern** und der bogenförmigen **Oberbachbrücke** ein beliebtes Ausflugsziel.

UNSER TIPP: Die **Fontänen** im Kulturpark werden mehrmals täglich farbenfroh illuminiert. Die **Lichteffektshow** findet jeden Tag mindestens zwischen 16.20 und 21.30 Uhr mit Intervallen unterschiedlicher Länge statt. Der schnellste Weg dorthin führt vom Parkplatz des Jahnsportforums zum Hotel und Restaurant Badehaus, vor dem die fünf Fontänen im Tollensesee stehen.

Brigitte-Reimann-Literaturhaus

Die Schriftstellerin *Brigitte Reimann* lebte von 1968 bis kurz vor ihrem Tod 1973 in Neubrandenburg. Zu ihren wichtigsten Werken zählt der Roman „Franziska Linkerhand". Aus ihrem Wohnhaus sollte ein Ausstellungsforum für das 1971 gegründete Literaturzentrum Neubrandenburg werden. Das baufällige Haus konnte jedoch nicht gerettet werden und so entstand an derselben Stelle ein Neubau, der 1999 eröffnet wurde. Hier wird der **Nachlass der Künstlerin** inklusive Bildern und Möbelstücken aus ihrem Besitz gezeigt.

■ **Brigitte-Reimann-Literaturhaus,** Literaturzentrum Neubrandenburg e.V., Gartenstr. 6, www.literaturzentrum-nb.de, Di 10–12 und 13–18 Uhr, Mi 10–12 und 13–16 Uhr, jeden 1. Sa im Monat 10–16 Uhr und nach Vereinbarung.

Sehenswertes in der Umgebung

Broda und Belvedere

Rund um den historischen Stadtkern befinden sich einige schöne Ausflugsziele. Der Neubrandenburger Ortsteil Broda ist wegen seines großen **Strandbads** am nahegelegenen **Tollensesee,** nur wenig außerhalb des Zentrums, beliebt.

Tatsächlich war der Ort, dessen Name im Slawischen „Fähr- oder Furtort" bedeutet, im 12. und 13. Jh. von großer Bedeutung. 1170 übertrug der Herzog von Pommern dem Bistum Havelberg eine größere Anzahl Dörfer als Besitz für die Stiftung eines Prämonstratenserklosters in Broda. Gebaut wurde das **Kloster** erst um 1240. Die Lage an der Handelsroute zwischen Hamburg und Stettin war zwar ein Gewinn für das Kloster, jedoch wurde die Region nach zahlreichen Konflikten schon bald unter den Mecklenburger Herzögen und den Herren *von Werle* aufgeteilt und der Brodaer Besitz verkleinerte sich stark. Nach der Reforma-

tion und der Auflösung des Klosters fiel Broda an die Landesherren und wurde später Domäne. Das noch heute erhaltene **Amtshaus,** von der Hochschule Neubrandenburg als Gästehaus genutzt, steht auf Gewölberesten des Klosters. Im Ort fällt der Siedlungshügel, auf dem die Klostergebäude früher standen, ins Auge.

Nahe Broda-Dorf steht am westlichen Steilufer des Tollensesees das Belvedere, ein **Aussichtspunkt** und Veranstaltungsort. Der weiße, nach allen Seiten offene Bau im **Stil eines griechischen Tempels** wurde 1823 durch den Hofbaurat *Buttel* für die Großherzogin *Marie* errichtet. Es war sein einziges klassizistisches Bauwerk. Hier traf sich die feine Gesellschaft, um bei bestem Seeblick Tee zu trinken und zu flanieren. Man erreicht das Belvedere nach einem ca. 650 m langen Spaziergang von Broda aus. Für Hochzeiten und Konzerte sowie Feste ist das kleine Gebäude ein romantischer Veranstaltungsort mit exklusivem Ambiente.

⌃ Vom Belvedere ist die Sicht auf den Tollensesee besonders schön

Landschaftsgarten Brodaer Teiche

Ursprünglich als Landschaftspark mit Botanischem Garten geplant, präsentiert sich das Parkareal Brodaer Teiche als Naherholungsgebiet mit botanisch-informativer Ausrichtung. Der mit 40 ha recht weitläufige Park wird seit 1995 gepflegt. Rund um die Brodaer Teiche sind mehrere Erlebnisbereiche entstanden, die vor allem die eiszeitliche Landschaft hervorheben. So gibt es einen **Findlingsgarten, Streuobstwiesen** und den Aussichtsturm **Brodaer Höhe.** Die Anlage im Westen der Stadt an der Carl-von-Linné-Straße ist jederzeit zugänglich.

Aussichtsturm Behmshöhe

Der 1905 eröffnete und seit 1995 nach Sanierung wieder zugängliche Aussichtsturm Behmshöhe liegt südlich der Innenstadt am Ostufer des Tollensesees in der Nähe des Augustabades. Wer die **111 Stufen** erklimmt, hat eine herrliche Aussicht auf See und Stadt. Benannt wurde der 34 m hohe Turm nach dem Bürgermeister *Erasmus Behm,* der in den Scharmützeln des Dreißgjährigen Krieges sein Leben verlor. Die Mittel für den Bau wurden damals durch Spendenaktionen unter den Bürgern gesammelt.

■ **Aussichtsturm Behmshöhe,** Mitte April bis Mitte Nov. tgl. 9–18 Uhr, frei zugänglich.

Fünfeichen

Stadtauswärts Richtung Burg Stargard liegt Fünfeichen. 1939–45 bestand hier ein **Kriegsgefangenenlager,** in dem insgesamt 120.000 Soldaten aus elf Ländern interniert waren. Mehr als 5600 von ihnen, vor allem Angehörige der Roten Armee, starben aufgrund der schlechten Versorgung. Nach Kriegsende nutzte die russische Besatzungsmacht das Lager noch bis 1948 weiter und inhaftierte im **NKWD Sonderlager Nr. 9** politische Gegner. Von 15.000 überwiegend deutschen Häftlingen starb nahezu ein Drittel. Heute wird der Ort mit einem **Friedhof** und einer **Gedenkstätte** würdevoll gepflegt.

Praktische Tipps

Information

■ **Touristinfo Neubrandenburg,** Markplatz 1, 17033 Neubrandenburg, Tel. 0395 5595127, www.neubrandenburg-touristinfo.de, Mo–Fr 10–18, Sa 10–16 Uhr. Umfangreiche Informationen zu Sehenswertem und Buchung von Unterkünften, Stadtführungen und Eintrittskarten für Veranstaltungen.

UNSER TIPP: Auf der städtischen Homepage gibt es einen **digitalen Stadtplan,** auf dem Sehenswürdigkeiten sowie Kultur- und Sportorte in der Stadt und um den Tollensesee markiert sind. Klickt man diese an, erscheinen Hintergrundinformationen, Kontaktdaten und die GPS-Daten: www.neubrandenburg.de/Sport-Kultur/Tourismus.

Unterkunft

12 **Hostel am Güterbahnhof**①, Am Güterbahnhof 5, 17033 Neubrandenburg, Tel. 0395 4555666, www.güterbahnhof.de. Der 350 m vom Neubrandenburger Bahnhof gelegene ehemalige Güterbahnhof beherbergt ein Hostel, ein Restaurant und eine Bar sowie einen Veranstaltungsbereich und ist somit beliebter Treffpunkt. Das Hostel liegt gegenüber in einem separaten Gebäude und bietet einfache Zimmer mit Etagenbetten und eigenem Bad. Frühstück wird im Restaurant im Güterbahnhof – nicht nur für Hausgäste – angeboten. Das 9 **Güterbahnhof Restaurant**①-② hat auch Mittagstisch und Abendkarte. Im selben Gebäude befinden sich die 10 **Mohnblau Bar & Raucherlounge** mit einem umfangreichen Angebot an Cocktails und kleinen Snacks sowie Veranstaltungsräume für Konzerte, Kabarett und Theater.

1 1 **Hotel & Restaurant Sankt Georg**②, Sankt Georg 6, 17033 Neubrandenburg, Tel. 0395 560700, www.hotel-sankt-georg.com. Wer nahe der Innenstadt – es sind ca. 1,5 km Fußweg – über-

nachten möchte, ist im Hotel im historischen Gebäude neben der St.-Georg-Kapelle richtig. Die überwiegend neu renovierten Zimmer bieten alle nötigen Annehmlichkeiten und im hauseigenen Restaurant ist man zum Frühstück und Abendessen (mit vielen leichten Gerichten auf der Karte) gut aufgehoben. Radler sind willkommen und können die Fahrräder sicher unterstellen.

22 **Badehaus**②, Parkstr. 3–4, 17033 Neubrandenburg, Tel. 0395 5719240 www.badehaus-am-see.de. Am Tollensesee nahe dem Kulturpark steht das im Jahr 2000 neu gebaute Badehaus an historischer Stelle. Bereits 1844 gab es hier eine erste Badeanstalt, um den Ansprüchen an Komfort und Sittlichkeit gerecht zu werden. Heute kann in 35 individuell eingerichteten Zimmern und Suiten, teils mit Seeblick, übernachtet werden. Das hauseigene 22 **Restaurant**② lädt zu Frühstück, Snacks und Kuchen sowie einem Abendmenü ein und steht auch Nicht-Hausgästen offen.

2 **Landhotel Broda**②, Oelmühlenstr. 29, 17033 Neubrandenburg, Tel. 0395 569170, www.landhotel-broda.de. Das nahe dem Radrundweg um den Tollensesee gelegene Hotel liegt 15 Min. Fußweg vom Stadtzentrum entfernt. Den See erreicht man nach 300 m. Das kleine, familiäre Haus bietet gemütliche, im modernen Stil eingerichtete Zimmer und ein Halbpensionsangebot. Hotelgäste können auch eine Sauna nutzen.

Trollenhagen

■ **Hotel Hellfeld**①-②, Hellfelder Str. 15, 17039 Trollenhagen, Tel. 0395 429810, www.hotel-hellfeld.de. Unweit des Flughafens Neubrandenburg/Trollenhagen, 7 km nördlich der Stadt, liegt das familiengeführte Hotel mit komfortablen Zimmern mit Balkon oder Terrasse. Im Hotelrestaurant werden Frühstück und Abendessen angeboten. Tagsüber werden auf der Terrasse Getränke und Kuchen serviert. Hinter dem Hotel befinden sich Wiesen und Felder und man ist trotz der Lage im Gewerbegebiet schnell zum Abendspaziergang in der Natur.

Podewall

■ **Waldhotel Podewall**①-②, Fuchsberg 1, 17039 Trollenhagen, Ortsteil Podewall, Tel. 0395 7775650, www.waldhotel-podewall.de. Das gemütliche Hotel liegt ca. 10 km nördlich von Neubrandenburg im ruhigen Ort Podewall nahe dem (wenig genutzten) Flughafen Trollenhagen. Die Zimmer sind mit Massivholzmöbeln freundlich und komfortabel ausgestattet. Das Haus verfügt auch über ein **Restaurant**①-② mit regional-deftiger Küche sowie einen Hofladen.

Camping

Brodaer Holz

■ **Campingplatz Gatsch-Eck,** Verein der Naturfreunde Gatsch-Eck e.V., 17039 Wulkenzin, Tel. 0395 5665152, www.camping-gatsch-eck.de, April bis Oktober. Der einzige Campingplatz am Tollensesee liegt naturnah und ruhig 10 km südlich von Neubrandenburg im Brodaer Holz am Westufer. Die Zufahrt erfolgt über Neuendorf und führt ca. 5 km durch den Wald. Da es sich um einen Waldcampingplatz handelt, sind sowohl Schatten- als auch Sonnenplätze vorhanden. Es gibt Spielplätze und Freiflächen für Aktivitäten, einen Badestrand und ein Einkaufs- und Gastronomieangebot. Außerdem werden Wohnwagen und Bungalows vermietet. Hunde sind willkommen.

Essen und Trinken

16 **Suppenkult**①, Tel. 0176 56601001, www.suppenkult.com. Die mobile Suppenbar bietet herzhafte Suppen und Eintöpfe nach wöchentlich wechselndem Angebot. Wer es fleischlos mag, kommt ebenfalls auf seine Kosten. Die Suppenkult-Bar öffnet Mo–Fr 11–14 Uhr vor dem Marktplatzcenter in der Treptower Straße.

17 **Mudder Schulten Stuben**②, Vierte Ringstraße 425, Tel. 0395 5823766, www.mudder-schulten-

stuben.de, tgl. 11.30–21.30 Uhr. Das populäre, alteingesessene Restaurant an der Stadtmauer bietet regionale Spezialitäten. Das Ambiente ist gemütlich mit vielen historischen Details, z.B. der Glasfenstergestaltung von *Werner Schinko.* Wer deftige Küche liebt, wird hier eine große Auswahl finden.

6 **Wichmanns Restaurant**②, Schillerstr. 21, Tel. 0395 35170336, www.wichmanns-restaurant.de, Di 9–21.30, Mi–Do 11.30–21.30, Fr/Sa 9–22, So 10–14 Uhr. In das Restaurant nahe dem Oberbach zwischen Altstadt und Tollensesee kehrt man zu Frühstück, Mittag und Abendessen ein. Am Sonntag wird regelmäßig Brunch angeboten. Die Speisekarte hält für Vegetarier und Veganer eine umfangreiche Auswahl bereit. Es gibt Bowls und Currys, aber auch klassische Fisch- und Fleischgerichte.

13 **Kaffeeküche**①, Badstüberstraße 1, Tel. 0395 35176016, auf Facebook, Mo–Fr 8–19 Uhr, Sa/So/Fei 9–18 Uhr. Das Café mit großem Frühstücksangebot, aber auch kleinen Speisen (Suppen, Salate) sowie Kaffee und Kuchen liegt nahe dem Marktplatz. Hier trifft man sich für einen gemütlichen Start in den Tag.

124ms tm

14 **Turmcafé,** Marktplatz 1, im HKB, Tel. 0395 37961320, auf Facebook, Mo 8.30–12.30, Di–Fr 8.30–17.30, Sa 9–17.30 und So 14–17.30 Uhr. Café in der 13. und 14. Etage des „Kulturfingers" (Haus der Kultur und Bildung). Neugestaltung der Gastronomie, die es bereits in der DDR gab. Im Angebot ist Frühstück, Kuchen und Torten, Snacks sowie Getränke. Die Gäste des Cafés können kostenfrei die Aussichtsplattform in der 15. Etage besuchen.

19 **Wollenberg**②-③, Lindenstr. 43, Tel. 0395 3683434, wollenberg.heise-apps.de. Di–Fr 11.30–14.30 und 17.30–21, Sa 17.30–21 Uhr. Restaurant im Ortsteil Lindenberg nahe dem Augustabad. Serviert werden regionale und internationale, insbesondere mediterrane Gerichte in edlem Ambiente. Es gibt auch eine preisgünstige Mittagskarte. Zum Restaurant gehört ein benachbarter 19 **Weinladen.**

20 **Augustas Seerestaurant und Café**②, Am Augustabad 8, Tel. 0395 3684131, www.augustas-nb.de, Mi–So 11.30–22 Uhr. Malerisch am See beim Augustabad gelegen, sitzt man hier im luftigen Gastraum oder auf der Terrasse. Die Speisekarte umfasst Fisch- und Fleischgerichte, aber auch leichte Alternativen. Auch Kaffee und Kuchen sind im Angebot.

3 **Café Broda,** Oehlmühlenstr. 2, www.cafebroda.de, Mi–Fr 12–17.30, Sa/So 10–17.30 Uhr. In der Nähe des Strandbads Broda kehrt man für einen süßen Imbiss ein. Mit Kuchen und Torten sowie Waffeln und Softeis lockt das Café Ausflügler an.

Neuendorf

■ **Dorfkrug Waldeslust,** Dorfstraße 10, 17039 Wulkenzin, Ortsteil Neuendorf, Tel. 0395 5823549, www.dorfkrug-waldeslust.de, Mi–Fr 17–21 Uhr, Sa/So 11–14 und 17–20 Uhr. Der urige Dorfgasthof 5 km westlich in Richtung Penzlin kann eine Tradition seit 1754 aufweisen. Die Einrichtung ist rustikal-gemütlich, dazu gibt es einen lauschigen Biergarten. Auf der regelmäßig wechselnden Speisekarte stehen deftige Spezialitäten wie Knusperschnitzel oder Leber.

Einkaufen

Als Versorgungszentrum der Region um Tollensesee, Burg Stargard und Penzlin bietet Neubrandenburg eine umfangreiche Auswahl an Geschäften für Mode, Technik, Lebensmittel und vieles mehr. Im Stadtzentrum sind die **Stargarder Straße,** das Areal um den **Markt** sowie die **Fußgängerzone Turmstraße** beliebte Shoppingmeilen. Rund um die Innenstadt gibt es an den Ausfallstraßen größere **Einkaufszentren** mit breitem Angebot.

15 **Marktplatz-Center,** Krämerstr. 1a, www.marktplatz-center.de, Mo–Sa 10–20 Uhr. Zentral gelegene Shopping-Mall mit angeschlossenem (gebührenpflichtigen) Parkhaus.

21 **Bethaniencenter,** Mirabellenstr. 2, www.bethaniencenter.de, Mo–Sa 9–20 Uhr. Im Süden von Neubrandenburg gelegenes Center mit rund 40 Läden und kostenfreien Parkplätzen.

7 7 **Zollhaus**①, Treptower Str. 38, Tel. 0395 55791999, auf Facebook, Mo–Sa 10–17 Uhr. Hier wird der Verkauf von ausgefallenen Wohnaccessoires, Kleidung und Delikatessen verbunden mit einem Bistrobetrieb. Die Speisekarte umfasst Suppen, Pasta und Salate mit vielen vegetarischen und veganen Optionen. Es gibt eine Wochenkarte für den Mittagstisch.

□ Neubrandenburg ist Start und Ziel für 5000 Radsportbegeisterte auf der Mecklenburger Seenrunde

□ Das markante Hochhaus am Markt wird auch Kulturfinger genannt

Märkte

Der klassische Wochenmarkt und der wegen seines Angebots an regionalen Spezialitäten beliebte Grünmarkt finden auf dem **Marktplatz** bzw. bei Platzmangel aufgrund von Veranstaltungen alternativ in der Treptower Straße statt.

- **Wochenmarkt:** Di und Do 9–17 Uhr.
- **Grünmarkt:** März bis Nov. meist an zwei Samstagen im Monat 9–14 Uhr.

Feste und Veranstaltungen

- Beim **Vier-Tore-Fest** am letzten Wochenende im August feiert die Stadt sich selbst mit Markttreiben und Kulturprogramm.
- Zum Ziel von Profi- und Freizeitradsportlern wird Neubrandenburg Ende Mai anlässlich der **Mecklenburger Seenrunde,** welche hier Start und Ziel hat. Auf Strecken zwischen 90 und nahezu 300 km geht es durch die Mecklenburgische Seenplatte.
- Im Dezember zählt der **Weberglockenmarkt** in der Turmstraße zu den beliebtesten Weihnachtsmärkten in Mecklenburg-Vorpommern.
- Das **Kulturangebot** der Stadt ist umfangreich. In der Konzertkirche, im Schauspielhaus und im Jahnsportforum finden regelmäßig Konzerte, Aufführungen und Sportevents statt. Informationen unter www.neubrandenburg-touristinfo.de/kultur/events.

126ms tm

Paddeltour auf der Tollense

Vom Nordufer des Tollensesees aus lässt sich eine schöne Paddeltour auf der Tollense unternehmen. Der Bootsverleih Winter liegt direkt am Abgang des Flusses aus dem See und verleiht Kanus aller Art. Die Tour startet mit der Fahrt unter der **Oberbachbrücke** hindurch. Gleich hinter der bogenförmigen Fußgängerbrücke teilt sich das Gewässer. Zum Ausprobieren und weil es so eine schöne Strecke ist, paddelt man erst einmal rechts ein Stück den **Oberbach** entlang in Richtung Innenstadt und dreht dann um. Kurz vor der Oberbachbrücke biegt man nun rechts ab in den **Öhlmühlenbach,** der ab dem Stadtrand von Neubrandenburg als **Tollense** weiterfließt. Dabei muss das Boot zweimal eine kurze Strecke (25 m und 90 m) umgetragen werden. Ist die eigentliche Tollense erreicht, beginnt eine idyllische Fahrt durch ehemalige Torfstiche. Sie gehören zum Landschaftsschutzgebiet Tollense-Niederung. Vielleicht lassen sich hier Biber und Fischotter sehen. Dass die markierte Fahrtroute nicht verlassen wird, versteht sich von selbst. Entweder dreht man irgendwann um und fährt zurück oder man paddelt bis nach **Altentreptow** (25 km) und hat vorher einen Rücktransport organisiert.

Hier hat man die Wahl – der Oberbach führt in die Stadt, links geht es auf dem Öhlmühlenbach weiter zur Tollense

Aktivitäten

Stadtführungen

Die Touristinformation bietet einige Varianten an Stadtrundgängen, Stadt(ver)führungen genannt, für individuelle Bucher oder als exklusive Führung an. Der klassische **Spaziergang durch die Innenstadt** zeigt die schönsten Sehenswürdigkeiten. Ausgefallener geht es auf dem **Nachtwächterrundgang** zu oder bei den Führungen mit historischen Charakteren, z.B. Herzog „Dörchläuchting". Die Termine sind online oder bei der Touristinformation zu erfahren. Die Teilnahme kostet ab 8 € pro Person, Karten können vorab bei der Touristinformation erworben werden. Die Stadtführung durch Neubrandenburg ist barrierefrei.

Strandbäder

Im Stadtgebiet befinden sich drei Strandbäder. Sie sind jederzeit und gebührenfrei zugänglich und werden im Mai und Sept. tgl. 9–16.30 Uhr und Juni bis Aug tgl. 9–18 Uhr durch Rettungsschwimmer betreut. Gastronomie ist an allen Standorten vorhanden.

Im **Strandbad Broda** ist man nah am Stadtzentrum und es geht flach hinein in den See. Mit Beachvolleyballfeld, Wasserspielplatz und Beachbar.

Das **Augustabad** am Ostufer des Tollensesees (Lindenstraße) hat den längsten Strand und eine Badeinsel und ist besonders für Familien geeignet. Hier befindet sich der erste barrierefreie Badesteg in Mecklenburg-Vorpommern.

Das bei Einheimischen beliebte **Strandbad am Reitbahnsee** liegt nahe den großen Wohngebieten. Der kleine, flache See ist meist schon früh in der Saison warm. Seine Attraktion ist eine Wasserskiseilbahn (s.u.).

FKK-Strand Buchort, Brodaer Holz. Für Anhänger der Freikörperkultur ist der Strand am Westufer des Sees ein Tipp.

Wassersport und Bootsverleih

11 Wasserskiseilbahn Reitbahnsee, Reitbahnweg 90, www.wasserski-seilbahn.de. Die ca. 850 m lange Runde mit verschiedenen Hindernissen dreht man auf dem Reitbahnsee im Neubrandenburger Norden. Man kann zwischen verschiedenen Geschwindigkeiten wählen. Für Einsteiger stehen Trainer und Kursangebote zur Verfügung. Ein Café und ein Beachvolleyballplatz ergänzen das Angebot. April und Okt. Sa/So 13–18 Uhr, Mai Di–Fr 15–19, Sa/So 12–19 Uhr, Juni Mi–Fr 14–19, Sa/So 12–19 Uhr, Juli tgl. 12–20 Uhr, Aug. Mo–Fr 12–20 Uhr, Sept. Di–Fr 14–19, Sa/So 12–19 Uhr. Die Einstundenkarte kostet für Erwachsene 21 €, für Jugendliche bis 16 Jahre 16 €.

4 Aloha SUP Surfspot, Seestr. 25, auf Facebook. Verleih von Stand-up-Paddle-Boards am Strand von Broda. Saison ist meist vom Himmelfahrts-Wochenende bis Mitte September.

5 Bootsverleih und Freizeittreff Winter, Parkstr. 15, Tel. 0173 9279731, bootsverleih-winter.beepworld.de, meist Mai bis Sept. mind. 10–19 Uhr. Bei der Oberbachbrücke im Kulturpark lassen sich Kanus, Kajaks, Tretboote und kleine Motorboote für Ausflüge auf dem Tollensesee leihen. **Fahrräder** sind ebenfalls im Angebot. Wer möchte, mietet sich einen der Grillplätze. Auch einige **Gastliegeplätze** für Bootstouristen sind vorhanden.

Wandern und Nordic Walking

Bei der Touristinfo Neubrandenburg ist ein Wanderkalender und umfangreiches Material zu Routen rund um die Stadt und den Tollensesee erhältlich.

■ Besonders empfohlen wird die **Grüne Runde.** Die 40 km lange Wanderstrecke kann für weniger Ambitionierte auch auf zwei Tagesetappen verteilt werden. Start ist am Strandbad Broda. Die Grüne Runde ist mit einem grünen Stiefel auf blauem Grund markiert. Die Neubrandenburger Wanderfreunde e.V. haben einige Informationen zur Strecke zusammengestellt: www.neubrandenburger-wanderfreunde.de/die-grüne-runde.

■ Interessant ist ebenso der **Pilgerweg Mecklenburgische Seenplatte,** der von Friedland bis Mirow führt. Für Wanderer im Raum Neubrandenburg ist die Etappe von Neubrandenburg bis Prillwitz (18,8 km) empfehlenswert. Routenbeschreibung unter www.pilgerweg-mecklenburgische-seenplatte.de.

■ Auch Nordic Walker kommen in den Waldgebieten rund um den See auf ihre Kosten. Die Nordicfitness-Parks im **Brodaer Holz** (7 Routen) am Westufer und im **Nemerower Holz** (3 Routen) an der Ostseite des Tollensesees bieten verschiedene Strecken für Anfänger und Geübte mit guter Beschilderung. Jogger und Wanderer fühlen sich hier ebenso wohl.

Radfahren

■ Zentral in der Stadtmitte, am Parkplatz hinter dem Haus der Kultur und Bildung (HKB), gibt es eine **Ladestation** für E-Bikes. So kann man während des Stadtbummels praktischerweise sein E-Bike aufladen.

8 Fahrradhaus Leffin, Friedrich-Engels-Ring 22, Tel. 0395 581 660, www.fahrradhaus-leffin.de, Mo–Fr 9–18, Sa 9–12 Uhr. Fachgeschäft, spezialisiert auf E-Bikes. Es gibt eine Werkstatt und einen Verleih von Fahrrädern verschiedener Größen und Modelle. Die Tagespreise starten bei 10 €.

18 Bike Park Dirt Force, Hinterste Mühle, Tel. 0173 2459988, dirtforce.de. Bike Park April bis Okt. Do 15–19, Sa/So/Fei 13–18 Uhr, Indoor-Halle Nov. bis März Do 15–19, Sa/Fei 13–18 Uhr, Tagesticket 5 €. Etwas außerhalb im Lindetal hat ein engagierter Verein eine abwechslungsreiche Strecke für Biker und Crosser geschaffen. Hier kann man sich mit allen Schikanen auf dem Bike austoben. In den Wintermonaten gibt es einen Indoor-Parcours. Wer kein passendes Zweirad dabei hat, kann verschiedene Modelle ausleihen.

UNSER TIPP: Die **Mecklenburger Seenrunde** ist eine beliebte Radsportveranstaltung, die jedes Jahr Ende Mai stattfindet. Wer Lust hat, kann mit dem E-Bike oder dem Rennrad die **Teilstrecke** Mecklenburger Seenrunde100 absolvieren. Das ist die Frauenrunde des Wettbewerbs, aber auch exzellent für eine Freizeittour geeignet. GPS-Track zum Download: mecklenburger-seen-runde.de/de/tour/msr100.

Verkehr

Parken

Neubrandenburg erreicht man mit dem Auto über die Bundesstraßen B96, B104 und B192. Sie alle steuern auf den **Friedrich-Engels-Ring** zu, der die Altstadt umschließt. Die Zufahrt in die Altstadt ist nur über die **Stargarder Straße** auf Höhe des Bahnhofs möglich. Das Parken in der City kostet überwiegend 1 €/Stunde.

■ Wer noch nicht weiß, wie lange er bleiben möchte, nutzt am besten die **Tiefgarage im Marktplatz-Center** oder im **HKB** (Tiefgarage Marktplatz, Zufahrt Glinekestr.), da dort keine Höchstparkdauer eingehalten werden muss.

■ Ein Tipp für preisgünstiges Parken ist der Parkplatz an der Neustrelitzer Straße vor dem **Stargarder Tor.** Hier zahlt man 0,80 €/Std. bzw. kauft eine Tageskarte für 3 €.

Bahn

■ Am Neubrandenburger Bahnhof halten die Züge des Regionalverkehrs **RE4** (Lübeck – Stettin/Ueckermünde) und **RE5** (Rostock/Stralsund – Wünsdorf-Waldstadt/Finsterwalde).

Bus

■ Im **Nahverkehr** sind Linienbusse der SW Neubrandenburg unterwegs (www.neu-sw.de/fahrplanauskunft). Die Stadtbusse umkreisen die Altstadt und halten z.B. am ZOB vor dem Bahnhof oder am Rathaus oder am Treptower Tor. Sie fahren hauptsächlich in die Wohngebiete, die Linie 6 aber u.a. auch nach Fünfeichen. Wer zum Augustabad oder zum Aussichtsturm Behmshöhe möchte, fährt mit Linie 2 z.B. ab ZOB bis Lindenberg. Von dort sind es noch 850 m Fußweg.

■ Für Tagesausflüge bietet sich der Service der MVVG Busgesellschaft an. Vom ZOB fahren z.B. die Linien 521 und 526-528 nach **Burg Stargard** und Linie 531 nach **Alt Rehse** am Tollensesee.

Schiffsverkehr

■ **Fahrgastschiff „Mudder Schulten“,** Friedländer Str. 7, Tel. 0395 5841218, www.fahrgastschiff-mudderschulten.de. Mit Kapitän *Eckhard Lüdemann* geht es ab dem Anleger beim Badehaus im Kurpark zu Rundfahrten von 1½ bis 2½ Stunden auf dem Tollensesee. Das Schiff, gebaut 1979 und benannt nach der couragierten Bäckersfrau aus *Fritz Reuters* Novelle, hat auch ein gastronomisches Angebot. Fahrpreis ab 17 € für Erwachsene, 8,50 € für Kinder.

■ **Linienschiff „Rethra“,** Stadtwerke Neubrandenburg, www.neu-sw.de/linienschiff. Linienverkehr auf dem Tollensesee und auf der Lieps, Abfahrten Di–Do, Sa/So um 10.30 und 14 Uhr ab Anleger Badehaus. Das Schiff verkehrt als Teil des ÖPNV Neubrandenburg zu den Anlegestellen Wassersportzentrum, Gatsch-Eck, Klein Nemerow, Alt Rehse und Nonnenhof sowie von Juli bis September auch Prillwitz. Fahrradmitnahme möglich.

Die Sportclubs Neubrandenburgs sorgen regelmäßig für olympisches Gold

128ms tm

Rund um den Tollensesee

Das Tollensebecken ist ein eiszeitliches Tunneltal von 15 km Länge. In einer gewaltigen Rinne unter dem Eis bahnte sich das Wasser seinen Weg und schuf den Tollensesee. Dieser zählt mit 17 km² Fläche, einer Länge von 10 km und einer Breite von bis zu 2,3 km zu einem der größeren Seen in Mecklenburg-Vorpommern. Auch seine Tiefe ist mit bis zu 30 m beachtlich im Vergleich zu anderen Gewässern der Seenplatte. Vor allem aber kann der Tollensesee mit unverbauter Natur punkten: Seine Ufer sind geprägt von **steilen Hängen und Laubwäldern.** Der Name *Tollense* stammt vom slawischen *Dolenzia* für „Niederung". Der **Fluss Tollense** durchquert den See, mäandert mit etlichen Zuflüssen in Richtung Norden und fließt bei Demmin in die Peene ab.

Rund um den Ort **Wustrow** am Südende des Sees entdeckte man zahlreiche Beweise für eine frühzeitliche Besiedlung. Auf der vorgelagerten **Fischerinsel,** die nicht betreten werden darf, wurde bei archäologischen Untersuchungen 1969 ein slawisches Götzenbild von beachtlicher Größe entdeckt. Nach dem sagenumwobenen **Rethra,** das als Atlantis der Slawenzeit gilt, forscht man allerdings weiterhin vergebens.

Die Region um den See gehörte bis zum 13. Jh. dem Herzog von Pommern, welcher etliche Dörfer am See dem Bistum Havelberg für die Gründung eines Klosters in Broda übereignete. 1236 übernahmen die Markgrafen von Bran-

127ms tm

Tollensesee-Radrundweg

- **Start/Ende:** Oberbachbrücke im Kulturpark Neubrandenburg
- **Länge:** 35 km
- **GPS-Track:** www.mecklenburgische-seenplatte.de/radtour-tollensesee-radrundweg

Der Radrundweg Tollensesee ist eine empfehlenswerte Runde auf gut ausgebauten Wegen abseits der großen Straßen und immer in der Nähe des Sees. Er führt an vielen Sehenswürdigkeiten vorbei.

Von der **Oberbachbrücke** im Kulturpark von Neubrandenburg radelt man am Ostufer entlang: am **Augustabad** vorbei, durch **Klein Nemerow** und im Süden rund um die **Lieps,** einen kleineren See, der durch das Naturschutzgebiet Nonnenhof vom Tollensesee getrennt ist. In **Prillwitz** ist die Hälfte der Strecke absolviert. Weiter geht es über **Wustrow** und durch **Alt Rehse** am Westufer des Tollensesees entlang bis nach **Broda** vor den Toren Neubrandenburgs. Markiert ist der Weg durch ein Schild mit Fahrrad auf blauem Grund.

⌃ Im Neubrandenburger Kulturpark beginnt der Radweg um den Tollensesee

denburg einen großen Teil der Orte und später kamen auch die Herzöge von Mecklenburg ins Spiel. Allzu weit ist die Grenze zwischen Brandenburg und Mecklenburg-Vorpommern auch heute nicht entfernt.

Rund um den See laden kleine Orte mit ganz verschiedenem Charakter ein. In Groß und Klein Nemerow sowie Nonnenhof steht das Naturerlebnis an erster Stelle. Hohenzieritz und Prillwitz locken mit herrschaftlichen Schlossbauten und Parks, während in Alt Rehse ein dunkles Kapitel der deutschen Geschichte thematisiert wird. Nahezu alle Orte lassen sich von Neubrandenburg aus mit den Fahrgastschiffen „Mudder Schulten" und „Rethra" ansteuern. Alternativ schwingt man sich aufs Rad und absolviert den 35 km langen Rundweg um den See.

Groß und Klein Nemerow

Die beiden am Ostufer gelegenen Dörfer Groß Nemerow und Klein Nemerow wurden schon um 1171 erwähnt, als der Herzog von Pommern dem zukünftigen Kloster Broda etliche Orte am See schenkte. Die namentliche Teilung des Ortes fand bereits im 13. Jh. statt. Groß Nemerow ist ein Angerdorf und liegt etwas entfernt vom See. Der ruhige, kleine Ort ist durch die Landwirtschaft geprägt. Aus Erbpachtstellen und Büdnereien wurde zu DDR-Zeiten ein sozialistisches Musterdorf mit großer Agrargenossenschaft, Einkaufsmöglichkeiten sowie Schule und Kindergarten. Sehenswert ist die **Dorfkirche** aus dem 14. Jh.

Klein Nemerow wurde 1298 durch den Markgrafen von Brandenburg an den Johanniter *Ulrich Schwabe* überschrieben. Er baute hier eine **Komturei,** eine Niederlassung seines Ordens auf, welche bis ins 16. Jh. Bestand hatte. Danach wurde die Komturei verweltlicht und nach 1648 Teil des Besitzes der Landesherren. Im **Gutshaus** aus dem 19. Jh. richtete man in den 1930er-Jahren eine Ausflugsgaststätte und Pension ein, die noch heute existiert. Von der Komturei ist nur eine Ruine erhalten.

Wer immer schon mal den **Chimborazo** erklimmen wollte, kann im Waldgebiet **Nemerower Holz** seinen Wunsch erfüllen. Doch statt der 6263 m, die der erloschene Vulkan in Ecuador misst, muss man für die Anhöhe am Tollensesee nur 55 m überwinden. Als der Naturforscher und Erstbesteiger des Chimborazo *Alexander von Humboldt* 1843 am Tollensesee übernachtete, wurde der Hügel bei Klein Nemerow ihm zu Ehren nach dem Andengipfel benannt.

Unterkunft

■ **Hotel Bornmühle**③, Bornmühle 35, 17094 Groß Nemerow, Tel. 03605 600, www.bornmuehle.de. Aus dem Landhotel wurde ein modern gestaltetes Refugium mit 97 komfortabel ausgestatteten Zimmern in klaren, naturnahen Tönen. Im Wellnessbereich locken Salzwasserpool, Saunen und Kosmetikanwendungen. Wer aktiv sein möchte, nutzt u.a. die Outdoorkletterwand oder den Radverleih. Das Hotel verfügt über Restaurant und Bar. Exklusiv speist man im **Panorama-Restaurant The View.**

Unser Tipp: **Feriendorf Tollensesee „Log Cabins",** Am Ziegeler Berg 10–24, 17094 Groß Nemerow, Tel. 0160 94601203, ziegelerberg.com. Urlaub im Naturstammhaus, auch Blockhaus genannt, ist für viele ein Traum. Man muss dafür nur bis zum Tollensesee und nicht bis nach Kanada reisen. In den Hütten aus Baumstämmen herrscht ein besonderes Klima, das gut für Allergiker geeignet ist. Die Ferienhäuser liegen nah am See und sind für zwei Erwachsene und bis zu zwei Kinder konzipiert. Einige Häuser haben zusätzlich ein finnisches Saunahaus, alle eine Terrasse.

Camping

■ **Wohnmobilstellplatz Klein Nemerow,** Am Damm, 17094 Groß Nemerow, Kontakt über Seehotel Heidehof, Tel. 039605 2600, für die Bezahlung der Pauschale für Wasser/Strom (sofern benötigt). Am Ortseingang von Klein Nemerow, 500 m vom Badestrand am See, stehen sechs kostenfreie Stellplätze zur Verfügung. Eine Reservierung ist nicht möglich und auch keine Entsorgung. Es gibt eine gute Anbindung an den ÖPNV, der Tollenseseeradweg ist nah.

Feste und Veranstaltungen

■ Der **Zachower Kultursommer** umfasst Kunstausstellungen, Lesungen und Konzerte in der **Dorfkirche von Zachow,** 3 km südlich von Groß Nemerow (www.zinnober-zachow.de).

Aktivitäten

Golf

■ **Golfclub Mecklenburg-Strelitz e.V.,** Bornmühle 1a, 17094 Groß Nemerow, Tel. 039605 27376 (Clubhaus), www.gc-mst.de. Nur ein paar Hundert Meter vom Tollensesee entfernt liegt der kleine, aber durchaus anspruchsvolle Platz in reizvoller Landschaft. Er verfügt über 9 Löcher. Man erwirbt eine Tages-Greenfee, eine 9-Loch-Greenfee oder auch eine 10er-Karte. Golf-Ausrüstung kann geliehen werden.

129ms tm

Naturschutzgebiet Nonnenhof

Das Naturschutzgebiet Nonnenhof erstreckt sich rund um das südliche Ufer des Tollensesees. Mit 1050 ha umfasst es neben der Südbucht des Sees mit der Fischerinsel auch den **kleinen See Lieps** mit seinen Uferzonen, der namensgebenden Halbinsel Nonnenhof sowie den Inseln Hanfwerder und Kietzwerder. Die Lieps ist ein Flachwassersee und durch einen 800 m langen Kanal mit dem Tollensesee verbunden. In diesem besonderen Biotop sind Besucher nur von Juli bis September zugelassen. Die Anreise auf dem Wasserweg ist nur den Neubrandenburger Fahrgastschiffen erlaubt, die im Sommer bis zum **Schiffsanleger Prillwitz** fahren. Der Bereich am Südufer des Tollensesees ist ein beliebtes Ausflugsziel, wovon ein kleiner **Bade-**

Rustikal und komfortabel nächtigt man in den Blockhäusern in Groß Nemerow

134ms tm

strand beim **Anleger Nonnenhof** zeugt. Naturfreunde kommen hier auf ihre Kosten, für Radwanderer sind die Wege jedoch wenig geeignet.

Der seit der Weichselkaltzeit vor 12.000 Jahren entstandene, schützenswerte Lebensraum besteht aus See- und Überflutungsgebieten, Niedermoor, Feuchtwiesen und dem Nonnenbach als Fließgewässer. Das Areal gilt als besonderes **Vogelschutzgebiet.** So rasten hier tausende Bless- und Saatgänse, mausern Graugänse und brüten Bekassine, Wachtelkönig, Kranich und Eisvogel. Insgesamt zählt man rund 170 Vogelarten, die sich dauerhaft oder zeitweise hier aufhalten. Auch der Fischotter ist heimisch.

Prillwitz

Umgeben vom Naturschutzgebiet Nonnenhof liegt das 90-Seelen-Dorf Prillwitz am Südufer der Lieps. Das **Jagdschloss** ist als Sehenswürdigkeit an den Hauptstraßen ausgewiesen, kann jedoch nicht besichtigt, sondern nur exklusiv gemietet werden. Dennoch lohnt ein Abstecher in den Ort. Der **Schlosspark** ist öffentlich zugänglich. Die 2,5 ha große Anlage besticht durch einen Wechsel von gepflegten Rasenflächen und naturbelassenen Blühwiesen und Obsthainen sowie den Bestand an alten Eichen und Platanen. Bis 2007 wurde der Park denkmalgerecht saniert.

Das Jagdschloss, auf dessen Äußeres sich ein Blick erhaschen lässt, entstand 1886–88 für den Sohn des Strelitzer Großherzogs. Der zuständige Baurat *Eugen Müschen* orientierte sich an der Neo-Renaissance und verband rote Klinker mit Sandstein. Nach 1918 hatte das Jagdschloss mehrere Besitzer. Eine letzte Glanzstunde war ihm beschieden, als hier 1943 *Hubertus von Preußen,* der Enkel des letzten deutschen Kaisers, Prinzessin *Magdalene von Reuß* heiratete. Es folgte die Enteignung und Plünderung 1945 und ab 1955 wurde das Schloss vom Wohnungsbaukombinat Neubrandenburg als Ferienanlage genutzt. Die Wiedervereinigung brachte die Privatisierung und Sanierung für das Schloss. Heute kann es mit seinen sechs Suiten und Zimmern für private und geschäftliche Zwecke, aber auch für Filmarbeiten angemietet werden.

Die Geschichte von Prillwitz führt weiter zurück, als das Jagdschloss den Anschein erweckt. Bereits im 12. Jh. erwähnt, wurde bald danach eine Burg errichtet. Der markante **Burghügel** mit einigen Fundamentresten ist auch heute noch leicht zu erkennen und kann erwandert werden.

Prillwitz verfügt über einen **Schiffsanleger.** Hier legen von Juli bis September Fahrgastschiffe aus Neubrandenburg an.

Die mit dem Tollensesee verbundene Lieps kann bei einer Schiffsfahrt von Neubrandenburg aus erkundet werden

Königin Luise von Preußen wird in Hohenzieritz verehrt

Jagdschloss Prillwitz, Prillwitz 8, 17237 Hohenzieritz, www.jagdschloss-prillwitz.de.

131ms tm

Hohenzieritz

Das kleine Dorf Hohenzieritz mit dem überraschend stattlichen Schloss ist ein kleines Schmuckstück und dennoch vielen unbekannt. Geschichtskennern ist der Name jedoch schon lange geläufig, verstarb doch hier 1810 die **preußische Königin Luise,** um die posthum ein regelrechter Kult entstand.

Im nur 350 Einwohner zählenden Dorf lohnt ein Spaziergang, vor allem wegen der hübschen **Rundkirche** (ehemals Schlosskirche) und der alten **Schmiede.** Das eigentliche Highlight ist jedoch das Schloss mit seinem herrlichen Park.

Schloss und Park Hohenzieritz

Die Anfänge von Hohenzieritz liegen im 12. Jh. Seine erste Erwähnung fand das Dorf in der Schenkungsurkunde für das Kloster Broda. Nach Übernahme durch das Mecklenburger Herzogshaus war es jahrhundertelang als Lehen verpachtet. 1768 gelangte es in den Privatbesitz des Großherzogs von Mecklenburg-Strelitz, welcher es seinem Bruder *Karl*, der ihm 1794 auch auf dem Thron nachfolgte, zum Geschenk machte. Aus einem dort bereits bestehenden, einstöckigen Gutshaus wurde ab 1776 ein stattliches Schloss gestaltet. So hat man ein weiteres Stockwerk aufgesetzt, prächtige wappengeschmückte Giebel auf der Hof- und Gartenseite ergänzt und zwei Kavaliershäuser zur Bildung eines für die barocke Architektur typischen Ehrenhofs angebaut: alles in allem eine sehr repräsentative Anlage für einen Landsitz.

Im Inneren orientierte man sich an der frühklassizistischen Ausstattung von Schloss Paretz in Brandenburg, dem Sommersitz von *Karls* Tochter *Luise*, der Königin Preußens. *Luise* war oft in Hohenzieritz und erlag hier am 19. Juli 1810 mit nur 34 Jahren einer kurzen, schweren Krankheit. Die anmutige junge Königin wurde während der Napoleonische Kriege in Preußen bald zum Mythos verklärt und auch ihr Vater ließ in Hohenzieritz einen Gedenkort einrichten. So blieb das Sterbezimmer unverändert erhalten. 1834 ergänzte man den Raum mit der Kopfbüste der Liegefigur aus dem Schloss Charlottenburg und später mit einem Abguss des Sarkophags, den *Christian Daniel Rauch*, berühmter preußischer Bildhauer und einst eine Zeit lang *Luises* Kammerherr, entworfen hatte.

Nach dem Abdanken der Großherzöge wurde das Schloss Landesbesitz und weiterhin als **Luisen-Gedenkstätte** und Museum geführt. 1945 wurde auch hier vieles zerstört und geplündert und das Schloss in der DDR für verschiedene Zwecke genutzt. Schon 1993 begann ein rühriger Verein erste Restaurierungsversuche, welche ab dem Jahr 2000 von der Staatlichen Verwaltung der Schlösser und Gärten fortgesetzt wurde. Seit 2015 führt letztere auch die sehenswerte Luisen-Gedenkstätte als Teil des **Schlossmuseums** weiter. Wer heute das Schloss besucht, kann von der originalen Ausstattung nur wenig sehen. Nur im Ägyptischen und im Chinesischen Saal sind z.B. Reste der kostbaren Tapeten erhalten. Kurios sind zwei große Holztafeln im Eingangsbereich, die aus dem Gartensaal stammen: Auf ihnen haben sich seit dem späten 18. Jh. alle herrschaftlichen Besucher mit dem Datum ihres Besuchs und ihrer Körpergröße verewigt.

Der **Park** des Schlosses steht auch Gästen offen, die nicht das Museum besuchen möchten. Der 25 ha große Landschaftsgarten wurde ab 1771 vom englischen Gartenkünstler *Archibald Thompson* geschaffen. Mit diesem Stil war Herzog *Karl* ein Vorreiter auf dem Kontinent. Sein Interesse für die englische Mode rührte sicher von seiner Schwester *Charlotte* her. Die war schließlich die englische Königin. Genutzt wurde ein abfallender Hang auf der Südseite des

▷ Die Südseite von Schloss Hohenzieritz blickt über den englischen Landschaftsgarten

132ms tm

Schlosses. Kurvige Wege führen in die Landschaft, in der durch niedrige Mauern kunstvoll die Trennung zwischen Naturraum und angelegtem Park realisiert wird. Der Blick geht immer wieder in die Weite. Geschmückt werden die Flächen durch einige **Kunstwerke.** Besonders sehenswert sind der **Luisentempel** unweit des Schlosses mit einer Marmorbüste der Königin und das Denkmal „Die Hoffnung tröstet die Trauer", welches Herzog *Karl* 1798 für seine früh verstorbenen Frauen und Kinder errichten ließ.

■ **Schloss Hohenzieritz und Luisengedenkstätte,** Schlossplatz 3, 17237 Hohenzieritz, www.mv-schloesser.de, April und Okt. Sa/So 10–16 Uhr, Mai bis Sept. Di–So 10–17 Uhr, Erwachsene 3 €, Kinder bis 18 Jahre frei, Schlossgarten ganzjährig durchgängig frei zugänglich.

Essen und Trinken

■ **Café Louisenstübchen,** Dorfstraße 41, 17237 Hohenzieritz, Tel. 039824 21536, April bis Sept. Di–Do 11–17 Uhr, Sa/So 14–18 Uhr, Okt. nur Sa/So 14–18 Uhr. Das einzige gastronomische Angebot rund ums Schloss Hohenzieritz ist ein lohnendes. Das kleine Café mit dem schönen Kaffeegarten bietet hausgemachte Kuchen, Torten und herzhafte Kleinigkeiten an.

Wustrow

Auch der Weiler Wustrow, eine alte Slawensiedlung, gehörte zu den Schenkungen an das Kloster Broda. Über die Zeit waren hier mehrere Lehnsherren zu verzeichnen. Im 19. Jh. gab es zwei Ziegeleien, eine Mühle mit Gastwirtschaft, eine Glashütte und eine Kerzenfabrik. Beim

Bau eines Kanals zum Tollensesee für eine der Ziegeleien 1886 wurden die Überreste einer **Brücke zur Fischerinsel aus der Slawenzeit** entdeckt. Bereits Anfang des 20. Jh. hat man dort erste Erkundungen angestellt. Man vermutete, die untergegangene **slawische Tempelburg Rethra** entdeckt zu haben. Erst 1969 ergaben archäologische Untersuchungen handfeste Ergebnisse. Man fand auf dem

Mystisches Rethra – das untergegangene Heiligtum der Slawen

Wer in der Region Neubrandenburg und Feldberger Seenlandschaft unterwegs ist, kann immer wieder Spuren der einstigen slawischen Bewohner entdecken. Auch heute noch haben diese uns spannende Geschichten zu erzählen. **Burgwälle** und vor allem die meisten **Ortsnamen** erinnern an die Besiedlung durch **slawische Stämme** zwischen dem 8. und 12. Jh. Besonders der Osten Mecklenburgs ist reich an Funden. Ein ungelöstes Rätsel hält seit Jahrhunderten Archäologen und Historiker auf Trab: Wo lag das sagenumwobene Rethra, die mittelalterliche Tempelburg der Slawen?

Die im Gebiet des heutigen Mecklenburgs siedelnden Slawenstämme schlossen sich mutmaßlich im 10. Jh. zu einem Bund zusammen, um sich gegen die Christianisierung und die Eroberungsbestrebungen aus dem Heiligen Römischen Reich zu wehren. Diese Vereinigung wurde von Wissenschaftlern später **Liutizenbund** genannt. In der Nähe des **Tollensesees** oder vielleicht gar auf einer Insel im See sollen sie eine **Tempelburg** errichtet haben, die später unter dem Namen **Rethra** bekannt wurde. Die prächtige Anlage hatte religiöse, politische und militärische Bedeutung. Die Stämme sollen hier den sogenannten Slawenaufstand von 983 beschlossen haben. Priester befragten im Tempel ein Orakel, weswegen man Rethra auch gern als Delphi Mecklenburgs betitelt. Vermutlich wurde die Tempelburg Rethra im Winter 1068/69 von deutschen Eroberern **zerstört.**

Seit dieser Zeit ranken sich **Mythen und Legenden** um Rethra. Bereits im Mittelalter tauchte der Name in Chroniken auf und das Heiligtum wurde an verschiedensten Stellen im ganzen nordostdeutschen Raum verortet. Im 19. und 20. Jh. beschäftigten sich so namhafte Personen wie der mecklenburgische Historiker *Friedrich Lisch* und der Volkskundler *Richard Wossidlo* mit der Rethra-Forschung.

Eine kuriose Blüte trieb der Mythos aber bereits im 18. Jh., als man sich schon auf der Spur des unauffindbaren Ortes wähnte. Im Jahr 1768 entdeckte man in der Neubrandenburger Werkstatt und Pfandleihe der Familie *Sponholz* kleine, etwas seltsam aussehende **Bronzefigürchen.** Aus den eingeritzten Runen glaubten Experten den Namen *Rethra* herauslesen zu können. Die Familie gab an, ein Vorfahre habe die Figuren bei der Gartenarbeit im Pfarrhof Prillwitz entdeckt. Bald schon stand das ganze Land Kopf. **Prillwitz** galt von jeher als der wahrscheinlichste Ort der untergegangenen Tempelstadt. Waren diese Bronzeskulpturen der Beweis für die Existenz Rethras? Nach und nach tauchten weitere Figuren und Reliefplatten auf. Selbst der Herzog wurde von der Euphorie angesteckt,

vorgelagerten Eiland ein hölzernes Götzenbild der Slawen, vermutlich im 11./12. Jh. entstanden. Beweise für die Existenz Rethras fand man jedoch nicht (→ Exkurs).

kaufte etliche Stücke für seine Sammlung und ließ *Gideon Sponholz,* selbsternannter Experte, auf Schatzsuche gehen.

Skepsis blieb und bereits wenige Jahre nach ihrem Fund erwiesen sich die Bronzeartefakte als **Fälschungen.** Die Sponholz-Brüder hatten sie in ihrer Werkstatt selbst gefertigt – ein handfester Skandal, der den eigentümlichen Figuren aber immerhin den Ruhm einbrachte, unter dem Namen **Prillwitzer Idole** als Jahrhundertfälschung in die Geschichte Mecklenburgs einzugehen.

Die Suche nach Rethra geht rund um den Tollensesee seither weiter. 1969 machten Archäologen einen wirklichen Sensationsfund auf der **Fischerinsel.** Sie entdeckten eine über 800 Jahre alte, **doppelköpfige Figur aus Eiche,** die als Abbild einer Gottheit gedeutet wird. Es sollte der erste Fund einer hölzernen Götterfigur im slawischen Siedlungsgebiet sein. Im Uferbereich der Fischerinsel vor dem Dorf **Wustrow** hat man bei Grabungen weitere Reste aus der Slawenzeit gefunden, darunter eine Brücke. Auf einen Durchbruch für Rethra wartet man, wohl vergleichbar mit der Suche nach Atlantis, nach wie vor aber vergeblich.

Sehenswert sind das hoch über dem Ort gelegene **Hügelgrab,** „Wendenkönig“ genannt, und die sogenannten „Ungleichen Schwestern“, eine Buche und eine Eiche in ungewöhnlicher Umarmung. Außerdem gibt es einen Bootshafen und einen **Naturlehrpfad.**

Unterkunft

■ **Ferienwohnungen auf dem Christelhof**①, Wiesenweg 9, 17217 Penzlin, Ortsteil Wustrow, Tel. 0151 56209734, www.christelhof.de. Der Hof mit zwei Ferienwohnungen, eine für zwei und eine für vier Gäste, liegt im idyllischen Wustrow unweit des Tollensesees. Wer eine günstige Unterkunft zur Selbstversorgung und die Ruhe der Natur sucht, ist hier genau richtig. Es stehen für jede Wohnung Sitzecken im Hof zur Verfügung. Gegen eine geringe Gebühr können Fahrräder und Tretboote sowie Kanus ausgeliehen werden.

Alt Rehse

Kommt man nach Alt Rehse – der Tollensesee-Radweg führt hier hindurch – ahnt man zunächst nichts von der wechselvollen Geschichte des kleinen Ortes am Westufer des Sees. Der Postkartenidylle mit einer Kirche aus Feld- und Backsteinen, einem verträumten Dorfteich, gepflegten Gärten und zahlreichen **reetgedeckten Fachwerkhäusern** wurde 1995 der Sieg im Wettbewerb „Unser Dorf soll schöner werden“ zuteil. Doch verbirgt sich hinter diesem mustergültigen Ensemble ein dunkles Kapitel deutscher Geschichte.

Alt Rehse, die frühere Schreibweise lautet *Reze,* wurde bereits von den Slawen am Ufer des Tollensesees besiedelt.

Darauf deutet der Name hin, der sich von *Reka* (Bach, Gewässer) ableitet. Aus einem Bauernhof, der noch zum Besitz des Klosters Broda gehörte, wurde später ein ritterschaftliches **Gutsdorf.** 1897 erwarb *Ludwig Baron von Hauff* das Gut und ließ für sich das Schloss Lichtenstein bauen und zum Tollensesee hin einen großen Park anlegen. Mit Beginn des Nationalsozialismus änderte sich das Gesicht des Dorfes. Nachdem *Freiherr von Hauff* 1934 enteignet wurde, erfolgte die Übertragung des Dorfes an den Ärzteverband Hartmann-Bund. Dieser wollte hier ein Musterdorf errichten, das der sogenannten **„Führerschule der Deutschen Ärzteschaft“** als Heimstatt dienen sollte.

Lediglich der alte Krug, das Gutshaus und die 1893 fertiggestellte Kirche entgingen der Schleifung. Zwischen 1935 und 1939 entstanden im Dorfkern neue Wohnhäuser im Fachwerkstil, der sogenannten **Heimatschutzarchitektur.** Deutlich sichtbares Zeichen der neuen Zeit sollten die angebrachten Inschriften sein. Neben dem Namen geschichtsträchtiger deutscher Städte und Länder wie Hamburg, Sachsen oder Kurmark liest man z.B.: „erbaut im 3. Jahr“. Gemeint war das dritte Jahr einer neuen, nationalsozialistischen Zeit, die 1933 begann.

Die im Park errichteten Gebäude dienten zur Unterbringung und Schulung der Teilnehmer in Seminaren zu **Rassenideologie** und **Euthanasie.** Rund 10.000 bis 12.000 Ärzte, Apotheker, Hebammen und andere Beschäftigte im Gesundheitsbereich durchliefen bis 1941 die hier abgehaltenen weltanschaulichen Schulungen. Die Gebäude sind mittlerweile **denkmalgeschützt,** was Alt Rehse zu einem bundesweit einmaligen Flä-

chendenkmal macht. Aus diesem Grund findet man auch heute noch – geschwärzt – den Leitspruch der SS, die für die Bewachung der Führerschule verantwortlich war, an einem ehemaligen Wachhaus der Schutzstaffel.

In den 1950er-Jahren zog die Nationale Volksarmee in die gut erhaltenen Anlagen im Park und richtete hier ein Erholungsheim ein, legte später auch Bunker an. Die Bundeswehr übernahm das Areal und nutzte es ebenfalls als Wohnheim. Seit 1998 wurden mehrere Versuche unternommen, den Park mit seinen Gebäuden zu entwickeln. Ideen gab es viele, aber die Finanzierung und Umsetzung war schwierig. Die Größe des Geländes, der Zustand der Gebäude und die bedrückende Geschichte machten eine Privatisierung schwierig. Nach erneuter Versteigerung 2014 entwickelt nun eine engagierte Unternehmerin ein **Hotelprojekt.** Einige Gebäude sowie der Park sind seit 2020 für Gäste geöffnet. Im Gebäude des ehemaligen Limnologischen Institutes am östlichen Ortsausgang zum Tollensesee hin sind Ausstellungen der **Erinnerungs-, Bildungs- und Begegnungsstätte** untergebracht.

In der Saison legt am Ufer das Linienschiff „Rethra" aus Neubrandenburg an.

■ **Erinnerungs-, Bildungs- und Begegnungsstätte (EBB) Alt Rehse,** Am Gutshof 34, 17217 Alt Rehse, www.ebb-alt-rehse.de, Do–So 11–17 Uhr, kostenfrei.

☐ Hinter der Bilderbuchidylle in Alt Rehse verbirgt sich deutsche Geschichte, die nachdenklich macht

Penzlin

Das kleine Städtchen Penzlin mit nur 4200 Einwohnern liegt etwa 15 km südwestlich von Neubrandenburg. Der Ort lockt zwar nicht mit spektakulären Sehenswürdigkeiten, aber geschichtlich Interessierte gehen hier gern auf Entdeckungstour. Penzlin verströmt einen eher kleinstädtischen Charme, ist aber ein lebenswerter Wohnort.

Der wohl bekannteste Sohn der Stadt ist *Johann Heinrich Voß* (1751–1826), der hier aufwuchs. Dem Homer-Übersetzer verdankt die deutsche Literatur auch die erste Übersetzung der Erzählungen aus Tausendundeiner Nacht. Neben *Voß* ist der Bürgermeister *Otto Piper* (1879–89) im Gedächtnis vieler Historiker geblieben. Der Burgenforscher veröffentlichte mit seinem Werk „Burgenkunde" ein Standardwerk der deutschen Burgenforschung.

Wie so oft gab es bereits eine slawische Siedlung, bevor deutsche Siedler sich hier niederließen. Reste einer **slawischen Wallanlage** aus dem 10. bis 13. Jh. kann man auch heute noch am Ufer des **Großen Stadtsees** erkennen. Dem Ort wurde 1263 das Stadtrecht verliehen und ein landesherrlicher Vogt ließ sich nieder. 1414 wurde Penzlin erstmals an die Adelsfamilie *Maltzan* verpfändet. Diese übernahmen für die nächsten gut 500 Jahre die Geschicke der Stadt. Im frühen 16. Jh. begann der Bau der heute **Alte Burg** genannten Residenz für die *Maltzans.* Bis 1773 blieb sie ihr Wohnsitz. Ab dem 18. Jh. wurde der Einfluss der adligen Herren auf die Stadtgeschicke immer schwächer und 1918 konnte man sich gänzlich von der Herrschaft lösen. Ihre 1810–16 erbaute **Neue Burg** im klassizistischen Stil, etwas oberhalb der ersten Burg gelegen, bewohnte die Familie noch bis 1929. Heute ist der Bau mit seinen kleinen Zinnen im Giebel das Bürgerzentrum.

Penzlin wurde 1558 und 1725 durch Großbrände verwüstet. Die letzte große Katastrophe war der Einmarsch der Roten Armee 1945, bei dem die Stadt erneut verheert wurde. Seit 1991 wird die Stadtsanierung vorangetrieben.

Alte Burg Penzlin

Die auch Burg Maltzan genannte Alte Burg wurde ab 1501 als Wohnsitz für die *Maltzans* errichtet. Im Inneren ist die **Schwarzküche** mit ihrem zwölf Meter hohen Rauchfang sehenswert. In dem fensterlosen Raum wurde auf einer offenen Feuerstelle gekocht, weswegen der Rauch die Mauern über die Zeit schwarz färbte. Der **Rittersaal** mit seinem gotischen Kreuzgewölbe kann heute auch für Trauungen gebucht werden.

Ein interessanter Teil Anlage befindet sich unter der Erde. Penzlin entwickelte sich bereits im ausgehenden Mittelalter zum **Zentrum der Hexenverfolgung.** 1560 entstanden in der Burg Europas **einzige Hexenkeller der Neuzeit,** die sich streng an den Regeln des berüchtigten Hexenhammers orientierten. Zu den Kellern gelangt man über eine Falltür. Zunächst geht es einige Stufen hinab in die **Folterkammer.** Originalgetreue Folterinstrumente wie eine Streckbank und Daumenschrauben oder ein mit Dornen übersäter Stuhl illustrieren die Grausamkeit der Befragungspraktiken. Über eine weitere, noch schmalere Treppe steigt man in das **Verlies** hinab. Hier wurden in teils mit Türen verschlossenen Nischen rund um den Raum die Gefangenen an Haken angekettet. Meist waren es der Hexerei angeklagte Frauen, die auf ihre Verurteilung warteten. Die Anlage des Verlieses mit seinen Kellern ist einzigartig im norddeutschen Raum. Heute überwintern in den Räumen Fledermäuse.

Das **Museum für Alltagsmagie und Hexenverfolgungen** in der Burg widmet sich der kulturgeschichtlichen Aufarbeitung des Themas. In Mecklenburg fanden verhältnismäßig viele Hexenprozesse statt. Mehr als 2000 Menschen, fast die Hälfte der Angeklagten, verloren dadurch ihr Leben. In der Ausstellung werden Hintergründe und Schicksale beleuchtet.

Rund um die Burg gibt es einen großen Spielplatz, einen Kräutergarten und einen Museumsshop.

■ **Alte Burg Penzlin,** Alte Burg 1, alte-burg.amt-penzliner-land.de, Mai bis Aug tgl. 10–18 Uhr, April, Sept., Okt. tgl. 10–17 Uhr, Nov. bis März Sa/So 13–16.30 Uhr, Erw. 5 €, Kinder 3 €.

Johann-Heinrich-Voß-Literaturhaus

Der in Sommerstorf bei Waren (Müritz) geborene und in Penzlin aufgewachsene **Dichter, Kritiker und Übersetzer** *Johann Heinrich Voß* wird gern „der Grieche in Mecklenburg“ genannt. Er beschäftigte sich am liebsten mit der Antike, weil er hier, anders als im rückständigen Mecklenburg, das freiheitliche Bewusstsein ausgeprägter vorfand. Seine Übersetzung der Epen *Homers* (Ilias und

Odyssee) gilt vielen als richtungsweisend. Er machte die Antike populär.

Im ehemaligen Rektorenhaus bei der Marienkirche, 1740 gebaut, entstanden nach aufwendiger Renovierung Räumlichkeiten für die **Touristinformation,** die **Stadtbibliothek** und das Stadtarchiv. Im Obergeschoss wird in sieben Räumen das Leben und Werk von *Voß* beleuchtet.

■ **Johann-Heinrich-Voß-Literaturhaus,** Turmstr. 35, vosshaus-penzlin.de, Mo, Di, Do 9.30–12 und 13–17.30 Uhr, Erw. 3 €, Kinder frei.

Die Penzliner Hexenkeller in der Burg zeigen eine düstere Seite des Mittelalters

Praktische Tipps

Information

■ **Touristinformation,** Turmstr. 35 (im Johann-Voß-Haus), 17217 Penzlin, Tel. 03962 210064, www.amt-penzliner-land.de/Bürgerinfos/TouristInformation, Mo, Di, Do 9.30–12 und 13–17.30 Uhr.

Unterkunft

Mallin

■ **Landhof Zur Meierei**①, Meierei 5, 17217 Penzlin, Ortsteil Mallin, Tel. 03962 210020, www.landhof-zur-meierei.com. Die 6 km nordöstlich von Penzlin gelegene Pension bietet Erholung und ländliche Idylle. In den Doppelzimmern und Ferienwohnungen herrschen Holzmöbel vor. Ein hausgemachtes Frühstück kann zusätzlich gebucht werden. Auf dem Hof stehen Sportangebote und eine Holzsauna

135ms tm

zur Verfügung. Wer möchte, kann in der Heuherberge sein Nachtlager aufschlagen. Der angeschlossene **Reiterhof** lädt zu Ausritten oder einfach zum Kennenlernen der tierischen Bewohner ein.

Marihn

- **Schlosshotel Marihn**③, Flotower Straße 1, 17217 Penzlin, Ortsteil Marihn, Tel. 0177 8926128, schlosshotel-marihn.de. Im malerisch gelegenen Herrenhaus mit Park und Rosengarten übernachtet man in einer von fünf Suiten oder einem der beiden Doppelzimmer. Die geräumigen Zimmer sind individuell eingerichtet mit zeitloser Eleganz. Das inkludierte Frühstück wird im Luisenzimmer serviert. Kaffee und Kuchen und eine abendliche Brotzeit auf der Terrasse oder in der Bibliothek können vorbestellt werden, ansonsten isst man außer Haus. Schloss Marihn liegt 8 km westlich von Penzlin in Richtung Waren (Müritz).

Camping

- **Seeweide Naturcamping Penzlin,** Halbinsel Werder 33, 17217 Penzlin, Tel. 03962 2578290, www.seeweide.de. Die Anlage am Großen Stadtsee mit parzellierten Stellplätzen in verschiedenen Kategorien und Zeltwiese ist modern ausgestattet, u.a. mit freiem WLAN, Fußbodenheizung im Sanitärgebäude, kleinem Laden und Brötchenservice. Es gibt einen Hundeauslauf und einen Hundestrand. Für Kinder stehen Spielplätze und ein kleiner Streichelzoo zur Verfügung.

Essen und Trinken

- **Jackle & Heidi gläserne Eismanufaktur,** Bahnhofsplatz 2, Tel. 0152 23344446, www.jackle-heidi.com, Mi–So 12–18 Uhr. Die Eismanufaktur eines jungen Paares expandiert mittlerweile über die Region hinaus. Hier wird Speiseeis in klassischen und ausgefallenen Varianten hergestellt. Es gibt auch einige vegane Sorten. In Penzlin kann man bei der Produktion zusehen und im Café mit **Laden** regionale Lebensmittel kaufen oder Eis, Kuchen und Kaffee genießen.

Feste und Veranstaltungen

In Penzlin drehen sich alle Veranstaltungen um die Burg.

- Bei der **Walpurgisnacht** am 30. April und beim **Burgfest** im August übernehmen die Hexen das Zepter.
- Den **Burgenlauf** über 24 km zwischen den Burgen Penzlin und Stargard (siehe dort) im August gibt es seit 2001. Auch als Wanderer kann man mitmachen.

Verkehr

- Die Mecklenburg-Vorpommersche Verkehrsgesellschaft (MVVG) bietet von Penzlin (Penzlin ZOB) aus Linienfahrten nach **Neustrelitz** (Linie 018, über Hohenzieritz), **Ankershagen** (Linie 019, ebenfalls via Hohenzieritz) und **Alt Rehse** (021 mit Halt auch in Wustrow) an. Auch Buslinie 012 von **Waren** nach **Neubrandenburg** macht einen Stopp in Penzlin.

▷ Teils mehr als vier Meter dick sind die Mauern des 38 m hohen Bergfrieds der Höhenburg. Von oben reicht der Blick weit über die Landschaft

Burg Stargard

Sieben Hügel umgeben das kleine Städtchen Burg Stargard östlich des Tollensesees. Den Ort deswegen auf eine Stufe mit Rom zu stellen, wäre wahrlich übertrieben. Etwas Besonderes ist er dennoch: Mit der **nördlichsten Höhenburg Deutschlands** besitzt die Kleinstadt eine Attraktion. Die Festungsanlage thront auf dem 90 m hohen Burgberg. Der Name der 5400 Einwohner zählenden Stadt entstammt dem Slawischen und setzt sich aus *Stari* (alt) und *Grad* (Burg) zusammen. Seit 1929 trägt Stargard die offizielle Bezeichnung *Burg Stargard,* auch um Verwechslungen mit den weiter östlich bei Stettin und bei Danzig gelegenen Orten gleichen Namens vorzubeugen.

Im 13. Jh. gehörte der Flecken zur Herrschaft der Brandenburger Markgrafen. In diese Zeit fällt auch der Baubeginn für die Burg. 1347 fiel Stargard als Reichslehen an die Mecklenburger und verblieb fortan in ihrem Besitz. Für etwa 120 Jahre nutzten die **Herzöge von Mecklenburg-Stargard** die Burg als Residenz. Dennoch blieb die Stadt bis ins 19. Jh., auch weil 1758 ein Großbrand nahezu alle Häuser zerstörte, relativ bedeutungslos. Mit dem Anschluss an das Bahnnetz 1877 setzte die Industrialisierung ein. Gewerbe und der beginnende Fremdenverkehr sorgten für Umsatz. Besonders Berliner Kunstmaler zog es in die Ruhe und Abgeschiedenheit der Stargarder Gegend.

136ms tm

Sehenswertes in der Stadt

Vom Zweiten Weltkrieg halbwegs verschont, bietet sich heute ein beschauliches Bild in der **Altstadt** mit ihrem rechtwinkligen Straßennetz aus der Zeit nach dem großen Stadtbrand. Die **Stadtkirche St. Johannes** wurde ebenfalls nach 1758 anstelle der gotischen Pfeilerbasilika aus dem Mittelalter neu errichtet. 1894 ersetzte man den Turm durch eine neugotische Variante. Im Inneren sind Reste der Ausstattung aus dem 13. Jh. erhalten, aber auch der Kanzelaltar von 1770 ist sehenswert. Rund um Markt und Kirche sind das Hotel Zur Burg und einige Cafés und Restaurants angesiedelt. Ein Spaziergang oder eine Pause lohnt hier nach oder vor dem Burgbesuch.

Etwa 800 m südlich der Altstadt befindet sich die 1962 geweihte römisch-katholische Kirche „Maria Rosenkranzkönigin von Fatima". Was das schlichte Gotteshaus so besonders macht, ist u.a., dass es eine der wenigen in der DDR neu gebauten Kirchen ist. Außerdem ist diese einzige **Wallfahrtskirche** Mecklenburg-Vorpommerns noch zu DDR-Zeiten vom Papst bestätigt worden – womit Burg Stargard und Rom also doch mehr gemeinsam haben als die sieben Hügel.

Marie-Hager-Haus

Im ehemaligen Wohnhaus der **Malerin Marie Hager** (1872–1947) ist eine Dauerausstellung zu ihrem Leben und Werk zu sehen. Dazu kommen wechselnde Schauen zeitgenössischer Künstler. *Hager*, die als eine der wichtigsten norddeutschen Malerinnen gilt, wurde in Penzlin geboren und studierte Malerei u.a. bei *Max Uth*, *Hans Licht* und *Ernst Kolbe*. Sie fand Gefallen an Burg Stargard, als sie sich auf Studienreisen im Ort aufhielt, und ließ sich hier 1921 ein Wohnhaus bauen. *Marie Hager* malte Landschafts-, Stadt- und Hafenbilder im spätimpressionistischen Stil. Meist entstanden die Werke auf Reisen und in freier Natur. Der Nachlass der Künstlerin wird seit 1991 vom Marie-Hager-Kunstverein der Stadt Burg Stargard in ihrem ehemaligen Wohnhaus präsentiert.

■ **Marie-Hager-Haus,** Marie-Hager-Kunstverein e.V., Dewitzer Chaussee 17, www.marie-hager-kunstverein.de, Mo und Mi 10–12 und 13–16, Di und Do 13–17.30 Uhr sowie an jedem 3. Wochenende im Monat Sa und So 14–17 Uhr.

☐ Im Burghof werden historische Feste gefeiert, zum Beispiel die Walpurgisnacht

Höhenburg Stargard

Geschichte der Burg

Die ab ca. 1236 errichtete Burg diente zwischen 1352 und 1471 den **Herzögen von Mecklenburg-Stargard** als Residenz. Diese Nebenlinie der Landesherren wurde jedoch schon im 15. Jh. wieder mit der Hauptlinie Mecklenburg-Schwerin vereint und die Burg verlor ihre Bestimmung. Ab 1580 saßen hier Landdrosten für die Region, vergleichbar mit einem Landrat. Im Dreißgjährigen Krieg machte der im Dienste der kaiserlich katholischen Truppen stehende Feldherr *Tilly* die Burg zu seinem Quartier. Mit der Gründung des Herzogtums Mecklenburg-Strelitz geriet die Burg immer mehr in Vergessenheit, war doch eine derartige Befestigung nicht mehr vonnöten. In den Fokus des Interesses geriet Stargard noch einmal, als hier 1726 der letzte große Hexenprozess des Landes stattfand. Der Zahn der Zeit, Brandstiftungen und auch Blitzschläge setzten den Bauten immer weiter zu. 1922–46 war die Burganlage Wohnung für zehn Familien und später in der DDR Jugendherberge. 1990 begann man mit einer Sanierung und konnte 1994 den Burgturm als Aussichtsturm wieder zugänglich machen.

Burgbesichtigung

Die einzige erhaltene Höhenburg in Norddeutschland umfasst heute **Vor- und Hauptburg** sowie elf weitere Gebäude. Man betritt die Anlage durch das in Resten erhaltene **Untere Tor.** Linker Hand im Gefangenenhaus ist heute das

137ms tm

Burghotel untergebracht und rechts, im ehemaligen Marstall, befindet sich das **Stadtmuseum** mit der zum Standort passenden Ausstellung **„Das Ross – eine Kulturgeschichte des Pferdes“** sowie Schauen zur Stadt- und Regionalgeschichte.

Vom **Burghof** aus blickt man in die Runde und kann Reste des Obertors, das Amtsreiterhaus, die Burgkapelle und einiges mehr erkennen. Der markante **Bergfried** lohnt wegen der Aussicht unbedingt die Besteigung. Oft trifft man im Burghof auf mittelalterlich gewandete Gesellschaften. Hochzeitspaare können sich hier trauen lassen, die Gewandschneiderei in der Burg stellt bei Interesse die entsprechenden historischen Kleider zur Verfügung.

Links vom Burghof, erreichbar durch das Querdielenhaus, liegt der **Kraut- und Wurzgarten.** Er wurde aufwendig wieder hergerichtet und birgt alte Heil-, Gewürz- und Kräuterpflanzen sowie schöne Rosen. Das **Café** im Garten lädt zu einer Pause mit typischen Spezialitäten ein (s.u.: „Essen und Trinken“).

Auch ein Spaziergang rund um die Burg durch den großen **Burgpark** lohnt sich. Seit 1508 stehen an den Hängen **Weinstöcke.** Mehrere Sorten Reben reifen hier und werden durch das Weingut Schloss Rattey verarbeitet. Die **Streuobstwiesen** des Burggartens sind die größten zusammenhängenden im ganzen Land.

Bis 2015 gab es hier am Klüschenberg einen Tierpark, welcher aus Kostengründen geschlossen werden musste. Bundesweit Schlagzeilen machte er 2001, als nach einem Einbruch die elf **Bennett-Kängurus** ausbrachen. Ein Teil der Gruppe war nicht zur Rückkehr zu bewegen und so fühlen sich im angrenzenden Gehölz etliche Kängurus sehr wohl, die sich seither munter vermehren. Wanderer und Spaziergänger reiben sich verdutzt die Augen bei einer – leider eher seltenen – Begegnung mit den Australiern in Mecklenburg.

■ **Höhenburg Stargard,** www.hoehenburg-stargard.de, März bis Okt. tgl. 10–17 Uhr, Eintritt inkl. Museum und Burgturm 8 €, Audio-Guide 3 €. Burgführung April bis Okt. Sa/So/Fei um 14.30 Uhr, pro Person 5 €, Treffpunkt ist der Eingang zum Burghof.

Praktische Tipps

Information

■ **Touristinformation,** Burg 4, 17094 Burg Stargard, Tel. 039603 25355, www.burg-stargard.de, Mo–Sa 10–17 Uhr. Die Informationsstelle vermittelt Unterkünfte und Führungen und verkauft Veranstaltungstickets, Wanderkarten und Souvenirs.

Unterkunft

■ **Burghotel Stargard**②, Burg 2, 17094 Burg Stargard, Tel. 0171 6063340, www.burghotel-stargard.com. Hier kann man direkt auf der Burg im ehemaligen Gefangenenhaus übernachten. Die 12 Zimmer sind stilvoll mit handgefertigten Möbelstücken ausgestattet und nennen sich z.B. Hofstuben oder Kastellans Gemach. Jeder Raum ist ein Unikat. Wer möchte, wandelt abends noch durch den Burghof und genießt die Atmosphäre. Das Hotel serviert Frühstück, zum Abendessen geht man in die Stadt.

■ **Hotel Zur Burg**②, Markt 10/11, 17094 Burg Stargard, Tel. 039603 2650, www.hotel-zur-burg-stargard.de. Das Hotel mit 24 Zimmern und familiärer Atmosphäre liegt zentral in der Innenstadt von Burg Stargard, nur 600 m von der Höhenburg entfernt. Die Zimmer in dem gepflegten historischen Gebäude sind gemütlich im klassischen Stil eingerichtet. Das Restaurant **Der Stargarder**② serviert Gerichte der Mecklenburgischen Küche, aber auch Leichtes ist im Angebot. Es gibt attraktive Arrangements für kurze Aufenthalte, besonders unter der Woche.

■ **Jugendherberge Burg Stargard**①, Dewitzer Chaussee 7, Tel. 039603 20207, www.jugendherberge.de/jugendherbergen/burg-stargard. In einer prächtigen Jugendstilvilla mit großem Park befindet sich die Stargarder Jugendherberge. Durchreisende finden hier Zweibettzimmer, Radkeller, Grillecken und Sportplätze im Garten vor. Frühstück wird angeboten und zweimal in der Woche kann ein Abendbuffet gebucht werden.

Camping

■ **Wohnmobilstellplatz Burg Stargard,** fünf kostenfreie Stellplätze auf dem Parkplatz vor der Burg, kein Strom/Wasser und keine Entsorgungsmöglichkeit.

Essen und Trinken

■ **Gasthof Zur Linde**②, Markstr. 9, Tel. 039603 20253, www.lindegasthof.de. Der im Stadtzentrum gelegene Gasthof verfügt über einen Außenbereich und eine Bowlingbahn. Die Küche ist von deftigen und einheimischen Gerichten geprägt.

138ms tm

UNSER TIPP: **Café im Wurz- und Krautgarten,** Burg 2–3, Tel. 039603 350010, www.altemuenze-burg-stargard.de/cafe, April bis Okt. Di–So 11–17 Uhr. Das kleine Gartencafé in der Burganlage befindet sich vor dem Querdielenhaus im lauschigen Burggarten, der mit allerlei Kräutern, aber auch duftenden Rosen bepflanzt ist. Hier genießt man hausgemachte Kuchen und Torten – die Baisertorten mit Früchten der Saison sind ein besonderer Tipp – und herzhafte Kleinigkeiten mit stimmungsvollem Ausblick auf die Burganlage. Es werden auch Stargarder Keramik, Kräutergestecke und Brotaufstriche verkauft. Je nach Wetter können die Öffnungszeiten variieren.

Einkaufen

Ballwitz

■ **Ballwitzkeramik,** Lindenweg 1, 17094 Holldorf, Ortsteil Ballwitz, Tel. 039603 23048, telefonische Voranmeldung erwünscht. *Sara-Maria Wawra* fertigt im kleinen Dorf Ballwitz, 7 km von Burg Stargard entfernt, fantasievolle Keramik-Kunstwerke. Dabei wird eine Hochbrandtechnik verwendet, die an kupfernen Grünspan, Rost und Gold erinnert. Ihre zweite Liebe ist die Raku-Technik. Man kann die Kunstobjekte und gebrauchstaugliche Keramik kaufen.

Feste und Veranstaltungen

■ Burg Stargard zelebriert sich und die Burg mit der **Walpurgisnacht** am 30. April und dem **Burgfest** am zweiten Wochenende im August (stargarder-burgverein.de/burgfest). Dazu kommen der **Altweibersommermarkt** am letzten Septemberwochenende und die **Burgweihnacht** am zweiten Advent.

Aktivitäten

Sommerrodelbahn

Sommerrodelbahn Burg Stargard, Rosenstr. 1a, www.rodelbahn-burgstargard.de, April bis Okt. tgl. 11–18 Uhr. Ein Freizeitspaß für Groß und Klein! Auf dem Hunnenberg geht es auf einer 720 m langen Bahn durch acht Steilkurven und über zwei Brücken hinab. Ein Lift sorgt dafür, dass man bequem wieder hochfährt zur nächsten rasanten Abfahrt. Für Abwechslung sorgen zusätzlich ein Trampolin und eine Shuffleboard-Anlage. Kinder (mind. 3 Jahre) 2 € pro Fahrt, Erw. (ab 17 Jahre) 2,50 €, günstigere Mehrfahrtenkarten erhältlich.

Reiten

Reiterhof Gohrs, Teschendorfer Chaussee 25, 17094 Burg Stargard, Tel. 039603 21038, www.reiterhof-gohrs.de. Auf dem Reiterhof der Familie *Gohrs* können Pferde für Ausritte gemietet werden. Für die kleinen Pferdefans wird Ponyreiten auf Shetlandponys angeboten.

Wandern

■ Auf dem **Sieben-Berge-Rundweg** lässt sich Burg Stargard bei einer familienfreundlichen Wanderung entdecken. Die knapp sechs Kilometer lange Strecke führt rund um die Stadt auf die Hügel und bietet reizvolle Aussichten. Der gut beschilderte Wanderweg führt an der Jugendherberge an der Straße Zum Galgenberg entlang. Eine ausführliche Broschüre zur Wanderung gibt es in der Touristinformation. Online-Wegbeschreibung: www.mecklenburgische-seenplatte.de/wandertour-sieben-berge-rundweg.

UNSER TIPP: Eine Wanderung auf der **Burgenroute** zwischen der **Höhenburg Stargard** und der

☐ Stöbern und genießen im Wurzgarten

Alten Burg Penzlin ist ein besonderes Erlebnis. Seit 2001 sind beim Burgenlauf jedes Jahr sportliche Läufer auf der Route unterwegs. Für Wanderer ist die 27 km lange Strecke eine Tageswanderung. Man kann mit öffentlichen Verkehrsmitteln zum Ausgangspunkt zurückkehren. Vom Stadtrand von Burg Stargard wandert man über reizvolle Dörfer wie z.B. Holldorf und Ballwitz zum Tollensesee, wo Hohenzieritz ein weiterer attraktiver Wegpunkt ist. Anschließend geht es durch das Schutzgebiet Rosenholz nach Penzlin. Hier endet die Tour an der Burg mit ihrem spannenden Museum.

Verkehr

Bus

■ Linienbusse der MVVG steuern von Burg Stargard aus hauptsächlich **Neubrandenburg** an, so z.B. die Linien 521 und 526-28. Mit Bus Nr. 615 fährt man nach **Neustrelitz** und **Feldberg.** Haltestellen in Burg Stargard sind am Markt und an der Schule.

139ms tm

Auf dem Mühlenberg Woldegk

Woldegk

Woldegk liegt am Fuße der **Helpter Berge,** der mit 179 m höchsten Erhebung des Landes im Osten Mecklenburgs, dicht an der Grenze zu Brandenburg. Die Kleinstadt mit 4300 Einwohnern ist mit 100 Metern über dem Meeresspiegel einer der höchstgelegenen Orte in Mecklenburg-Vorpommern. Offensichtlich sorgt die Lage auch für viel Wind: Mit fünf Mühlen im Stadtgebiet hat sich Woldegk den Titel **Windmühlenstadt** erarbeitet.

Das vor rund 770 Jahren gegründete Woldegk verfügt über eine gut erhaltene **Stadtmauer aus Feldsteinen,** die auf einer Länge von etwa 700 m erhalten ist. In den letzten Kriegstagen 1945 wurde das Zentrum rund um den Marktplatz und die **Kirche St. Petri** großflächig zerstört. 1954 begann der Wiederaufbau des gotischen Gotteshauses und fand 2007 mit dem Neubau des 24 m hohen Kirchturms als Fachwerkbau seinen krönenden Abschluss.

Windmühlen

Besucher Woldegks zieht es zu den Windmühlen, welche im Stadtgebiet verteilt, aber leicht erreichbar liegen. Auf dem Mühlenberg stehen gleich drei beieinander. Das 1969 gegründete **Mühlenmuseum** unterhält die **Museumsmühle** und die **Ehlertsche Mühle.** Dazu kommt das **Mühlencafé,** welches sich in einer privat gepflegten Turmholländermühle, 1859 erbaut, befindet (s.u.). Die drei Mühlen stammen aus dem 19. Jh. und wurden in den 1990er-Jahren aufwendig rekonstruiert. So kann man in der Museumsmühle, der einzigen Holländermühle Mecklenburg-Vorpommerns, an der sich noch mit weißem Segeltuch bespannte Flügel drehen, die Entwicklung der Mühlentechnik in einer umfangreichen Ausstellung erleben. Die Ehlertsche Mühle wird nur zu Veranstaltungen, wie z.B. dem Mühlentag an Pfingsten, in Betrieb genommen, kann aber von außen besichtigt werden.

Die wegen ihres roten Anstrichs **Moulin Rouge** genannte Mühle auf dem Gotteskamp ist die Werkstatt der Töpferei Saalfeld. Die fünfte im Bunde ist die Fröhlcke-Mühle am Stadtsee, deshalb auch **Seemühle** genannt. Sie ist mit 28 m Höhe die größte Galerieholländermühle in Deutschland (in Privatbesitz).

- **Mühlenmuseum,** Mühlendamm, 17348 Woldegk, März bis Okt. Di–So 9–12 und 13–16.30 Uhr, März und Okt. Sa/So nur 13–16.30 Uhr. Es wird um eine Spende (empfohlen Erw. 5 €, erm. 2 €) für die Erhaltung gebeten.

Unterkunft, Essen und Trinken

- **Restaurant zum Mühlencafé / Pension zum Mühlenblick**①, Mühlendamm 12, 17348 Woldegk, Tel. 03963 210852, www.zum-muehlencafe.de, Di–So ab 11.30 Uhr. Die Mühle beherbergt ein gemütliches Café im historischen Ambiente. Es werden warme Speisen sowie Kaffee und Kuchen angeboten. Dazu betreibt die Eigentümerin, die Urenkelin des letzten Müllers, in einem Nebengebäude eine einfache, kleine Pension. Nur wenige Schritte entfernt ist das Mühlenmuseum.

Radtour von Woldegk in die Helpter Berge

- **Start/Ende:** Mühlenmuseum Woldegk
- **Länge:** ca. 15 km

Eine Radtour von Woldegk in die Helpter Berge ist eine entspannte Runde, wobei die letzten Meter zum 179 m hohen Gipfel der höchsten natürlichen Erhebung Mecklenburg-Vorpommerns zu Fuß zurückgelegt werden. Vom **Mühlenmuseum** den Mühlendamm zur Hauptstraße hinunterradelnd, schwenkt man noch vor der Kreuzung nach links ein. Der Wegweiser gibt 8 km bis Groß Daberkow an. Vorbei am historischen Bahnhofsgebäude führt die Route mit einem Rechts- und dann Links-Knick auf die Ladestraße, deren Verlängerung der Radweg auf dem **ehemaligen Bahndamm** bildet. Der gut ausgebaute, schattige Weg führt vorbei an einer großen Rinderzucht und lässt kurze Zeit später das Dorf **Mildenitz** auf der rechten Seite liegen. Nach wenigen weiteren Kilometern ist **Groß Daberkow** erreicht.

Im Dorf biegt man bei der zweiten Möglichkeit (Zum Pastorhaus) links ab und radelt über die Felder nach **Helpt.** Das beschauliche, kopfsteingepflasterte Dorf verlässt man nach Süden. Ein Schild weist den Weg in die Helpter Berge. Es ist ratsam, das Zweirad am Waldrand stehen zu lassen und den Aufstieg per Pedes anzugehen. Auf dem **Gipfel** kann man sich per QR-Code in das Gipfelbuch eintragen. Zurück an der Straße führt die Route nun nach links in rund 3 km zurück nach **Woldegk.** Am Ortsrand angekommen, fährt man entlang der Waldstraße, der Mühlenberg ist schon wieder gut zu erkennen.

141ms tm

Feste und Veranstaltungen

■ Das größte Fest des Jahres in Woldegk ist – wenig überraschend – der **Mühlentag** mit buntem Programm und Schaubetrieb an den Mühlen am Pfingstwochenende (www.windmuehlenstadt-woldegk.de/muehlentag-fest-woldegk).

Verkehr

Bus

■ Vom ZOB Woldegk am Markt aus fahren die Busse der MVVG nach **Neubrandenburg** (Linie 540) und **Neustrelitz** (Linie 611).

Feldberger Seenlandschaft

Ein stiller See mit glasklarem Wasser und verwunschen bewaldeten Steilufern, über dem ein Seeadler kreist – diese paradiesische Vorstellung kann in der Feldberger Seenlandschaft durchaus Realität werden. Hier gibt es noch Ecken, die als sehr abgelegen gelten. Unterwegs kommt es vor, dass man sich auch in der Hochsaison vollkommen allein inmitten der Schönheit der Natur wiederfindet. Für viele ist die Region der **Seen rund um Feldberg** ganz im Osten der Mecklenburgischen Seenplatte nach wie vor kein erstrangiges Ziel. Andere aber sind froh, wenn ihre „Entdeckung" noch eine Weile verborgen bleibt, und genießen die Abgeschiedenheit. So oder so setzt man hier auf **Natur- und Gesundheitstourismus** – ohne große Ferienresorts und unter Förderung der lokalen Anbieter und Produktionen.

Die Region ist geschützt durch den 1990 gegründeten **Naturpark Feldberger Seenlandschaft.** Dieser erstreckt sich weiträumig bis nach Neustrelitz und Woldegk und überlappt im Westen mit dem Müritz-Nationalpark. Die Landesgrenze zu Brandenburg berührt er am Carwitzer See. Seine 340 km² stehen zu 10 % unter strengem Schutz in **14 Naturschutzgebieten.** Der größte Anteil des Naturparks wird landwirtschaftlich genutzt (45 %) oder besteht aus Wald (38 %). Es lassen sich alle Formen der Eiszeitgeologie nahe beieinander erleben: aus Gletschergeröll entstandene, sanfte Hügel, seichte Gletscherzungenseen und tiefe Rinnenseen, aber auch Erhebungen von über 160 m an den Ausläufern der Moränenlandschaft.

Seeadler, Fischadler und **Schreiadler** fühlen sich hier genauso wohl wie der **Fischotter.** Den seltenen **Schwarzstorch** trifft man mit etwas Glück ebenfalls an. Eine besonders seltene und leider für Besucher nicht leicht zu erlebende Spezies ist die **Große Flussmuschel,** welche im Breiten Luzin noch heimisch ist. Abseits der Seen sind die uralten **Buchenwälder** ein außergewöhnliches Naturdenkmal. So befindet sich hier mit den Heiligen Hallen bei Lüttenhagen das älteste Waldreservat Deutschlands.

Den Kern des Naturparks bildet die **Gemeinde Feldberger Seenlandschaft** mit **Feldberg** als Hauptort. Die kleinen Dörfer mit Hofläden, Galerien und Kunsthandwerkern sind charmante Ausflugsziele.

☐ Am Bootsverleih und Fähranleger am Schmalen Luzin finden Paddler, Taucher und Wanderer auch einen Imbiss

Feldberg

Ein Spaziergang durch das Stadtzentrum von Feldberg dauert nicht lange. Auch ohne klassische Sehenswürdigkeiten ist der Ort reizvoll, vor allem durch seine Nähe zum Wasser und die beschauliche Ruhe.

Feldbergs Geschichte reicht zurück in die Slawenzeit. Im 13. Jh. nahm die Entwicklung Schwung auf, als eine Burg für die Familie *Veldberghe,* Namensgeber für den Ort, gebaut wurde. **Reste der Burganlage** sind auf der Halbinsel Amtswerder im **Feldberger Haussee** noch erkennbar. Nachdem die Herrschaft von Brandenburg auf Mecklenburg wechselte, war Feldberg ab 1519 Sitz eines Domänenamtes. Davon zeugt noch das **Drostenhaus,** ein barockes Gutshaus, in dem sich damals besagte Verwaltung befand. Ebenfalls auf Amtswerder stand eine erste Kirche. Das um 1700 errichtete Fachwerkgotteshaus brannte 1870 ab. Da sich Feldberg nun von der Halbinsel im See auf das Festland ausgedehnt und den Status eines Marktfleckens hatte, baute man dort die neue **Stadtkirche** im neogotischen Stil. Seit 1875 steht sie auf der Anhöhe und überragt mit ihrem 53 m hohen Turm die Stadt.

Städtisches Flair wollte sich aber nie richtig einstellen, denn es gab keinen Markt und auch kein historisches Rathaus. Die Feldberger wussten jedoch die Vorteile der sie umgebenden Landschaft zu nutzen und gründeten bereits 1855 eine erste Wasserheilanstalt. Die Ideen des *Sebastian Kneipp* hatten sich herumgesprochen. Seit 2015 ist man offiziell **Kneipp-Kurort.** Im **Kurpark** gibt es Kneipp-Anlagen und einen Barfußpfad, rund um den Haussee trainiert man im **Nature Fitness Park** auf fünf zertifizierten Nordic-Walking-Routen und einem Fitness Parcours und die Rehaklinik bietet Medical Wellness an.

Empfehlenswert ist ein Spaziergang um die **Halbinsel Amtswerder.** Mit schönen Ausblicken auf den See, zahlreichen Sitzgelegenheiten, einem Strandbad und Gastronomie lässt sich entspannt Zeit verbringen. Mit etwas Glück trainiert gerade der **Wasserskiclub Luzin** auf dem See. Zuschauer sind immer willkommen, die Tribüne ist kaum zu übersehen. Hier finden auch Schauveranstaltungen und sogar internationale Wettbewerbe statt. 2021 feierte der Club sein 60-jähriges Bestehen.

Wer mehr über die Geschichte der Region erfahren möchte, macht sich auf in die **Heimatstube** im ehemaligen Spritzenhaus.

■ **Heimatstube Feldberg,** Amtsplatz 36, 17258 Feldberger Seenlandschaft, Mai bis Sept. Mo, Mi, Fr 14–16, Sa/So 10–12 und 14–16 Uhr, Eintritt frei.

Schmaler Luzin

Obwohl die Feldberger Seenlandschaft reich an verschiedenen Gewässern ist, nimmt der Schmale Luzin eine besondere Stellung ein. Zwar ist er mit sieben Kilometern recht lang, mit nur 150–300 m Breite jedoch auch recht schmal. Das Schmelzwasser unter den Gletschern der letzten Eiszeit hat eine tiefe Rinne in das Gestein geschabt. Nach dem Abschmelzen der Gletscher füllte sich diese Furche dauerhaft mit Wasser.

Wandert man von Feldberg kommend durch den Wald, erblickt man nach wenigen Minuten unterhalb der **steil abfallenden Hänge** den See, in dessen **türkisfarbenem Wasser** sich die Kronen der ihn einrahmenden Rotbuchen spiegeln. Die steilen Hänge setzen sich unter der Oberfläche noch mehr als 30 m bis zum Grund fort. Das Wasser ist im Frühsommer glasklar. Kaum ein anderer See bietet so eine gute Sicht, weshalb er als Dorado für **Taucher und Schnorchler** gilt, die hier die Unterwasserwelt erkunden.

Eine weitere Attraktion des Schmalen Luzin ist die **handbetriebene Seilfähre,** mit der man sich zum anderen Ufer übersetzen lassen kann. Am Ortsrand von Feldberg (Parkplatz) führt eine steile Treppe hinab zum Seeufer mit dem Fähranleger. In dem charmanten Holzbau sind ein Imbiss und ein **Bootsverleih** untergebracht. Verliehen werden verschiedene nichtmotorisierte Wasserfahrzeuge, mit denen sich der malerische See erkunden lässt.

Fähre

■ **Luzin-Fähre und Bootsverleih,** An der Fähre 1, 17258 Feldberger Seenlandschaft, Tel. 0170 3070128, www.luzinfaehre.de, Juni tgl. außer Mi

10.30–17 Uhr, Juli/Aug. tgl. 10–18 Uhr, Sept. tgl. außer Mi 11–17 Uhr, Okt. tgl. außer Mi 12–17 Uhr, Nov. bis Mai nur auf Anfrage, tagesaktuelle Änderungen möglich.

Carwitz

Nur wenige Kilometer südlich von Feldberg liegt, eingerahmt von den drei Seen Schmaler Luzin, Dreetzsee und Carwitzer See, das verträumte Dorf Carwitz. Der **Carwitzer See** mit seinen neun kleinen Inselchen ist der größte See der Feldberger Seenlandschaft und ein Naturidyll. Laute Motorboote hört man hier nicht.

Der Ortsname rührt vom slawischen *Karva* (Kuh) her und zeigt, dass neben Fischfang wohl auch die Viehhaltung für Carwitz prägend war. Vor allem im Sommer zieht es viele Besucher hierher. Entlang der durch den Ort führenden Kopfsteinpflasterstraße finden sich Ferienwohnungen und Cafés. Die **Dorfkirche** am Anger ist ein charmantes Bauwerk aus Fachwerk. Ihres freistehenden Glockenturms wurde sie schon vor langer Zeit durch ein Unwetter beraubt.

Spuren hinterlassen haben die Schriftsteller **Hans Fallada** und **Ruth Werner.** Letztere machte auch als Agentin des Sowjetischen Geheimdienstes von sich reden. Ein engagierter Verein erinnert im **Scheunenladen** in der Ortsmitte an *Werner* und lädt zu Lesungen und Gesprächen ein.

Dichte Wälder umrahmen den Schmalen Luzin. Hier ist man nur mit Muskelkraft oder mit dem Elektroboot unterwegs

142ms tm

Radtour um die Feldberger Seen

- **Start/Ende:** Kurpark in Feldberg
- **Länge:** 20 km, mit Verlängerung ca. 35 km

Eine entspannte Radtour um die herrlichen Seen mit vielen möglichen Stopps startet in Feldberg am **Parkplatz Strelitzer Straße** (am Kurpark). Zunächst auf der Kastanienallee am Kurpark entlang und dann weiter auf der Straße der Jugend geht es in Richtung Norden aus dem Ort hinaus. Auf dem Schlichter Damm angekommen, biegt gleich hinter dem Waldhotel Stieglitzenkrug ein Radweg rechts ab, der rund um den **Haussee** führt. An der **Marienquelle** lohnt ein Stopp an den Natur-Kneipp-Becken. Als Nächstes sollte man den Aussichtspunkt **Reiherberg** am Nordufer erklimmen.

Am östlichen Seeufer entlang verläuft die Route auf einer schmalen Landverbindung zwischen dem Haussee und dem **Breiten Luzin** über den Luzinkanal mit weiterhin schönen Aussichten bis zur Hauptstraße (Erddamm genannt). Hier radelt man nach links, fährt über den Damm zwischen dem Breiten und dem **Schmalen Luzin** und weiter auf dem Radweg bis nach **Wittenhagen.**

Die Fortsetzung der Tour führt nun teils auf Asphalt und teils auf befestigten Waldwegen über den Weiler **Hullerbusch,** wo ein Stopp bei Ziegenmilcheis im Hofladen der **Schäferei** fast ein Muss ist, nach **Carwitz.** Das **Hans-Fallada-Museum** im Ort ist die nächste Möglichkeit, das Radeln zu unterbrechen. Am Ortsausgang von Carwitz führt ein straßenbegleitender Radweg über **Neuhof** zurück nach Feldberg.

Wer eine längere Tour machen möchte, dreht von **Carwitz** noch eine Runde um **Carwitzer See** und **Zansen.** Zunächst fährt man nach **Thomsdorf** mit seinem **Kunsthanderwerkerhof** am Südufer des Carwitzer Sees – bereits in Brandenburg gelegen – und von dort auf der wenig befahrenen Straße in östlicher Richtung über die Dörfer **Funkenhagen** und **Conow** wieder nach **Wittenhagen.** Nun geht es in Gegenrichtung über die Straße Erddamm auf geradem Weg zurück nach **Feldberg.** Dabei überfährt man den **Seerosenkanal,** eine bei Paddlern beliebte Verbindung zwischen Schmalem Luzin und Haussee.

⌃ Der Haussee bei Feldberg

Es lohnt auch für Besucher ohne ausgeprägtes Literatur-Interesse nach Carwitz zu kommen, z.B. zur Rast bei der beliebten **Fridolinwanderung** (siehe Kasten S. 256).

■ **Scheunenladen** mit Ruth-Werner-Ausstellung, Carwitzer Str. 33, www.ruth-werner-carwitz.de, Mai bis Sept. Di–So 14–16 Uhr.

Hans-Fallada-Museum

Das ehemalige **Wohnhaus** *Hans Falladas* liegt etwas abgeschieden am Carwitzer See auf einer Halbinsel. Um zum Museum zu gelangen, durchquert man den gesamten Ort. 1933–44 lebte der Schriftsteller mit seiner Familie in diesem Haus und kehrte 1945 noch einmal für kurze Zeit zurück. Damals war er sogar Bürgermeister von Feldberg. 1893 als *Rudolf Ditzen* in Greifswald geboren und in Berlin aufgewachsen, legte er sich den Künstlernamen *Hans Fallada* zu. Das rechtschaffene Pferd aus dem Grimmschen Märchen „Die Gänsemagd", dessen abgeschlagener Kopf am Tor so lange weiter die Wahrheit verkündete, bis die Prinzessin ihr Recht erlangte, soll ihn dabei inspiriert haben. Der junge Schriftsteller, der auch immer wieder mit Suchtproblemen kämpfte, veröffentlichte 1920 seinen ersten Roman. Einem breiteren Publikum bekannt wurde er in den 1930er-Jahren u.a. mit „Wolf unter Wölfen" und „Kleiner Mann – was nun?". Damals hatte er sich, nachdem er in Berlin denunziert worden war, schon in Carwitz niedergelassen. Nazideutschland zu verlassen, dazu konnte er sich nicht entschließen. In der Carwitzer Zeit entstanden auch Erzählungen für seine Kinder, die ein weiteres dichterischen Talent des sehr sozialkritischen Autors zeigten.

Sein Wohnhaus in Carwitz wird seit 1995 durch die Fallada-Gesellschaft als Museum betrieben. Das Arbeitszimmer, die Veranda und das Esszimmer sind mit **originaler Ausstattung** zu bestaunen. So erhält man einen lebendigen Einblick in den Alltag des Schriftstellers und seiner Familie. Im Schlaf- und im Kinderzimmer sind **Ausstellungen** zu seinen Werken eingerichtet. Auch der große **Garten** ist Teil der Fallada-Präsentation. Hier sieht man z.B. das originalgetreu bepflanzte Dreiecksbeet und das sorgfältig restaurierte Bienenhaus.

■ **Hans-Fallada-Museum,** Zum Bohnenwerder 2, fallada.de/museum, April bis Okt. Di–So und Fei 10–17 Uhr, Nov. bis März 13–16 Uhr, Eintritt 8 €.

Kunsthandwerkerhof Thomsdorf

In Thomsdorf auf der Brandenburger Seite des Carwitzer Sees haben sich etliche Kunsthandwerker zusammengetan und präsentieren ihre Werke und Produkte auf dem gemeinsamen Hof. Hier versammeln sich verschiedene Kunstgewerke, z.B. **Töpferei, Malerei** und **Textilkunst,** und auch Gastronomie ist vorhanden. Mehrmals im Jahr wird zu Märkten eingeladen.

■ **Kunsthandwerkerhof Thomsdorf,** Thomsdorf 36a, 17268 Boitzenburger Land, Tel. 039889 86243, www.kunsthandwerkerhof-thomsdorf.de. Die einzelnen Manufakturen öffnen zu unterschiedlichen Zeiten, meist Do–So 11–17 Uhr.

146ms trr

Falladas Fridolinwanderung ab Carwitz

- **Start/Ende:** Hans-Fallada-Museum Carwitz
- **Länge:** 10 km, 3 Std.
- www.feldberger-seenlandschaft.de/aktives-und-gesundes/wandern/wanderwege

Die beliebteste Wanderung in der Feldberger Seenlandschaft ist aufgrund ihrer abwechslungsreichen und leicht begehbaren Route die Fridolinwanderung ab dem Hans-Fallada-Museum in Carwitz. Der Name stammt von dem Kinderbuch „Fridolin, der freche Dachs", welches *Hans Fallada* für seine Kinder schrieb. Der zertifizierte Wanderweg ist mit einem kleinen Dachs beschildert.

Nach dem Start in Carwitz geht es am Ortsausgang am Westufer des **Schmalen Luzin** entlang in Richtung Feldberg. Die Natur ist atemraubend, fast fühlt man sich in Norwegen. Am Anleger der **Luzin-Fähre** ist ein Erfrischungsstopp möglich. Die kleine Seilfähre bringt Wanderer auf die andere Seeseite. Dort geht es hinauf nach **Hullerbusch,** wo die **Schäferei** einen Besuch wert ist. Zurück in Richtung Carwitz passiert die Route eine Moorlandschaft und verläuft dann nahe dem Ufer des **Zansen** entlang. Auf dem Hauptmannsberg eröffnet sich ein weiter Ausblick. Mit etwas Glück können hier Seeadler beobachtet werden.

⌃ Dachs Fridolin gibt die Richtung vor

Lüttenhagen

In und um Lüttenhagen, einem von Wald umgebenen Dorf vier Kilometer westlich von Feldberg, lässt sich gut ein ganzer Ausflugstag verbringen.

Zum Einstieg lädt das **Waldmuseum Lütt Holthus** ein, die Pflanzen- und Tierwelt der umgebenden Wälder kennenzulernen. Neben umfangreichen Erklärungen steht das eigene Erleben im Vordergrund, so z.B. mit einer Duftorgel, einer Geräuschebox, in der Waldapotheke oder im begehbaren Fuchsbau. Auf dem Außengelände sind eine Harzerhütte, ein Waldarbeiterwagen und eine Mini-Baumschule zu besichtigen. Das kleine, aber feine Museum bietet Erkenntnis und Spaß für Groß und Klein.

- **Waldmuseum Lütt Holthus,** Forsthof 2, 17258 Feldberger Seenlandschaft, Ortsteil Lüttenhagen, Mai bis Sept. Di–So 10–16 Uhr, April und Okt. Di–Sa 13–16 Uhr, Erw. 2 €, Kinder 1 €.

Paradiesgarten

Vom Waldmuseum aus kann man zu geführten oder individuellen Wanderungen zu den Heiligen Hallen, dem ältesten Waldreservat Deutschlands, starten. Dabei lohnt ein Stopp am Paradiesgarten schräg gegenüber vom Lütt Holthus. Er wurde 1880 angelegt und umfasste einst 27 verschiedene **exotische Gewächse.** Es war damals Mode, fremdländische Gehölze in Parks und Gärten anzupflanzen. Der forstbotanische Versuchsgarten in Lüttenhagen war der erste seiner Art. Nach dem Ersten Weltkrieg verwilderte er zusehends und wurde ab Mitte der 1990er-Jahre wieder hergerichtet und er-

145ms tm

weitert. Von den ursprünglichen Arten überlebten nur sieben die Zeiten: Weißtanne, Rosskastanie, Bitternuss, Lawson-Scheinzypresse, Erbsenfrüchtige Scheinzypresse, Spätblühende Traubenkirsche und Küsten-Douglasie. Heute präsentiert man auch heimische Arten. Ein Spaziergang durch die nun 2,2 ha große Anlage mit **Streuobstwiesen** und Buchenwald ist lehrreich und vergnüglich. Sechszehn **Waldgeister aus Holz** verstecken sich zwischen den Bäumen. Der Paradiesgarten ist durchgehend geöffnet und kostenfrei zugänglich.

▲ Im Museum Lütt Holthus taucht man ein in die Geheimnisse des Waldes und seiner Bewohner

Heilige Hallen

Vom Paradiesgarten ist es ein guter Kilometer Fußweg bis zu den geschützten **Buchenwäldern.** Für Großherzog *Georg von Mecklenburg-Strelitz* (1779–1860) waren es Heilige Hallen, weil die hoch aufragenden Baumsäulen einen Vergleich mit dem Mailänder Dom und St. Peter in Rom nicht scheuen mussten. Er verfügte, dass dieses Gebiet auf ewig zu schützen sei, und schuf damit das **älteste Waldreservat Deutschlands.** Das 25 ha umfassende Kerngebiet Heilige Hallen ist seit 1938 **Naturschutzgebiet.** Die unbewirtschaftete Zone wurde 1998 auf 39 ha erweitert. Der hallenartige Eindruck ist heute nicht mehr ausgeprägt vorhanden, da zwischen den teils über 300 Jahre alten und über 50 m hohen Buchen nun – langsam, wie es sich für Buchen gehört – junge Bäume heranwachsen. Der Wald erhält eine neue Vielfalt. Da der Mensch nicht eingreift, ist das Areal heute insbesondere durch das Totholz ein **Refugium für Pilze, Insekten und höhlenbewohnende Vögel.** Auf Wanderwegen dürfen Besucher diesen eindrucksvollen Wald erleben. Besonders zu empfehlen ist eine **Führung mit den Rangern.**

■ **Wanderung mit den Naturparkrangern,** Anfang Juni bis Anfang Sept. feste Termine, Wanderung ab Waldmuseum zu den Heiligen Hallen, ca. 6 km, 5 €, Termine unter www.naturpark-feldberger-seenlandschaft.de, Veranstaltungsprogramm unter der Rubrik „Tipps vom Ranger".

Im Herbst ist der Buchenwald bei Lüttenhagen besonders farbenprächtig

147ms tm

Kunsthaus Koldenhof

Das 2015 in einem alten Landgasthof eröffnete Kunsthaus in Koldenhof, einem Nachbardorf von Lüttenhagen, präsentiert in wechselnden Schauen **zeitgenössische Kunst.** Mindestens drei verschiedene Ausstellungen werden pro Saison gezeigt. Außerdem finden regelmäßig **Lesungen** statt.

■ **Kunsthaus Koldenhof,** Lindenallee 27, 17258 Feldberger Seenlandschaft, Ortsteil Koldenhof, Tel. 039820 337980, www.kunsthaus-koldenhof.de, 30.4. bis 2.10. Do–So 11–17 Uhr.

Praktische Tipps

Information

■ **Touristinformation,** Kurverwaltung Feldberger Seenlandschaft, Strelitzer Str. 42, 17258 Feldberger Seenlandschaft, Tel. 039831 2700, www.feldberger-seenlandschaft.de, Okt. bis März Mo–Fr 10–16, Sa 10–13 Uhr, April bis Sept. Mo–Fr 9–18, Sa 10–13 Uhr, Juli/Aug. Sa 10–15, So 10–13 Uhr.

Unterkunft

Feldberg

■ **Haus Seenland Feldberg,** Strelitzer Str. 4, 17258 Feldberger Seenlandschaft, Tel. 039831 22232, www.haus-seenland.de. Mitten in Feldberg mit direktem Zugang zum Haussee werden neun in frischen Farben dekorierte Appartements vermietet. Landhausstil und viel Licht dominieren die Atmosphäre in den Wohnungen für 2 oder max. 4 Gäste. Der Garten bietet reichlich Platz zum Ausspannen. Das Frühstück genießt man in der Schokostube im selben Haus. Am Abend lädt die Bar im Kellergewölbe zu Tapas und kleinen Gerichten ein.

■ **Apartmenthaus Feldberg,** Fam. Michael, Amtsplatz 31, 17258 Feldberger Seenlandschaft, Tel. 0162 4927477, www.apartmenthaus-feldberg.de. Die 2019 eröffnete Ferienwohnungsanlage liegt auf der malerischen Halbinsel Amtswerder, nur einen kurzen Spaziergang vom Zentrum Feldbergs entfernt. Die 6 Apartments für 2 oder 4 Personen sind komfortabel eingerichtet. Alle verfügen über einen Kamin, einige zusätzlich über eine Sauna. Für Hausgäste steht ein großer Garten mit Grillmöglichkeiten zur Verfügung. Fahrräder können untergestellt werden und es gibt eine E-Bike-Ladestation. Haustiere sind nicht erlaubt.

■ **Altes Zollhaus**②-③, Erddamm 31, 17258 Feldberger Seenlandschaft, Tel. 039831 500, www.romantik-am-see.de. Etwas außerhalb von Feldberg, romantisch direkt am See gelegen, nächtigt man hier z.B. in Maisonette-Zimmern mit Blick auf den Breiten Luzin. Die Zimmer im rund 150 m entfernten Gästehaus haben einfacheren Standard. Mit Fachwerk, viel Holz und warmen Farben strahlt die Einrichtung Gemütlichkeit aus. Hotelgäste können auch ein Saunahaus und den hoteleigenen Fahrradverleih nutzen. Unterstellmöglichkeiten für die eigenen Räder sind ebenfalls vorhanden. Das **Restaurant** serviert typisch mecklenburgische Gerichte, vor allem auch Fisch aus dem See. Besonders reizvoll sind die Plätze auf der Seeterrasse.

Hullerbusch

■ **Hotel Hullerbusch**③, Hullerbusch 12, 17258 Feldberger Seenlandschaft, Tel. 039831 20243, www.hotel-hullerbusch.de, saisonal geöffnet ab April. Im idyllischen Hullerbusch hat Familie *Günther* in der 1905 erbauten Villa Hullerbusch ein Hotel mit acht Zimmern eingerichtet. Alle sind nach individuellem Geschmack mit moderner Möblierung gestaltet. Der Park lädt zu Spaziergängen ein. Das Haus verfügt über eigene **Restaurants,** in denen ein Abendessen reserviert werden kann. Man wählt zwischen Jagdzimmer, dem Kleinen Restaurant und dem Blauen Salon.

Grünow

Planwagencamping & Bauernhofferien, Am Nationalpark 31, 17237 Grünow, Tel. 039821 40888, www.planwagencamping.de. Auf dem großen Bauernhof rund 12 km westlich von Feldberg mit vielen Tieren und reichlich Platz für Aktivitäten können große und kleine Urlauber in Ferienwohnungen oder Planwagen (für 4 Personen) übernachten. Wer will, bleibt als Ferienkind ohne Eltern auf dem Hof oder bucht das Planwagencamp. Pferdefreunde kommen bei geführten Ausritten auf ihre Kosten.

Camping

Feldberg

■ **Camping am Bauernhof,** Hof Eichholz 1–8, 17258 Feldberger Seenlandschaft, Tel. 039831 21084, www.campingplatz-feldberg.de. Am Breiten Luzin bietet der Platz eine breite Auswahl an Optionen für alle mit oder ohne eigene Bleibe. Neben 40 Stellplätzen und 5 Zeltwiesen können auch Mobilheime, Ferienhäuser und -wohnungen sowie urige Schlaffässer gebucht werden. Es gibt eine eigene Badestelle mit Liegewiese, einen Kiosk und einen kleinen Bootsverleih. Da das Camping-Areal neben einem Bauernhof gelegen ist, haben besonders die kleinen Besucher Gelegenheit, Tiere hautnah zu erleben.

Carwitz

■ **Campingplatz Klein & Fein am Carwitzer See,** Carwitzer Str. 80, 17258 Feldberger Seenlandschaft, Tel. 039831 21160, campingplatz-carwitz.de. Der Platz ist direkt am See gelegen und hat eine eigene Badestelle. Die Stellplätze sind teils terrassenförmig angelegt für beste Aussichten. Auch Mietwohnwagen und ein Mobilheim sowie eine Hütte sind im Angebot. Zum Service gehören Lebensmittelverkauf und Bootsverleih. Der Campingplatz öffnet Ende April, Saisonende ist am 3.10.

140ms tm

Essen und Trinken

Feldberg

■ **Mecklenburger Fischstübchen**②, Amtsplatz 31a, Tel. 039831 20876, www.fischstuebchen-feldberg.de, Mi–Mo 11–15 und 17–22 Uhr. Das urige, kleine Lokal mit schönem Garten liegt nahe der Badestelle auf dem Amtswerder. Hier steht hauptsächlich Fisch auf der Speisekarte, frisch zubereitet oder hausgeräuchert. Der Familienbetrieb kann auf mehr als 30 Jahre Erfahrung verweisen.

■ **Fischladen der Seenfischerei Feldberg,** Strelitzer Str. 2, www.seenfischerei-feldberg.com, Do–Mo 11.30 bis ca. 18 Uhr, Nov. bis März Einschränkungen möglich. *Oliver Pahlke* bewirtschaftet neun Seen in der Feldberger Seenlandschaft. Der passionierte Fischer setzt sich u.a. für Nachhaltigkeit und den Schutz des Fischotters ein. In seinem kleinen Fischladen und **Bistro** kredenzt er je nach Saison Fisch im Fladenbrot, Quiche mit Räucherfisch, Fischsuppen und mehr, alles zum Mitnehmen oder zum Genießen auf den (wenigen) Plätzen im und vor dem Laden.

■ **Feldberger Schokostube** (im Haus Seenland), Strelitzer Str. 4, Tel. 039831 22232, www.haus-seenland.de, Mai bis Sept. tgl. 8–17 Uhr. In der kleinen Schokoladenmanufaktur kauft man für den süßen Hunger ein und kann sich vor Ort auch gleich zu einem leckeren Imbiss niederlassen. Vor allem die Plätze auf der Terrasse sind heiß begehrt. Serviert werden Crêpes und Eisbecher mit hauseigenem Joghurteis, aber auch eine Tagessuppe. Zum Frühstück sind auch Nicht-Hausgäste – Anmeldung am Vortag – willkommen.

■ **Tortenmarie Café,** Alter Landweg 37, Tel. 039831 22462, www.tortenmarie.de, April bis Okt. tgl. ab 13 Uhr. Die süßen Köstlichkeiten von *Cindy Baugatz* sind über die Grenzen Feldbergs bekannt. In ihrem Café sind Törtchen und Torten, Softeis, im Winter Waffeln und für den herzhaften Geschmack

⌃ So einfach geht Badespaß in den naturbelassenen Seen

Kreationen aus Blätterteig und Varianten von Quiche im Angebot. Auch das **Kurpark-Café** (Strelitzer Str. 42) lädt zu Tortenmaries Leckereien ein.

Carwitz

■ **Carwitz-Eck,** Carwitzer Str. 83, Tel. 039831 22198, www.carwitzeck.de, April bis Okt. Di–So 12–20 Uhr. Nicht weit vom Hans-Fallada-Museum lohnt das kleine Lokal einen Stopp. Die Speisekarte listet u.a. eine vielfältige Auswahl an Gerichten für den kleinen Hunger. Saisonal wird auch Wild angeboten. Am Nachmittag locken die hausgemachten Torten auf die Terrasse. Die kleinen Besucher können sich auf dem gegenüber gelegenen Spielplatz die Wartezeit aufs Essen vertreiben. Wer Glück hat, erwischt im Sommer einen der Abende mit Live-Musik.

Fürstenhagen

■ **Restaurant Alte Schule**③, Zur Alten Schule 5, 17258 Feldberger Seenlandschaft, Ortsteil Fürstenhagen, Tel. 039831 22023, www.restaurant-alteschule.com, April bis Okt. Mi–So 18.30–23 Uhr, Nov. bis März Fr–So 18.30–23 Uhr. Im beschaulichen Dorf Fürstenhagen, 7 km östlich von Feldberg, hat Sternekoch *Daniel Schmidthaler* das historische Schulgebäude zu einem Gourmetrestaurant mit Hotel umgebaut. Das **Gourmetrestaurant Klassenzimmer** serviert erstklassige Menüs. Daneben wird im vegetarischen **Restaurant Schulgarten** ein täglich wechselndes 5-Gang-Menü offeriert. Für beide ist eine Reservierung erforderlich. Wer länger genießen will, bucht ein Zimmer im hauseigenen **Hotel**②. Hier geht es ländlich-fein zu für ein mittleres Budget.

Einkaufen

Hullerbusch

Unser Tipp: **Schäferei Hullerbusch,** Hullerbusch 2, 17258 Feldberger Seenlandschaft, Tel. 039831 20006, www.schaeferei-hullerbusch.de, Mi–So 11–17 Uhr. Hier gibt es alles von Schaf und Ziege aus eigener Produktion, z.B. Lammfleisch, Ziegenkäse und Wollprodukte, außerdem Honig und Backwaren regionaler Partner. Der Hof betreibt ökologische Tierhaltung und ist schon lange ein fester Anlaufpunkt für Besucher der Region, besonders Wanderer auf dem Fridolinweg. Für eine kleine Rast wird Leckeres wie Lammsoljanka oder Ziegenmilcheis angeboten.

Feste und Veranstaltungen

■ **Steg in Flammen** heißt es von Mai bis September regelmäßig in Feldberg. Am Ufer des Haussees auf der Halbinsel Amtswerder finden Konzerte in gemütlicher Atmosphäre statt (www.ruhepuls.com).

■ Das Hans-Fallada-Museum in Carwitz lädt von Juni bis September zu der Reihe **Freitags bei Fallada** mit Literatur und Musik ein.

Aktivitäten

Strandbäder

Die **Seen rund um Feldberg** bieten beste Badebedingungen, mal seicht und warm und mal spektakulär im türkisfarbenen Wasser.

■ In Feldberg am **Haussee** gibt es auf der Halbinsel Amtswerder ein Strandbad mit Badesteg, welches von Mai bis September durch Rettungsschwimmer besetzt ist und über Sanitäreinrichtungen und Gastronomie verfügt. Ein Parkplatz befindet sich in direkter Nähe.

■ Am **Breiten Luzin** ist der Strand in Lichtenberg mit seiner Badeinsel im Juli und August durch Rettungsschwimmer bewacht. Auch hier sind Parkmöglichkeiten, WCs und Imbiss vorhanden.

■ Im **Schmalen Luzin** badet man vom Boot aus oder an der Badestelle Ziegenwiese. Es gibt keine Strände. Man legt die Kleidung auf der Wiese oder einem Baumstamm ab und hüpft hinein.

■ Auch am **Carwitzer See** existieren Naturbadestellen. Hier gibt es zwar keine Gastronomie oder Bewachung, aber das Ufer ist überwiegend flach. Zum Teil ist FKK erlaubt.

Paddeln

Zum Paddeln bieten die Seen um Feldberg beste Bedingungen. Eine Tour von Feldberg, z.B. ab Bootsverleih Berg, über den **Haussee,** rund um die Halbinsel Amtswerder und dann durch den Seerosenkanal in den **Schmalen Luzin** verspricht einmalige Aussichten, türkisfarbenes Wasser und die Möglichkeit, Seeadler oder mindestens Milane fliegen zu sehen.

Bootstouren und Bootsverleih

■ **Boots-Berg,** Strelitzer Str. 36, 17258 Feldberger Seenlandschaft, Tel. 039831 20554, www.boots-berg.de, Mai bis Sept. tgl. 9–18 Uhr. Bei *Frank Berg* am Feldberger Seeufer leiht man Kanus, Kajaks, Tretboote, Ruderboote oder kleine Elektroboote für eigene Entdeckungen auf Haussee und Luzin. Auch Fahrräder, E-Bikes und Stand-up-Paddle-Boards sind im Angebot. Für Paddler kann ein Rücktransport vereinbart werden.

Unser Tipp: Wer sich lieber fahren lässt und dabei auch die Besonderheiten der Region kennenlernen möchte, bucht eine der geführten **Touren mit dem Elektro-Power-Schiff.** Faust lautlos geht es über den See. Auch der Schmale Luzin wird erkundet. Ein Tipp ist die Seeadler-Tour tgl. um 10 Uhr.

■ **Seenfischerei Feldberg,** www.seenfischerei-feldberg.com, Tel. 0173 8926987. Mit dem Fischer *Oliver Pahlke* können Interessierte Fischfang und Fischverarbeitung erleben. Auf den Bootstouren geht es neben Kulinarischem auch um die Fischerei-Tradition und um Nachhaltigkeit.

Tauchen

Die Feldberger Seen bieten Hobbytauchern und Profis beste Bedingungen für Unterwassererlebnisse. Auch beim Schnorcheln entdeckt man dicht unter der Wasseroberfläche schon Sehenswertes, da man im klaren Wasser bis tief auf den Grund schaut. Ein besonderer Tipp als Tauchrevier ist der **Schmale Luzin.**

■ **Tauchcenter Feldberg,** Strelitzer Str. 18, 17528 Feldberger Seenlandschaft, Tel. 0176 66602393, www.tauchcenter-feldberg.de. Bei *Tanja*

148ms tm

Heinrich am Haussee in Feldberg kann man Tauchausrüstung leihen, auf gemeinsame Tour gehen oder an einem Schnupperkurs teilnehmen.

Wasserski

■ **WSC Luzin Feldberg,** Clubanlage Amtsplatz 44, 17258 Feldberger Seenlandschaft, www.bestofwasserski.de. Der Wasserski-Club heißt Interessierte gern willkommen als Zuschauer bei regelmäßigen Schauen und Wettbewerben (Termine auf der Website) oder bei Wasserski für Jedermann (Mitte Juli bis Mitte August Mo 17–20 Uhr). Bei Letzterem kann man den Sport in lockerer Atmosphäre ausprobieren. Equipment lässt sich gegen einen kleinen Obolus leihen.

Wandern

■ **Naturnah wandern in der Feldberger Seenlandschaft,** *Dagmar von der Schmidt,* Tel. 0151 56019080, www.naturnahwandern.de. Wer bei einer Wanderung mehr über die Region erfahren möchte oder einfach gern in kleiner Gruppe unterwegs ist, kann sich hier für geführte Touren anmelden. Angeboten werden Wanderungen mit Start z.B. in Feldberg oder Carwitz, die um die Seen, zu den Buchenwäldern Heilige Hallen oder in reizvolle Orte führen. Eine Anmeldung ist nötig, Termine online.

Dagmar von der Schmidt hat spezielle **Kinderwanderungen** konzipiert und auch **Schatzsuchen** für Familien.

Bogenschießen

Unser Tipp: **Altersnativen André Klinger,** Tel. 0176 34456367, www.altersnativen.de. Im Garten des Haus Seeland in Feldberg, direkt am Haussee, bietet *André Klinger* Kurse im Bogenschießen an. Möglich sind ein einstündiger Schnupperkurs oder eine umfassende Einführung in intuitives Bogenschießen von 2 Std. Ein Urlaubsvergnügen der besonderen Art und vielleicht der Beginn einer neuen Leidenschaft. Die Techniken sind gut und schnell erlernbar. Termine müssen vereinbart werden, die Preise starten bei 25 € pro Person im Schnupperkurs.

Verkehr

Bus

■ Die Busse der MVVG halten in Feldberg u.a. am Kurpark und im Zentrum des Ortes. Mit der Linie 615 geht es über **Burg Stargard** nach **Neubrandenburg.** Bus 618 steuert die Dörfer rund um Feldberg an, z.B. Fürstenhagen, Conow oder Lichtenberg (Badestrand). Mit der 619 fährt man nach **Neustrelitz** und Bus Nr. 629 bringt Gäste nach **Carwitz.**

Reger Bootsverkehr auf dem Schmalen Luzin – je nach Wetter pendelt wie hier ein Solarboot oder die traditionelle handbetriebene Seilfähre

152ms tm

5 Der Süden

» Das Neustrelitzer Kleinseenland ist eine Region, die vielen Ansprüchen gerecht wird und für jeden das passende Plätzchen zum Ausspannen oder Auspowern bereithält. In stillen Ecken zwischen Wäldern und Seen, weit ab vom Trubel der größeren Städte, ist man überrascht, Schlösser von beachtlicher Größe vorzufinden. Unverfälschte Natur lässt sich hier genauso erleben wie hochkarätige Kultur in den ehemaligen Residenzschlössern. Am besten entdeckt man die Region vom Wasser aus mit dem Kanu oder Hausboot.

‹ Bei Radtouren oder Spaziergängen im Kleinseenland trifft man im Juni oft auf ein Blütenmeer wie dieses bei Userin

153ms tm

NEUSTRELITZER KLEINSEENLAND

Wie der Name Kleinseenland bereits vermuten lässt, sind es die kleinen Gewässer, die den Reiz dieser Landschaft ausmachen. In dem Geflecht von ehemaligen Flößerkanälen mit dutzenden Schleusen und langgestreckten Seen verstecken sich verträumte Städte und Dörfer, die ganz nebenbei mit einer Menge Kultur aufwarten. Zwischen Neustrelitz im Norden, Mirow im Westen, Fürstenberg/Havel im Osten und Rheinsberg im Süden liegt ein Dorado für Wassersportler. Spannend wird es für Paddler u.a. in Fürstenberg. Statt flussabwärts zu schleusen, kann man hier die Havel „runterrutschen". Wasserwanderer, Hausbootfahrer und Segler sind sich einig, dass die Schönheit des Kleinseenlands sich erst so richtig vom Wasser aus erschließt. So hat sich die Region zum Sehnsuchtsort von Ruhesuchenden entwickelt, die sich der Entschleunigung hingeben möchten.

⌃ Mit dem Kayak kommt man den Seerosen auf dem Großen Kotzower See ganz nah

Das Neustrelitzer Kleinseenland bildet einen Naturraum im Süden der Mecklenburgischen Seenplatte, hat aber keine klar umrissenen Grenzen. So kann man im Norden einen Teil des Havelquellgebiets genauso dazu zählen, wie im Süden das Rheinsberger Seengebiet in Brandenburg. Wenn Letzteres auch eng mit den Preußen und nicht den Mecklenburgern verbunden ist, gehören diese Gebiete in Brandenburg gefühlt dazu: Rheinsberg mit seinem schönen Schloss, die Wasserstadt Fürstenberg/Havel und die reizvolle Seenlandschaft rund um Zechliner Hütte.

Schon vor über 1000 Jahren lebten hier germanische und slawische Siedler von der Seenfischerei und der Landwirtschaft. Die Nähe zur Mark Brandenburg sorgte ab dem 12. Jh. immer wieder für Grenzverschiebungen. Auf der politischen Landkarte erscheint das Land erst mit Beginn des 18. Jh. Die Gründung des **Herzogtums Mecklenburg-Strelitz** 1701 brachte auch den wirtschaftlichen Aufschwung. Eine passende Residenz für die Strelitzer Herzöge entstand schon nach wenigen Jahren im heutigen **Neustrelitz.** Bis dahin nutzte man Mirow als Hauptsitz. Das Schloss in **Mirow,** immerhin mit drei Königinnen in Verbindung zu bringen, und die barocke Stadtanlage von Neustrelitz lohnen unbedingt einen Besuch. Etwas rustikaler geht es auf der alten **Burg Wesenberg** zu. Zum Burgfest kommen die Ritter zurück.

NICHT VERPASSEN!

- Blick vom **Turm der Stadtkirche** auf das barocke Neustrelitz | 272
- Alte Buchenwälder mit UNESCO-Welterbe-Auszeichnung durchstreifen in den **Serrahner Bergen** | 282
- Leckeren Räucherfisch genießen auf dem **Fischereihof in Wesenberg** | 286
- Auf du und du mit drei Königinnen auf der **Schlossinsel Mirow** | 288
- **Bootfahren** von See zu See in der **Kleinseenplatte** | 296
- Hochkarätige Kultur erleben bei einem Ausflug zum brandenburgischen **Schloss Rheinsberg** | 304

Diese Tipps erkennt man an der gelben Markierung.

Abstecher nach Brandenburg

Das Kleinseenland macht geografisch nicht an der Landesgrenze halt und so erstreckt sich die Urlaubsregion ins benachbarte Brandenburg. Auf den glasklaren Seen und in den tiefen Fichtenwäldern bemerkt man den „Grenzübertritt“ ohnehin nicht. So liegt nur rund 25 km südlich von Mirow, bereits im Märkischen, eine der meistbesuchten Attraktionen der Region. Das **Schloss Rheinsberg** mit seiner Umgebung ist eine wahre Perle, deren Schönheit schon Literaten der vergangenen Jahrhunderte zu preisen wussten. Die Wasserstadt **Fürstenberg/Havel** hat ebenfalls eine interessante Geschichte und liegt reizvoll zwischen drei Seen. Hier im Norden Brandenburgs findet man zwischen kulturellen Entdeckungen in verträumten Orten und spannenden Wasserabenteuern auf Seen und Kanälen Zeit zum Ausspannen.

Müritz
Neustrelitzer
Nationalpark
Boeker Forst
Wildpark Boek
Bolter Mühle
Seerosenparadies
Schleuse Diemitz
Kleinseenplatte
Naturpark
Stechlin-
Rechlin
MIROW
WESENBERG
RHEINSBERG
Leppiner Heide
Flache Heide
Kernkraftwerk Rheinsberg (im Rückbau)
MÜRITZ-HAVEL-WASSERSTR.

Blumenholz
Blumenholz Nebendorf
Keulenberg 137
Wanzkaer See
Wanzka
Blankensee
Friedrichsfelde
Flatow
Möllenbecker Haussee
Mürtzsee
Rollenhagen
Weisdin
Blumenhagen
Rödlin
Watzkendorf
Möllenbeck
Langer See
Rödliner See
Groß Schönfeld
Hoffelde
193
96
E251
Tannenhof
277
Strelitzer
Thurow
Georgenhof
Ollendorf
Zierke
270
274
NEU-STRELITZ
198
Schleser-see
Schloss garten
Zinow
259
Grünow
Slawendorf
Kiefernheide
282
Carpin
Bergfeld
Serrahner Berge
Schweingartensee
Grünower See
258
Koldenhof
276
Stadtforst
Serrahn
Müritz-
282
Strelitz Alt
Galgenberg 102
Hirschberg 144
Siedlung Kalkhorst
Domjüchsee
Zwirnsee
Hinnensee
Nationalpark
Obs
Goldenbaum
NSG
Wutschendorf
Tiefer Trebbower See
Großer Fürstenseer See
Herzwolde
Lutowsee
Fürstensee
Grammertin
Triepkendorf
Klein Trebbow
Seenlandschaft
96
NSG
Großer Kulowsee
Wokuhl-
Hasselförde
NSG
NSG
Großer Keetzsee
Neubrück
Drewin
Großer Brückentinsee
Godendorfer Mühlenbach
NSG
Lincowsee
E251
285
Godendorfer See
Dabelowsee
Rednitzsee
Ahrensberg
Drewensee
Godendorf
-Dabelow
Rutenberg
Godendorfer Papiermühle
Naturschutz-
Großer Kronsee
Wangnitzsee
gebiet
NSG
NSG
Kastaven
Stiepensee
Althymen
Großer Kastavensee
Retzow
Wurlsee
LYCHEN
Großer Priepertsee
Thymensee
Wurlgrund
NSG
NSG
Sähle
NSG
Priepert
Neuthymen
Oberkastavensee
NSG
Großer Lychensee
Hohenlychen
312
295
Ziemsee
FÜRSTENBERG /Havel
Ellbogensee
Kleinmenow
Ravensbrück
Moderfitzsee
Mahn- und Gedenkstätte Ravensbrück
Plan
Menowsee
Großmenow
Schwedtsee
WOBLITZ
Steinförde
Röblinsee
HAVEL
314
Haussee
Himmelpfort
Natur-
Stolpsee
Peetschsee
Großer Glietzensee
Tangersdorf
schutz-
Großer Stechlinsee
Dagowsee
Dagow
Zootzen
gebiet
Drögen
Bredereiche
Neuglobsow
96
E251
Ruppiner
HAVEL
Globsowsee
Neuroofen
Altglobsow
Boltenhof
Qualzow
Stechlin
Haussee
Burow
Gramzow
Barsdorf
Roofensee
Menz
Buchholz
Land
Blumenow
Kleinseenland

Neustrelitz

Die **ehemalige Residenzstadt** Neustrelitz liegt rund 20 km östlich der Müritz. Von hier aus ist es zudem nicht weit zu den Havelquelldörfern im Norden und dem UNESCO-Welterbe der Buchenwälder Serrahns östlich der Stadt. Daher gilt Neustrelitz, auch wegen der guten Anbindung ans Bahnnetz, als eines der Eingangstore in den **Müritz-Nationalpark** und verfügt über entsprechende Informationsstellen. Doch bietet die charmante Stadt am **Zierker See** mit ihren reizvollen Kulturstätten und einer eindrucksvollen Bausubstanz selbst genug Sehenswertes für einen Tagesausflug. Man fühlt sich zurückversetzt in die Zeit, als feine Damen und Herren hier Hof hielten und durch den Schlossgarten flanierten. Auch heute noch verströmt das Zentrum der alten Residenzstadt ein besonderes Flair.

Die mit ca. 21.000 Einwohnern nur mittelgroße Stadt ist als staatlich aner-

Der Hebetempel im Schlosspark Neustrelitz

154ms tm

kannter Erholungsort touristischer Mittelpunkt des Kleinseenlands und sorgt mit seinen Einkaufsmöglichkeiten für die Versorgung der Orte im Umland. Auch als **Wirtschaftsstandort** ist Neustrelitz längst interessant. So werden für die Ostmecklenburgischen Bahnwerke Schienenfahrzeuge instandgehalten und unterhält die Deutsche Post hier ein Logistikzentrum. Für manch einen überraschend, ist sogar ein Teil der Deutschen Luft- und Raumfahrtforschung in Neustrelitz angesiedelt. Man beschäftigt sich mit Fernerkundung und Satellitennavigation.

Stadtgeschichte

Wie der Name bereits vermuten lässt, gab es vor Neustrelitz bereits ein Strelitz-Alt. Etwas weiter südlich gelegen, war dort bis 1712, als die kleine Stadt Opfer eines Brandes wurde, die **Residenz des Herzogs von Mecklenburg-Strelitz.** Erst kurz zuvor, im Jahre 1701, hatte sich diese Seitenlinie der Mecklenburger Herrscher erfolgreich zu einem souveränen Herzogtum erklärt. Etliche Jahre verbrachten Herzog *Adolf Friedrich III.* und seine Familie daraufhin in ihren Jagdschlössern und Sommerhäusern. Da Herzogin *Dorothea* ein ordentliches Vermögen in die Ehe eingebracht hatte, ergriff sie die Initiative für den Bau einer neuen Residenz am Standort des kleinen **Jagdschlosses Glienicke.** Der Herzog gab ihr freie Hand bei Planung und Gestaltung und zeigte sich begeistert vom Ergebnis. Als Baumeister wurde der talentierte Hofgärtnermeister *Julius Löwe* verpflichtet. 1731 zog der Hof ein. Die für die Bediensteten errichtete Siedlung in unmittelbarer Nähe sollte auf Wunsch des Herzogs zu einer **repräsentativen Stadt** ausgebaut werden.

So erging zwei Jahre später der Aufruf zur **Stadtgründung.** Durch das Angebot kostenfreier Bauplätze, günstigen Baumaterials und etlicher Privilegien entwickelte sich die auf dem Reißbrett geplante Siedlung zu einem Gesamtkunstwerk. Neustrelitz gilt damit als **letzte barocke Planstadt Nordeuropas.** Bis weit ins 19. Jh. hinein wurden immer wieder Änderungen und Erweiterungen im zeitgenössischen Stil vorgenommen. Bis zur Abdankung 1918 war Neustrelitz (groß)herzogliche Residenz und danach Zentrum des Freistaats Mecklenburg-Strelitz. Im Schloss wurde 1918 die erste freie demokratische Verfassung eines deutschen Bundesstaates ausgehandelt.

Nach 1945 waren in und um Neustrelitz bis zu 25.000 Soldaten der Sowjetischen Streitkräfte stationiert. Nachdem die Stadt in den Jahren der DDR zumindest optisch im Dornröschenschlaf versank, ging man nach 1990 die Sanierung der wertvollen Bausubstanz an. Heute flanieren die Besucher wie durch ein Bilderbuch der Architektur.

Sehenswertes

Die Neustrelitzer Innenstadt ist recht überschaubar. So zeigt sich auf kleinem Raum ein beeindruckend geschlossen erhaltenes Stadtbild aus dem 18. und 19. Jh. Dass die Residenzstadt das Ergebnis einer sorgfältigen Planung ist, lässt sich gut erkennen. Ausgehend vom Markt mit der Stadtkirche streben acht Straßen in die verschiedenen Himmelsrichtungen. Gen Südwest führt die

Schlossstraße, wie der Name verrät, zu dem Ort, wo die herzogliche Residenz einst stand. Folgt man der Seestraße, gelangt man zum **Zierker See.** Beides, der **Schlossgarten** und der **Stadthafen** am See, liegen nur wenige Gehminuten vom zentralen Marktplatz entfernt. Wer sich in diesem kleinen Dreieck auf Entdeckungstour begibt, wird schnell die Besonderheit der Stadt erkennen.

Rund um Markt und Stadtkirche

Am besten schaut man sich Neustrelitz für einen ersten Eindruck von oben an, und zwar vom **Turm der Stadtkirche.** Aus 52 m Höhe lässt sich der einmalige **barocke Grundriss** ausgezeichnet erkennen. 1733 legte man die neu zu errichtende Residenzstadt nach dem Idealbild einer italienischen Stadt an. Das Zentrum bildet seither ein quadratischer Platz von rund 120 x 120 m. Von ihm gehen strahlenförmig die Straßen ab. Rund um den Markt reihen sich Häuser verschiedenster Architekturstile aneinander. Von Klassizismus bis Jugendstil, so zeigen sich die Fassaden der umstehen Gebäude.

Den leicht nach Nordost ansteigenden Platz dominiert die **Stadtkirche.** Am höchsten Punkt wurde das Gotteshaus, das *Karl Friedrich Schinkels* Friedrichswerdersche Kirche in Berlin zum Vorbild hat, nach zehnjähriger Bauzeit 1778 geweiht. Es ist ein rechteckiger Saalbau aus Backstein mit einem imposanten, an allen Seiten steil aufragenden Walmdach. Eine Besichtigung des Inneren mit den umlaufenden Emporen und der Grünberg-Orgel ist sehr empfehlenswert. Den Turm ergänzte Landesbaumeister *Friedrich Wilhelm Buttel* 1828–31. Das Stadtbild trägt bis heute im Wesentlichen seine Handschrift. Mit dem hochgeschätzten Baumeister, der als Erfinder der Dachpappe gilt, nahm es jedoch ein trauriges Ende. Er arbeitete trotz einiger körperlicher Gebrechen bis ins hohe Alter, u.a. weil der Herzog nicht auf seine Dienste verzichten wollte, und nahm sich unter all dem Druck das Leben.

Das **Rathaus** im Stil der Renaissance von 1841, dessen Vorgänger ein schlichter Fachwerkbau war, thront an der Strelitzer Straße im Südosten des Marktes.

Rund um den Markt laden einige **Cafés und Restaurants** zu einer Pause ein. Das Zentrum des weitläufigen Platzes erfuhr in den vergangenen Jahrhunderten zahlreiche Veränderungen. 1866 zunächst mit einem Rondell geschmückt, standen hier später das Bronzestandbild des Großherzogs *Georg* und nach dem Zweiten Weltkrieg pries bis 1995 ein Denkmal die ruhmreiche Sowjetarmee. Seit der Jahrtausendwende lädt das **Wasserspiel** zum Verweilen ein.

Die nach Südosten zeigende **Strelitzer Straße** ist die Haupteinkaufsstraße. An ihrem Ende befindet sich am **Husarenmarkt** ein 13 Einkaufszentrum in der historischen Kaserne aus gelbem Backstein.

■ **Stadtkirche Neustrelitz,** Am Markt 12, Mitte Mai bis Sept. Mo–Fr 10–17.30, Sa 10–12.30 Uhr, Turmaufstieg 1,50 €.

Besonders an heißen Sommertagen sorgen die Wasserspiele auf dem Marktplatz vor der Stadtkirche für eine kleine Erfrischung

Kulturquartier

In der **Schlossstraße** beeindruckt das historische Gebäude der Kaiserlichen Post. In dessen Mauern fand das Kulturquartier ein Zuhause, in dem durch verschiedene Institutionen die Stadt- und Regionalgeschichte erlebbar gemacht wird. So befinden sich hier das **Museum zur Geschichte von Mecklenburg-Strelitz,** die Stadtbibliothek, das Karbe-Wagner-Archiv, das Theaterarchiv sowie ein Kultur-Café.

■ **Kulturquartier Neustrelitz,** Schlossstr. 12/13, www.kulturquartier-neustrelitz.de, mind. Di–Fr 10–18 Uhr, Eintritt Museum Erw. 6 €, Kinder bis 17 Jahre frei.

155ms tm

Schlossgarten

Neustrelitz ist eine Residenzstadt ohne Schloss. Der 1731 fertiggestellte, prächtige Barockbau von Hofbaumeister *Julius Löwe* wurde in der Nacht vom 29. zum 30. April 1945 durch ein Feuer zerstört. Bald nach Gründung der DDR 1949 hat man die Ruinen abgerissen. Auch wenn der Verlust eine Lücke hinterlassen hat, ist ein Wiederaufbau nicht im Gespräch. Geplant ist hingegen, die erhaltenen Schlosskeller zu sanieren und den Schlossturm neu aufzubauen. Bisher konnten Besucher das Schloss nur in Form einer Kulisse während der hier stattfindenden **Festspiele** mit ihren Operettenaufführungen erleben. Einen Eindruck vom einstigen Glanz der Residenz erhält man jedoch beim Spaziergang durch den Schlosspark, der nach alten Darstellungen aufwendig wieder hergerichtet wurde.

Der ursprünglich ab 1731/32 nach dem Idealbild französischer Barockgärten auf das Schloss ausgerichtete Park erfuhr besonders im 19. Jh. an einigen Stellen weitreichende Veränderungen. Schon zu Beginn des 19. Jh. stand die Anlage auch der Bevölkerung offen, was für diese Zeit bemerkenswert ist. Die barocke Grundform ist in Zügen noch erkennbar. Einen guten Überblick hat man vom erhöhten Standort des abgebrochenen Schlosses. Hier schaut man über zwei Terrassenstufen hinab in Richtung Hafen und kann anhand der dominanten Mittelachse die Raffinesse der Gartengestaltung erkennen.

Nach Plänen *Peter Joseph Lennés* wurde u.a. der Westteil in einen Landschaftsgarten verwandelt. Das **Hirschtor** und der Tiergarten sowie die gestaltete Schlosskoppel gehen auf diese Zeit zurück. Beim Spaziergang durch den Garten fallen insbesondere die Orangerie, die Schlosskirche, die Götterallee und der **Hebetempel** auf. Auf einer kleinen Anhöhe liegt in Richtung des Hafens der klassizistische, mit runden Säulen geschmückte Tempel der griechischen Göttin der Jugend, Hebe. Hofbaumeister *Buttel* setzte auch noch einen kleinen Apoll auf das Dach des reizvollen Baus. Die mit Statuen geschmückte **Götterallee** weist den Weg zum Hebetempel.

1891 ergänzte man im Westteil des Parks, ebenfalls im Stil des Klassizismus, einen **Tempel für Königin Luise.** Die aus Mecklenburg-Strelitz stammende preußische Königin war hochverehrt. Im Inneren des Tempels befindet sich ein Abguss der von *Christian Daniel Rauch* geschaffenen Grabstatue *Luises.*

Die **Orangerie** blieb als einer der wenigen Bauten des Schlossensembles erhalten und wurde aufwendig saniert, sodass sie wieder für Gastronomie und Konzerte nutzbar ist. Sie entstand 1840–42, Hofbaumeister *Buttel* entschied sich auch hierbei für eine klassizistische Gestaltung. Der Herzog wollte den Bau für Gartenfeste nutzen. Vorgänger war ein sogenanntes Orangenhaus, ein Winterquartier für die Pflanzen, von 1755. Im Inneren sind drei Säle erkennbar. Sie sind in den Farben des Landes – Gelb, Rot und Blau – gehalten und mit antikisierenden Wandbildern, u.a. im pompejanischen Stil, verziert. Außen fängt der große Mittelrisalit mit seinem Dreiecksgiebel und den rundbogigen Fenstern die Blicke ein.

Das **Landestheater** am südlichen Rand des Schlossgartens, welches nach mehreren Sanierungen wieder die Architektur der späten 1920er-Jahre widerspiegelt, lohnt einen Abstecher. Hier hat man Zugang in Richtung Weiße Brücke und Zierker See.

Am oberen Ende des Schlossgartens thront die **Schlosskirche,** für viele das Meisterwerk *Buttels* in Neustrelitz. Das schlanke, einschiffige Gotteshaus aus hellem Backstein entstand in den 1850er-Jahren. Zwölf filigrane Türmchen schmücken, symbolisch für die zwölf Apostel, die Außenfassade. Auch die auffällige Rosette über dem Portal ist in zwölf Teilflächen unterteilt. Heute dient die Kirche als **Ausstellungsforum** und ist Teil des Kulturquartiers. Hinter der Schlosskirche kann man über die **Schlosskoppel,** einen Landschaftspark mit umfangreichem Baumbestand, zum Tiergarten gehen.

Tiergarten

Der sich an den Schlossgarten anschließende Tiergarten geht auf ein Jagdrevier und Damwildgatter im 18. Jh. zurück. Erst seit ca. 1900 wird er als öffentlicher Volkspark genutzt. Zu sehen sind **heimische Tierarten** und einige Exoten wie **Lama, Nandu** und **Wapiti.** Dazu kommen viele Spielmöglichkeiten, geführte Exkursionen und ein Bistro.

■ **Tiergarten,** Am Tiergarten 14, www.tiergarten-neustrelitz.de, Nov. bis März 9–16 Uhr, April bis Okt. 9–18 Uhr (Juli/Aug. bis 19 Uhr), Erw. 7,50 €, Kinder (3–14 Jahre) 4 €.

Strelitzie

Auf dem Weg vom Markt zum Stadthafen glänzt als Blickfang eine **sechs Meter hohe Strelitzie** im Kreisverkehr an der Useriner Straße / Seestraße. Geradezu ikonisch wirkt die 2008 aufgestellte **Edelstahlkonstruktion** der Stadtblume. Die auch Paradiesvogelblume genannte Pflanze stammt aus dem südlichen Afrika und wurde im 18. Jh. durch den britischen Regierungsbotaniker *Joseph Banks* erstmals in den Kew Gardens in London gepflanzt. Die Neuentdeckung nannte er zu Ehren seiner Königin *Charlotte,* der Tochter des Hauses Mecklenburg-Strelitz, *Strelitzia reginae.* 1818 machte diese der Verwandtschaft in der alten Heimat eine Staude zum Geschenk, die dann in der Orangerie gepflegt wurde und 1822 auch blühte. Noch heute wird diese exotische Blume unter dem Namen Strelitzie gehandelt und ist seit 1995 **Wahrzeichen der Stadt.**

156ms tm

[›] Die filigrane Schlosskirche gilt als Meisterwerk des Hofbaumeisters F.W. Buttel

Stadthafen und Seeufer

Auch der Neustrelitzer Stadthafen wurde ab 1840 von Hofbaumeister *Buttel* angelegt. Er ließ zudem zur selben Zeit den rund 5,5 km langen Kammerkanal bauen, der den Zierker See über den Woblitzsee mit der Havel verbindet und somit den Anschluss an die großen Wasserstraßen schafft. Aus dem 19. Jh. stammen auch die mächtigen **Backsteinspeicher,** in denen sich heute ein Hotel, Ferienwohnungen und Gastronomie befinden. Der Hafen ist ein beliebter Wasserwanderrastplatz mit mehreren Liegeplätzen und **Anlegern für die Fahrgastschifffahrt.**

Setzt man den Spaziergang am Ufer des Zierker Sees nach Süden fort, erreicht man bald das reizende **Wäschespülhäuschen,** in dem heute ein Café ist. Das kleine Holzbauwerk mit dem hübschen orange-rot-blauen Dekor ist ein beliebtes Fotomotiv. Nur wenige Schritte weiter bietet die hölzerne **Weiße Brücke** einen schönen Seeblick. Die Fußgängerbrücke überspannt einen kleinen Kanal und schafft einen Zugang zum Uferweg in Richtung Slawendorf.

Slawendorf

Zu Fuß sind es 500 m von der Weißen Brücke bis zum Slawendorf am Seeufer. Das **Freilichtmuseum** besteht aus Nachbauten eines frühmittelalterlichen slawischen Dorfes und lässt traditionel-

Die alten Speicher am Hafen dienen heute als Wohnanlage

les Handwerk wieder aufleben. Besucher können die alten Handwerkstechniken selbst ausprobieren, z.B. **Flechten, Weben, Schmieden** oder **Specksteinbearbeitung.** Auch eine Ausfahrt mit dem **Slawenboot** ist möglich. Es finden über die Saison verteilt thematische Feste statt.

■ **Slawendorf Neustrelitz,** Franzosensteg, www.slawendorf-neustrelitz.de, Mai bis Sept. Mo–Fr 10–17 Uhr, Okt. Mo–Fr 10–16 Uhr, ganzjährig zu Veranstaltungsterminen 10–17 Uhr geöffnet.

Erlebniswelt im Leea

Im **Landeszentrum für erneuerbare Energien Mecklenburg-Vorpommern** werden die Themen Nachhaltigkeit und Klima- und Umweltschutz auf anschauliche Weise verständlich gemacht. Die Besucher können **selbst „Energie schaffen"** und vieles ausprobieren. Ein besonderes Highlight ist die **XXL-Carrerabahn.** Das Leea ist aber auch Treffpunkt für Unternehmen der Region, die sich mit den genannten Themen befassen.

■ **Leea,** Landeszentrum für erneuerbare Energien Mecklenburg-Vorpommern GmbH, Am Kiefernwald 1, 17235 Neustrelitz, leea-mv.de, Di–Sa 11–17 Uhr (in den Schulferien 10–17 Uhr).

Strelitz-Alt

In südlicher Richtung der B96 folgend, ist schon bald der Ortsteil Strelitz-Alt erreicht. Im 13. Jh. noch im Besitz der Markgrafen von Brandenburg, wurde der Ort bald Teil der Herrschaft Meck-

158ms tm

Wanderung um den Zierker See

■ **Start/Ende:** Stadthafen Neustrelitz
■ **Länge:** 12 km

Eine schöne Wanderrunde lässt sich um den Zierker See machen. Vom Stadthafen führt der Weg im Uhrzeigersinn am **Wäschespülhäuschen** und an der **Weißen Brücke** vorbei zum **Slawendorf** und von dort über die Schlosskoppel. Man folgt dabei zunächst dem sogenannten Franzosensteig. Nachdem der **Kammerkanal** überquert ist, geht es am westlichen Seeufer entlang nach **Prälank.** Hier gibt es die Möglichkeit zur Einkehr und zum Besuch eines Findlingsgartens. Ab Prälank kann man dem Pilgerweg Mecklenburgische Seenplatte folgen. Nach einer Weile biegt man rechts Richtung **Zierke** ab. Letzter Stopp auf der Runde ist der **Aussichtspunkt** in Zierke am Nordufer, bevor es dann am Seeufer entlang zurück zum Neustrelitzer Hafen geht.

Das Café im Wäschespülhäuschen lädt zu einer Pause mit Seeblick ein

lenburg-Stargard und später Landstadt im Herzogtum Strelitz. Nachdem die Residenz der herzoglichen Familie 1712 niederbrannte, orientierte man sich um und ließ einige Kilometer entfernt eine neue Residenz, das heutige Neustrelitz, errichten. In Strelitz-Alt entstand anstelle des Schlosses um 1805 das Landesgefängnis (Landarbeits- bzw. Zuchthaus), in dem auch die **sogenannte Irrenanstalt** untergebracht war. Nachdem die Zustände aufgrund der Überbelegung unhaltbar wurden, plante man den Bau einer modernen Anstalt am Domjüchsee. 1899 begannen die Arbeiten. In der Zeit des Nationalsozialismus wurden psychisch kranke Menschen hier weiterhin behandelt. Für viele war die Anstalt jedoch nur ein Zwischenhalt und oftmals ging es auf einen Transport in die NS-Tötungsanstalt Bernburg (Aktion T4).

Heute bemüht sich ein Verein um den Erhalt der Anstaltsgebäude und möchte mit Kulturveranstaltungen die Erinnerung bewahren und dem Ort eine Zukunft schenken.

In der DDR war in Strelitz-Alt eine größere Division der Sowjetischen Streitkräfte stationiert. Diese nutzten auch das Gelände der Domjüch. Auch heute noch nimmt man die ehemals militärische Nutzung im Ortsbild wahr.

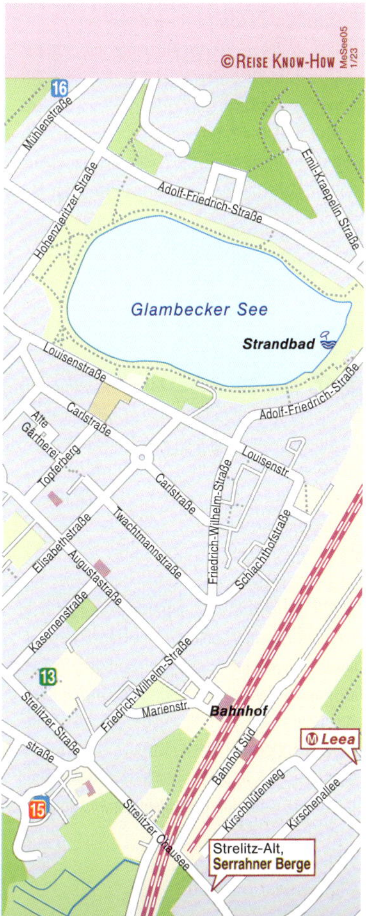

Praktische Tipps

Information

■ **Tourist- und Nationalparkinformation,** Strelitzer Str. 1, 17235 Neustrelitz, www.neustrelitz-erleben.de, Mai bis Sept. Mo–Fr 9–18, Sa 10–14 Uhr, Juni bis Aug. auch So 10–14 Uhr, Okt. bis April Mo–Fr 10–16 Uhr.

Unterkunft

1 Öko-Hotel Basiskulturfabrik①-②, Sandberg 3a, 17235 Neustrelitz, Tel. 03981 237096, www.basiskulturfabrik.de. In der alten Kachelofenfabrik wurde im Jahr 2000 ein **Kulturzentrum** eingerichtet, zu dem auch Ferienhäuser und eine Herberge gehören. Einzelreisende und Gruppen können wählen zwischen den mit Lehmwänden gebauten Öko-Ferienhäusern, in denen sich moderne Appartements und Doppelzimmer befinden, und dem Gästehaus mit einfachen Appartements mit u.a. Doppelstockbetten. Auf dem Gelände befinden sich auch Restaurant, Kino und Galerie.

Unser Tipp: **2 Slube**②, Am Stadthafen 4, 17235 Neustrelitz, Tel. 030 76403732, www.slube.de. Die hohen, runden Betonröhren in der Nähe des Hafens erscheinen auf den ersten Blick nicht geeignet für eine Übernachtung. Im Inneren bietet sich jedoch erstaunlich viel Platz für zwei Personen. Doppelbett, Sitzecke und ein Bad mit Dusche verteilen sich auf zwei Ebenen. Serviceleistungen gibt es nicht, aber für einen kurzen Aufenthalt ist alles vorhanden. Gastronomie ist fußläufig erreichbar.

3 Hotel Alter Kornspeicher②-③, Am Stadthafen 5, 17235 Neustrelitz, Tel. 03981 2629646, www.alterkornspeicher.de. Nur einen kurzen Fußweg vom Stadtzentrum entfernt und in direkter Nähe zu Hafen und Schlosspark ist einem ehemaligen Speicher das kleine Hotel eingerichtet. Die blau-weiß gehaltenen Zimmer mit historischen Baudetails sind mit allem Komfort ausgestattet.

Prälank

9 9 **Landhotel und Restaurant Prälank**②, Prälank-Kalkofen 4, 17235 Neustrelitz, Tel. 03981 200910, www.hotel-cafe-praelank.de. An der gegenüberliegen Seite des Zierker Sees, 6 km westlich von Neustrelitz, liegt die Ferienanlage an einem kleinen See. Neben den 12 ansprechend eingerichteten Hotelzimmern sind auch Appartements und Ferienhäuser (Finnhütten) auf dem Gelände zu mieten. Frühstück bucht man zusätzlich. Das hauseigene Restaurant mit schöner Terrasse bietet eine kleine, aber abwechslungsreiche Karte.

Essen und Trinken

6 **Inselgaststätte Helgoland**②, Am Hafen 1, Tel. 03981 200430, www.inselgaststaette-helgoland. de, Mai bis Sept. Mo, Do, Fr 11.30–14 und 17–21, Sa/So 11.30–21 Uhr. Das traditionsreiche Restaurant liegt idyllisch auf einer kleinen Insel im Zierker See. Der Zugang erfolgt direkt vom Hafen aus auf die Privatinsel der Betreiberfamilie. Serviert wird bodenständige Mecklenburgische Küche mit vielen Fischgerichten. Es finden ganzjährig Tanzveranstaltungen statt und ein kleines Theater hat sich auf der Insel etabliert.

8 **Restaurant Quer Beet**②, Useriner Str. 9, Tel. 03981 4980457, querbeet-restaurant.de, Di–Fr 16–22, Sa/So 11–22 Uhr. In einer Gartenkolonie nahe dem Slawendorf und dem Schlosspark lädt die kleine Gaststätte zu gehobener Küche mit regionalen Zutaten ein. Die Speisekarte wird immer aktuell auf einer Kreidetafel im Gastraum angezeigt. Es gibt zahlreiche vegetarische und vegane Gerichte.

Unser Tipp: 15 **Wildhof**②-③, Am Tiergarten 6, Tel. 03981 2563222, wildhof-neustrelitz.de, Mo–Fr 17.30–21, Sa/So 11–14 und 17.30–21.30 Uhr, Mi Ruhetag. Das beim Tiergarten gelegene Restaurant ist im ehemaligen Haus des herzoglichen Wildmeisters untergebracht. Es werden vorrangig Wildgerichte aus heimischer Jagd serviert. Im Haus gibt es auch einige 15 **Gästezimmer.**

7 **Café im Wäschespülhäuschen,** Useriner Str., Tel. 03981 2367938, Di–So 11–18 Uhr. Der weißbunte Pavillon im Stil einer Pagode zieht schon von Weitem die Blicke auf sich. Das Tagescafé bietet Kleinigkeiten und Getränke und einen besonders schönen Blick auf den Zierker See. Live-Musik rundet an einigen Tagen das Angebot ab.

10 **Anna & Otto – Das Familiencafé,** Markt 15, auf Facebook, tgl. 8–17.30 Uhr. Mit der umfangreichen Spielecke, der kinderfreundlichen und bunten Ausstattung und einem Angebot an kreativen Spielsachen (zum Kauf) ist das Café mitten im Zentrum ein Magnet für kleine Gäste und deren Begleiter. Man frühstückt oder trinkt Kaffee und genießt ein Stück Kuchen oder frische Waffeln.

16 **Eiskonditorei Leiste,** Mühlenstr. 63, eiskondi torei-leiste.de, Mi–So/Fei 13–18 Uhr. Die etwas außerhalb des Zentrums gelegene Eisdiele hat sich auf Softeis spezialisiert. Vier verschiedene Sorten von möglichen 30 sind täglich im Angebot für die Waffel oder den Eisbecher. Dazu gibt es hausgemachte Kuchen und Torten.

Einkaufen

12 **gans bio Naturkost,** Elisabethstr. 1, www.gans-bio.de, Mo–Fr 9.30–18.30, Sa 9–12 Uhr. Produkte der Region und von namhaften Bio-Lieferanten führt der kleine Naturkostladen. Auch frische Suppen und Gebäck sowie glutenfreies Brot sind im Angebot.

4 **Antiquariat Neustrelitz,** Am Stadthafen 17, www.antiquariat-neustrelitz.de, April bis Okt. Di–Sa 12–18 Uhr. Das umfangreiche Antiquariat in einem historischen Speicher nahe dem Hafen verfügt über einen großen Bestand an Büchern, CDs, DVDs und Schallplatten. Besondere Schwerpunkte bilden Werke aus der DDR und mit regionalem Bezug. Das Antiquariat bietet sich auch als Veranstaltungsforum an, es finden Konzerte und Lesungen statt. Der Eintritt ist frei, um Spenden wird gebeten.

5 Hafengalerie, Am Stadthafen 12, www.hafengalerie-neustrelitz.de, April bis Okt. Mi, Do, Fr 14–17, Sa/So 14–18 Uhr. Auf rund 100 m² wird zeitgenössische Kunst in Form von Bildern, Skulpturen, Fotografien und Objekten gezeigt. Die Besucher sind willkommen zu schauen, aber gern auch zu kaufen.

11 Wildhof Hofladen, Strelitzer Str. 57, wildhof-neustrelitz.de, Di–Fr 10–18, Sa 9.30–12.30 Uhr. Die Inhaber des Hotel-Restaurants Wildhof verkaufen in der Neustrelitzer Innenstadt Wildfleisch aus eigener Jagd und Wurst/Konserven aus ihrer Herstellung. Ergänzt wird das Angebot durch Marmeladen, Honig, Liköre und auch Seifen regionaler Hersteller.

Feste und Veranstaltungen

- Für Festivalfans ist das **Immergut Festival** jedes Jahr im Mai ein Anziehungspunkt. Hier wird an drei Tagen Indie, Rock, Pop und Electronic zelebriert. Die Atmosphäre ist familiär und lässig (immergutrocken.de).
- **Festspiele im Schlossgarten Neustrelitz,** die vom Theater und Orchester Neubrandenburg-Neustrelitz inszenierten Openair-Aufführungen finden vor der Kulisse der Schlosskirche statt und sind die größten Operetten-Festspiele Deutschlands (tog.de/festspiele).

Aktivitäten

Strandbäder

Im **Zierker See** ist das Baden nicht gestattet.

- Am liebevoll *Glammi* genannten kleinen **Glambecker See** am nördlichen Stadtrand gibt es ein Strandbad, für welches das Umweltsymbol Blaue Flagge ausgezeichnete Badequalität bescheinigt. Auch Gastronomie ist vorhanden.

159ms tm

Ohne Ecken und Kanten: Slube-Hotel

Verkehr

Parken

- Parkplätze sind im Stadtzentrum, am **Schlossgarten** und am **Hafen** vorhanden, oft darf man dort mit der Parkscheibe 3 oder 4 Stunden kostenfrei parken.
- Am **Markt** und direkt am Hafen sind gebührenpflichtige Parkplätze.

Bahn

- Über den Bahnhof Neustrelitz fahren mindestens im Zweistundentakt **Regionalzüge** der Strecken Berlin – Rostock und Berlin – Stralsund sowie die **IC-Züge** Dresden – Rostock und weitere IC/ICE-Verbindungen.

Bus

- Innerorts fahren **Linienbusse des Stadtverkehrs Neustrelitz.** Es werden auch Fahrten ins Umland, z.B. bis Strelitz-Alt, angeboten (www.stadtverkehr-neustrelitz.de).

Schiffsverkehr

- **Blau-Weiße-Flotte,** www.blau-weisse-flotte.de. Vom Stadthafen Neustrelitz aus bietet die Blau-Weiße-Flotte von Mai bis August eine dreistündige Fahrt über den **Zierker See** und den Kammerkanal bis nach **Wesenberg** und zurück an. Karten sind an Bord und online erhältlich.

Umgebung von Neustrelitz

Serrahner Berge

Das **UNESCO-Welterbe Alte Buchenwälder,** acht Kilometer östlich von Neustrelitz gelegen, ist Teil des Müritz-Nationalparks und absolut sehenswert. Eine Wanderung durch den alten Buchenwald startet am **Wanderparkplatz Zinow** bei Carpin. Ein gut beschilderter **Walderlebnispfad** mit Erklärungen und Erlebnisstationen führt zwischen den Buchen hindurch zum **Großen Serrahnsee** mit seinem Aussichtsturm. Weiter geht es durch den Urwald aus Buchen über **Bohlenwege durchs Moor** zum Ort **Serrahn,** der nicht aus mehr als einer Hand voll Häuser um das Forsthaus besteht. Hier kann man die **Ausstellung „Im Reich der Buchen“** besuchen oder sich im Gartencafé niederlassen. Das alte **Forsthaus** und die **Fotoausstellung** des Künstlers *Roman Vitt* sind ebenfalls sehenswert. Von hier geht es auf breitem Waldweg zurück nach Zinow. Die Rundwanderung auf dem Erlebnispfad von Zinow nach Serrahn und zurück ist 8 km lang. Direkt vom Wanderparkplatz aus erreicht man Serrahn, z.B. zum Besuch der Ausstellung dort, nach 3 km. Eine Anfahrt mit dem Auto nach Serrahn ist nur für Anwohner und Gäste der Ferienwohnungen gestattet.

- **Nationalparkinformation,** Forsthaus Serrahn, 17237 Carpin (Zinow), April bis Okt. tgl. 10–17 Uhr, Eintritt frei.
- **Informationen** zum UNESCO-Welterbe Alte Buchenwälder unter www.weltnaturerbe-buchenwaelder.de.

Userin

Im unweit von Neustrelitz gelegenen Userin lenkt die hübsche Fachwerkkirche die Blicke auf sich. Die großflächige Gemeinde verfügt über sechs Ortsteile mit den drei Seen **Useriner See, Woblitzsee** und **Großer Labussee.** Die Havel durchquert die beiden Erstgenannten

Moorlandschaft am Großen Serrahnsee

160ms tm

und stellt die Verbindung zum Wasserstraßennetz (Kammerkanal und Obere-Havel-Wasserstraße) her. Die **Wassersportmöglichkeiten** locken viele Besucher hierher, auch wenn die Orte selbst keine markanten Sehenswürdigkeiten bieten. Der Useriner See hat einige einfach ausgestattete **Badestellen** und Kanuverleiher. In **Zwenzow** am Großen Labussee gibt es gut ausgebaute Badebuchten.

Der Name Userin entstammt einem Begriff für Brandrodung, denn so entstand auch dieser Flecken. Früher gab es hier einige **Teeröfen,** z.B. im Ortsteil **Groß Quassow,** wo sich ein Verein um die Erforschung des um 1753 aufgegebenen Ofens bemüht.

Camping

- **Campingplatz Useriner Mühle,** Useriner Mühle 19a, 17237 Userin, Tel. 03981 2568727, www.userinermuehle.de. Der kleine Campingplatz am Wasserwanderrastplatz Useriner See verfügt über Stellplätze für Wohnwagen, Wohnmobile und Zelte. Es gibt hochwertig ausgestattete Sanitäranlagen mit Waschkabinen, eine Rezeption mit Brötchenservice und Einkaufsmöglichkeiten sowie freies WLAN. Spiel und Sportmöglichkeiten sind ebenfalls auf dem Platz oder in direkter Nähe vorhanden.

Feste und Veranstaltungen

- **Kultur-Stall Userin,** Bauernende 6, 17237 Userin, Tel. 03981 200949, kulturstall-userin.de. *Dagmar Wenndorff* lädt zu Veranstaltungen wie Konzerten, Lesungen und Kabarett in die umgebaute Scheune. Dazu gibt es nachher ein geselliges Beisammensein. Der Kultur-Stall öffnet nur zu den Veranstaltungen.

Wesenberg

Wesenberg liegt im Zentrum des Neustrelitzer Kleinseenlandes auf halbem Wege zwischen Neustrelitz und Rheinsberg. Unzählige Seen umgeben den charmant verschlafen wirkenden Ort, der sich am Ufer des von der **Havel** durchflossenen **Woblitzsees** erstreckt. Zusammen mit Mirow und den zugehörigen Ortsteilen bildet Wesenberg das **Amt Mecklenburgische Kleinseenplatte.** Mit rund 3000 Einwohnern ist Wesenberg klein, hat jedoch einiges an Sehenswürdigkeiten zu bieten. Im Umkreis von ca. 15 km gelangt man zu vielen weiteren Attraktionen der Region.

Sehenswertes

Stadtkirche St. Marien

Die Stadtkirche St. Marien mit ihren dicken Mauern und dem außergewöhnlich geformten Turm wurde bereits im frühen 14. Jh. begonnen. Sie thront neben dem **Markt** in der nach wie vor ihren mittelalterlichen Grundriss bewahrenden Altstadt. Ihre Ausstattung stammt überwiegend aus dem 17. und 18. Jh., da das Gotteshaus nach einem Stadtbrand 1706 wiederaufgebaut werden musste. Vor dem Eingang der Kirche beeindruckt eine **alte Linde** mit einem Stammumfang von acht Metern. Der Baum, dessen Alter Experten auf rund 350 Jahre und einige Einheimische, die sich auf Überlieferungen beziehen, auf über 700 Jahre schätzen, ist ein Natur-

denkmal. Unter dem grünen Blätterdach laden Bänke zu einer Pause ein.

Burg Wesenberg

Gut sichtbar ist der Turm der ehemaligen Burg Wesenberg. Sie wurde vermutlich im 13. Jh. durch *Nikolaus von Werle* errichtet und zeigte sich nach dem Dreißigjährigen Krieg stark zerstört. Es handelt sich um eine sogenannte **Hügelburg,** welche von einem Graben umgeben war. Nur der **Fangelturm** (Bergfried) und ein Teil der alten Außenmauern blieben über die Zeit erhalten. Der Bergfried kann als **Aussichtsturm** bestiegen werden. Die noch immer imposante Anlage beherbergt die Touristinformation und eine **Heimatstube** mit Ausstellungen zur Geschichte der Region und der Fischerei in den Seen. Besonders die Sammlung zur **Eisfischerei** gibt einen interessanten Einblick in die beschwerliche Arbeit der Fischer im Winter.

■ **Burg Wesenberg,** geöffnet analog zur Touristinformation, Eintritt für Burg, Turmbesteigung, Heimatstube und Fischereiausstellung Erw. 3,20 €, erm. 2 €, Kinder 6–17 Jahre 1 €.

Skulpturenpark

Etwas außerhalb im Westen der Stadt zieht der Skulpturenpark Besucher an. Hier werden auf einem idyllischen

▲ Anlegen zum Fischbrötchenstopp an der Hausbrücke Ahrensberg

▶ Burg Wesenberg ist heute Museum

Rundweg am **Großen Weißen See** die Werke von vor allem Künstlern aus Australien gezeigt. Auch **Konzerte** finden im Sommer statt.

■ **Skulpturenpark Wesenberg,** Am Weißen See 3, 17255 Wesenberg, sculpture-park-wesenberg-bei-wu.de, meist Juni bis Sept./Okt. Di–So 10–16 Uhr, Erw. 10 €.

Ahrensberg

Im Wesenberger Ortsteil Ahrensberg ist die denkmalgeschützte **Hausbrücke** von 1928 ein beliebtes Fotomotiv. Sie überspannt die **Havel,** welche hier einen kleinen See bildet. Die Postadresse der Brücke ist Wildhof. Tatsächlich baute man die überdachte Querung, um das Jagdwild des angrenzenden Reviers an der Flucht zu hindern. Man glaubte, die Tiere würden vor dem Hall ihrer Hufe und der Dunkelheit der überbauten Brücke zurückschrecken.

Auch die Ahrensberger **Dorfkirche** im Fachwerkstil ist sehenswert. Der Weg in den Ort ist gut ausgebaut, wirkt aber aufgrund des Kopfsteinpflasters und der schönen Alleebäume wie ein Ausflug in längst vergangene Zeiten.

Praktische Tipps

Informationen

■ **Touristinformation Wesenberg,** Burg 1, 17255 Wesenberg, Tel. 039832 20621, www.kleinseenplatte.de, Mai bis Sept. Mo–Fr 10–18, Sa/So 9–15 Uhr, Mai So geschl., Okt. Mo–Fr 10–16, Sa 9–15 Uhr, Nov. bis April Mo–Fr 9–16, Fei 10–14 Uhr.

161ms tm

Unterkunft

Unser Tipp: **Altes Hospital Wesenberg**②, Vor dem Mühlentor 7, 17255 Wesenberg, Tel. 01525 8271426, www.altes-hospital.de. Historisches Ambiente und trotzdem den nötigen Komfort bietet die freundliche, kleine Herberge nahe der Burg in Wesenberg. Die Zimmer und Ferienwohnungen befinden sich in einem restaurierten Hospital bzw. einer alten Tischlerei. Fachwerk, Holzböden und viele interessante baugeschichtliche Details begeistern nicht nur Fachleute. Für einen kleinen Aufpreis erhält man ein reichhaltiges Frühstück.

■ **Pension Wesenberg**①, Bahnhofstr. 15, 17255 Wesenberg, Tel. 039832 20043, www.pension-wesenberg.de. Einfache, kleine Pension einer engagierten Gastgeberin. Die fünf Zimmer sind gemütlich eingerichtet. Frühstück wird inklusive serviert. Im Garten gibt es Sitzgelegenheiten, eine Sauna kann bei Voranmeldung ebenfalls genutzt werden.

Borchards Rookhus②-③, Am Großen Labussee 12, 17255 Wesenberg, Tel. 039832 500, rookhus.de. In dem ausgezeichneten Familienhotel, 3 km außerhalb am Großen Labussee gelegen, ist Urlaub mit allen Annehmlichkeiten möglich. Die Zimmer sind individuell für alle möglichen Familienkonstellationen ausgestattet. Ein umfangreiches Zubehör für große und kleine Übernachtungsgäste steht kostenfrei zur Verfügung. Das Hotel bietet gastronomisch ein All-Inklusive-Konzept. Auf dem Gelände gibt es ein Schwimmbad, Sport- und Spielmöglichkeiten, Tiere und ein Betreuungsprogramm.

Essen und Trinken

■ **Biergarten am Hafen,** Vor dem Mühlentor 7, saisonal meist Mi–So 12 bis mind. 18 Uhr. Der vom Hafenmeisterehepaar betriebene Biergarten auf dem Gelände des Alten Hospitals lädt zu einer großen Auswahl an Getränken und dazu Fischbrötchen, Wurst und Eintopf ein – vieles aus eigener Herstellung.

■ **Café am Woblitzsee,** Fischereihof 16, www.am-woblitzsee.de, mind. Mai bis Sept. Di–So 13–18 Uhr, außerhalb der Saison eingeschränkte Öffnungszeiten. In direkter Nachbarschaft zum Fischereihof Wesenberg und mit schönem Seeblick präsentiert sich das kleine Café mit Kuchen, Eis und Getränken.

Einkaufen

■ **Fischereihof Wesenberg,** Fischereihof 14, www.fischerei-wesenberg.de, Mai bis Sept. tgl. 8–19 Uhr, Okt. bis April tgl. 9–18 Uhr. Wie alle vier Fischereihöfe der Seenfischerei Obere Havel e.G. bietet der Hof in Wesenberg ganzjährig Frisch- und Räucherfisch sowie verarbeitete Produkte (Marinaden, Fisch in Aspik, Suppen etc.) zum Verkauf. Man nimmt die Leckereien mit oder genießt einen Imbiss vor Ort. Auch Angelkarten sind hier erhältlich.

■ **Fischereihof Ahrensberg,** Wildhof 2, 17255 Wesenberg, Juni bis Aug. tgl. 10–19 Uhr, April/Mai und Sept./Okt. tgl. 10–18 Uhr, Filiale im Ortsteil Ahrensberg.

Feste und Veranstaltungen

■ Zu den Highlights der Saison zählt das **Burgfest** in Wesenberg Anfang Juli (www.burgverein-wesenberg.de).

Aktivitäten

Strandbad

Ein Strandbad mit Imbiss und Spielplatz gibt es am **Großen Weißen See.** Der Woblitzsee bietet keine guten Bademöglichkeiten.

Verkehr

Bahn

- Die **HANSeatische Eisenbahn** (www.hanseatische-eisenbahn.de) bietet saisonal, meist April bis Dezember, eine Verbindung mit der **Kleinseenbahn** zwischen Neustrelitz, Wesenberg und Mirow an. Die Mitnahme von Fahrrädern ist möglich.

Bus

- In Wesenberg besteht der Anschluss an den **Kleinseenbus** (kleinseenbus.de). Dieser bietet von April bis Oktober dreimal täglich auf einer Nord- und einer Südroute Fahrten in die kleinen Ortschaften (u.a. Wustrow, Canow). Mit einer Kurkarte aus Wesenberg oder Wustrow fährt man kostenlos. Fahrräder fahren beim Kleinseenbus auf dem Anhänger mit.
- Die Linienbusse 649 und 650 der MVVG bieten z.B. von der Haltestelle Zentrum Anschluss nach **Neustrelitz** und **Mirow** und steuern dabei auch die kleinen Orte der Umgebung an (Ahrensberg, Priepert und weitere).

Schiffsverkehr

- **Blau-Weiße-Flotte,** www.blau-weisse-flotte.de. Ab Wesenberg (Anleger An der Wasch) werden in der Hauptsaison mehrmals wöchentlich Fahrten in Richtung Neustrelitz angeboten.

Mirow

Wer am südlichen Rand der Mecklenburgischen Seenplatte unterwegs ist, kommt um Mirow nicht herum – und das im doppelten Sinne. Zum Einen, weil die vielbefahrene B198 zwischen Neustrelitz und Röbel/Müritz direkt durch die Stadt führt, zum Anderen, weil Mirow mit seinem **ehemaligen Herrschaftssitz** der Mecklenburg-Strelitzer eine der **romantischsten Schlossanlagen** der Seenplatte besitzt. Nicht einmal 4000 Einwohner zählt die Gemeinde, die sich weiträumig auf mehrere Ortsteile, z.B. Diemitz und Granzow, verteilt.

Da Mirow nicht als Stadt geplant war und das Stadtrecht erst zu Beginn des 20. Jh. verliehen bekam, vermisst man ein repräsentatives Zentrum mit Rathaus und Marktplatz. Heute bewegt die

☑ Der Mirower See ist Teil einer ganzen Kette kleiner Seen und Kanäle, über die man bis in die Müritz gelangt

207ms tm

Mirower vor allem der viele Durchgangsverkehr an Lkw. Die von den Einwohnern geforderte Umgehungsstraße lässt auf sich warten.

Der sich westlich der Stadt erstreckende **Mirower See** ist über kleine Kanäle und Seen verbunden mit dem Leppinsee und dem Woterfitzsee, über den wiederum der Bolter Kanal den **Zugang zur Müritz** herstellt. Ein anderer Wasserweg führt direkt in die Müritz: Der Mirower Kanal verläuft als Teil der **Müritz-Havel-Wasserstraße** nach Rechlin. Der Kleine und der Große Kotzower See auf Mirower Stadtgebiet gelten als **Seerosenparadies** (→ Paddeltour). Fahrgastschiffe fahren von Mirow aus dorthin.

Stadtgeschichte

Die Ursprünge Mirows liegen auf der heutigen **Schlossinsel.** Hier fanden im frühen 13. Jh. Mitglieder des Johanniterordens für die Gründung ihrer Komturei einen „friedlichen Ort" vor, denn nichts anderes bedeutet *Mirow* im Slawischen. Die vom Wasser des Sees umschlossene **Ordensniederlassung** entwickelte sich bis 1241 zu einem wichtigen Handelsplatz. Schon bald häuften die Ordensbrüder annehmbaren Reichtum und Landbesitz an. Das weckte auch bei den Mecklenburger Herzögen Begehrlichkeiten. Nach der Reformation gelang es ihnen im 16. Jh., immer mehr ihre Interessen durchzusetzen und die Position des Verwalters mit Mitgliedern der herzoglichen Familie zu besetzen. 1648 wurde die Komturei säkularisiert und der Besitz Mecklenburg-Schwerin zugeschlagen. Mit der Abspaltung des Strelitzer Landesteils 1701 ging Mirow in den Besitz dieser jungen Dynastie über. 1761 bereits war die Glanzzeit des fürstlichen Sitzes vorbei, denn die Residenz zog nach Neustrelitz um.

Sehenswertes

Schloss Mirow

Das kaum noch als Insel zu erkennende Eiland betritt man, von der Altstadt kommend, über eine Brücke. Das schlichte **Torhaus** von 1588, das sich seit 2021 frisch saniert präsentiert, gilt als einer der ältesten und wichtigsten Renaissancebauten in Mecklenburg-Vorpommern. Bald darauf erblickt man beim Spaziergang rechter Hand das Schloss und das Kavaliershaus. Diese entstanden an der Stelle, an der sich bis zu einem Großbrand Mitte des 18. Jh. Gebäude der Komturei befanden, und dienten ab dem späten 16. Jh. immer wieder als fürstliche Wohnstätte.

Ab 1709 entstand hier das kleine Schloss als Witwensitz für *Christiane Aemilie Anthonie von Mecklenburg-Strelitz* und Wohnsitz ihres Sohnes *Karl,* des sogenannten *Prinzen von Mirow.* In dieser Zeit schuf ein italienischer Stuckateur den **hochbarocken Festsaal,** welcher heute noch erhalten ist und die Besucher mit seiner Pracht in Erstaunen versetzt. Eine Erweiterung und Umgestaltung erfuhr das Schloss in den 1750er-Jahren. Dabei wurden Räume im Stil des **friderizianischen Rokokos** mit u.a. wertvollen handgestickten Tapeten neu gestaltet. *Friedrich der Große* war, als er 1736 in Rheinsberg weilte, bei den Strelitzer Nachbarn zu Gast. Ihre ungezwungene Hofhaltung in dem einfachen,

165ms tm

kleinen Schloss beeindruckte und gefiel ihm. Er nannte die Bewohner belustigt *Mirokesen*. Die Hofhaltung in Mirow endete bereits 1761. Die Residenz befand sich schon eine geraume Zeit in Neustrelitz und Mirow wurde zum Nebenschauplatz.

Im Zuge der Umbauarbeiten des Schlosses 1756 entstand gegenüber das **Kavaliershaus,** das sich in Größe und Aussehen am herzoglichen Wohnsitz orientierte. In diesem barocken Bau befanden sich u.a. die Schlossküche und Räume für die Bediensteten. Heute erfährt man hier im sogenannten **3-Königinnen-Palais** Wissenswertes zum Leben der **späteren Königinnen von England, Preußen und Hannover.** Die interaktive und multimediale Ausstellung ist als Zeitreise durch die Geschichte der Region und vor allem der Lebenswege der drei Strelitzer Königinnen konzipiert. Die Ausstellung ist sehr familienfreundlich. Dazu gibt es Sonderschauen zu Kunst- und Kulturthemen.

Eine weitere **Ausstellung,** die sich mit der Geschichte des Hauses Mecklenburg-Strelitz auseinandersetzt, kann im 2009–14 aufwendig sanierten Schloss besucht werden. Hier lässt sich die **Familiengeschichte der Mirower Herzöge** erleben und vieles der ursprünglichen Rokoko- und Barockgestaltung bewundern. Da die meisten anderen Schlösser und fürstlichen Häuser in Mecklenburg-Strelitz heute nicht oder nur schlecht erhalten sind, sticht Mirow mit seiner Pracht heraus.

⌃ Einst Sitz der Strelitzer Herzöge – das Barockschloss Mirow auf der Schlossinsel

Drei Königinnen aus Mirow – royaler Glanz für Mecklenburg-Strelitz

Das kleine Mirow erweckt auf den ersten Blick nicht den Anschein, einer Königin gerecht werden zu können. Und doch sind gleich drei Königinnen eng mit dem Ort verbunden.

1744 erblickte **Sophie Charlotte von Mecklenburg-Strelitz** im sogenannten Unteren Schloss in Mirow das Licht der Welt. Im zarten Alter von 17 Jahren wurde sie mit dem zukünftigen **König von England, George III.,** vermählt und zog auf die britische Insel. Die königliche Familie stammte damals aus dem Hause Hannover. Ihre neuen Untertanen verehrten die junge **Königin Charlotte** bald über alle Maßen und sie regierte ganze 57 Jahre lang. Die Ehe verlief harmonisch und 15 Kinder kamen zur Welt. Die sehr an Botanik interessierte Monarchin gilt als Namenspatin für die Strelitzie, vom Regierungsbotaniker in London nach der Herkunft seiner Königin getauft.

Zwei Nichten *Charlottes* sollten ebenfalls zu Königinnen gekrönt werden. Die erste war **Luise,** eine **Tochter des Mirower Prinzen Karl.** Geboren wurde sie 1776 zwar in Hannover und wuchs in Darmstadt auf. Jedoch hielt sie sich in späteren Jahren oft und gern in Mecklenburg-Strelitz auf. Sie heiratete den Kronprinzen von Preußen *Friedrich Wilhelm III.* und wurde durch seine Krönung 1797 **Königin von Preußen.** Die schöne Monarchin führte eine glückliche Ehe und engagierte sich selbst sehr in der Erziehung ihrer Kinder, von denen der jüngste **Sohn Wilhelm** 1871 sogar der **erste deutsche Kaiser** werden sollte. Legendär wurde sie spätestens nach ihrer – wenn auch für die preußische Geschichte erfolglosen – Begegnung mit *Napoleon* bei Tilsit 1807.

Während eines Besuchs bei ihrem Vater in Hohenzieritz verstarb *Luise* 1810 an einem Fie-

163ms tm

ber. Schnell wurde sie zum Mythos und Luisen-Gedenkorte entstanden überall in deutschen Landen.

Ihre Schwester **Friederike** hatte weniger Glück in ihrem Leben. Die Schwestern *Luise* und *Friederike* bezauberten den preußischen König bei der ersten Begegnung derart, dass er beide für seine Söhne auserwählte. Und so ehelichte *Friederike* zwei Tage nach ihrer Schwester den jüngeren Bruder *Friedrich Wilhelms,* **Prinz Louis.** Das Paar teilte keine große Sympathie. Ihr werden einige Affären oder mindestens ein unglückliches Händchen in der Wahl der Verehrer nachgesagt. *Louis* machte sie bereits nach drei Jahren zur Witwe.

Ihre zweite Ehe ging sie einige Zeit später mit dem **Prinzen Friedrich Wilhelm zu Solms-Braunfels** ein – eine finanziell und gesellschaftlich ungünstige Wahl. Die missliche Lage sollte durch eine Scheidung bereinigt werden. Dazu kam es dann durch den Schlaganfall-Tod des Prinzen nicht mehr.

Friederike wandte sich nun **Ernst August von Cumberland** zu, der schon länger an ihr interessiert war. Die Hochzeit fand 1815 statt. Ihre königliche Tante *Charlotte* auf dem englischen Thron war dann auch wieder versöhnt. Sie hatte die amourösen Verwicklungen der Nichte nicht gutgeheißen. Die komplizierte Thronfolge des britischen Königshauses machte dann *Friederike* 1837 im hohen Alter von nahezu 60 Jahren noch für wenige Jahre zur **Königin von Hannover.** Sie ist somit die Dritte im Kleeblatt der Mirower Königinnen.

Alle drei wären damals Superstars für die Boulevardpresse gewesen. Das **3-Königinnen-Palais** im ehemaligen **Kavalierhaus** gegenüber dem Schloss Mirow lässt die Biografien der royalen Strelitzerinnen lebendig werden.

■ **Schloss Mirow,** Schlossinsel 1, www.mv-schloesser.de, März Sa/So 11–16 Uhr, April und Okt. Di–So 10–17 Uhr, Mai bis Aug. tgl. 10–18 Uhr, Sept. Di–So 10–18 Uhr, Nov. bis Feb. auf Anfrage, Erw. 6 €, Kinder bis 18 Jahre frei.

■ **3-Königinnen-Palais,** Schlossinsel 2a, www.3koeniginnen.de, April bis Okt. tgl. 10–18 Uhr, Nov. bis März Mi–So 11–17 Uhr, Erw. 5 €, Kinder (6–16 Jahre) 2,50 €. Mit Museumsshop und Café (Tipp: die üppigen Torten).

Johanniterkirche

Die auch auf der Insel befindliche Johanniterkirche wurde bereits im 14. Jh. errichtet und später mehrfach umgestaltet. 1704 entstand hier im Rahmen des Umbaus zur Hofkirche die **Fürstengruft,** in der Mitglieder der Strelitzer Herzogsfamilie begraben sind. Nach dem großen Brand auf der Schlossinsel 1742, der auch die Kirche zerstörte, wurde das Gotteshaus im barocken Stil neu errichtet. Vom **Turm,** dessen Haube 1993 wiederhergestellt wurde, bietet sich ein herrlicher Ausblick über das Areal und den angrenzenden See.

■ **Schlosskirche (Johanniterkirche),** Schloßstr. 1, www.johanniterkirche-mirow.de, Ostern bis Mai und Okt. tgl. 11–17 Uhr, Juni bis Sept. tgl. 10–18 Uhr. Die Kirche und die Fürstengruft können unentgeltlich besichtigt werden. Für den Erlebniskirchturm mit Johannitermuseum und Aussichtsplattform in 29 m Höhe zahlen Erw. 3 € und Kinder (ab 6 Jahre) 1,50 €.

☐ Im 3-Königinnen-Palais, dem ehemaligen Kavaliershaus, kann man eine Ausstellung besuchen und im Café süße oder herzhafte Snacks genießen

Liebesinsel

Von der Schlossinsel aus gelangt man zur kleinen Liebesinsel. Durch eine romantisch wirkende, **schmiedeeiserne Brücke** mit der Hauptinsel verbunden, ist sie in nur wenigen Schritten umrundet. Neben dem schönen Seeblick fällt auch ein **Grabmal** ins Auge. *Adolf Friedrich VI.*, der letzte Großherzog von Mecklenburg-Strelitz, wurde am 24. Februar 1918 im Kammerkanal in Neustrelitz tot aufgefunden. Er starb durch eine Schussverletzung. Ob er sich diese selbst zugefügt hatte oder ob er durch fremde Hand umkam, konnte nie zweifelsfrei geklärt werden. War er ein Spion der Briten? Schließlich pflegte er, allein durch die familiären Verbindungen, engen Kontakt zum Inselreich und man befand sich im Krieg. Oder litt er an einer depressiven Verstimmung aufgrund unglücklicher Affären, einer versteckten Homosexualität oder dem Druck seiner Position? Der Tod des jungen Großherzogs, damals einer der reichsten Junggesellen Europas, bewegte die Gemüter. Das Grabmal wurde, wie von ihm vor seinem Tode bestimmt, auf der Liebesinsel gestaltet. Es besteht aus einer gebrochenen Säule, symbolhaft für das viel zu früh beendete Leben, umwunden von einer Schlange.

Unteres Schloss

Noch vor der Schlossinsel gelegen, fällt der gewaltige, graue Bau des **Unteren Schlosses** von 1848 auf. Das seit vielen Jahren leerstehende Gebäude war von 1820 bis 2006 Lehrerseminar und städtisches Gymnasium. An dieser Stelle wurden in einem Vorgängerbau *Sophie Charlotte*, spätere Königin von England, und *Carl*, zukünftiger Herzog von Mecklenburg-Strelitz und Vater von Königin *Luise*, geboren. Die Strelitzer waren für ihren Kinderreichtum bekannt und so wurden auch in Mirow mehrere Bauten für apanagierte Prinzen und Witwen nötig. Daher existierten zeitgleich das Untere und das Obere Schloss (das heutige Museum).

Praktische Tipps

Informationen

- **Touristinformation Mirow,** Schlossinsel 2a, 17252 Mirow, Tel. 039833 27567, www.kleinseenplatte.de, Mai bis Sept. Mo–Fr 10–18, Sa/So 9–15 Uhr, Mai So geschl., Okt. Mo–Fr 10–16, Sa 9–15 Uhr, Nov. bis April Mo–Fr 9–16, Fei 10–14 Uhr.

Unterkunft, Essen und Trinken

- **Alte Schlossbrauerei②**, Schlossinsel 3, 17252 Mirow, Tel. 039833 20346, www.alte-schlossbrauerei.de, Restaurant tgl. 12–21 Uhr. Auf der Mirower Schlossinsel, mit einem breiten Seeuferzugang, lädt das Gasthaus zur Übernachtung in stilvollen Doppelzimmern oder einem Appartement sowie zur Einkehr ins Gewölberestaurant oder in den Ritterkeller (für Events) ein. Auf der Speisekarte stehen deftige deutsche Fleischgerichte, aber auch einige vegetarische Alternativen. Für Senioren mit kleinem Hunger und Kinder gibt es eine eigene Auswahl. Im Sommer sitzt man mit Ausblick auf der großen Seeterrasse.
- **Strandhotel Mirow②**, Strandstr. 20, 17252 Mirow, Tel. 039833 22019, www.strandhotel-mirow.de. Direkt am Mirower See mit großem Garten übernachtet man in einer gepflegten Anlage

mit Hotelzimmern, Ferienwohnungen und einem Ferienhaus. Viele der Unterkünfte haben Seeblick und bis zum hauseigenen Badestrand sind es nur wenige Schritte. Zum Hotelbetrieb gehören auch ein **Restaurant**② mit großer Sonnenterrasse, ein Zeltplatz sowie ein Bootsverleih.

Unser Tipp: **Restaurant Blaue Maus,** Schlosstr. 11, Tel. 039833 21734, www.blaue-maus-mirow.de, Mi–So ab 17 Uhr. Das hübsche Fachwerkhaus im Zentrum von Mirow ist eines der ältesten Bauwerke des Ortes. Ein Flieger gründete einst 1920 das Gasthaus und in den 1930er-Jahren verkehrten hier die Piloten und Techniker aus Rechlin, inklusive *Heinz Rühmann.* Auch heute noch versprüht die Einrichtung viel vom damaligen Charme. Gekocht wird mit frischen und regionalen Zutaten, besonders Wild aus eigener Jagd. Auch im Biergarten im Hof lässt sich ansprechend speisen.

■ **Kelmi's Brutzel-Hütte,** Lärzer Str. 9a, Tel. 039833 22595, auf Facebook, Mo–Sa 14–22 Uhr. Im urigen Imbiss am Mirower Kanal, unweit der Schleuse Mirow, wird frisch und vor allem deftig gekocht, geräuchert und gebraten. Die Auswahl ist nicht umfangreich, dafür aber tagesaktuell. Die Nachfrage ist groß und der Platz eingeschränkt, am besten meldet man sich an.

■ **Kaffeehus Kittendorf,** Strelitzer Str. 28, kaffeehus-kittendorf.de, Do–Mo 14–17 Uhr. Im Zentrum von Mirow genießt man Kuchen und Torten sowie Kaffee aus der regionalen Rösterei in der Atmosphäre eines gemütlichen Wohnzimmers. Die Inhaberin organisiert auch Lesungen und Kunstausstellungen in den Räumen des kleinen Cafés.

Granzow

■ **Pfannkuchenhaus deluxe,** Walter-Gotsmann Str. 2, 17252 Mirow, Ortsteil Granzow, Tel. 039833 268495, www.pfannkuchenhaus-deluxe.de, April bis Okt. tgl. 12–21.30 Uhr, Nov. bis März Do 15–20.30, Fr/Sa 12–20.30, So 12–17 Uhr. Das Restaurant im Ferienpark Mirow steht auch Tagesgästen zur Verfügung. Die Atmosphäre ist locker und die Speisekarte abwechslungsreich. Neben den na-

164ms tm

Paddeltour durchs Seerosenparadies

Eine einfache und sehr reizvolle Tages- oder Halbtagestour mit dem Kanu macht man ab **Granzow.** Der Ortsteil von Mirow liegt 3 km nördlich am Granzower Möschen. Nach den ersten Proberunden auf dem kleinen See geht es ins Seerosenparadies auf dem **Kleinen und Großen Kotzower See.** Die Seen sind durch Kanäle verbunden. Wer nur ein paar Stunden unterwegs sein möchte, dreht einfach irgendwann wieder um. Als nächstes auf dem weiteren Weg nach Norden ist der **Leppinsee** erreicht. Für gute Paddler oder Wasserwanderer geht es mindestens noch bis zu Paddel-Paul, einem Kanuverleih mit Imbiss am Leppinsee (www.paddel-paul.de). Von dort gelangt man durch den Junkerkanal in den **Woterfitzsee,** welcher sich bereits mitten im **Müritz-Nationalpark** befindet.

Während man fast lautlos dahinpaddelt, lauscht man den Rufen und Gesängen von Teichrohrsänger und Rohrdommel

mensgebenden süßen und herzhaften Pfannkuchen sind auch Pizzen sowie Fisch- und Fleischgerichte auf der Karte zu finden. Eine gute Auswahl an Kindergerichten ist vorhanden.

Einkaufen

- **Fischereihof Mirow,** Mühlenstr. 21, Juni bis Aug. tgl. 9–20 Uhr, Mai und Sept. tgl. 9–19 Uhr, Okt. bis April tgl. 9–18 Uhr. Einer der vier Fischereihöfe in der Kleinseenplatte (s.S. 286).
- **Schmitt's in Mirow,** Rudolf-Breitscheid-Str. 10, Mo–Fr 10–13 und 15–18, Sa 10–13 Uhr. Der kleine Buch- und Geschenkeladen zeichnet sich durch persönliche Beratung und ein ausgefallenes Sortiment aus. Hier macht man Entdeckungen und kann sich lange aufhalten, um alles zu betrachten und sich zu entscheiden. Die Inhaber engagieren sich auch kulturell und veranstalten Lesungen und Kunstausstellungen.

Feste und Veranstaltungen

- **Mirower Inselfest:** Am ersten Wochenende im August können Besucher von Freitag bis Sonntag auf dem Stadtfest Budenzauber, Live-Musik und bunte Umzüge erleben.

Aktivitäten

Bootsverleih

Unser Tipp: **Kanustation Granzow,** Seestr. 11, 17252 Mirow, Ortsteil Granzow, Tel. 039833 21800, www.kanustation-granzow.de, April bis 15. Okt. tgl. 10–17 Uhr, Mai bis Mitte Sept. 9–19 Uhr, Mitte bis Ende Sept. 9–18 Uhr. Hier gibt es das Rundum-Paket aus Kanuverleih, Tourberatung, **Zeltplatz** und **Badestrand.** Wer möchte, bucht für die Paddeltour einen Shuttle-Service für die Rückfahrt. Für Gruppen jeder Art werden auch geführte Touren und Mehrtagesprogramme inklusive Übernachtung angeboten.

Verkehr

Bahn

- Die **HANSeatische Eisenbahn** (www.hanseatische-eisenbahn.de) bietet saisonal, meist April bis Dezember, eine Verbindung mit der **Kleinseenbahn** zwischen Neustrelitz, Wesenberg und Mirow an. Die Mitnahme von Fahrrädern ist möglich.

Bus

- In Mirow besteht Anschluss an den **Kleinseenbus** (kleinseenbus.de). Dieser bietet von April bis Oktober dreimal täglich auf einer Nord- und einer Südroute Fahrten in die kleinen Ortschaften (u.a. Diemitz, Wustrow, Canow). Mit einer Kurkarte aus Mirow fährt man kostenlos. Zusätzlich kostenfrei für Kurkarteninhaber ist die **Schlösserlinie** (Bus 785, Mai bis Okt.) von Mirow nach Rheinsberg. Fahrräder fahren beim Kleinseenbus auf dem Anhänger mit.
- Mit den Linienbussen der MVVG kann man Ausflüge zu den Sehenswürdigkeiten in der Umgebung unternehmen, u.a. mit Linie 650 nach **Neustrelitz** (über Wesenberg) oder mit den Linien 651/661 nach **Schwarz** und **Diemitz.**

Schiffsverkehr

- **Blau-Weiße-Flotte,** www.blau-weisse-flotte.de. Von Mirow (Anleger Schlossinsel/Rotdornstr.) starten die Fahrgastschiffe zu Touren zur Diemitzer Schleuse und an ausgewählten Terminen über 16 Seen bis nach Rheinsberg.

Unser Tipp: Die schönste Tour von Mirow aus ist die malerische Fahrt zum **Seerosenparadies im Großen Kotzower See,** passend zur See- und Teichrosenblüte im Juni/Juli.

Das schwimmende Imbissangebot ist beliebt – Geld und Ware werden im Kescher übergeben

Im Herzen der Kleinseenplatte

Nahe am Wasser ist man im Neustrelitzer Seenland überall, aber besonders im Süden, nach Brandenburg hin, reihen sich die blauen Flecken auf der Landkarte fast nahtlos aneinander. **Südlich von Wesenberg und Mirow** ist das Geflecht von kleinen und kleinsten Gewässern so dicht, dass sich diese beiden Orte den passenden Namen **Mecklenburgische Kleinseenplatte** für ihr gemeinsames Verwaltungsgebiet gegeben haben.

Zwischen unzähligen Seen, Kanälen und Flüsschen gelangt man in verschlafene Dörfer, in denen die Dorfkirchen fast zu schön und groß scheinen für die kleinen Ansiedlungen. Fährt man durch die Orte, so reiht sich Campingplatz an Ferienanlage und Kanuverleih an Badestrand. Von Orten wie **Diemitz, Canow, Wustrow** oder **Priepert** aus lassen sich herrliche Paddel- oder Floßtouren starten. Ansonsten genießt man die Ruhe, geht baden und kehrt bei einem der Gasthöfe ein.

Baden

Wasser ist das bestimmende Element der Region und folglich kann man dem Badevergnügen in der Kleinseenplatte an nahezu allen Seen frönen. Da auch hier viele Gebiete unter **Naturschutz** stehen, sollte man jedoch nur ausgewiesene Badeplätze, z.B. an Campingplätzen, aufsuchen. Größere **Strandbäder** mit Imbiss und Spielplätzen gibt es u.a. in Diemitz und Priepert. Einfache Badestellen, teils nur mit ein wenig Sandstrand und kleiner Liegewiese oder einem einfachen

168ms tm

Steg, gibt es auch in Canow und Strasen. Die Campingplätze verfügen häufig über Badestellen, welche jedoch meist für die Camper reserviert sind. Wer mit dem Boot unterwegs ist, z.B. mit einem Floß, kann an vielen Stellen den Anker werfen und einfach ins Wasser springen. Die Seen sind unterschiedlich tief und daher ist die Wassertemperatur mal höher, mal tiefer und auch die Farbe unterscheidet sich. Sauber sind die Seen alle. Der Uferbereich ist meist flach und so sind die Badestellen für kleine Kinder gut geeignet.

Bootfahren

Die Region ist ideal für **Paddelausflüge,** egal ob für ein paar Stunden oder mehrere Tage. Verleihstationen gibt es an den meisten Seen, meist als Teil eines Camping- oder Zeltplatzes oder an den Wasserwanderrastplätzen. Es lassen sich verschiedene Arten von Booten leihen, vor allem gemütliche **Flöße** und **Kanus.** Mit Kajaks oder Kanadiern bewegt man sich lautlos durch die Natur und gelangt an Orte, die Motorbooten nicht zugänglich sind, sei es, weil hier ein Naturschutzgebiet besteht oder weil das Fahrwasser zu schmal oder flach ist. Die Verleihstationen stehen gern mit Tourentipps parat.

Wandern und Radfahren

Wie alle Regionen der Mecklenburgischen Seenplatte eignet sich auch die Kleinseenplatte hervorragend zum Wandern und Radfahren. Die **gute Beschilderung,** u.a. der Radfernweg Mecklenburgische Seenplatte und der Radweg Berlin – Kopenhagen führen durch die Region, und die nur wenig befahrenen Straßen zwischen den kleinen Orten bieten eine Vielzahl an möglichen Routen. Teils trifft man hier noch auf Schotterpisten, Sandwege und Straßen mit stark abgenutzter Oberfläche. Mit dem **Kleinseenbus** oder der **Hanseatischen Eisenbahn** kann man Strecken abkürzen.

Schwarz

In Schwarz, acht Kilometer südlich von Mirow, ist noch eine hübsche, intakte Dorfstruktur erkennbar. Die **Dorfkirche** wurde nach dem Siebenjährigen Krieg (1756–63) errichtet. Ihre charakteristische barocke Haube trägt die Jahreszahl 1767.

Im Außenbereich der Kirche befindet sich ein interessanter **Findlingsgarten** mit mehr als 80 Exponaten. Die Steine stammen alle aus der Kiesgrube bzw. der näheren Umgebung des Ortes. Ihren Ursprung haben sie allerdings in Nordeuropa. Während der letzten Eiszeit reisten sie im Eis der Gletscher nach Süden, um dann hier nach dem Abschmelzen des Eispanzers zurückzubleiben. Bauern, denen die zum Teil tonnenschweren Steine bei der Feldarbeit im Weg lagen, räumten sie zunächst an den Feldrain. Der Geologe *Frank Wilcke* aus Wittstock wählte einige Findlinge aus und stellte sie hier neben der Kirche von Schwarz zu einer kleinen Sammlung zusammen. Zu jedem einzelnen Stein gibt es interessante Informationen. Neben der wissenschaftlichen Einordnung und dem Herkunftsort finden sich z.B. auch Angaben zu Alter und typischen Merkmalen des

Steins. Das Schwergewicht der Ausstellung ist ein vier Tonnen wiegender Granit.

In der gegenüberliegenden alten Dorfschule findet man im Obergeschoss ergänzend eine **Gesteinssammlung.** Im Gebäude wird außerdem in einer **Heimatstube** die Geschichte des Ortes präsentiert.

■ **Steinesammlung und Heimatstube,** Dorfstraße 5, 17252 Schwarz, Mai bis Okt. tgl. 10–16 Uhr.

Anker werfen und Anlauf nehmen – eine Tour mit dem Badefloß ist ein Vergnügen für die ganze Familie

Diemitz

Im nicht weit entfernten Diemitz zieht vor allem die mit jährlich rund 40.000 Wasserfahrzeugen meistbefahrene **Schleuse** der Region Schaulustige an. Vor ca. 150 Jahren entstand zwischen dem Großen Peetschsee und dem Labussee die erste Schleuse, die 1978 durch einen Neubau ersetzt wurde. Hier kann man dem bunten Treiben von Motorbooten und Paddlern bei der Schleusung zuschauen. Für so manchen Freizeitkapitän ist die nur 5,30 m breite und rund 42 m lange Kammer eine Herausforderung. Hat man es erst einmal geschafft, sein Boot sicher zwischen die beiden Tore zu manövrieren, geht es ca. 1,30 m hinauf oder hinab, je nachdem, in welcher Richtung man auf der **Müritz-Havel-Wasserstraße** unterwegs ist.

UNSER TIPP: Nebenan kann man sich im Schatten der Bäume beim **Biber Ferienhof** (s.u.) für einen Imbiss niederlassen oder aber mit leckeren Pommes und einer Bio-Galloway-Bratwurst in der Hand auf der Schleusenbrücke stehen und gemütlich „Schiffe gucken".

Eine besondere Veranstaltungsreihe ist das **Schleusentheater** direkt an der Wasserstraße. Im Juli/August finden dann auf einer Bühne kleine Konzerte statt. Während die Künstler auf dem einen Ufer agieren, lauschen die Gäste, auf dem Rasen sitzend, vom anderen Ufer aus. Zwischen Musikern und Publikum paddeln lautlos die Wasserwanderer.

Herausforderung für Freizeitkapitäne: die viel befahrene Diemitzer Schleuse

167ms tm

Diemitz gehörte, ebenso wie Schwarz, bis 1918 zum Besitz des Klosters Dobbertin. Eine **Kirche** aus dem 18. Jh. im klassizistischen Stil schmückt die Ortsdurchfahrt. Im und um den Ort gibt es zahlreiche Übernachtungsmöglichkeiten, Restaurants und Wassersportanbieter. Zudem befindet sich hier ein schöner **Badestrand** mit Steg und Spielplatz.

Paddeltour von Wustrow nach Wesenberg

Von Wustrow aus lohnt eine Ganztagestour zur Havel. Dazu durchpaddelt man zuerst den **Plätlinsee** – Achtung, auf die Betonnung achten – und gelangt von dort in die romantische, schmale **Schwaanhavel,** welche zur „großen" Havel führt. Während der Fahrt auf der Schwaanhavel darf das Boot aus Naturschutzgründen nicht verlassen werden. Die Fahrt ist wild-romantisch und bietet herrliche Naturaussichten. Auf der Havel geht es dann weiter nach **Wesenberg.** Kurz davor befindet sich eine **Schleuse.** Von Wustrow bis Wesenberg sind 16 km zu bewältigen. Wer eine kürzere Strecke bevorzugt, kehrt einfach um. Einkehrmöglichkeiten gibt es nicht, also unbedingt Proviant mitnehmen.

Praktische Tipps

Unterkunft, Essen und Trinken

Diemitz

■ **Biber Ferienhof,** Diemitzer Schleuse 5, 17252 Mirow, Ortsteil Diemitz, Tel. 039827 799888, www.biberferienhof.de. Die umfangreiche Anlage nahe der Schleuse bietet für jeden Geschmack etwas. Für die Übernachtung wählt man zwischen einigen Zimmern und Ferienwohnungen im Haupthaus, Ferienhäusern in der näheren Umgebung an den Seen und einem **Campingplatz** mit 5 ha Größe. Zusätzlich bietet eine Wagenburg (Schäferburg) Spaß für die ganze Familie. Ein **Laden** mit einem breiten Sortiment, u.a. an Bio-Lebensmitteln aus der eigenen Landwirtschaft, ein **Restaurant** und ein Imbiss sowie ein **Boots-/Floßverleih** und eine Sauna runden das Angebot ab. Besondere Attraktion ist ein kleines Planetarium zur Sternenbeobachtung.

■ **Landurlaub Diemitz,** Dorfstr. 28, 17252 Mirow, Ortsteil Diemitz, Tel. 0172 8033743, www.landurlaub-diemitz.de. Ferien auf dem Bauernhof kann man bei *Renate Strohm* machen. Im ehemaligen Gänsestall wurden Ferienwohnungen eingerichtet und wer es naturnah mag, übernachtet im Schäferwagen. Die Wagen sind als Tiny House mit allem Nötigen ausgestattet. Dazu gibt es einen großen Gemeinschaftsbereich. Wer mag, kann die Tiere des Hofes – alte Haustierrassen – kennenlernen. Die vielen Pferde und Ponys freuen sich auf große und kleine Reiter.

Canow

■ **Gasthaus Canow**②, Canower Allee 48, 17255 Wustrow, Ortsteil Canow, Tel. 039828 268705, gasthaus-canow.de, Café Di–So 8–17 Uhr. In einem einladenden Holzbau befindet sich die kleine Pension mit Café. Die Zimmer sind schlicht, aber modern ausgestattet. Buchbar ist auch ein Appartement für 4 Personen. Im Café legt man Wert auf regionale Zutaten. Neben einem Frühstücksangebot gibt es wechselnde Mittagsgerichte und hausgebackenen Kuchen.

Wustrow

■ **Ferienhäuser am Plätlinsee,** Fischerweg 21–22, 17255 Wustrow, Tel. 039832 268655, www.urlaubamplaetlinsee.de. Die 4 Ferienhäuser für je bis zu 6 Personen liegen idyllisch mit Seeblick nahe dem Plätlinsee. Alle sind komfortabel eingerichtet und verfügen u.a. über zwei Bäder, eine Terrasse und einen Balkon. Zur Ausstattung gehört für jedes Haus ein Kanadier mit Zubehör. Der See mit einer Badestelle ist 100 m entfernt.

Camping

Canow

■ **Naturcampingplatz Kanucamp Canow,** Mirower Landstr. 13, 17255 Wustrow, Ortsteil Canow, Tel. 0152 38769790, kanucamp-canow.de. Der familiengeführte, kleine Naturcampingplatz liegt direkt am Labussee und verfügt über eine eigene Badestelle. Hier zeltet man sehr naturnah, aber mit den wichtigsten Serviceleistungen. Auch Wohnmobile sind willkommen. Es gibt einen **Bootsverleih** und einen Getränkeautomaten. Gastronomie ist fußläufig im Ort erreichbar. Ideal für Wasserwanderer.

Priepert

■ **Wohnmobilpark Priepert,** An der Freiheit 8, 17255 Priepert, Tel. 0172 4803651, wohnmobil park-priepert.de, April bis Oktober. Auf grasbewachsenen Plätzen stellt man sein Wohnmobil nahe dem Priepertsee ab. Sanitäreinrichtungen, Stromanschluss, Trinkwasser und Entsorgungsmöglichkeiten sind vorhanden. Nahebei sind ein Badestrand und Spielplätze. Für den Einkauf fährt man nach Wesenberg oder Mirow.

Einkaufen

Die dünne Besiedlung der Kleinseenplatte führt dazu, dass Einkaufsmöglichkeiten nicht überall vorhanden sind. Wer auf einem Campingplatz oder in einem Ferienhaus übernachtet, tut gut daran, in Wesenberg oder Mirow einen Großeinkauf zu tätigen. Das eine oder andere lässt sich aber auch vor Ort bei regionalen Produzenten erstehen.

Canow

■ **Fischereihof Canow,** Fischersteig 13, 17255 Wustrow, Ortsteil Canow, Tel. 039828 20476, Juni bis Aug. tgl. 9–20 Uhr, Mai, Sept. tgl. 9–19 Uhr, April, Okt. tgl. 9–18 Uhr, März Mo–Fr 9–16, Sa 9–12.30 Uhr. Einer der vier Fischereihöfe in der Kleinseenplatte (s.S. 286).

Wustrow

■ **Mecklenburgische Likörmanufaktur,** Dorfstr. 26, 17255 Wustrow, www.mecklenburgische-likoermanufaktur.de, mind. April bis Okt. Sa/So 13.30–17.30 Uhr. *Jan Hübner* begann aus einer Laune heraus, Likör herzustellen. Mittlerweile bietet er ein großes Sortiment selbstgemachter Spirituosen an, z.B. Magenbitter, Kaffeelikör und Apfellikör. Da die Manufaktur nur eingeschränkt öffnet, kann man die Liköre auch im Kaffeehus Kittendorf in Mirow, in der Touristinfo Wesenberg und z.B. im Laden des Biber Ferienhofs Diemitz kaufen.

Aktivitäten

Bootsverleih

■ **Kanuhof Wustrow,** Dorfstr. 57a, 17255 Wustrow, Tel. 039828 20083, kanuhof-wustrow.de, Mitte April bis Sept. tgl. 9–18 Uhr. Verleih mit dem klassischen Angebot an Kajaks und Kanadiern und allem Zubehör. Tourentipps, auch für Mehrtagestouren, findet man bereits auf der Website. Zur Anlage gehört auch ein **Zeltplatz** (keine Wohnmobile) mit Sanitäranlagen, aber ohne Stromanschluss.

■ **Canu Center Canow,** Am Canower See 2, 17255 Wustrow, Ortsteil Canow, Tel. 039828 20249, www.bootsverleih-canow.de, mind. Mai bis Sept. tgl. 9–12 und 14–18 Uhr. Es werden Kanadier, Kajaks und kleine Motorboote angeboten. Zusätzlich gibt es einen Laden mit Zubehör und Ausrüstung für Boote und Camping.

■ **Floß-Tours,** Am Canower See 165, 17255 Wustrow, Ortsteil Canow, www.floss-tours.de. Der An-

170ms tm

bieter vom Kleinen Pälitzsee vermietet einfache Flöße für naturnahe Ferien und Kanus.

■ **Tom Sawyer Floß- und Hausbootvermietung,** tomsawyer-tours.de. Die rustikal wirkenden, aber komfortablen Flöße von Tom Sawyer sind z.B. ab Priepert, Schleuse Diemitz und Neustrelitz unterwegs.

■ **Floßbooturlaub,** flossbooturlaub.de. Entspannte Ferien auf dem Floß oder dem Hausboot (Ponton) auf der Kleinseenplatte bietet das Unternehmen aus Neustrelitz.

⌃ Blickt man über den Grienericksee zum Schloss Rheinsberg, versteht man, warum die Muse es hier gut meinte mit Tucholsky & Co.

Rheinsberg

„Rheinsberg zu erreichen sei nicht leicht" meinte **Theodor Fontane** in seinen 1862 erschienenen „Wanderungen durch die Mark Brandenburg". Doch während er nur über staubige Wege nach Rheinsberg gelangte, konnte **Kurt Tucholsky** 1912 sein verliebtes Pärchen in seiner Erzählung „Rheinsberg: ein Bilderbuch für Verliebte" bereits mit der Eisenbahn durch die dichten Kiefernwälder dorthin reisen lassen. Heute kommt man, dank gut ausgebauter Straßen, schnell und bequem nach Rheinsberg. Und die Besucher kommen gern und zahlreich, sodass sich zu den rund 8000

Inspiration Rheinsberg – die Se(e)hnsucht der Schriftsteller

Im Sommer 1911 spazierte ein damals noch unbekannter Berliner Student mit seiner Freundin durch Rheinsberg. Das Paar verbrachte hier ein Wochenende, das bei dem jungen Mann einen bleibenden Eindruck hinterlassen haben muss. Dass seine Geschichte, die von diesem Ausflug inspiriert wurde, einmal ein Bestseller der Deutschen Literatur werden würde, hätte sich der 21-jährige **Kurt Tucholsky** wohl kaum vorstellen können. Doch das Erscheinen seiner Erzählung **„Rheinsberg – ein Bilderbuch für Verliebte"** sorgte ab 1912 dafür, dass mindestens in Berlin jeder den Namen des kleinen Städtchens zwischen Ruppiner Seenland und Mecklenburgischer Kleinseenplatte kannte.

Zu dieser Zeit war im ehemaligen Musenhof des Prinzen *Heinrich* bereits der Glanz verblasst. Nun kam eine neue Romantik auf und lockte Besucher an. Die leichtfüßige Erzählung über den Wochenendausflug von Claire und Wölfchen, eines unverheirateten Paares, in sehr bildhafter Darstellung und gewürzt mit Ironie und Humor machte nicht nur Rheinsberg, sondern auch *Kurt Tucholsky* bekannt.

Für Rheinsberg hatte dies nachhaltige Wirkung: Im Schloss Rheinsberg ist heute das **Kurt Tucholsky Literaturmuseum** zu finden. Das einzige Tucholsky-Literaturmuseum Deutschlands kümmert sich um die **Stadtschreiber,** eine Tradition seit 1995. Jedes Jahr werden zwei Autoren ausgewählt, die in Rheinsberg für ein Jahr kostenfreie Logis erhalten und deren Texte im Rheinsberger Bogen, der museumseigenen Edition, erstveröffentlicht werden. 2009 erhielt z.B. *Wiglaf Droste* dieses spezielle Stipendium. Rheinsberg pflegt außerdem eine Städtefreundschaft mit Mariefred in Schweden, wo *Tucholsky* begraben ist und sich das Schloss Gripsholm befindet, Schauplatz einer weiteren Erzählung des Schriftstellers.

1862, noch 50 Jahre vor *Tucholskys* Claire und Wölfchen, spazierte **Theodor Fontane** literarisch durch die Stadt. In seinen im genannten Jahr erschienenen **„Wanderungen durch die Mark Brandenburg"** lieferte er umfassende Beschreibungen von Rheinsberg, kehrte z.B. im Ratskeller ein, besuchte Kirche und Schloss und spazierte durch den Park. Mit dem Buch unter dem Arm kann man auch heute noch eine passable Stadt- und Schlossführung bestreiten. Die Region findet sich in weiteren Werken *Fontanes* wieder. Der idyllische See Großer Stechlin inspirierte ihn zu dem Roman **„Der Stechlin".**

Das malerische Rheinsberg bleibt auch nach Ende des Musenhofs des preußischen Prinzen *Heinrich* eine künstlerische Inspirationsquelle.

Einwohnern jedes Jahr ein Vielfaches an Gästen gesellt. Rheinsberg liegt im nördlichen **Brandenburg** und damit bereits im Ruppiner Seenland. Mit seinen 17 Ortsteilen ist es eine der flächenmäßig größten Gemeinden Deutschlands. Bekannt ist die Stadt vor allem als **Residenz des jungen Friedrich II.** Doch die

Geschichte des Ortes beginnt schon lange, bevor der spätere König, der *Alte Fritz*, hier seine Prinzenjahre verbrachte.

Stadtgeschichte

Im Zuge der Ostkolonisation, die vor rund 1000 Jahren begann, wurde der Flecken vermutlich von Einwanderern aus dem Rheinland besiedelt und so Teil der späteren **Mark Brandenburg.** Am östlichen Ufer des **Grienericksees** entstand wohl schon im frühen 13. Jh. eine Festung, die die Grenze zu Mecklenburg schützen sollte. In ihrem Schatten wuchs die Stadt, die erstmals 1335 urkundlich erwähnt wird. 1456 erhielt die Familie *Bredow* das Land als Lehen und ließ 1566 auf den Resten der mittelalterlichen Burg ein **Schlösschen im Renaissancestil** errichten. Über all die Jahrhunderte hinweg blieb Rheinsberg ein eher unbedeutender Ort, der durch seine Grenzlage oft durch Plünderungen und Zerstörungen in seiner Entwicklung zurückgeworfen wurde. Dies änderte sich jedoch 1734, als *Friedrich Wilhelm I.*, der Soldatenkönig, das herrschaftliche Haus und das Land drumherum für seinen Sohn erwarb. Mit der Neugestaltung des Schlosses beauftragte *Friedrich* die preußischen Baumeister *Johann Gottfried Kemmeter* und *Georg Wenzeslaus von Knobelsdorff*. Letzterer war auch verantwortlich für den Stadtumbau nach einem verheerenden Brand 1740. *Knobelsdorff* fand hier seine erste große Aufgabe als Stadtarchitekt.

Das heutige **Stadtbild** wurde maßgeblich von seinen Plänen und Umbaumaßnahmen beeinflusst. Auf ihn geht u.a. das für den Barock so typische, regelmäßige Straßennetz zurück. Stadt und Schloss sollten der Stellung des preußischen Königshauses gerecht werden. So entstand eine Residenz im Stile des **Barock und Rokoko,** die als Inspiration für das Schloss Sanssouci gilt.

Auf *Friedrich II.* folgte für mehr als 50 Jahre sein Bruder. Doch nach dem Tod Prinz *Heinrichs* 1802 verfiel die kleine Stadt in einen Dornröschenschlaf. Zwar zählten noch einige Mitglieder der preußischen Herrscherfamilie das Schloss zu ihrem Besitz, aber niemand ließ sich mehr für längere Zeit in Rheinsberg nieder. Erst zu Beginn des 20. Jh. entdeckten die ersten Ausflugs- und Urlaubsgäste, vielfach inspiriert durch die Erzählung *Kurt Tucholskys,* die Romantik des Ortes wieder und reisten hierher.

1966 ging hier ein Kernkraftwerk ans Netz, eins von nur zwei der DDR. Noch im Jahr 1990 begann der Rückbau.

Sehenswertes

Heute zieht es wieder zahllose Besucher in das Schloss, den Park und das hübsche Stadtzentrum. Besonderer Hingucker ist die historische Postsäule auf dem Triangelplatz vor dem Eingang zum Schlossplatz. Sie wurde 1765 als **Obelisk** mit Tafeln versehen, die Entfernungen zu wichtigen Städten Preußens anzeigten. 1965 ersetzte man die Tafeln durch Mosaiken mit Szenen aus dem Verkehrswesen und heute zieren Kupfertafeln, u.a. mit Stadtplänen, die Säule.

Spaziert man durch Rheinsberg, fällt die **St.-Laurentius-Kirche** mit ihrer gelben Fassade auf. Sie entstand bereits im Mittelalter und verfügt über eine gut erhaltene Renaissance-Ausstattung. Unter

dem barocken Putz versteckt sich daher ein viel älterer Feldsteinbau.

Ebenfalls eine „Mogelpackung" ist der langgezogene Bau in der Straße Markt gegenüber dem Eingang zum Schlosskomplex, in dem sich Restaurants und Geschäfte befinden. Hier steckt hinter der barock anmutenden Fassade tatsächlich ein typischer DDR-Betonplattenbau von 1982. Nur die Straßenfront wurde damals im ursprünglichen Stil wiedererrichtet.

■ **St. Laurentius,** Kirchstr. 1, offene Kirche in der Saison meist 10–16 Uhr.

Das Schlossensemble umfasste auch eine Kammeroper und ein Schlosstheater

Schloss Rheinsberg

Wo schon im 13. Jh. die mittelalterliche Wasserburg Rynsberg Schutz versprach, ließ sich 1566 die Familie *von Bredow* ein kleines Renaissanceschloss errichten. Nach mehreren Verkäufen erwarb 1734 schließlich der preußische König *Friedrich Wilhelm I.* persönlich das Anwesen und schenkte es seinem Sohn. **Friedrich II., der Große,** später der *Alte Fritz,* verbrachte hier vor seiner Thronbesteigung vier unbeschwerte Jahre. Er musizierte und komponierte, pflegte seine Konversation mit *Voltaire* und genoss das Leben, weit entfernt von den verhassten Pflichten und dem ungeliebten Vater. Nach *Friedrichs* Thronbesteigung 1740 erhielt sein **Bruder Heinrich** Rheinsberg als Geschenk. Mit dem Wiederaufbau der Stadt 1740 erfolgte auch ein Umbau des Schlosses, der sich ganz an *Heinrichs* Vorlieben orientierte.

Neben den friderizianischen Stil trat nun frühklassizistisches Dekor. In den 50 Jahren, die *Heinrich* hier lebte, machte er aus dem Schloss einen **Musenhof.** Nach einer wechselhaften Nutzung, zuletzt in der DDR-Zeit als Diabetikersanatorium, ist das Schloss heute Teil der Stiftung Preußische Schlösser und Gärten. Nach einer aufwendigen Sanierung konnte in den Räumen viel vom ursprünglichen Stil der Decken, Wände und Böden wiederhergestellt werden. Beim Gang durch die Räume erfährt man viel über das Leben und die Interessen der beiden preußischen Prinzen *Friedrich* und *Heinrich*. Letzterer hinterließ durch seine Sammelleidenschaft zahlreiche **Gemälde und Kunstobjekte** aus dem 18. Jh., welche die Wirkung der Ausstellungsräume eindrucksvoll ergänzen.

UNSER TIPP: Man sollte an einer **Führung** durch das Schlossmuseum teilnehmen. So werden die Räume lebendig und die mit Rheinsberg verbundenen Personen mit all ihren Besonderheiten erfasst.

Heute ist auch das **Kurt Tucholsky Literaturmuseum** im Schloss ansässig. Die **Kammeroper,** in der seit 1990 junge Opernsänger aus der ganzen Welt auftreten, bietet hochwertigen Musikgenuss. Ihr Gründer *Siegfried Matthus,* der hier bis 2014 als Intendant wirkte und alle zwei Jahre eine Mozartoper für das Heckentheater konzipierte, ist Ehrenbürger in Rheinsberg. Das **Schlosstheater** – Prinz *Heinrich* ließ es 1774 einrichten und dort moderne französische und italienische Opern spielen – wurde nach der Wiedervereinigung restauriert und 1999 wiedereröffnet. Eine weitere Einrichtung ist die **Musikakademie** im Kavaliershaus, welche die Ausbildung von Sängern und Musikern unterstützt.

- **Schlossmuseum,** Stiftung preußische Schlösser und Gärten, Schloss Rheinsberg 2, www.spsg.de/schloesser-gaerten/objekt/schloss-rheinsberg, April bis Okt. Di–So 10–17.30 Uhr, Nov. bis März Di–So 10–16 Uhr, Besichtigung mit Audio-Guide oder Führung, Erw. 10 €, erm. 7 €. Das Ticket gilt auch für das Kurt Tucholsky Literaturmuseum.
- **Kurt Tucholsky Literaturmuseum,** im Schloss Rheinsberg, April bis Okt. Di–So 10–12.30 und 13–17.30 Uhr, Nov. bis März Di–So 10–12.30 und 13–16 Uhr, Eintritt (sofern nicht mit einem Ticket für das Schlossmuseum) Erw. 4 €, erm. 3 €.
- **Kammeroper Schloss Rheinsberg,** Musikkultur Rheinsberg gGmbH, Kavalierhaus der Schlossanlage, Tel. 033931 7210, kammeroper-schloss-rheinsberg.de.

Schlosspark

Weite Flächen, Schatten spendende Laubengänge und zahlreiche Bauten machen einen Spaziergang durch den Schlosspark attraktiv. Aus dem 1740 neben dem Schloss angelegten Garten wurde im Laufe von Prinz *Heinrichs* Anwesenheit eine rund 300 ha große Parklandschaft. Zunächst lud nur das südliche **Ufer des Grienericksees** zum Lustwandeln ein. Sich ganz im Geiste der Zeit an der **französischen Gartenbaukunst** orientierend, wurde das Areal noch unter *Friedrich* gestaltet. Die Gartengeometrie sollte sich den natürlichen Gegebenheiten anpassen. Als Ausdruck dessen wurde die vom Schloss wegführende Hauptallee und die sie kreuzende

Querallee mit den Heckenquartieren angelegt.

Im Laufe des 18. Jh. erfuhr die Anlage eine Entwicklung vom spätbarocken Garten zum **frühen Landschaftsgarten.** Dazu wurde der Park erweitert und erstreckte sich ab 1762 weit bis an das dem Schloss gegenüberliegende Ufer. So wurde aus dem Broberow-Wald durch das Anlegen von Schneisen und Sichtachsen ein Teil des Parks. Auf den alten Bürgeräckern wurden Erdterrassen aufgeschüttet und in Verlängerung der Mittelachse des Schlosses, leicht erhöht, stellte man einen **Obelisk** auf. Dieser erinnert seit 1790 an *Heinrichs* Bruder *August Wilhelm* und weitere Heerführer, die für Preußen im Siebenjährigen Krieg kämpften. Weitere Kunst- und Baudenkmale wurden scheinbar willkürlich, aber dennoch wohl geplant, über das weitläufige Areal verteilt. Ganz in der Nähe des Obelisken, ebenfalls aus dem Jahr 1790, steht ein symbolisches **Grabmonument.** Der Katakombe genannte Tempel soll an verstorbene Familienmitglieder, Freunde und Bedienstete erinnern.

Bereits 1758 entstand das **Heckentheater.** Buchenhecken, kunstvoll geschnitten und gestaffelt, bildeten den Rahmen dieses Freiluft-Veranstaltungsortes. Konzerte oder Opern kamen hier zur Aufführung. Noch heute wird das Heckentheater genutzt, es bietet bis zu 990 Zuschauern Platz. Zwischen Heckentheater und Hauptallee ließ sich *Heinrich* ein Jahr vor seinem Tod eine **Grabpyramide** errichten. Hier fand er, seinem Willen folgend, die letzte Ruhestätte. Der Eingang wurde erst 1854 zugemauert. Der Sarg des Prinzen soll mehr als einmal Ziel von Grabräubern gewesen sein. Von *Heinrich* stammt auch der Spruch an der Pyramide: „Wenn ich nicht habe sein können der beste der Menschen zum mindesten gehöre ich nicht zur Zahl der Bösen".

Keramikmuseum

1762 wurde in Rheinsberg eine Fayence-Manufaktur gegründet, die bald als größter Steingut-Produzent Preußens galt. Bis zum heutigen Tag ist das **Rheinsberger Porzellan** ein Begriff. Mehrere Manufakturen und Künstler im Ort halten die Tradition am Leben und bieten Porzellan zum Verkauf an. Das Museum gibt einen Überblick über die mehr als 250-jährige **Porzellanherstellung** in Rheinsberg und stellt teils wertvolle Originalstücke aus dem 18. Jh. aus, z.B. die berühmte **Rheinsberger Teekanne.** Zusätzlich gibt es ein Kabinett mit Werken von *Hedwig Bollhagen* und ein kleines **Figurentheater** im Turm. Eine Galerie mit zeitgenössischen Objekten kann kostenfrei besucht werden. Hier gibt es auch das besondere Achatporzellan.

- **Keramikmuseum Rheinsberg,** Kirchplatz 1, www.museum-rheinsberg.de, Feb. bis Juni Mi–Fr 12–17, Sa 10–17 Uhr, Juli/Aug. Mo, Mi–Sa 10–18, So 12–16 Uhr, Sept. bis Dez. Mi–Fr 10–17, Sa 12–16 Uhr, Erw. 4 €, Kinder 2 €.

Praktische Tipps

Information

- **Stadt Rheinsberg Tourist-Information,** Remise am Schloss, Mühlenstr. 15a, 16831 Rheinsberg, Tel. 033931 34940, www.rheinsberg.de, Mo–

169ms tm

Schlösser-Radtour von Rheinsberg nach Mirow

- **Start/Ende:** Schloss Rheinsberg
- **Länge:** 25/60 km

Eine landschaftlich schöne Radtour durch die **Kleinseenplatte** führt von Schloss zu Schloss von Rheinsberg nach Mirow. Vom **Triangelplatz** vor dem Schloss Rheinsberg radelt man entlang der B122, an der teilweise ein straßenbegleitender Radweg vorhanden ist, nach Norden bis nach **Zechlinerhütte.** Hier lohnt ein Stopp am Alfred-Wegener-Museum. Noch vor dem Ortsausgang führt die Route nach links in die Zechliner Straße, welche kurz darauf Luhmer Straße heißt. Sie führt in einigen Bögen und über den Zootzenkanal in den Ort **Luhme.**

Nun geht es wieder nach Mecklenburg-Vorpommern: Auf kleinen Straßen radelt man durch den Wald nach **Diemitz,** wo man die **Schleuse** sozusagen rechts liegen lässt oder einen kurzer Abstecher zum Biber Ferienhof macht für eine Rast. Die Landstraße führt den restlichen Weg nach Mirow durch Wald und entlang von Feldern, u.a. durch die Dörfer **Fleether Mühle** und **Peetsch.** Die Straße ist wenig befahren, verfügt aber nicht immer über eine glatte Oberfläche. Nach rund 25 km in **Mirow** angelangt, fährt man hinter dem Bahnhof weiter zur B198 und dort links zur **Schlossinsel.**

Nach der Besichtigung kann es auf gleicher Strecke zurückgehen oder man radelt auf dem Radweg neben der B198 die rund 10 km bis nach **Wesenberg.** Dort biegt man rechts in den Drosedower Weg ab, dem man zum gleichnamigen Ort folgt. Von **Drosedow** geht es weiter ins Dörfchen **Seewalde,** das auf einer Halbinsel zwischen Gobenow- und Klenzsee liegt. Folgt man der Straße noch weiter, besteht wenig später in **Neu-Canow** Anschluss an die B122. Diese führt über **Canow** zurück nach Brandenburg und schließlich wieder nach Rheinsberg. Die Gesamtstrecke ist 60 km lang.

⌃ Bei der Tour durchfährt man weite Teile der Kleinseenplatte – hier der Pälitzsee bei Canow

Do 10–12.30 und 13.30–17 Uhr, Fr/Sa 10–12.30 u. 13.30–18 Uhr, So/Fei 10–12.30 und 13.30–16 Uhr.

Unterkunft

■ **Pension Holländer-Mühle**②, Holländer Mühle 1, 16831 Rheinsberg, Tel. 033931 2332, hollaender-muehle.de. In der 1894–1900 errichteten Windmühle richtete Familie *Schmidt* – die heutige Betreiberin ist die Tochter – 1990 eine Pension ein. Die 19 kleinen, etwas altmodischen, aber gepflegten und gemütlichen Zimmer befinden sich in der Mühle und in Nachbargebäuden. Ein großer Park lädt zum Verweilen ein und in nur 10 Min. erreicht man den Schlosspark. Das Frühstück wird im Mühlenpavillon serviert.

■ **Der Seehof Rheinsberg**②, Seestr. 18, 16831 Rheinsberg, Tel. 033931 4030, seehof-rheinsberg.de. Mit nur 11 Zimmern zählt der Seehof zu den kleineren Unterkünften in Rheinsberg. Man legt viel Wert auf individuellen Service. Die Zimmer sind im ländlichen Stil mit modernem Komfort eingerichtet. Das hauseigene **Restaurant**②-③ kultiviert eine gehobene Küche mit regionalen Zutaten und raffinierten Varianten.

■ **Apartmenthaus am Grienericksee,** Schillerstr. 8, 16831 Rheinsberg, Tel. 033931 344890, www.ferienwohnung-rheinsberg.de. Die Apartments verschiedener Größe eignen sich für 2 oder bis zu 6 Personen und sind komfortabel ausgestattet. Im kleinen Wellnessbereich sind Sauna und Massagen buchbar. Auch ein Frühstück wird angeboten. Hunde sind willkommen.

Unser Tipp: **Hafendorf Rheinsberg,** 16831 Rheinsberg, Tel. 0800 8348348, www.rheinsberger-hafendorf.de. Rund zwei Kilometer außerhalb der Innenstadt liegt die ab 2001 neu angelegte Ferienanlage mit direktem Seezugang und neu geschaffenem Hafen mit dem markanten Leuchtturm. Die bunt bemalten Ferienhäuser stehen rund um die Marina. Auf Wunsch kann ein Liegeplatz für ein Boot direkt vor der Tür gemietet werden. Verfügbar sind Häuser für 3 bis 8 Personen mit Kaminofen. Auf der Anlage befinden sich auch **Restaurant,** Bootsverleih (s.u.), Badestrand und Liegewiese.

■ **Precise Resort Hafendorf Rheinsberg**②-③, Hafendorfstr. 1, 16837 Rheinsberg, Tel. 033931 800800, www.precisehotels.com/hafendorf-rheinsberg. Das Hotel bildet mit dem Hafendorf eine gemeinsame Ferienanlage. Die mind. 28 m² großen Zimmer und Suiten sind hochwertig ausgestattet und haben einen Balkon. Das Hotel verfügt über einen umfangeichen Spa-Bereich mit Pool und Saunalandschaft sowie mehrere Restaurants und Bars.

Flecken Zechlin

■ **Hotel Gutenmorgen**②-③, Zur Beckersmühle 103, 16837 Rheinsberg, Ortseil Flecken Zechlin, Tel. 033923 70275, hotel-gutenmorgen.de. Am idyllischen Großen Zechliner See, ca. 12 km nordwestlich von Rheinsberg, liegt die weitläufige, familiengeführte Ferienanlage. Man wählt zwischen Hotelzimmern oder Bungalows, alle mit viel Holz verziert und mit den nötigen Annehmlichkeiten. Für die Freizeitgestaltung stehen Fahrrad- und Boots-/Kanuverleih, ein Badestrand und ein Streichelzoo zur Verfügung. Das Hotelrestaurant bietet bodenständige Küche und häufig auch ein Buffet, z.B. das Lunchbuffet am Sonntag oder ein saisonales Grillbuffet.

Camping

Flecken Zechlin

■ **Campingplätze am Großen Zechliner See,** Schookerberg 1, 16837 Rheinsberg, Ortseil Flecken Zechlin, Tel. 033923 71017 (Camping) und 71046 (Bungalows), www.camping-fleckenzechlin.com, ganzjährig geöffnet. Einfach ausgestatteter Doppelplatz mit schlichten Bungalows in naturnaher Lage am See, ca. 15 km nordwestlich von Rheins-

☒ Ferienhäuser mit eigenem Anleger im Hafendorf Rheinsberg

berg. Strom- und Wasseranschluss sowie Duschen und Waschmaschinen sind vorhanden, Brötchenservice im Sommer. Naturliebhaber finden hier reichlich Betätigung und gehen Radeln, Wandern oder Paddeln.

Essen und Trinken

Grünzeug's Veggie Bar①, Mühlenstr. 12, Tel. 0163 8719167, gruenzeugsrheinsberg.metro.bar, Mi–Fr 12–19, Sa 12–18 Uhr. Hier sitzt man drinnen wie in einer lässigen Großstadtbar und draußen in einem lauschigen, grünen Innenhof. Es werden vegetarische und vegane Wraps, Burger und Fritten angeboten. Das Schloss liegt vis à vis.

■ **Restaurant „Zum Alten Fritz"**②-③, Schlossstr. 11, Tel. 033931 2086, www.alterfritz-rheinsberg.de, Mi–Fr 18–22 Uhr, Sa/So 12–15 und 18–22 Uhr. Tradition und Moderne: Die Crossover-Küche verbindet regionale Gerichte mit internationaler Vielfalt. Die Weinauswahl ist umfangreich.

■ **Laternenhof**②, Schlossstr. 10, Tel. 033931 80575, www.laternenhof.de, Mai bis Okt. Mi–So ab 11.30 Uhr, Nov. bis April Di–Fr ab 17, Sa/So ab 11.30 Uhr. Etwas versteckt liegt im Innenhof einer Passage das Restaurant mit Weinstube. Gekocht wird mit mediterranem Einschlag. Weinliebhaber und besonders Freunde von Obstler zieht es hierher. Letztere können auch verkostet werden.

■ **Ruppiner Feingebäck,** Kirchstr. 16, Tel. 01575 1292787, www.ruppiner-feingebaeck.de, Di–So 10–18 Uhr. Der bekannte Neuruppiner Konditor hat sich auch in Rheinsberg niedergelassen. Das kleine Café mit gemütlichem Hof ist spezialisiert auf zuckerarme Torten, welche in mannigfaltigen Geschmacksrichtungen daherkommen und den Zucker wahrlich nicht vermissen lassen.

Einkaufen

■ **Keramik Manufaktur Dornbusch,** Friedrichzentrum 1, Tel. 03391 349515, www.kmd-rheinsberg.de, Mo–Sa 10–18 Uhr. In der Manufaktur wird hart gebranntes Keramikgeschirr im ländlichen Stil aus Feinsteinzeug hergestellt und im Fabrikverkauf angeboten. Auch individuelle Anfertigungen (Aus-

171ms tm

wahl aus unzähligen Dekoren und vielen Formen) sind jederzeit möglich.

Laden und Café

■ **Marmelo Manufaktur Brandenburg,** Mühlenstr. 12, www.marmelo-manufaktur.de, Mi–Sa 10–17 Uhr. Zu selbsthergestellten Marmeladen, Karamellcremes und Curds gesellen sich Produkte regionaler Hersteller, z.B. Tee, Öle und Essig, Accessoires, Papeterie und Geschenke. Im lauschigen Hofgarten serviert die Inhaberin Frühstück und hausgebackenen Kuchen sowie kleine Gerichte. Hier fühlen sich Vegetarier und Veganer wohl. Tipp: die leckeren Schnecken probieren.

Hofladen mit Mühlenmuseum

■ **Mühlenhof Dorf Zechlin,** Am Kunkelberg 14, 16837 Rheinsberg, Ortseil Dorf Zechlin, Tel. 033923 70267, Mai bis Sept. 12–18 Uhr, Di Ruhetag. Im Hofladen des **Spargel- und Beerenhofs** wird Leckeres von verschiedensten Beeren verkauft wird. Außerdem wird ein Imbiss angeboten und in der Spargelsaison natürlich frische Stangen von Selbigem. Dazu gibt es ein **Mühlenmuseum,** Erw. 2 €, Kinder bis 12 Jahre frei. Hier erhält man Einblick in das traditionelle Handwerk des Müllers – die Mühle ist leider nicht erhalten – und ins bäuerliche Leben anhand verschiedener Alltagsgegenstände.

Feste und Veranstaltungen

Kulturliebhaber kommen in Rheinsberg voll auf ihre Kosten. Informationen zu den Märkten und Festen: www.heimatverein-rheinsberg.de.

■ Rund um das Schloss bieten die **Kammeroper,** die **Musikakademie** und das **Schlosstheater** ein reiches Veranstaltungsprogramm aus Opernaufführungen, Konzerten und sogar internationalen Tanzturnieren.

■ An die Tradition der Keramikherstellung wird durch den **Töpfermarkt** im Herbst und den **Kunsthandwerkermarkt** im Frühjahr erinnert. Das Stadtfest ist hier das **Hafenfest.**

Konzerte und Kabarett

■ **Musikbrennerei,** Königstr. 14, Tel. 033931 808900, musikbrennerei.de/wordpress. Liedermacherin und Kabarettistin *Jane Zahn* und Komponist *Hans-Karsten Raecke* betreiben im Zentrum von Rheinsberg eine kleine Bühne für Konzerte und Kabarett und eine Ausstellung zu Klangkunst, wo man auf einer Führung verschiedenste Klangwelten und Instrumente kennenlernen und ausprobieren kann.

Aktivitäten

Stadtführung

■ **Stadtführung und Schlossparkrundgang,** Mo 10 Uhr ab Friedrich-Denkmal (Parkeingang), Tickets (Erw. 7,50 €) in der Touristinformation ab 9.45 Uhr.

■ Geführte Touren durch Rheinsberg und den Schlosspark, *Ursula Wackrow-Dietz,* zertifizierte Natur- und Landschaftsführerin, Tel. 0176 23358515.

Bootsverleih und Exkursionen

Die Gegend rund um Rheinsberg ist ideal für **Paddeltouren,** z.B. auf dem Rhin oder über die vielen, kleinen Seen. Mehrere Anbieter verleihen Boote und bieten auch Touren mit Rücktransport an.

■ **Bootsverleih Boat-City,** Hafendorf Rheinsberg, Kaistr. 3, Tel. 033931 80545, www.boat-city.de. Das Team um *Christian Halbeck* vermietet Boote aller Art: Kanus, Motorboote mit und ohne Bootsführerschein, Ruderboote und Segeljollen. Auch Paddeltouren mit Rücktransport sind buchbar.

■ **Rheinsberger Adventure Tours,** Kanustation Rheinsberg an der Obermühle, Parkstr. 1a, Tel. 0172 6048375 (8–12 Uhr), rheinsberger-adventure-tours.de. *Robert Franck* hält ein umfangreiches Angebot bereit. Besonders beliebt sind die Kanutouren mit Rücktransport. So paddelt man ca. 5 Std. auf den Rheinsberger Seen, macht eine Rast auf der Remusinsel und lässt sich vom Kanutaxi bequem zurück zum Ausgangspunkt bringen. Für geübtere Paddler ist auch die Rhin-Tour mit der Möglichkeit, Eisvögel oder Biber zu sehen, eine Option. Zu festen Terminen oder als exklusive Gruppenbuchung geht *Franck* auf **Wanderexkursion:** zu den Wölfen und Hirschen oder auf Nachtwanderung mit Fledermausbeobachtung.

Verkehr

Parken

Im Zentrum sind nur wenige Parkplätze vorhanden. Am besten parkt man am **Rosenplan** oder in der **Parkstraße** und spaziert durch den Schlossgarten ins Zentrum.

Bahn

■ Rheinsberg hat einen fast einem Museum gleichenden Bahnhof. Die Bahnlinie **RB54** der Niederbarnimer Eisenbahn (www.neb.de) fährt Richtung Löwenberg und an bestimmten Terminen, z.B. bei großen Veranstaltungen, bis nach Berlin. Nach Norden (Mecklenburg) besteht keine Zugverbindung.

Bus

■ Die **Schlösserlinie 785** der Ostprignitz-Ruppiner-Personennahverkehrsgesellschaft (www.orpbusse.de) zwischen Mirow, Flecken Zechlin und Rheinsberg fährt von Mai bis Anfang Oktober im Zweistundentakt.

Schiffsverkehr

■ **Reederei Halbeck,** Markt 11, Tel. 033931 38619, www.schifffahrt-rheinsberg.de. Mit den Fahrgastschiffen geht es von Rheinsberg ab der Anlegestelle Seestraße auf zweistündige 5-Seen-Fahrten. Als Anleger-Tour dauert die Fahrt etwas länger, kann von Wanderern und Radlern aber gut als Linienfahrt genutzt werden. Zu wechselnden Terminen werden halbtägige Touren z.B. nach Flecken-Zechlin und auch Abendfahrten angeboten.

Zechlinerhütte

Die Region Rheinsberg ist von unzähligen kleinen Seen durchzogen. An vielen von ihnen liegen kleine Ortschaften, oft nur mit einem Campingplatz oder Hotel und etwas Gastronomie. Als besonders sehenswert sticht Zechlinerhütte heraus, ein Ortsteil von Rheinsberg sechs Kilometer nördlich.

Der Name weist bereits darauf hin, dass hier einst wegen des Holzreichtums der Region Schmelzöfen standen. Zwischen 1737 und 1890 ließ der preußische Staat hier in **Glashütten** vor allem weißes und farbiges Glas herstellen. Der Zechliner Hütte wurde das Privileg zuteil, als einzige in Brandenburg Glaswaren mit Vergoldung herstellen zu dürfen. Rund um die Glashütte fanden aus Böhmen und Württemberg zugezogene sowie einheimische Landarbeiter, Glasbläser und Glasschleifer Arbeit und ein neues Zuhause. So entstand eine funktionierende Dorfgemeinschaft. Eine Kirche im neoromanischen Stil errichtete man in den 1880er-Jahren.

Alfred-Wegener-Museum

Der berühmte **Meteorologe, Polarforscher und Geowissenschaftler** *Alfred Wegener* (1880–1930) ist eng mit Zechlinerhütte verbunden. Er verbrachte hier viele Sommer seiner Kindheit. Ein kleines Museum widmet sich seinem bewegten Leben und Wirken. Er war nicht nur sehr vielseitig gebildet und interessiert, sondern suchte auch alle seine Erkenntnisse durch Messungen und Beobachtungen sowie Versuche abzusichern. Viele sehen in Wegener den universellsten Wissenschaftler seit *Alexander von Humboldt.* Seine **Forschungen zur Kontinentaldrift** wurden damals von vielen Kollegen nur belächelt. Heute ist die Plattentektonik sogar den meisten Laien ein Begriff. *Wegener* starb 1930 bei der großen deutschen **Grönland-Expedition,** als er versuchte, Kameraden zu retten. Die von ihm geleitete wissenschaftliche Unternehmung ließ erstmals Menschen auf dem Inlandeis überwintern.

- **Alfred-Wegener-Gedenkstätte und Museum,** Rheinsberger Str. 14, 16831 Zechlinerhütte, www.alfred-wegener-museum.de, saisonal Mai bis Sept. Do–So 10–16 Uhr, Erw. 2 €, Kinder 1 €

Verkehr

Bus

- Von den Haltestellen Alfred-Wegener-Haus und Zeltplatz in Zechlinerhütte besteht Anschluss nach **Rheinsberg** mit Buslinie 788 der Ostprignitz-Ruppiner Verkehrsgesellschaft (www.orp-busse.de). Die Fahrt dauert 10 Minuten.

Fürstenberg/ Havel

Die brandenburgische Stadt, die aus Richtung Berlin kommend kurz vor der Grenze zu Mecklenburg-Vorpommern an der B96 liegt, gilt als südlicher Eingang zur Mecklenburgischen Seenplatte. Wer mit dem Auto nach Fürstenberg/Havel fährt, liest auf dem Ortsschild den Zusatz **Wasserstadt.** Dass Wasser eine gewichtige Rolle spielt, ist in Fürstenberg nicht zu übersehen. Die Stadt liegt malerisch zwischen **Baalensee, Röblinsee** und **Schwedtsee,** die alle von der Havel durchflossen werden. Die kleine Altstadt wird von winzigen **Nebenarmen der Havel** kaum wahrnehmbar vom „Festland" abgeschnitten.

172ms tm

☒ Die Fürstenberger Stadtkirche nimmt viele italienische Einflüsse auf. Sie ist das Werk des Neustrelitzer Hofbaumeisters Buttel, Schüler der preußischen Architekturikone Karl Friedrich Schinkel

218ms tm

Sehenswertes

Die vielfältige Seen- und Flusslandschaft macht Fürstenberg zu einem beliebten Halt für **Wasserwanderer.** Wer mit dem Kanu unterwegs ist, bekommt in der Priesterhavel eine abenteuerliche Attraktion geboten. Der **Fisch-Kanu-Pass** umgeht dabei die Schleuse Fürstenberg und bringt die Paddler auf einer Art **Rutsche** mit leichter Strömung vom Röblinsee in den ca. 1,60 m tiefer liegenden Schwedtsee. Eine Wildwasserbahn im Freizeitpark mag spektakulärer sein, aber den mit 50 m Länge recht kurzen Spaß sollte man sich nicht entgehen lassen. Wer havelaufwärts unterwegs ist, kann sein Boot über den parallel verlaufenden Fußweg treideln. In der Priesterhavel liegt cin Wasserwanderrastplatz versteckt, von dem aus es nur ca. 50 m bis zur historischen Innenstadt sind.

Zu den ältesten erhaltenen Mauern der Stadt zählen Teile der **Alten Burg** nördlich des Marktes. Vermutlich schon mit Beginn der Besiedlung durch die Askanier im frühen 11. Jh. entstand an gleicher Stelle eine Wasserburg. Ihre leicht erhöhte Lage dürfte zur Namensgebung Fürstenbergs beigetragen haben. Der heutige Bau, der seit einigen Jahren leer steht, entstand erst nach einem Brand im frühen 18. Jh.

In Sichtweite dazu steht das **Fürstenberger Schloss.** Der dreiflügelige Barockbau wurde Mitte des 18. Jh. im Auf-

⌃ Die Gänsehavel in der Wasserstadt Fürstenberg

trag des Herzogs *Adolf Friedrich III.* als Witwensitz für seine Frau errichtet. Die Planung übernahm der Baumeister *Christian Julius Löwe,* der auch für die Schlossentwürfe in Mirow und Neustrelitz verantwortlich zeichnete. Zwischenzeitlich als Krankenhaus und Pflegeheim genutzt, sollen hier zukünftig Wohnungen, Co-Working-Arbeitsplatze und Räume zur Freizeitgestaltung entstehen.

Zu den ältesten Häusern zählen die **Fischerhäuser** in der Havelstraße entlang der **Gänsehavel.** Rund um den **Markt** findet man einige klassizistische Bürgerhäuser und das **Rathaus.** Am westlichen Rand des dorthin leicht ansteigenden Platzes thront die 1845–48 erbaute **Stadtkirche.** Mit ihren hohen Rundbögen der Fenster und den zahlreichen Rosetten nimmt sie Bezug auf italienische Baustile. Die Ausrichtung der Apsis nach Westen ist weniger verbreitet, erlaubte aber so die Hinwendung der Kirche zum Marktplatz.

Viele Gebäude entstanden während der Wende vom 19. zum 20. Jh. **Repräsentative Villen** jener Zeit kann man noch in der Wall- und Gartenstraße sehen. Letztere führt zur **Fußgängerbrücke am Havelpark.** Über diese 45 m lange, überdachte Flussquerung, die 1996 aus Eichen- und Douglasienholz gebaut wurde, gelangt man zur Mahn- und Gedenkstätte Ravensbrück.

[>] Die Fachwerkhäuser in der Havelstraße zählen zu den ältesten Bauten der Stadt

Mahn- und Gedenkstätte Ravensbrück

Unweit des Stadtzentrums wurde am Ostufer des Schwedtsees ab 1939 das größte **Frauen-Konzentrationslager** auf deutschem Gebiet errichtet. Die SS ließ später auch noch ein Männerlager (1940) und ein Jugendschutzlager (1942) bauen. Neben dem Lagergelände entstanden **Werkshallen von Siemens,** in denen die Häftlinge ab 1942 Zwangsarbeit leisten mussten. Im Konzentrationslager selbst verrichteten Frauen und Mädchen für die SS-eigene Gesellschaft für Textil- und Lederverwertung sogenannte frauentypische Arbeiten, u.a. Schneidern, Weben und Flechten. Bis 1944 entstanden mehr als 40 Außenlager, in denen die Ravensbrücker Häftlinge unter unmenschlichen Bedingungen zur Arbeit eingesetzt wurden. Zwischen 1939 und 1945 wurden 120.000 Frauen und Kinder, 20.000 Männer sowie 1200 weibliche Jugendliche aus mehr als 30 Nationen als Häftlinge registriert. Tausende fanden durch die Arbeitsbedingungen, Hunger und Krankheit sowie Mord und medizinische Experimente den Tod. Ab 1941 richtete man hier zusätzlich eine **Hinrichtungsstätte** und eine provisorische Gaskammer ein. Bevor die Rote Armee das Lager am 30. April 1945 befreite, wurden noch 20.000 der verbliebenen Häftlinge auf einen Todesmarsch zur Verlegung in andere Lager geschickt.

Die sowjetischen Streitkräfte übernahmen große Teile des weitläufigen Areals als Kaserne und blieben bis 1994. Bereits kurz nach Kriegsende gab es erste Bemühungen zur Einrichtung eines **Gedenkortes** rund um das nicht zur Kaserne gehörende ehemalige Krematorium. 1959 entstand in Ravensbrück eine von drei Nationalen Mahn- und Gedenkstätten der DDR, welche seit 1993 Teil der Stiftung Brandenburgische Gedenkstätten ist und auch das von der Sowjetarmee freigezogene Lagergelände als Ausstellung zugänglich macht. Eine mehr als 900 m^2 umfassende **Hauptausstellung** zum KZ Ravensbrück wird ergänzt durch kleinere, thematische Dauer- und Wanderausstellungen und eine internationale **Jugendbegegnungsstätte** inklusive einer Jugendherberge.

■ **Mahn- und Gedenkstätte Ravensbrück,** Straße der Nationen, 16798 Fürstenberg/Havel, www.ravensbrueck-sbg.de, Außengelände tgl. 9–17 Uhr, Mai bis Sept. 9–20 Uhr, Ausstellungen tgl. 10–18 Uhr, Besucherzentrum mit Buchverkauf Di–So 9–17.30 Uhr, Eintritt frei.

Praktische Tipps

Information

■ **Touristinformation Fürstenberger Seenland,** Markt 5, 16798 Fürstenberg/Havel, Tel. 033093 32254, www.fuerstenberger-seenland.de, Mo–Fr 10–12 und 13–16 Uhr (Mai bis 17. Juni bis Sept. bis 18 Uhr), Sa 10–14 Uhr (Okt. 10–13 Uhr), Nov. bis April geschl., Feiertage 10–14 Uhr (Okt. bis April 10–13 Uhr), Juni bis Sept. So 10–14 Uhr.

Unterkunft

■ **Kulturgasthof Alte Reederei**②, Brandenburger Str. 38, 16798 Fürstenberg/Havel, Tel. 0172 3227421, altereederei.de. Erlebnisreiche Ferien mit einem großen Kultur- und Freizeitangebot verbringt man bei *Michael Wittke* mitten in Fürstenberg. Es werden Zimmer, Apartments und auch grö-

173ms tm

ßere Ferienwohnungen vermietet, zu denen auch die Nutzung eines Gemeinschaftsgartens und einer Gartenküche gehört. Wer mag, leiht sich ein Kajak oder Stand-up-Paddle-Board oder eines der liebevoll restaurierten Motorboote aus und erkundet die Havel und die Seen. Zu den Kulturangeboten zählen Kinoabende, Konzerte und Lesungen sowie Yoga-Kurse.

■ **Hotel Villa Ingeborg**②-③, Steinförder Str. 20, 16798 Fürstenberg/Havel, Tel. 033093 607990, hotel-villa-ingeborg.de. In der denkmalgeschützten Villa aus dem frühen 20. Jh. mit einem kleinen Park logiert man in historischer Atmosphäre, aber mit allem nötigen Komfort. Es stehen 9 Zimmer und ein Apartment zur Verfügung. Frühstück ist für die Hausgäste inklusive und wird im Wintergarten serviert. Die Villa liegt zwar nicht direkt am Baalensee, jedoch erreicht man nach 15 Min. Fußweg den hauseigenen Badesteg, an dem auch einige Motorboote zum Verleih angeboten werden. Eine Sauna sorgt für eine kleine Auszeit.

Essen und Trinken

■ **Restaurant und Pension Stella Marina**①-②, Ravensbrücker Dorfstr. 26d, 16798 Fürstenberg/Havel, Tel. 033093 615115, stella-marina-restaurant.de, tgl. 11–23 Uhr. Malerisch gelegen in der Marina Fürstenberg, ist das italienische Restaurant eine beliebte Adresse. Die Speisekarte verspricht originale Genüsse aus Bella Italia zu verträglichen Preisen. Im Haus werden auch einige Zimmer und zwei Kegelbahnen vermietet.

Coffee & Travel, Ravensbrücker Dorfstr. 38, www.coffee-and-travel.com, Di–Fr 10–16.30 Uhr, Mai bis Sept. auch Sa 10–12 Uhr. *Doreen Riensberg* betreibt einen kleinen **Bioladen** mit Café und ein

Der Herbst färbt die Bäume im Stadtpark am Schwedtsee

174ms tm

Reisebüro, alles passt wunderbar zusammen. Wer zum Einkauf kommt, wählt aus einer Vielzahl regionaler Produkte (Obst, Gemüse, Wurst und Käse, Brot, Milch und süße Kleinigkeiten) und lässt sich mit einem Kaffee und einem Stück des hausgemachten Kuchens verwöhnen. Auch herzhafte Tagesgerichte, oft vegan, sind zu haben.

Feste und Veranstaltungen

- In Fürstenberg lockt das **Brandenburger Wasserfest** am zweiten Wochenende im Juli Besucher an.
- In der Adventszeit geht es hier besonders besinnlich zu. Der **Kulinarische Weihnachtsmarkt** auf dem Fürstenberger Markt (2. Adventswochenende) und das Weihnachtsmannpostamt sowie der **Weihnachtsmarkt** (alle Adventswochenenden) im nahegelegenen **Himmelpfort** laden zu gemütlichen Stunden ein.

Aktivitäten

Bootsverleih

- **Bootsverleih Fürstenberg & Ahoi SUP,** Baalenseestr. 8, Tel. 0175 6552557, www.bootsverleih-fuerstenberg.de. Direkt an der Durchgangsstraße und am Baalensee gelegen, lassen sich hier Wasserfahrzeuge aller Art ausleihen. Es gibt Motorboote verschiedener Klassen, mit und ohne Führerschein zu fahren, Kanus und Kajaks und auch ein Boot für 6 Personen mit umweltfreundlichem Solarantrieb.

Verkehr

Bahn

- Der Regionalexpress **RE5** aus Richtung Berlin nach Rostock hält mind. alle zwei Stunden in Fürstenberg/Havel und bietet somit nicht nur eine Anreisemöglichkeit, sondern Anschluss an Ziele in der Mecklenburgischen Seenplatte wie Neustrelitz, Kratzeburg, Waren (Müritz) und Güstrow.

Bus

- Mit dem Linienverkehr der Oberhavel Verkehrsgesellschaft (www.ovg-online.de) erreicht man **Ravensbrück** (Nr. 839 und 846) und **Himmelpfort** (Nr. 839).

175ms tm

☒ Über die Baalenseebrücke spaziert man von der Stadt in den Havelpark. Sie ist eine von nur wenigen sogenannten Hausbrücken

056ms tm

6 Praktische Reisetipps A–Z

Die Marina von Plau am See

Anreise

Mit dem eigenen Fahrzeug

Die Anreise mit dem eigenen Pkw ist aufgrund der damit verbundenen Flexibilität, vor allem am Reiseziel, und der Erreichbarkeit auch eher ländlich liegender Quartiere nach wie vor die am häufigsten gewählte Option. Da die Ladeinfrastruktur im Flächenland Mecklenburg-Vorpommern noch nicht gut ausgebaut ist, empfiehlt sich für die Reise mit dem **E-Auto** eine sorgfältige Planung. In der Hauptferienzeit und besonders an Feiertagswochenenden ist mit hohem Verkehrsaufkommen zu rechnen. **Staus** auf Autobahnen und Landstraßen sind dann wahrscheinlich.

Aus dem **Süden (Berlin)** kommend, gelangt man über die Autobahnen A24 und A19 schnell an die **westliche Seenplatte.** Von den Abfahrten Röbel/Müritz, Waren (Müritz) oder Malchow aus setzt man die Fahrt auf gut ausgebauten Landstraßen (B192 und B103) fort. Für den **Raum Hamburg** bildet die A24 ebenfalls die beste Anreiseroute. Über die B191 gelangt man via Parchim direkt an den Plauer See. Die A11/A20 ermöglicht von Berlin aus die schnelle Zufahrt in den **Osten der Seenplatte,** u.a. nach Neubrandenburg.

→ Autofahren

Mit Bahn und Bus

Die Hauptroute für die Anreise zu Orten in der Mecklenburgischen Seenplatte verläuft auf der Strecke **Berlin – Rostock** mit jeweils im Zweistundentakt verkehrenden **IC-Zügen** (Dresden – Berlin – Warnemünde) und **Regionalexpress-Verbindungen** (Elsterwerda – Rostock). Ausstiege sind in Waren (Müritz) und Neustrelitz möglich. Der Regionalexpress (RE) hält zusätzlich in Güstrow, Kratzeburg und Fürstenberg. Von den Knotenpunkten Neustrelitz, Waren (Müritz) und Güstrow bestehen regionale Bahnverbindungen u.a. nach Malchow, Teterow und Neubrandenburg.

Linienbusse erreichen auch die kleineren Orte. Allerdings sollte man die Verbindung vorab bis zum Ziel durchgeplant haben, da der Takt an Abfahrten nicht sehr hoch ist.

Wer sein **Fahrrad mitnehmen** möchte, dem sei eine Reservierung der Fahrradfahrkarte dringend empfohlen, man riskiert sonst, nicht mitgenommen zu werden. Die Plätze sind begrenzt und die Nachfrage ist sehr hoch. Wer für die Anreise den Regionalexpress wählt, sollte beachten, dass es, anders als in IC- oder ICE-Zügen, nur wenige Ablagen für Gepäck gibt. Hier existiert auch keine Reservierungsoption für Fahrräder.

→ Verkehrsmittel

Anreise mit dem Boot

Wer mag, kann mit dem eigenen Boot in die Müritz-Region reisen. Von der Elbe kommend, bietet die **Müritz-Elde-Wasserstraße** die entsprechende Verbindung. Sie beginnt bei Dömitz an der Elbe, durchquert die Mecklenburgischen Großseen und endet nach 180 km in Buchholz am Müritzsee. Da immerhin 18 Schleusen, teils in Selbstbedienung, zu überwinden sind, muss die Fahrt gut geplant werden. Durch Bauarbeiten sind nicht immer alle Schleusen in Betrieb und die Durchfahrt ist daher nicht immer möglich. Gleiches gilt für die Anfahrt von Berlin aus in die Seenplatte. Die ist über die Spree, die Havel und den Oder-Havel-Kanal möglich. Ab Liebenwalde (Brandenburg) fährt man auf der **Obere-Havel-Wasserstraße** bis in die **Müritz-Havel-Wasserstraße** und erreicht so z.B. Mirow, von wo aus man auch in die Müritz gelangt.

Bei der Planung der Bootsanreise sollten die **Liegeplätze** möglichst reserviert werden. Die Nachfrage wächst aktuell schneller als der Ausbau an Hafenanlagen. Reichlich Zeit sollte man aufgrund der reizvollen Landschaft, der vielen verlockenden Zwischenhalte und auch wegen der teils zeitaufwendigen Schleusungen – die Warteschlangen sind lang in der Hauptsaison – in jedem Fall einplanen.

→ **Sport und Aktivitäten: Hausbootfahren**

Autofahren

Ein dichtes Netz gut ausgebauter **Bundesstraßen** durchzieht die Region. Einige Nebenstraßen oder Ortsdurchfahrten kleinerer Dörfer sind noch mit **Kopfsteinpflaster** versehen oder stark ausgefahren. Zu entlegenen Unterkünften oder an Seeufern gelegenen Paddelstationen führen häufig **Wald- oder Schotterwege.** Manche Straßen werden vom Navigationssystem als befahrbare Verbindung eingeschätzt, stellen sich dann aber als löchrige Waldwege oder dürftig hergerichtete ehemalige Wirtschaftswege heraus. Manchmal ist es besser, nicht den kürzesten Weg zu wählen.

Unter weitem Himmel sanft dahingleiten – in der Mecklenburgischen Seenplatte erfüllt sich dieser Urlaubstraum

177ms tm

Den meisten **Landstraßen** gemein ist, dass sie nicht sehr breit sind und daher besondere Vorsicht, u.a. beim **Überholen,** notwendig ist. Auf Nebenstraßen sind häufig Radfahrer unterwegs, auf die man Rücksicht nehmen sollte. In **Alleen** sind die Sichtverhältnisse durch das Spiel von Licht und Schatten oft schwierig. Es wird empfohlen, auch am Tage mindestens das Tagfahrlicht einzuschalten. Je nach Jahreszeit und Region können **Tiere** die Fahrbahn kreuzen, z.B. Damwild oder Wildschweine.

Tankstellen gibt es in den größeren Orten. Das Tankstellennetz ist gut ausgebaut, jedoch wird empfohlen, rechtzeitig aufzutanken, da gerade im ländlichen Raum die nächste Zapfsäule schon mal 30 km entfernt sein kann. Das E-Auto aufladen kann man bereits an etlichen Stellen. Eine Übersicht zu den **Lademöglichkeiten** bietet u.a. die Website mv-tankt-strom.de/e-tankstellen.

Parkmöglichkeiten gibt es ausreichend in den Orten, jedoch sind die Plätze in den Zentren oft begrenzt und liegen preislich etwas höher. In den Innenstädten kostet das Parken in der Regel 1–2 € pro Stunde, wobei weniger frequentierte Orte günstigere Parkgebühren haben als die großen Urlaubsziele wie z.B. Waren (Müritz). Besucher werden in der Regel auf Großparkplätze mit günstigen Tagestarifen umgelenkt. Von dort gelangt man zu Fuß meist in nur wenigen Minuten ins Zentrum. In den engen Gassen von Waren (Müritz), Plau am See oder Malchow macht die Parkplatzsuche wenig Freude.

Für **Wohnmobile** sind die Großparkplätze häufig die einzige Parkmöglichkeit. Die Straßen in den Altstädten sind überwiegend zu eng für große Caravans. In Malchow ist die Zufahrt zur Altstadtinsel auf 2,8 t beschränkt und somit für Wohnmobile nicht zulässig.

→ **Anreise**
→ **Camping**

179ms tm

◁ Dichte Baumreihen entlang alter Kopfsteinwege – in der Seenplattenregion findet man noch zauberhafte Alleen wie hier bei Wesenberg

Barrierefreies Reisen

Mit etwas Vorausplanung ist ein barrierefreier Urlaub an der Seenplatte gut möglich. Etliche **Unterkünfte** sind auf Gäste mit körperlichen Einschränkungen eingestellt. Ein gutes Angebot an barrierefreien Zimmern, Ferienwohnungen und -häusern sowie Freizeiteinrichtungen bieten u.a. das Ferienland Salem am Kummerower See, das Hafendorf Müritz in Rechlin und der Ferienpark Heidenholz am Plauer See. Viele **Campingplätze** in der Region sind Naturcampingplätze und für Gäste, die auf Rollstühle o.Ä. angewiesen sind, nur bedingt empfehlenswert. Es lohnt aber der Vergleich, denn einige Plätze bieten einen barrierefreien Zugang zu den Sanitäranlagen und dazu entsprechende WC/Duschräume. Auch **Hausbootanbieter,** z.B. Kuhnle Tours, bieten Modelle an, die für Rollstuhlfahrer geeignet sind.

Einige **Strandbäder** haben sich auf Gäste mit Einschränkungen eingestellt. So haben das Volksbad Waren am Kameruner Strand und das Augustabad am Tollensesee spezielle Badebrücken und Rampen bzw. Lifte für den leichten Zugang ins Wasser.

Im **ÖPNV** kann Barrierefreiheit nicht garantiert werden. Vor allem im Überlandverkehr sind Busse im Einsatz, die nicht stufenfrei zugänglich sind. Auch die Haltestellen außerhalb der Städte sind meist nicht geeignet. Eine Nachfrage bei den jeweiligen Nahverkehrsunternehmen lohnt in jedem Fall, denn oft kann die Mitfahrt angemeldet werden und der Fahrer führt dann eine mobile Rampe mit. **Fahrgastschiffe** haben mindestens eine Rampe für den Zugang auf das Schiff. Meist ist für Rollstuhlnutzer aber nur das hintere Deck zugänglich, da man zum Salon oder auf das Oberdeck nur über Treppen gelangt.

Große Attraktionen wie der Wildpark MV, der Baumkronenpfad Ivenack, das Müritzeum und der Bärenwald haben barrierefreie Wege durch die Ausstellungen. Die **Nationalpark-Informationen** und die meisten **Touristinformationen** sind barrierefrei zugänglich. Der Nationalparkservice bietet auch Führungen für Menschen mit eingeschränkter Mobilität an.

UNSER TIPP: Der **Naturerlebnispfad SpurenWeg Kratzeburg** für Blinde und Sehgeschädigte ist ein 3,5 km langer Weg zwischen Kratzeburg und Dambeck, der in Braille-Schrift ausgezeichnet wurde. Dazu gibt es Erklärungen am Wegesrand. Ein Infoheft, ebenfalls in Braille, ist bei der Nationalparkinformation Kratzeburg erhältlich. Der Weg ist auch barrierefrei.

- **www.auf-nach-mv.de/barrierefrei:** Tipps und Infos zu Sehenswürdigkeiten, Unterkünften und Routen für Handbikertouren.
- **www.mueritz-nationalpark.de/erleben-erholen/aktiv-in-der-natur/barrierefrei:** Informationen zu den Angeboten des Nationalparks, z.B. barrierefreies Wandern. Hier gibt es auch Hinweise zum Naturerlebnispfad **SpurenWeg Kratzeburg** für Blinde und Sehgeschädigte.

Camping

→ Autofahren

Die Mecklenburgische Seenplatte verfügt über eine große Anzahl an Campingplätzen. Die Ausstattung variiert recht stark. Viele von ihnen sind **Naturcampingplätze** mit einem großen Platzangebot. Buchbar sind in der Regel Plätze auf der Zeltwiese und Stellplätze für Wohnwagen und Wohnmobile. Auch Glamping ist vielerorts im Angebot, so z.B. komfortable **Schlaffässer** oder **Ferienhäuser.** Zahlreiche Campingplätze vermieten in der Hochsaison einfache, meist nicht beheizbare **Hütten** und **Mobilheime.** Die Campingplätze öffnen in der Regel von April bis Oktober. Einige haben ganzjährig geöffnet, dann aber meist nur für Dauercamper. Die Nachfrage ist sehr hoch und eine Reservierung wird empfohlen.

Viele Plätze liegen in naturschöner Lage, aber abseits der Zentren und bieten oft nur einen **Imbiss** und einen **kleinen Laden.** Zum Einkaufen muss man in die größeren Städte. Das Freizeitangebot ist meist umfangreich und es werden **Radverleih, Kanumiete** und **Kinderbetreuung** angeboten. Da die Campingplätze großteils an einem See liegen, verfügen sie fast immer über einen eigenen **Badestrand.** Paddler und Radler sind generell willkommen. **WLAN** ist nicht immer vorhanden, da die Netzabdeckung in einigen Regionen dünn ist. **Hunde** sind überwiegend gern gesehene Gäste. Einige Anbieter haben spezielle Areale und Stellplätze für Urlauber mit Hund vorgesehen, um Konflikte zu vermeiden. Auch separate Hundestrände gibt es häufig.

Für **Wohnmobile** gibt es bei einigen Anbietern einen Wohnmobilhafen vor dem eigentlichen Campingplatz für kurze Aufenthalte. In mehreren Städten, z.B. an der Burg Stargard, sind auf Parkplätzen **Stellplätze** für Wohnmobile eingerichtet. Diese sind ebenfalls für kurze Aufenthalte gedacht und bieten überwiegend keinerlei Ver- oder Entsorgungsmöglichkeiten. In der Regel ist das Übernachten auf Parkplätzen nicht gestattet. Dazu gibt es Hinweisschilder, die z.B. das Parken zwischen 22 und 6 Uhr untersagen. **Wildes Campen** ist, vor allem im Nationalpark, streng verboten.

- **Campingland M-V, www.bvcd-mv.de,** Übersicht der Campingplätze, sortiert nach Regionen.

Einkaufen

→ Essen und Trinken
→ Geld
→ Öffnungszeiten

In den größeren Orten sind, meist am Stadtrand, die üblichen **Supermarktketten** ansässig. Wer sein Quartier im ländlichen Raum wählt, benötigt etwas mehr Planung. Vor allem Gäste in Ferienwohnungen und Ferienhäusern auf dem Land haben möglicherweise einen recht weiten Weg zur nächsten Einkaufsmöglichkeit. In den kleineren Dörfern gibt es heute keine Läden mehr, sondern oft nur einen **Bäcker-, Fisch- oder Fleischwagen,** der an festen Tagen im Ort hält. Große **Shoppingcenter** sind lediglich in

180ms tm

181ms tm

Neubrandenburg zu finden. In den kleineren Städten kauft man in Geschäften oder kleinen Einkaufsgalerien mit nur einer Handvoll Läden. In den touristischen Zentren, z.B. Waren (Müritz), Röbel/Müritz, Neustrelitz oder Güstrow, gibt es charmante Straßen zum Shoppen und Bummeln. Hier finden sich auch **Boutiquen** und **Souvenirgeschäfte.**

Direktverkauf

Großer Beliebtheit erfreuen sich mittlerweile kleine **Hofläden** und der **Straßenverkauf** selbst hergestellter Produkte. Besonders beliebt bei Touristen sind die Waren, die direkt am Hof- oder Gartentor angeboten werden. Schilder weisen meist am Straßenrand darauf hin. Hier kauft man frische Eier, Kartoffeln, Fleisch und Wurstwaren oder Honig sowie hausgemachte Marmeladen, Sirup oder Liköre. Bei einem Spaziergang z.B. durch Blankenförde lockt an jedem dritten Hoftor ein Tisch oder Regal mit Selbstgemachtem. Auch die Frischemärkte in den Städten, z.B. Neubrandenburg oder Waren (Müritz), sind eine gute Gelegenheit, regional zu shoppen. Für viele kleine Höfe ist die Direktvermarktung einträglicher als der Versuch, auf den großen Märkten Fuß zu fassen. Zudem ist der Verzicht auf Konservierung und Transport unter Umweltaspekten zu befürworten.

Direktvermarkter wie Fischereihöfe, Agrargenossenschaften und kleine Bio-Erzeuger sind ein wertvoller Teil der Einkaufslandschaft geworden. Besonders im Urlaub lockt der Geschmack der Region mehr als die altbekannten Produkte aus den großen Supermärkten.

Märkte

In den Städten werden **Wochenmärkte** abgehalten. Diese finden nicht täglich statt, sondern konzentrieren sich überwiegend auf Freitag und Samstag. Es werden Obst und Gemüse, Fleisch und Fisch aus der Region, Backwaren und meist auch Delikatessen verkauft. Dazu

⌃ Vielerorts werden haus- und handgemachte Produkte angeboten

kommen ein Imbissangebot und ein paar Stände mit Kleidung und Kurzwaren. Bei Touristen beliebt sind die saisonalen **Bauern- und Themenmärkte.** Auf dem Grünmarkt in Neubrandenburg findet man z.B. lokale Produkte und Kunsthandwerk, die sich auch gut als Mitbringsel eignen. Kleine Schätze kann man auch auf zahlreichen **Floh- und Töpfermärkten** finden.

Mehr Trubel erwartet die Besucher auf **Oster- und Weihnachtsmärkten.** In den größeren Städten ergänzen Fahrgeschäfte die Verkaufsstände. Die Termine für diese Märkte findet man in den Veranstaltungskalendern des Tourismusverbands und der jeweiligen Städte.

Typische Souvenirs

Landwirtschaftliche Produkte dominieren das Angebot an lokalen Spezialitäten. **Marmeladen, Honig, Wurstwaren** und **Räucherfisch** werden mit der Region assoziiert. Insbesondere die Müritzfischer GmbH mit ihren Spezialitäten, z.B. **Maränenkaviar** und **Fischsoljanka,** sind über die Landesgrenzen hinaus ein Begriff. Kleine **Schokoladenproduzenten** wie Kilian und Close in Waren (Müritz) oder Eiscremehersteller wie Jackle und Heidi verkaufen ebenfalls überregional. Als süßes Souvenir eignet sich auch der **Ivenacker Baumkuchen** aus der Konditorei Kommander in Grammentin. Imker, wie z.B. der Hof Bode bei Plau am See, bieten eine Vielfalt an Honigvariationen als Mitbringsel. Und für die meisten Reisenden, die es nicht allzu weit nach Hause haben, muss am Abreisetag ein Stück **frisch geräucherter Aal oder Saibling** mit ins Gepäck.

Abseits der kulinarischen Genüsse werden in den Urlaubsorten die bekannten **maritimen Souvenirs** mit dem Namen des Ortes darauf angeboten. Wer ein größeres Budget und auch Platz eingeplant hat, wird in der Seenplatten-Region auch schönes Kunsthandwerk finden. **Töpferkunst, Malerei** und auch außergewöhnliche **Skulpturen** aus Holz oder Metall werden angeboten. In der Scheune Bollewick haben sich mehrere Werkstätten zusammengefunden und laden zum Bummel ein. Auch **Antikläden** und Anbieter für hochwertige Andenken und Dekoartikel finden sich in allen größeren Orten. Manchmal macht man bei der Fahrt über Land eine Entdeckung und folgt einfach dem Hinweisschild am Straßenrand zum Künstleratelier.

In Neubrandenburg gibt es Pasta, Wurst und Honig rund um die Uhr am Automaten

183ms tm

Essen und Trinken

Typische Speisen und Getränke

Im Speisenangebot der Mecklenburgischen Seenplatte sollte für jeden Geschmack etwas dabei sein. Bei der Beliebtheit der regionalen Köstlichkeiten rangiert **Fisch** ganz oben. Die Seen und Flüsse liefern eine große Bandbreite, darunter **Hecht, Wels, Saibling** und **Forelle.** Frisch gefangen, landen die Fische im Räucherofen oder werden herzhaft sauer und würzig eingelegt. Ein Stück **Räucherfisch** und dazu Brot und ein kühles Getränk – mehr braucht es nicht. Einen Versuch wert sind auch Spezialitäten wie **Saibling in Gelee** oder **Hecht nach Matjesart.** Als Snack zwischendurch sind Fischbrötchen sehr gefragt und vor allem rund um die Seen erhältlich. Dabei kann der Backfisch schon einmal vom Wels stammen und mit einem Chutney serviert werden. Besonders die Müritzfischer haben allerlei kreative Varianten auf ihren Fischerhöfen im Angebot (siehe Exkurs Folgeseite). In den Restaurants wird Fisch auf vielfältige Weise zubereitet: gebraten oder gedünstet, am Stück oder als Filet, mit kräftiger Bratkartoffelbeilage oder leichtem Salat.

Da in Mecklenburg im Allgemeinen **deftig gekocht** wird, stehen auch immer **Fleischgerichte** auf der Karte. Es dominieren in Landgasthöfen und einfachen

⌃ Fischsuppe mit frischem Gemüse steht in vielen Restaurants auf der Speisekarte

Geschnetzelter Hecht und Aal in Aspik – Leckeres aus Fluss und See

Das eine oder andere Fischbrötchen und ein Stück Räucherfisch werden wohl die meisten Reisenden im Laufe ihres Urlaubs an der Mecklenburgischen Seenplatte genussvoll verspeisen. Erhältlich sind Fischspezialitäten an den meisten Seen und in allen größeren Orten. Daher lohnt ein Blick in das **Fischereiwesen** der Region.

Die hier verkauften Fische stammen überwiegend aus regionaler Bewirtschaftung. **Karpfen, Stör** und **Wels** werden in Teichen gezogen, z.B. in Boek im Müritz-Nationalpark. Auch **Forellen, Lachsforellen** und **Saiblinge** wachsen in Aquakultur heran. Die **Kleine und Große Maräne, Aal** und auch **Zander** werden noch als Wildfang direkt in den Seen und Flüssen der Region gefangen. All das geschieht nachhaltig, aber ohne menschliches Zutun wären etliche Fischarten hier nicht mehr erhältlich. Die Kleine Maräne macht sich schon längere Zeit rar. Die heute sehr sauberen Seen und die gestiegenen Temperaturen passen ihr nicht. Auch der Aal gilt als bedrohte Art und kommt immer mehr aus Aquakulturen statt Wildfang.

Die kleinteilige Fischerei der örtlichen Fischer sorgt aber, anders als auf den Meeren, wo industriell gefischt wird, noch für die nötige Balance zwischen der Fischwirtschaft und dem **Schutz der Bestände.** Die Seen und Fließgewässer sind überwiegend **Pachtgewässer** und werden von ein paar großen Genossenschaften und einigen kleinen Privatbetrieben befischt und der Fang wird direkt vermarktet. So bewirtschaften z.B. die **Müritzfischer,** die Fischerei Müritz-Plau GmbH, mehr als 4000 ha Wasserfläche vor allem rund um die großen Seen Müritz und Plauer See. Auch die Fischer vom Tollensesee sind hier angeschlossen. Der zweite große Verbund der Region ist die **Seenfischerei Obere Havel e.G.,** welche auf rund 60 Seen und Fließgewässern in der Kleinseenplatte fischt. Dazu kommen kleine

Fischbrötchen mit Räuchersaibling

176ms tm

regionale Anbieter, wie z.B. der Welshof Schliemann in Faulenrost.

Auf **Fischerhöfen** rund um die Urlaubsorte verkaufen die Betriebe ihre Produkte. Neben dem beliebten **Räucherfisch** erhält man hier je nach Fang **tagesfrischen Fisch,** den man nach eigenem Geschmack auf dem Grill oder in der Pfanne zubereiten kann. Dazu gesellen sich auch ungewöhnliche Angebote, die mit ganz neuen Zubereitungsvarianten aufwarten. So machten die Müritzfischer mit ihrer **Fischsoljanka,** einer üppigen Fischsuppe, Furore. Manch einer traut sich vielleicht nicht gleich an **Aal in Aspik** oder sauer eingelegten **Brathecht** heran. Nach den ersten Bissen ist man aber schnell vom Geschmack und der guten Qualität überzeugt. **Fischmarinaden** werden auch mit exotischen Gewürzen verfeinert.

Dass es beim **Fischbrötchen** neben Klassikern mit Räucherfisch auch kreative Varianten geben kann, zeigen die Müritzfischer. So kommt bei ihnen der Hecht geschnetzelt und in Kräutern mariniert als **Morizaner Happen,** nach Art eines Matjes und reichlich garniert, zwischen die Brötchenhälften. Letztere werden heute nicht mehr ausschließlich mit Remoulade bestrichen, sondern auch mal mit einer Tomaten-Salsa oder einem Chutney. Auch **Kaviar** vom Hecht oder von der Maräne erfreut sich großer Beliebtheit. Und mit **Fischbuletten** oder knusprigen **Nuggets** vom Barsch oder Hecht holt man selbst die kleinen Fisch-Zweifler ins Boot. Wem es an der Seenplatte geschmeckt hat, der kann bei den großen Anbietern auch online bestellen und zuhause weiter genießen.

- **Müritzfischer,** www.mueritzfischer.de
- **Fischereihöfe der Seenfischerei Obere Havel e.G.,** www.fischerei-wesenberg.de

Restaurants die klassischen **Schnitzelvarianten.** Zunehmend setzt man jedoch auf Regionalität und Tierwohl und bietet u.a. Rindfleisch aus eigener Aufzucht an. Ein typisches Gericht ist der **Mecklenburger Rippenbraten,** ein mit Backpflaumen gefüllter und mit viel Soße servierter Schweinebraten. Gern gegessen werden **Gulasch, Rouladen** und **Sauerfleisch,** also Fleisch in Aspik, traditionell im Weckglas serviert. Saisonal ergänzen **Wildgerichte** die Speisekarte.

Kräftige **Suppen, Eintöpfe** und **Kohl** in allen Variationen dürfen ebenfalls nicht fehlen. Als Beilage dominiert die **Kartoffel** – die Mecklenburger lieben ihre *Tüften.* Mehr und mehr Restaurants setzen auch auf leichtere Küche und bringen mediterrane Komponenten ein. **Pastagerichte** gibt es auf nahezu jeder Speisekarte.

Es findet sich in der Regel auch eine kleine Auswahl **vegetarischer Speisen.** Die Küche ist zwar nach wie vor eher fleischgeprägt, aber man hat die Zeichen der Zeit erkannt. In den Städten und in Hotels hat man es leichter, leckere vegetarische Alternativen zu finden als in einfachen Gasthöfen auf dem Land. **Veganer** werden es in der Region aber eher schwer haben.

Für süße Gaumenfreuden ist ebenfalls gesorgt. Leckere und oft üppige **Kuchen und Torten** werden in charmanten Gartencafés oder aus der Hofküche angeboten. Dabei spielen Früchte und Sahne eine Hauptrolle, schwere Cremetorten sind eher selten zu finden. Blechkuchen mit Rhabarber oder Pflaumen sowie Erdbeerkuchen aller Art sind saisonal die Favoriten.

Süß darf auch Hochprozentiges sein. **Brände** und **Liköre** werden oft auf

Preiskategorien Essen und Trinken

In diesem Buch werden die Restaurants und Gaststätten in Preiskategorien unterteilt. Die Preise gelten für ein Hauptgericht.

- **Untere Preisklasse ①** bis 20 €
- **Mittlere Preisklasse ②** 20–30 €
- **Obere Preisklasse ③** über 30 €

Fruchtbasis hergestellt – so ist **Schlehe** ein regionaler Favorit. Zum deftigen Essen passt hier im Norden aber eher ein **Kümmelschnaps** oder guter Klarer.

Bier ist in vielen Varianten, auch aus kleinen Craft-Brauereien, zu haben. Eine spezielle Marke aus der Region gibt es jedoch nicht. Man trinkt Lübzer und Rostocker oder auch Stralsunder Bier. Am Schloss Rattey bei Neustrelitz und am Klüschenberg in Plau am See wird sogar **Wein** angebaut. Er wird vor Ort verkauft oder in ausgewählten Lokalen angeboten.

Gastronomie

Die Bandbreite an gastronomischen Einrichtungen ist groß. Den kleinen Hunger kann man u.a. bei den zahlreichen Imbissbuden stillen. So gibt es vielerorts Bratwurst oder Fischbrötchen am **Stand.** In **Cafés** werden neben Kuchen oft auch kleine Gerichte oder Suppen serviert. Die Fischerhöfe oder auch die Hofläden der regionalen Erzeuger haben häufig **Bistros,** in denen wechselnde Tagesgerichte die kleine Karte ergänzen. **Restaurants** gibt es in großer Zahl in den Städten und größeren Urlaubsorten. Auch internationale Küche in Form von asiatischen, griechischen und italienischen Lokalen ist in den Städten im Angebot. Erfreulich ist, dass immer mehr Restaurants auf Zutaten regionaler Herkunft und aus biologischer Erzeugung setzen. Im ländlichen Raum findet man **Landgasthöfe,** deren Angebot oft von Fleischklassikern und großen Portionen dominiert wird, oder man speist im Hotelrestaurant. Die **Sterneküche** hat ebenfalls den Weg an die Seenplatte gefunden. Im Hotel Kleines Meer in Waren (Müritz), in der Alten Schule in Fürstenhagen und auch in vielen Schlosshotels werden hochwertige (und hochpreisige) Menüs offeriert.

Da außerhalb der Zentren die Dichte an gastronomischen Betrieben abnimmt, ist die spontane Suche nach einem Lokal nicht unbedingt empfehlenswert. Im Allgemeinen ist die Nachfrage nach Tischen, besonders in den bekannten Fischrestaurants oder in einer Region mit nur wenig Angebot, groß und eine **Reservierung** sorgt für einen stressfreien Abend.

Das **Preisniveau** ist sehr unterschiedlich. Für ein Fischgericht aus frischem Fang oder Fleisch in Bioqualität werden durchaus mehr als 22 € verlangt. Ein Schnitzel oder das in der Region beliebte Bauernfrühstück kann man in einigen Gasthöfen schon für etwa 12 € bekommen. Generell sind die Preise, wie in anderen deutschen Urlaubsregionen, in den letzten Jahren gestiegen.

⟩ Müritz-Sail in Waren: Budenzauber und Wassersportangebote

Feiertage, Feste und Events

Irgendwo in der weitläufigen Region Mecklenburgische Seenplatte ist fast immer was los. Zum regelmäßig stattfindenden Kultur- und Unterhaltungsprogramm gehören Volksfeste, Sportveranstaltungen, Kunstausstellungen und Musik- und Theateraufführungen. Zu den Saisonhöhepunkten zählen die **Müritz-Sail** in Waren, ein maritimes Volksfest mit Wassersportvorführungen und Markttreiben, die **Stadtfeste** der größeren Städte, u.a. Neubrandenburg, Malchow oder Teterow, und die **Konzerte** der Festspiele Mecklenburg-Vorpommern (s.u.). Die großen Volksfeste konzentrieren sich auf den Zeitraum zwischen Pfingsten und Ende August und bieten Markttreiben, Unterhaltung und zum Teil auch Festumzüge. Von Juni bis September finden zahlreiche Open-Air-Musik- und Theateraufführungen mit jeweils mehreren Terminen statt. Zu den bekanntesten zählen die **Müritz-Saga** in Waren und die **Festspiele im Schlossgarten in Neustrelitz,** wo Oper und Operette gespielt werden.

Spannend sind ebenso die Sportveranstaltungen, bei denen man mitfiebern kann. Die **Motorradrennen** auf dem Bergring Teterow, die **Regatten** auf dem Plauer See oder das **Radsportwochenende** Mecklenburger Seenrunde versprechen hochkarätigen Sport und Unterhaltung.

Aber auch im Kleinen gibt es regelmäßig interessante Veranstaltungen. So richtet die Scheune Bollewick **Märkte** zu Ostern, Pfingsten und über den Sommer verteilt zu verschiedenen Themen aus. Der Thomsdorfer Kunsthandwerkerhof

184ms tm

185ms tm

gestaltet von Juni bis September mindestens einmal monatlich einen **Kunsthandwerkermarkt.** Zu Pfingsten sind landesweit bei der Aktion **KunstOffen** Ateliers und Werkstätten verschiedener Künstler geöffnet und am **Tag des offenen Denkmals** darf man sonst nicht zugängliche historische Gebäude aus öffentlicher und privater Hand besichtigen. Der größte Teil der Veranstaltungen findet von Mitte Mai bis Ende August statt. In der Nebensaison sind es eher Konzerte und Ausstellungen, die Besucher locken.

Termine und weitere Details zu den Festen und Veranstaltungen finden sich in den „Praktischen Tipps" der Ortsbeschreibungen.

→ Zu jeder Zeit, S. 20

Festspiele Mecklenburg-Vorpommern

Zwischen Ostseeküste und Seenplatte werden bei den Festspielen Mecklenburg-Vorpommern wunderbare **historische Orte** als Konzertbühne wieder zum Leben erweckt. Das **Klassikfestival** wurde 1990 aus der Taufe gehoben und gilt mit seinen **180 bis 200 Konzerten** im Jahr als eines der größten seiner Art in

Europa. Weltbekannte Künstler wie *Anne-Sophie Mutter, Daniel Hope* oder *Igor Levit* und vielversprechende Talente bringen den Zuschauern klassische Musik an besonderen Spielorten nahe. So finden Aufführungen, neben dem **Stammspielort Ulrichshusen,** in Dorfkirchen, Industrieanlagen, Herrenhäusern und im Freien im ganzen Bundesland Mecklenburg-Vorpommern statt. Ausgefallene Kulissen, die hautnahe Begegnung mit den Zuschauern und das Engagement der Festspiele in der Förderung begabter junger Musiker, z.B. durch einen jährlichen Preisträger in Residence, machen die Konzertreihe zu einem international anerkannten Ereignis.

Auf der Website **festspiele-mv.de** sind der Konzertkalender und der Kartenvorverkauf zu finden. Kernsaison ist Juni bis September, aber auch im Winter finden einzelne Veranstaltungen statt.

Feiertage

In Mecklenburg-Vorpommern gelten die bundesweiten Feiertage. Zusätzlich ist seit 2023 der **Internationale Frauentag (8.3.)** ein gesetzlicher Feiertag. Der **Reformationstag (31.11.)** ist arbeitsfrei, nicht jedoch Allerheiligen. Fronleichnam ist ebenfalls ein normaler Werktag.

[<] Die Konzertkirche ist Sitz der Neubrandenburger Philharmonie und Veranstaltungsort für das Abschlusskonzert der Festspiele Mecklenburg-Vorpommern

Geld

→ Notfälle: Kartensperrung

Zahlungsmittel

Unterwegs in der Seenplatte ist die Nutzung von **Bargeld** noch unumgänglich. Kartenzahlung ist zwar weit verbreitet, aber die lückenhafte Netzabdeckung macht es an den entlegeneren Orten oft schwierig, die digitalen Bezahlsysteme zu betreiben. Imbisse, Museen oder Tourenanbieter bieten häufig nur Barzahlung an. Daher empfiehlt es sich, eine gewisse Menge an Barem dabei zu haben, sollte die Kartenzahlung nicht funktionieren.

Banken gibt es in den größeren Orten. Oft sind aber nicht alle großen Banken vertreten und manchmal findet man lediglich einen Geldautomaten. Bei der hier ansässigen Ostseesparkasse und den Volks- und Raiffeisenbanken erhalten Kunden anderer **Sparkassen** und **Volksbanken** ohne Aufpreis Geld ausgezahlt. Bankgeschäfte können jedoch nicht getätigt werden.

Im ländlichen Raum sind sogar **Geldautomaten** rar gesät. Hier bietet sich der Service vieler Supermarktketten an, beim Einkauf und der Zahlung mit der EC-Karte auch gleich Geld abzuheben.

Preisniveau

Das Preisniveau für **Lebensmittel, Restaurantbesuche** und **Übernachtungen** unterscheidet sich nicht wesentlich von dem anderer beliebter deutscher Urlaubsregionen. Der wachsende Inlandstourismus hat auch an der Seenplatte für eine größere Nachfrage und eine Preissteigerung gesorgt.

Die Preise für **Hotels und Ferienwohnungen** sind meist günstiger als in den stark frequentierten Ostseebädern wie z.B. auf Rügen. Viele der in den letzten Jahren neu entstandenen Unterkünfte, vor allem Ferienwohnungen, wurden hochwertig ausgestattet und werden entsprechend teuer angeboten. Besonders für Familien sind Unterkünfte im **ländlichen Raum,** auf **Bauernhöfen** und auch **Campingplätzen** eine preiswerte Alternative. Diese verfügen über einen geringeren Komfort, reißen aber nicht gleich ein großes Loch in die Reisekasse. Wer sich **selbst verpflegt,** kann einiges an Kosten einsparen. In der **Nebensaison** von November bis März bieten viele Hotels und Ferienanlagen attraktivere Preise an als im Sommer.

Die beliebten **Hausboote** sind wetterbedingt nur von April bis Oktober unterwegs. Am Beginn und Ende der Saison werden günstigere Charterpreise offeriert, in der Hochsaison allerdings ist das Preisniveau konstant hoch und liegt auf dem Niveau eines 4–5-Sterne-Hotels. Dazu muss man sich noch selbst verpflegen.

Bei **Outdoor-Aktivitäten** wie radfahren, paddeln und wandern kann man auch mit kleinem Budget viel erleben. Die **Eintrittspreise** für Museen und Tierparks sind günstig und oft gibt es Familientickets oder Kombitickets mit weiteren Attraktionen.

Kurabgabe

Orte wie Waren (Müritz), Röbel/Müritz, Mirow oder Feldberg sind staatlich anerkannte **Erholungs- oder Kurorte** und dementsprechend wird eine Kurabgabe fällig. Diese liegt je nach Region bei 1,50 bis 2,50 € pro Person und Nacht und muss auch von Tagesgästen entrichtet werden. Rund um die Müritz und in der Kleinseenplatte haben nahezu alle Orte eine Kurabgabenverordnung. Dafür gibt es dann mit der Kurkarte Ermäßigung auf Attraktionen und Führungen.

Spartipps

Viele Museen, z.B. die städtischen Ausstellungen in Neubrandenburg, und Attraktionen, z.B. der Bärenwald, bieten **Kombitickets** mit anderen Anbietern an. Oft gibt es auch günstige **Familientickets.** Für den **Nahverkehr** haben die meisten Busunternehmen günstige Tages- oder auch Wochenkarten im Portfolio. Mit dem **Nationalparkticket** fährt man einen Tag lang verbilligt auf allen Strecken durch den Müritz-Nationalpark. Es ist auch erweiterbar auf Fahrten mit den Schiffen der Weißen Flotte.

186ms tm

[>] Mit dem Bus in den Müritz-Nationalpark

Gesundheit

→ Reisegepäck und Ausrüstung

Die Region Mecklenburgische Seenplatte gilt nicht als Risikogebiet für die durch **Zecken** übertragenen Krankheiten **Borreliose** und **FSME,** jedoch gibt es in jeder Saison einige Fälle. Generell empfiehlt sich, beim Waldspaziergang achtsam zu sein und den Körper gegebenenfalls auf einen Zeckenbiss zu untersuchen.

In den **Badeseen** können **Blaualgen** und **Vibrionen** sowie **Zerkarien** auftreten. Besonders bei anhaltend heißem Wetter vermehren sich diese Bakterien, Keime und Würmer stark und können vor allem bei Menschen mit Vorerkrankungen starke Beschwerden auslösen. Dann wird durch Hinweisschilder und Pressemitteilungen vor dem Bad in den betroffenen Seen gewarnt.

Das sogenannte **Biowetter,** also die Belastung durch Ozon, UV-Licht, Feinstaub und Pollen, kennt hier keine großen Spitzen. Durch die umfangreiche Landwirtschaft, u.a. den Anbau von Raps und Getreide, und die ausgedehnten Wiesenflächen sind **Pollenallergiker** saisonal von Beschwerden betroffen.

Krankenhäuser

Das wichtigste medizinische Kompetenzzentrum der Region ist das **Bonhoeffer-Klinikum in Neubrandenburg.** In der drittgrößten Klinik des Landes Mecklenburg-Vorpommern wird eine Maximalversorgung angeboten. Krankenhäuser der Grund- und Regelversorgung befinden sich in **Neustrelitz, Waren (Müritz)** und **Güstrow.** Alle Kliniken haben eine Notfallambulanz. Waren (Müritz) und Güstrow verfügen über eine **Kinderklinik.**

Die nächste **Zahnklinik** ist am Universitätsklinikum Rostock.

- **Dietrich-Bonhoeffer-Klinikum Neubrandenburg,** Salvador-Allende-Str. 30, 17036 Neubrandenburg, Tel. 0395 7750, dbknb.de.
- **DRK-Krankenhaus Mecklenburg-Strelitz,** Penzliner Str. 56, 17235 Neustrelitz, Tel. 03981 2680, www.drkmst.de.
- **Mediclin Müritz-Klinikum,** Weinbergstr. 19, 17192 Waren (Müritz), Tel. 03991 770, www.mueritz-klinikum.de.
- **KMG Klinikum Güstrow,** Friedrich-Trendelenburg-Allee 1,18273 Güstrow, Tel. 03843 340, kmg-kliniken.de/kmg-klinikum-guestrow.

Notrufnummern

- **Allgemeiner Notruf/Rettungsdienst:** Tel. 112
- **Notärztlicher Bereitschaftsdienst:** 116117

Ärzte und Apotheken

Niedergelassene Ärzte findet man in allen größeren Orten. Man erreicht innerhalb von 20 bis 30 km Fahrtstrecke eine Praxis. In Kleinstädten wie Malchin, Feldberg oder Röbel/Müritz gibt es neben **Allgemeinmedizinern** auch **Kinderärzte** und **Zahnärzte.** Bereitschaftspraxen des kassenärztlichen **Notdienstes** sind in Waren (Müritz) und Neubrandenburg.

Apotheken sind flächendeckend auch in kleineren Orten wie Mirow, Malchow oder Teterow, vorhanden.

Kassenärztlicher Notdienst

(Fr Nachmittag, Sa/So/Fei)

- **Bereitschaftsdienst am Mediclin Klinikum Waren** (s.o.)
- **Bereitschaftsdienst Ärztehaus Neubrandenburg,** An der Marienkirche 2, 17033 Neubrandenburg.
- **Bereitschaftsdienste der Zahnärzte:** www.zaekmv.de/patienten/notfalldienstsuche

Mit Haustier unterwegs

Generell sind die Bedingungen für Reisen mit **Hund** in der Mecklenburgischen Seenplatte sehr gut. Die vielen Wanderwege, mit Hund zugängliche Outdoor-Attraktionen und die Möglichkeit, große Menschenansammlungen zu meiden, sorgen für einen entspannten Aufenthalt.

Auf Feriengäste mit Hund ist man in der Region gut eingestellt. In vielen **Unterkünften,** besonders in Ferienwohnungen und -häusern sowie auf Campingplätzen, sind die Vierbeiner erlaubt. Einige Campingplätze haben einen separaten Bereich mit Stellplätzen für Gäste mit Hund. Dass ein Hund mitreist, sollte jedoch vorab angemeldet werden. Es entstehen gegebenenfalls Zusatzkosten. Unterkünfte auf dem Land eignen sich besonders, da sie meist über einen großen Garten verfügen und schöne Spazierwege in der Nähe sind. Auch beim Hausbooturlaub darf das Haustier oft mit an Bord.

Am Wasser gilt es, die ausgewiesenen **Hundestrände** zu nutzen. Nahezu alle größeren Seen verfügen über solche Bereiche. Einige Attraktionen lassen den Besuch mit Hund zu, z.B. das Müritzeum, die Ivenacker Eichen, der Bärenwald Müritz und das Agroneum. Es gilt **Leinenpflicht.** Auch im **Müritz-Nationalpark** sind Hunde immer an der Leine zu führen. Dies dient dazu, das Wild und die Vögel im Schutzgebiet nicht zu stören und man nimmt Rücksicht auf die anderen Wanderer. Kotbeutel dürfen in keinem Fall im Wald entsorgt werden.

Gaststätten sind mittlerweile gut auf tierische Besucher eingestellt und man ist hilfsbereit. Am besten nimmt man jedoch, wie auch auf langen Wanderungen, einen Wasserbehälter mit. Die meisten **Fahrgastschiffe** auf der Müritz lassen Hunde gegen Gebühr und an der kurzen Leine geführt mitfahren.

Information

Wer sich vorab über die Region informieren möchte, findet auf der Internetpräsentation des **Tourismusverbands Mecklenburgische Seenplatte** umfangreiche Ausführungen zu Sehenswürdigkeiten, Unterkünften und Dienstleistern sowie Vorschläge für Ausflüge, Wanderungen und Radtouren. Hier können auch Broschüren und Prospekte bestellt oder online eingesehen werden. Einzelne Regionen, z.B. die Mecklenburgische Schweiz und die Feldberger Seenlandschaft, haben eigene Websites und bieten dort einen Überblick zu den Attraktionen und Anbietern. Auf allen Internetseiten lassen sich Unterkünfte direkt online buchen.

Etliche Orte der Region verfügen über **Touristinformationsbüros.** Hier sind Stadtpläne, Rad- und Wanderkarten, Prospekte zu Unterkünften und Attraktionen, Karten für Veranstaltungen und Touren sowie meist auch Souvenirs erhältlich.

Wanderrouten oder Radtouren sind häufig auf großen **Tafeln** an den geeigneten Startorten beschrieben.

Mecklenburgische Seenplatte im Internet

- **www.mecklenburgische-seenplatte.de,** die Website des Tourismusverbands Mecklenburgische Seenplatte e.V.
- **www.mecklenburgische-schweiz.com,** regionaler Ableger des Tourismusverbands Mecklenburgische Seenplatte e.V.
- **www.feldberger-seenlandschaft.de,** Ableger des Tourismusverbands Mecklenburg-Vorpommern mit Informationen zur Region.
- **www.mueritz-nationalpark.de,** die offizielle Website des Müritz-Nationalparks.
- **www.seenplatte.de,** private Website mit Informationen zu Anbietern und Attraktionen.
- **www.mueritz.de,** privates Portal mit Daten zu Gastgebern und Ausflugstipps.
- **www.klein-seenplatte.de,** informative Website der Mecklenburgischen Kleinseenplatte Touristik GmbH.
- **www.mueritzportal.de,** Portal für Einheimische und Gäste mit Nachrichten aus der Region und Tipps für den Urlaub.
- **www.plmv.de,** die Initiative Mecklenburger ParkLand stellt Ausflugsideen zu Gärten und Herrenhäusern im Norden der Seenplattenregion zusammen, ohne dabei dem Reisenden eine feste Route vorzugeben.

Zeitungen und Zeitschriften

- In der Mecklenburgischen Seenplatte erscheinen die Tageszeitungen **Ostseezeitung** und **Nordkurier** mit den jeweiligen Regionalbeilagen. Im Sommer liegt in den Touristinformationen eine kostenfreie Urlaubszeitschrift der Ostseezeitung mit touristischen Tipps und Veranstaltungsterminen aus.
- **VielSehn-Magazin,** www.vielsehn.de. Die Zeitschrift bietet Berichte über Natur, Kultur und aktuelle Themen aus der Region. Sie erscheint viermal im Jahr und kann vor Ort im Handel, per Abo oder als einzelnes Exemplar per Rechnung bestellt werden. Auch auf der Website findet man interessante Artikel.
- **Magazin Seenland,** www.magazin-seenland.de. Umfangreiche Broschüre zum Thema Hausbooturlaub in der Seenlandschaft. Das Heft ist überregional für die Region von Berlin bis Schwerin ausgelegt. Es ist im Zeitschriftenhandel oder im Abo erhältlich und kann direkt beim Verlag bestellt werden.

Apps

- **Binnenkarten App 2** – Mecklenburgische Seenplatte (iOS und Android). Kostenpflichtige App mit umfangreichem Kartenmaterial für Wasserwandern und Bootsurlaub.
- Für Wanderer und Radtouristen sind die Apps von **Komoot** und **Outdooractive** interessant, da sie eine große Menge an Routenvorschlägen bieten.

Mit Kindern unterwegs

Für Kinder ist die Mecklenburgische Seenplatte ein spannendes Reiseziel. Viel Natur, fast an jeder Ecke ein Badesee und viele Möglichkeiten für Aktivitäten sorgen für Abwechslung. Die **Badestrände** an den großen und kleinen Seen sind überwiegend flach. Einige, z.B. die Badeanstalten am Tollensesee oder an der Müritz in Waren, verfügen über Rettungsschwimmer. Oft gibt es Spielplätze und einen Imbissstand in direkter Nähe. Die Campingplätze haben meist eigene Strände und ein Sportangebot.

Wer im Urlaub mit den Kids aktiv sein möchte, leiht sich ein **Kanu** oder ein **Floß** und entdeckt den See. **Surfschulen** gibt es z.B. an der Müritz. Auf **Reiterhöfen,** beim **Wandern mit Alpakas,** auf spannenden Führungen mit den Nationalparkrangern und beim Besuch in Wildpark, Bärenwald und Co. lernen Kinder spielerisch und aktiv die Natur kennen und schätzen. Die meisten Attraktionen sind open-air und geben Raum für Bewegung. Bei schlechtem Wetter locken **Schwimmbäder** und **Ausstellungen,** wie z.B. das Müritzeum. Die meisten Touristinformationen haben spezielle Mitmachangebote und können Tipps zur Ausflugsgestaltung geben.

Die **Unterkünfte** sind zum größten Teil auf Familien eingestellt und bieten Zustellbetten, Familienzimmer oder gleich Apartments mit separaten Schlafzimmern an. In einem Ferienhaus am See oder einer gemütlichen Pension mit großem Garten werden sich Kinder aller Altersklassen wohlfühlen. In Ferienparks und auf Campingplätzen ist man mit Kinderbetreuung und Spiel-und-Sportangeboten gut auf kleine Gäste vor-

187ms tm

bereitet. Die Initiative zertifizierter Familienurlaub des Tourismusverbands Mecklenburg-Vorpommern prüft interessierte Anbieter – Unterkünfte, Gastronomie und Attraktionen – auf ihre Tauglichkeit für Familien. So ist z.B. das Ferienland in Salem am Kummerower See entsprechend ausgezeichnet. Dazu locken spannende Übernachtungsmöglichkeiten, z.B. im Schlaffass, im Planwagen oder auf dem Hausboot, die jungen Reisenden.

In **Restaurants** sind Kinder willkommen, die Kinderkarten sind aber nach wie vor eher übersichtlich gestaltet und führen die klassischen Lieblingsgerichte auf. Die meisten kleinen Besucher sind tagsüber mit Bratwurst, Fischbrötchen und natürlich Eis leicht zufriedenzustellen. Einige Ausflugsrestaurants, z.B. das Bistro im Bärenwald Müritz, bieten bewusst und mit Erfolg Milchreis und Salat statt Pommes und Chicken Nuggets an.

Ermäßigungen für Familien offerieren die meisten Attraktionen. Die kleinen Besucher müssen oft erst ab sechs Jahren und dann auch nur einen reduzierten Eintritt zahlen. Wer mit dem ÖPNV unterwegs ist, wählt die Gruppentageskarte oder spezielle **Tagestickets** für Familien.

Dieses Zeichen weist im Buch auf Attraktionen hin, die speziell auf Kinder zugeschnitten sind, oder auf Sehenswürdigkeiten, die auch Kinder interessieren.

→ Sport und Aktivitäten

Im Bärenwald bei Plau am See können große und kleine Besucher viel über die Gewohnheiten der Bären lernen

Klima und Reisezeit

→ Reisegepäck und Ausrüstung
→ Land und Leute: Klima

Die Seenplattenregion ist im Grunde ein **Ganzjahresreiseziel.** Da die meisten Besucher in den Seen baden möchten, konzentriert sich die Hauptreisezeit jedoch auf den Sommer. Je nach Vorliebe hat aber jede Jahreszeit ihren Reiz.

Das **Frühjahr** lockt mit viel Sonnenschein und schönen Farben in der Natur. Die ersten grünen Blätter, Teppiche von Buschwindröschen im Buchenwald und die gelb blühenden Rapsfelder bezaubern besonders Wanderer und Radler. Alles erwacht nach dem Winter zum Leben, aber die großen Touristenströme lassen noch auf sich warten und die Unterkünfte sind zu einem ansprechenden Preis buchbar. April bis Mitte Juni sind die Monate für **Naturgenießer und Ruhesuchende.** Die Temperaturen liegen meist im Bereich von 15 bis 22 °C und es ist häufig **sonnig und trocken.**

Im **Sommer,** von Mitte Juni bis Ende August, ist die gesamte Bandbreite an Attraktionen verfügbar und das Wetter lädt meist zum Sprung ins kühle Nass oder zu anderen Outdooraktivitäten ein. Doch auch hier sind die Sommer in den vergangenen Jahren wärmer geworden. Bei Temperaturen **über 30 °C** am Nachmittag sollten körperlich anstrengende Aktivitäten ausbleiben. Vor allem in unmittelbarer Nähe der Seen kann die Luftfeuchtigkeit von älteren Menschen als unangenehm empfunden werden. Die

188ms tm

drei Sommermonate sind vor allem für Familien die **Hauptreisezeit.** Aufgrund der hohen Nachfrage erreicht das Preisniveau zu dieser Zeit seinen Höchststand. Die meisten großen **Veranstaltungen und Feste** finden ebenfalls im Sommer statt.

Der **Herbst,** von September bis Mitte November, ist wieder eine ruhigere Zeit. Im **September** kann es durchaus noch warme Tage geben, während im Oktober und November eher Temperaturen um 15 °C vorherrschen. Meist ist es jedoch trocken und die Sonne lacht vom Himmel. Es ist wieder eine schöne Zeit für **Naturentdeckungen,** z.B. den Kranichzug oder die Hirschbrunft. Auch ein Spaziergang durch die Buchenwälder ist aufgrund der herbstlichen Färbung besonders um diese Zeit sehr reizvoll.

Die meisten Attraktionen beenden im Laufe des **Oktobers** ihre Saison. Ab Mitte November tritt ein gewisser **Winterschlaf** ein, der, unterbrochen von der Weihnachts- und Neujahrszeit, erst im März endet. Das ist die am wenigsten beliebte Reisezeit, da man sich an vielen Tagen nicht lange draußen aufhalten möchte. Die ganzjährig geöffneten Quartiere bieten in den Wintermonaten attraktive Arrangements mit kulinarischen Schmankerln oder **Wellness** an. Mit einem strengen Winter ist eher selten zu rechnen. Meist bleiben die Tem-

⌃ Strand am Kummerower See – angenehme Badetemperaturen gibt es meist ab Juni

peraturen über dem Gefrierpunkt und es ist oft trüb. Nachts kann es Frost geben. Wenn **Schnee** kommt oder die Kälte für längere Zeit bleibt, wird die Seenplatte wiederum zum Touristenmagnet und es locken traumhafte Winterlandschaften und **Eislaufen** auf den kleinen Seen. Ein Großteil an Unterkünften, Restaurants und Sehenswürdigkeiten bleibt von November bis März allerdings geschlossen.

Kommunikation unterwegs

Obwohl in Mecklenburg-Vorpommern die **Netzabdeckung** für Mobiltelefone und Highspeed-Internet mittlerweile nahezu flächendeckend gewährleistet ist, stößt man in den dünn besiedelten Regionen der Seenplatte noch häufiger auf **Funklöcher.** In vielen Bereichen z.B. des Müritz-Nationalparks ist zwar telefonieren möglich, aber surfen im Internet nicht oder nur mit sehr geringer Geschwindigkeit. Die allermeisten Unterkünfte bieten, sofern technisch möglich, kostenfreies **WLAN** an. Am besten lädt man sich Kartenmaterial zum Wandern auch in einer Offline-Variante herunter.

Notfälle

- **Allgemeiner Notruf/Feuerwehr:** Tel. 112
- **Polizeinotruf:** 110
- **Notärztlicher Bereitschaftsdienst:** 116117 (bundeseinheitliche Nummer)

Polizeidienststellen

Der Landkreis Mecklenburgische Seenplatte wird durch das **Polizeipräsidium Neubrandenburg** betreut. Es gibt Polizeihauptreviere in Demmin, Neubrandenburg, Neustrelitz und Waren (Müritz). Dazu kommen Reviere und Stationen in kleineren Orten. Der Norden der Seenplatte wird durch die **Polizeiinspektion Rostock** mit Revieren in Güstrow und Teterow abgedeckt. Im Westen fallen Dobbertin und Plau am See in den Bereich der **Polizeiinspektion Ludwigslust.**

Stationen der **Wasserschutzpolizei** gibt es in Neubrandenburg, Plau am See, Mirow sowie saisonal in Malchin. Die Wasserschutzpolizeiinspektion mit Sitz in Waren (Müritz) ist für die Einhaltung der Vorschriften auf den Seen und Wasserstraßen verantwortlich.

Kartensperrung

Bei **Verlust oder Diebstahl** der Kredit- oder Debitkarte sollte man diese umgehend sperren lassen und zudem den Verlust oder Diebstahl bei der **Polizei** zur Anzeige bringen, damit man auch bei Lastschriftverfahren mittels Unterschrift eventuelle Ansprüche zurückweisen kann. Tipp: Die Notrufnummer mit IBAN bzw. Kreditkartennummer u.a. im Handy speichern.

- **Deutscher Sperrnotruf:** 116116

Öffnungszeiten

In den **Städten** der Region Mecklenburgische Seenplatte unterscheiden sich die Öffnungszeiten nicht generell von den deutschlandweit gebräuchlichen. Kernöffnungszeit für **Geschäfte** ist 10–18 Uhr. Eine Schließung über die Mittagszeit ist nicht üblich. Lebensmittelmärkte öffnen oft bereits um 7 Uhr und bleiben bis 21 Uhr geöffnet. Einkaufszentren, z.B. das Marktplatz-Center in Neubrandenburg, haben meist von 10 bis 20 Uhr geöffnet.

In **kleinen Orten** im ländlichen Raum sind die Öffnungszeiten nicht einheitlich. Hofläden und kleine Boutiquen oder Kunsthandwerksverkäufe haben individuelle Zeiten, die sich nach den Möglichkeiten des Betreibers richten. **Verkaufsautomaten** für Milch und Eier, aber auch Honig und sogar Wurst und Käse ermöglichen es, unabhängig von der Öffnungszeit etwas zu bekommen. Generell gilt auf dem Land das norddeutsche „wenn up is, is up". Wenn nicht geöffnet ist, gibt es häufig eine Telefonnummer oder eine Klingel und der Ladeninhaber kommt nach nur kurzer Wartezeit.

Eine Besonderheit ist die **Sonntagsöffnung,** welche in einer Reihe touristischer Orte von Ostern bis Ende Oktober möglich ist. Diese Bäderregelung dürfen z.B. Waren (Müritz), Röbel/Müritz, Mirow, Feldberg und die Scheune Bollewick in Anspruch nehmen. An den Sonntagen im genannten Zeitraum darf von 12 bis 18 Uhr verkauft werden. Ausgenommen sind hohe kirchliche Feiertage, z.B. Oster- und Pfingstsonntag. Zwischen November und März schränken viele die Öffnungszeiten ein oder schließen für einen **Betriebsurlaub.**

Das gilt auch für **Restaurants.** Der sich verschärfende Personalmangel hat dazu geführt, dass etliche Restaurants nicht mehr an allen Wochentagen oder nur am Abend öffnen bzw. zwischen der Mittagszeit und dem Abend schließen. **Imbisse und Bistros** bieten in der Regel zwischen 11 und 17/18 Uhr ihre Speisen an. Restaurants mit gehobener Küche sind eher nur am Abend geöffnet. Wer sich für ein bestimmtes Restaurant interessiert, tut gut daran, sich vorab über die Öffnungszeiten zu informieren und nach Möglichkeit eine Reservierung vorzunehmen.

Postfilialen und **Banken** haben nur eingeschränkte Öffnungszeiten, da der Service zunehmend zurückgefahren wird. Postannahmestellen finden sich häufig in Supermärkten und haben die gleichen Öffnungszeiten wie diese.

Viele städtische **Museen** und **Galerien** sind montags geschlossen. Die großen Touristenmagnete, wie das Müritzeum, der Bärenwald oder das Agroneum, haben keine Ruhetage. Von November bis März sind auch bei den **Sehenswürdigkeiten** die Öffnungszeiten eingeschränkt.

Rauchen

Anders als in einigen anderen Bundesländern, erlaubt das **Nichtraucherschutzgesetz von Mecklenburg-Vorpommern** das Rauchen in Gaststätten, die weniger als 75 Quadratmeter Grundfläche aufweisen, wenn keine selbst zubereiteten Speisen serviert werden. Unter-18-Jährigen ist der Zugang in solche **Raucherkneipen** verboten. Sonstige Gaststätten dürfen in einem separaten Bereich das Rauchen weiterhin erlauben.

In allen **Wäldern** der Region, insbesondere im Nationalpark und in den Naturparks, ist das Rauchen **aufgrund der Waldbrandgefahr ganzjährig verboten.** Hausbootvermieter und auch Anbieter von Ferienhäusern erlauben das Rauchen ausschließlich im Außenbereich.

Reisegepäck und Ausrüstung

Ins Reisegepäck gehören im Sommer **Sonnenbrille, Kopfbedeckung** und **Sonnencreme.** Besonders wer auf dem Wasser unterwegs ist, holt sich ohne Schutz schnell einen Sonnenbrand. Der Sommer kennt aber auch Tage mit 15 °C und Nieselregen und man sollte für verschiedene Wetterlagen gepackt haben. Eine **wetterfeste Jacke** sollte nie im Gepäck fehlen, besonders wenn es aufs Wasser geht.

Mückenschutz ist an der Seenplatte unerlässlich. Aber nicht nur in unmittelbarer Nähe der Seen sind Mücken im Sommer häufig anzutreffen. Vor allem in der Dämmerung empfiehlt sich langärmelige Kleidung gegen die Plagegeister.

Wanderer kommen in dem überwiegend flachen Gelände der Seenplatte mit **leichten Wanderschuhen** aus. Da unterwegs nicht immer Verpflegungsmöglichkeiten auf kurzem Wege erreichbar sind, empfiehlt sich die Mitnahme von etwas **Proviant** auf Rad- und Wandertouren. **Kartenmaterial** kann hilfreich sein, da nicht immer Internetempfang verfügbar ist.

→ Klima und Reisezeit
→ Sport und Aktivitäten

Sport und Aktivitäten

→ Camping

Das Angebot für aktive Ferien in der Mecklenburgischen Seenplatte ist umfangreich und für praktisch alle Interessen ist etwas dabei. Aktivitäten rund ums Wasser sind natürlich das große Thema. Diverse Arten von Wassersport werden angeboten, aber auch Radfahrer und Wanderer finden in jeder Ecke der Region ansprechende Routen.

Baden

Baden ist das wohl populärste Urlaubsvergnügen zwischen Güstrow, Waren und Neubrandenburg. Die meisten Gewässer im 1000-Seen-Land laden mit ihren Badestellen und Naturbadestränden dazu ein. Die **Wasserqualität** ist überall gut und wird von den örtlichen Gesundheitsämtern kontrolliert. Die Seen wärmen sich bis zum Sommer auf und haben in der Hochsaison **Wassertemperaturen** von mehr als 20 °C.

Adobe Stock © Sina Ettmer

An den größeren Seen bzw. auf Campingplätzen oder großen Ferienanlagen sind die Strände mit **Spielplätzen, Rutschen, Toiletten** und **Imbiss** ausgestattet. Meist werden auch Surfausrüstung, Stand-up-Paddleboards und Kanus vermietet. Eintritt wird in geringer Höhe lediglich in einigen Badeanstalten berechnet, ansonsten ist der Zugang frei. Viele Seen werden durch **Rettungsschwimmer** von DRK und DLRG betreut. Die meisten bewachten Badestrände befinden sich an den Großseen wie Müritz und Plauer See. An kleineren Seen gibt es häufig keinerlei Infrastruktur. Da die Seen überwiegend in Privatbesitz sind und einige in der Kernzone des Nationalparks liegen, sollte man ausschließlich ausgewiesene Badestellen aufsuchen. Ein besonderer Spaß ist das **Baden vom Boot aus.** So kann man auch an weniger zugänglichen Stellen, weitab des Trubels, den Anker werfen und ins Wasser springen.

Neben den Strandbädern gibt es auch **Freibäder,** wie das Peenebad in Malchin. Bei schlechtem Wetter und im Winter sind die **Schwimmbäder in den Hotels,** die **Müritztherme** in Röbel oder die **Oase Güstrow** eine Alternative.

⌃ Strandbad an der Müritz in Waren

› Paddeln auf der Havel im Neustrelitzer Kleinseenland

189ms tm

Wassersport

Paddeln

Nahezu alle Gewässer können mit Paddelbooten befahren werden. Neben der naturnahen sportlichen Betätigung bieten sie die Möglichkeit, Seen, kleine Flüsse und Kanäle zu befahren, auf denen der Verkehr mit Motorbooten aus Naturschutzgründen untersagt ist.

An vielen Stellen gibt es **Kanuverleihe,** bei denen man unkompliziert stunden- oder tageweise Boote ausleihen kann. Einige bieten **geführte Touren** an. Auch die meisten Campingplätze haben einen angeschlossenen Bootsverleih.

Paddelboote gibt es in verschiedenen Varianten. **Kajaks,** die typischerweise mittels Doppelpaddel angetrieben werden, sind meist Ein- oder Zweisitzer. Von der robusten Einstiegsvariante aus Kunststoff bis hin zum schnellen Sportkajak aus Carbon mit geschlossener Decke reicht die Bandbreite. Als Wanderkajaks bieten sie genügend Stauraum fürs Gepäck in wasserdichten Tonnen. **Kanadier,** für die sich der Begriff **Kanu** eingebürgert hat, werden mit Stechpaddeln bewegt und sind oft in geräumigen Varianten für mehrere Personen erhältlich. Auch **Stand-up-Paddleboards** werden von vielen Verleihstellen angeboten. Ein Zweier-Kanu mietet man ab 35 €/ Tag. Für ein Kajak werden meist ca. 20 € Tagesmiete verlangt.

Absolut naturnah und vor allem sehr budgetschonend ist das **Wasserwandern** von Ort zu Ort. Wer den gesamten Urlaub auf dem Wasser verbringen will, findet eine Vielzahl an mehrtägigen Routen und Quartieren direkt am See vor. An einigen Stellen muss das Boot umgetragen werden. Oft stehen dafür Hilfseinrichtungen, z.B. kleine Lorenbahnen, zur Verfügung. Für die Übernachtungen plant man aufgrund der hohen Nachfrage im Sommer am besten im Voraus und reserviert auf den jeweiligen Camping- oder Wasserwanderrastplätzen.

Ruder- und Tretboote

Auf den meisten Seen sind auch Ruder- und Tretboote zum Stundenpreis (ab 10 €) oder zur Tagesmiete (ca. 40 €) im Angebot. So kann man spontan und ohne große Vorkenntnisse die Seen erkunden.

190ms tm

Surfen, Kitesurfen, Wasserski

Windsurfer sind bevorzugt auf der Großseenplatte unterwegs. Waren, Boek und Untergöhren am Fleesensee galten schon zu DDR-Zeiten als gute Reviere. Viele **Surfschulen** und Campingplätze bieten Einsteigerkurse an. Für Kitesurfer ist Boek das Eldorado und die einzige Stelle, wo diese rasante Sportart an der Müritz erlaubt ist.

Wasserski kann man auf einer **Seilbahnanlage** auf dem Reitbahnsee in Neubrandenburg betreiben oder in der einzigen Wasserskischule Mecklenburgs in Quetzin am Plauer See erlernen.

Segeln

Segler kommen trotz der Dominanz der Motorboote auf den Großseen (Müritz, Plauer See) auf Ihre Kosten. Auch der Tollensesee und der Kummerower sowie der Malchiner See bieten gute Segelkonditionen. Da die Seen unterschiedliche Tiefen und Windbedingungen haben, sind alle Reviere attraktiv. Wer möglichst flexibel alle Teile der Großseen erkunden möchte, wählt am besten ein Boot mit **geringem Tiefgang** und nach Möglichkeit **klappbarem Mast.** Auf der Müritz kann der Wind **Wellenhöhen von**

Die Müritz ist ein beliebtes Revier für Segler – es gibt vielerorts Segelschulen und Verleihe

1,50 m erzeugen und bei plötzlich aufziehenden Unwettern im Sommer ist Vorsicht und Erfahrung nötig.

In den meisten Stadthäfen und in einigen Ferienanlagen befinden sich gut ausgestattete **Marinas,** so z.B. Marina Eldenburg, Hafendorf Rheinsberg, Hafendorf Rechlin und Müritz-Marina Waren (siehe Ortsbeschreibungen).

Folgende Anbieter von **Bootsverleih** bzw. **Segelkursen** sind empfehlenswert:

- **Segelcenter Müritz,** Müritz Marina Röbel (Hafen des Seglervereins), Müritzpromenade, 17207 Röbel/Müritz, Tel. 0172 1388159, www.segelcenter-mueritz.de. Die Segelschule bietet neben Kursen auch den Verleih verschiedener Bootstypen an.
- **Marina und Segelschule Plau am See,** Seestraße 2 b, 19395 Plau am See, segelschule-plau.de.
- **Kuhnle Tours,** Rechlin, www.kuhnle-tours.de. Der Hausbootanbieter hat auch kleine Segelboote im Programm.

Motorboote

Wer es eher komfortabel mag, kann sich vielerorts ein Motorboot ausleihen. Die führerscheinfrei zugelassenen Boote – auf einigen Seen sind auch Elektroboote im Angebot – fahren nicht schnell, sind dafür aber leicht zu handhaben. Boote mit einer Leistung bis 15 PS sind generell führerscheinfrei. Boote mit mehr PS dürfen bestimmte touristische Wasserstraßen, dazu zählt das Gebiet der Seenplatte, mit einer Geschwindigkeit von bis zu 12 km/h befahren. Es muss nicht gleich ein Hausboot für mehrere Tage sein – eine Tour mit einem kleinen Motorboot oder einem Badefloß ist auch stundenweise ein Riesenspaß für die ganze Familie.

Hausbootfahren

Urlaub auf dem Wasser im gemieteten Kajütboot oder Hausboot erfreut sich wachsender Beliebtheit und bedarf keiner besonderen Vorkenntnisse. Für Einsteiger ist das Revier der **Großseen** mit der Müritz, dem Kölpin- und Fleesensee sowie dem Plauer See günstig. Dort sind nur **wenige Schleusen** zu überwinden und es ist meist viel Platz. Das Steuern der oft eher behäbigen Hausboote braucht etwas Geschick und vor allem Übung. Die großen Charteranbieter geben bei Übernahme des Bootes eine umfangreiche Einführung inklusive Testfahrt. Ein **Bootsführerschein** ist für die meisten Modelle **nicht erforderlich.**

Üblicherweise mietet man ein Boot für eine oder zwei Wochen. Kurzzeitmieten sind eher in der Vor- und Nachsaison möglich. Die Boote sind vergleichbar einer **Ferienwohnung** ausgestattet. Lebensmittel kauft man vor Ort oder bringt vielleicht einen Teil mit. Gasflaschen für die Kochstelle werden gestellt. Die Versorgung mit Frischwasser und die Entsorgung von Grau- und Abwasser erfolgt bei längeren Touren kostenpflichtig in den **Marinas.** Der Verbrauch an Gas, Strom und Treibstoff wird bei der Rückgabe abgerechnet. Dazu wird eine Kaution einbehalten. Da diese Nebenkosten nicht unerheblich sind, sollte man vorher ein entsprechendes Budget einplanen und sich beim Vermieter zur üblichen Höhe der Kosten beraten lassen.

Wegen der hohen Nachfrage wird eine **Reservierung** sämtlicher Liegeplätze (Übernachtungsplätze) empfohlen. Einen Parkplatz für den eigenen Pkw bieten die Hausbootvermieter ihren Kun-

Unterwegs auf den 1000 Seen – Hausboot, Floß, Kajütboot und Co.

Raus aufs Wasser und einmal Kapitän sein – das ist der Traum vieler Besucher der Mecklenburgischen Seenplatte. Und die Möglichkeiten sind sehr vielseitig, egal ob für einen Tagesausflug oder eine Mehrtagesfahrt mit Übernachtungen in verschiedenen Häfen. Am Ende kommt es darauf an, was das Budget zulässt und welche Vorlieben man z.B. bezüglich Fahrtempo und Komfort hat. Eine Auswahl an Bootstypen soll hier kurz vorgestellt werden.

Vorher gilt es aber die wichtigste Frage zu klären: Brauche ich einen **Bootsführerschein?** Motorboote mit einer Leistung von max. 15 PS und einer Länge von nicht mehr als 15 Metern dürfen generell auf Binnengewässern wie der Seenplatte ohne Bootsführerschein gefahren werden. Ist das Hausboot etwas stärker motorisiert, greift die Sonderregelung des Charterscheins. Hierzu muss die Geschwindigkeit auf max. 12 km/h gedrosselt sein und der Vercharterer muss eine ca. dreistündige Einweisung in die wichtigsten Regeln sowie die fahrtechnischen Details geben. Die Mehrheit der angebotenen Hausboote sind – um die Vermarktung zu vereinfachen – so gestaltet, dass sie ohne Bootsführerschein gefahren werden können. Und wer möchte bei so viel Naturschönheit schon schnell über den See brausen und die Idylle durch Motorenlärm stören? Der Weg ist das Ziel.

[>] Boote in vielen Varianten – mit etwas Rücksicht finden alle Platz

Bootstypen

Die beliebteste Variante für Ferien auf dem Wasser sind die typischen, **etwas eckig wirkenden Hausboote.** Es gibt z.B. die Spezialanfertigungen der Firma Kuhnle Tours mit geringem Tiefgang, meist aus Glasfaser oder Stahl gebaut. Sie kommen eher behäbig als schnittig daher, bieten aber aufgrund ihrer Bauweise einen Komfort fast wie ein Hotelzimmer.

Sportlicher sehen die großen **Motoryachten** aus, von denen es auch führerscheinfreie Varianten gibt. Sie sind nicht wie die Hausboote eckig, ihr Rumpf zeigt sich am Bug spitz zulaufend. Den Steuerstand und das Sonnendeck erreicht man über eine Treppe und die Kabinen liegen unter Deck. Es sind luxuriöse Ausstattungsvarianten möglich. Schleusen und Marinas sind die große Herausforderung für frisch gekürte Binnenschiffer und so manch schnittige Motoryacht wird eher hemdsärmelig „eingeparkt".

Ist man nur zu zweit unterwegs, bietet sich auch ein **Kajütboot** an. Diese leichten, kleinen Boote bieten unter Deck nur eine einfache Schlafkabine, sind aber sehr wendig und ohne große Vorkenntnisse problemlos zu beherrschen.

Preislich meist günstiger als die Motorboote und ganz ohne Auflagen zu fahren sind **Pontonboote** und **Flöße.** Grundsätzlich ist bei beiden die Basis dieselbe, nämlich eine rechteckige Plattform auf Schwimmkörpern. Sogenannte Febos (Ferienhausboote) oder Bunbos (Bungalowboote) sind sozusagen schwimmende Häuser. Das Tempo ist gemächlich. Aber vor allem der fehlende Kiel macht das Manövrieren nicht einfach. Gerade bei Einfahrten in die schmalen Schleusen oder auf engen Kanälen zeigt sich, dass das Domizil auf Zeit nicht gerade wendig ist. **Watercamper** sind Pontons mit einem darauf fest installierten Wohnmobil, eine Form des Hausboots, die vor allem Camper ansprechen dürfte.

Wer es urig mag und nicht viel Komfort wie z.B. eine Dusche benötigt, macht Ferien auf dem **Floß.** Die hölzernen Gefährte gibt es heute sogar schon mit Elektroantrieb. Man findet sie überwiegend auf der Kleinseenplatte. Statt eines bequemen Betts hat man oft nur Liegeflächen für den eigenen Schlafsack und statt einer Küchenzeile nur einen Gaskocher. Gerade für Kinder ist ein Floß der ideale Einstieg in die Ferien auf dem Wasser.

Egal wofür man sich entscheidet, für Spaß und Abenteuer und auch Naturerlebnis ist gesorgt. Da sich diese Form des Urlaubs mittlerweile großer Beliebtheit erfreut, empfiehlt sich eine langfristige Planung von Bootscharter und Liegeplätzen für Übernachtungen. Zum Reinschnuppern bietet sich ein Tagescharter an. Dieser ist für nahezu alle Bootstypen möglich.

191ms tm

den in der Regel an, jedoch selten kostenfrei.

Hausbootvermieter

- **Kuhnle Tours,** www.kuhnle-tours.de. Der Pionier der Hausbootferien aus Rechlin hat eigene Bootstypen entwickelt, die den Anforderungen an das führerscheinfreie Fahren entsprechen und viel Komfort bieten.
- **Charterpoint Müritz,** www.charterpoint-mueritz.de. Der Anbieter mit Sitz in Waren (Müritz) bietet vor allem kleine und größere Motorboote an.
- **Floßbooturlaub,** flossbooturlaub.de. Entspannte Ferien auf dem Floß oder dem Hausboot (Ponton) auf der Kleinseenplatte bietet das Unternehmen aus Neustrelitz.
- **Floß-Tours,** www.floss-tours.de. Der Anbieter vom Kleinen Pälitzsee bei Canow bietet einfache Flöße für naturnahe Ferien.

Unser Tipp: Das **Expeditionsfloß** mit der auffälligen Kajüte und einem mitgelieferten Kanu für weitere Entdeckungen, ideal für zwei Personen.

- **Tom Sawyer Floß- und Hausbootvermietung,** tomsawyer-tours.de. Die rustikal wirkenden, aber komfortablen Flöße von Tom Sawyer sind z.B. in der Kleinseenplatte ab Priepert, Schleuse Diemitz und Neustrelitz unterwegs. In der Feldberger Seenlandschaft sind auch Flöße mit Elektroantrieb buchbar, allerdings vorerst nur für Tagestouren.

192ms tm

Radfahren

Rund um die Seenplatte findet sich eine **große Auswahl an Routen** für Tagesausflüge und für Radreisen, das sogenannte Bike-Packing. Das Terrain ist **überwiegend flach,** jedoch hat die durch die Eiszeit geformte Landschaft auch einige kleinere Anhöhen zu bieten. **Wind** spielt selten eine störende Rolle. Im Herbst kann er aber in offenen Landschaften vor allem entlang größerer Felder durchaus kräftig blasen.

Bezüglich der **Beschaffenheit der Radwege** ist die gesamte Bandbreite vorhanden. Neu angelegte Radrouten verlaufen oft auf asphaltierten oder glatt gepflasterten Wegen parallel zur Straße. Viele Wege führen durch den Nationalpark oder andere Schutzgebiete. Hier ist mit Schotter, Kopfsteinpflaster und Sand als Untergrund zu rechnen. Manche Waldwege sind mit Löchern und Wurzeln übersät. Wenn kein Radweg vorhanden ist, fährt man auf Nebenstraßen und Wirtschaftswegen. Bei Ortsdurchfahrten kleinerer Dörfer können statt der Teerstraße auch Pflaster, Betonplatten und Rasengitterstein als Untergrund vorkommen. Bei der Planung einer Tour sollte man auf den Radkarten die Beschaffenheit der Wege kontrollieren, denn eine längere Fahrt über Sand- und Waldwege kann ein unbequemer Ritt im Sattel sein. **Mountainbiker** finden jedoch nur wenige geeignete Trails vor.

▷ Ruhige Straßen und eine frische Brise, so macht Radeln Spaß

◁ Akku leer? In vielen Orten gibt es Ladestationen

193ms tm

Querfeldeinfahren ist nicht verbreitet und in den Naturschutzgebieten schlicht verboten. Radtouristen sind angehalten, sich an die ausgezeichneten Radwege zu halten.

Es gibt keine einheitliche **Beschilderung.** Rundwege mit hoher touristischer Bedeutung sind durchgängig mit dem jeweiligen Symbol beschildert und auch im Nationalpark ist die Beschilderung umfangreich. Eine gute **Radkarte oder App** wird in jedem Fall empfohlen, auch wenn die grün-weißen Hinweisschilder mit Entfernungsangaben schon fast flächendeckend vorhanden sind. Apps wie die von Komoot oder Outdooractive haben eine große Anzahl an Routen im Repertoire. Allerdings kann es sein, dass die App aufgrund der schlechten Netzabdeckung nicht immer funktioniert und den Standort nur schlecht ermitteln kann. Klassisches Kartenmaterial oder eine Offline-Funktion der App mit einer Routenbeschreibung sind da nützlicher.

Informationen und Karten

- **Radfahrland MV,** radfahrland-mv.de/radregion-seenplatte. Portal mit Informationen zum Radfahren in der Region inklusive Routenvorschlägen und Tipps zu Unterkunft, Attraktionen und Dienstleistern.
- **Tourismusverband Mecklenburgische Seenplatte e.V.,** www.mecklenburgische-seenplatte.de/aktivurlaub/fahrrad. Die Website bietet einen guten Überblick mit Vorschlägen für Radtouren.
- Als Kartenmaterial sind die **Rad-, Wander- und Gewässerkarten des Verlags Grünes Herz** empfehlenswert. Die detaillierten Karten im Maßstab 1:35.000 Karten gibt es für einzelne Regionen, z.B. Feldberger Seenlandschaft, Müritz oder Kummerower See.

Unterkünfte und Ladestationen

Aktuell sind noch nicht viele Unterkünfte nach **Bett+Bike** klassifiziert. Jedoch haben viele Gastgeber trotzdem ein Serviceangebot für Radler, z.B. Abstellmöglichkeiten oder Ladestationen. Wer mit dem Rad auf einer **Rundreise** unterwegs ist, sollte die Übernachtungen nach Möglichkeit vorausplanen. Viele Unterkünfte nehmen Gäste nicht kurzfristig für eine Nacht auf und auch die Campingplätze sind in der Hochsaison gut ausgelastet. Da im Flächenland Mecklenburg-Vorpommern die nächste Unterkunft im schlechtesten Fall viele Kilometer entfernt liegt, fährt man mit einer guten Planung stressfreier.

E-Bike-Ladestationen sind noch nicht flächendeckend vorhanden und befinden sich überwiegend bei Hotels oder Ausflugslokalen sowie Touristinformationen.

Fahrradverleihe und -läden

Fahrradverleihstationen gibt es in den größeren touristischen Orten, auf Campingplätzen und bei etlichen Hotels oder Ferienanlagen. Meist wird auch an Nicht-Hausgäste vermietet. Verleiher von Kanus und Kajaks haben oft einen angeschlossenen Radverleih. Im Angebot sind einfache **Cityräder,** gute **Tourenräder** und **E-Bikes.** Letztere sind stark nachgefragt und sollten nach Möglichkeit vorbestellt werden. Auch Kinderräder sowie Anhänger und Zusatzausstattung werden von den größeren Verleihern vermietet. Fahrradläden sind in den Städten, z.B. Waren (Müritz) oder Neubrandenburg, zu finden und bieten einen **Reparaturservice.** Auch die Verleihstationen können bei kleineren Pannen aushelfen.

Fahrradmitnahme

Im öffentlichen Nahverkehr können Fahrräder auf bestimmten Linien mitgenommen werden. Auch hier sollte man sich vorab informieren. Die **Busse** der Müritz-Nationalpark-Linie und der Kleinseenbus führen in der Saison einen Fahrradanhänger mit und das Bike kann gegen Aufpreis mitreisen. Die **Schiffe der Weißen und Blau-Weißen Flotte** bieten Fahrradtransport auf einigen ihrer Linien an, z.B. zwischen Lenz und Plau oder von Waren nach Röbel. Nicht alle Fahrgastschiffe haben Platz für Räder. Die kleine Fähre zwischen Verchen und Aalbude am Kummerower See kann nur wenige Fahrräder befördern, fährt dafür die kurze Strecke aber in engem Takt. In den Zügen der **Deutschen Bahn** sowie der **Regionalbahnen** (z.B. Hanseatische Eisenbahn) können Räder ebenfalls mitfahren. Auch hier ist aufgrund der zeitweise hohen Nachfrage und des begrenzten Platzangebots, sofern möglich, eine Reservierung ratsam.
→ Verkehrsmittel

Beliebte Fernradwege und Routen

Der Radfernweg **Mecklenburger Seen-Radweg** führt über 645 km und 14 Etappen von Lüneburg bis auf die Insel Usedom. Für Seenplattenbesucher interessant ist ein Einstieg in die Route in Plau am See. Man folgt dem entsprechend beschilderten Weg über Röbel und Waren rund um die Müritz, gelangt anschließend ins Kleinseenland nach Mirow und Neustrelitz, macht einen Abstecher in die Feldberger Seenlandschaft und beendet die Tour in Neubrandenburg. Weitere Fernradwege, die durch Teile der Seenplatte führen, sind der **Elbe-Müritz-Rundweg,** die beliebte Route **Berlin – Kopenhagen** und der **Havelradweg.**

Bekannte Radrouten, die in der Region beginnen und enden, sind u.a. der Müritz-Rundweg, der Tollensesee-Radrundweg und der Krakower Seen-Rundweg. Auf den **Müritz-Rundweg** steigt man am besten in Waren oder Röbel ein. Er führt entlang des Ostufers der Müritz auch durch den Nationalpark. Eine Unterbrechung und Rückfahrt mit dem Linienbus oder Linienschiff ist gut möglich. Da dieser Radweg zu den bekanntesten der Region zählt, sind hier in der Hochsaison viele Ausflügler unterwegs. Der **Tollensesee-Radrundweg** ist gut an einem Tag zu schaffen, denn er ist nur 35 km lang. Der **Krakower Seen-Rundweg** ist mit 69 km Länge eine Etappe des Fernradwegs Mecklenburger Seen. Er ist bei Weitem nicht so stark befahren wie die Routen an der Müritz. Zusätzlich sind Etappen der **Eiszeitroute** in der Mecklenburgischen Schweiz eine Empfehlung für Tages- oder Mehrtagestouren.

Radreisen

Es gibt einige lokale Anbieter für geführte Radreisen. Eine Radausleihe für die Tour und der Gepäcktransport sind oft inklusive.

- **Radreisen Mecklenburg,** radreisen-mecklenburg.de
- **Mecklenburger Radtour,** www.mecklenburger-radtour.de

194ms tm

Wandern

Die abwechslungsreiche Landschaft und die unberührte Natur der Seenplatte ziehen immer mehr Wanderer an. Die Bedingungen sind ausgezeichnet: Es gibt ein **ausgedehntes Netz** an Wanderwegen und wenn kein offiziell beschilderter Weg vorhanden ist, lässt es sich auf den nur wenig befahrenen Straßen außerhalb der großen Zentren gut und sicher gehen. Man hat die Wahl zwischen schattigen Waldwegen, Routen direkt am Seeufer oder Wegen durch Wiesen und Felder. Meist ist von allem etwas dabei.

Bohlenwege führen durch die Moorlandschaft bei Serrahn

Die meisten Routen sind **gut beschildert.** Ein Vergleich mit der Karte ist trotzdem ratsam, zumal an einigen Stellen mehrere Wanderwege aufeinandertreffen. Für den Rückweg kann man auf Linienbusse, Bahnen oder auch Fahrgastschiffe setzen, z.B. die Nationalpark-Buslinie, die Südbahn zwischen Waren und Malchow oder die Weiße Flotte Müritz mit ihren Linienverbindungen. Da die Abfahrten keinen besonders engen Takt haben, sollte man sich vorab über den Fahrplan informieren.

Da **Einkehrmöglichkeiten** oft weit auseinander gelegen sind, nimmt man am besten Proviant mit. Es gibt aktuell auch nur wenige für die Bedürfnisse von Wanderern zertifizierte **Unterkünfte.** In der Hochsaison bekommt man kaum spontan eine Übernachtungsmöglichkeit für nur eine Nacht. Die beste Option für Wanderer sind daher Sterntouren ab einem festen Standort.

Wer sich einer Gruppe anschließen möchte, hat über die Informationszentren des Nationalparks und der Naturparks die Möglichkeit, **geführte Exkursionen** mitzumachen. Auch Fastenwandern in kleinen Gruppen wird bereits durch Kurverwaltungen und spezialisierte Unterkünfte angeboten.

Beliebte Wanderrouten

Der mehr als 900 km lange **Naturparkweg in Mecklenburg-Vorpommern** erreicht im Naturpark Nossentiner/Schwinzer Heide die Seenplattenregion und teilt sich ab Kloster Dobbertin in eine Nord- und eine Südroute. Die Nordroute führt durch die Mecklenburgische Schweiz, während man auf der Südroute Müritz und Feldberger Seenlandschaft erlebt.

Die **Grüne Runde** um Neubrandenburg mit ihren 42 km kann gut auf zwei Wandertage aufgeteilt werden. Der **Müritz-Nationalpark** verfügt über eine große Anzahl markierter Wanderwege. Wer eine kurze Runde bevorzugt, hat mit dem **Fridolinweg** in Feldberg oder dem **Buchenwald-Erlebnispfad** ab Zinow gute Alternativen.

Für spirituelle Inspiration ist auf dem **Pilgerweg Mecklenburgische Seenplatte** zwischen Friedland im Nordosten und Mirow im Südwesten gesorgt.

- **Naturparkwanderweg Mecklenburg-Vorpommern:** www.auf-nach-mv.de/wandern/fernwanderwege/a-naturparkweg
- **Pilgerweg Mecklenburgische Seenplatte,** www.pilgerweg-mecklenburgische-seenplatte.de

Karten und Apps

Der Tourismusverband Mecklenburgische Seenplatte e.V. bietet auf seiner Website Routenvorschläge und eine Wanderbroschüre zum Download. Die **Rad-, Wander- und Gewässerkarten** des Verlags Grünes Herz verfügen über eine detaillierte Darstellung. Mit den **Apps** von Komoot und Outdooractive hat man Zugang zu einer Vielzahl an Routenvorschlägen.

→ Radfahren: Informationen und Karten

Gut informiert durch den Müritz-Nationalpark

Nordic Walking

Die ausgezeichnete Infrastruktur an Wanderwegen ermöglicht es, eigentlich überall zu walken. Die ausgewiesenen Nordic-Walking-Pfade am Tollensesee, im Heilwald Plauer See und im Kneipp-Kurort Feldberg sind nur einige von vielen Möglichkeiten, diesem Hobby nachzugehen. Besonders Orte mit Kurangebot oder Kliniken verfügen über ein ausgewiesenes Wegenetz.

Führungen in Schutzgebieten

Die unvergleichliche Natur der Seenplatte zu entdecken ist leicht, denn es gibt eine umfangreiche Beschilderung und Informationszentren an den großen Zugangswegen. Noch besser verstehen wird man die Besonderheiten von Flora und Fauna nach einer geführten Tour mit den **Nationalpark-Rangern.** Der Müritz-Nationalparkservice hat ein breites Programm an Exkursionen, denen man sich anschließen kann. Beliebt sind die **Kranich- und Hirschbrunfttouren** im Herbst, die **Adlersafaris** und die Wanderungen auf den Spuren der **Fledermäuse.** Auch die kleineren Schutzgebiete, z.B. der Naturpark Nossentiner/Schwinzer Heide, haben einen Veranstaltungsplan mit spannenden Führungen. Oft sind Naturexkursionen über die Touristinformationen buchbar.

- **Müritz-Nationalpark,** www.nationalpark-service.de
- **Naturpark Nossentiner/Schwinzer Heide,** www.naturpark-nossentiner-schwinzer-heide.de

Angeln

Für Angler sind die großen und kleinen Seen ein Paradies, fast alle Gewässer der Seenplatte eignen sich zum Angeln. Man fängt u.a. **Barsch, Hecht, Forelle, Karpfen** oder auch **Zander** und **Saibling.** Nur im Nationalpark sind nicht alle Seen für Angler zugelassen oder erfordern besondere Vorsicht beim Befahren mit Motorbooten. Eine Rücksprache mit der Nationalparkverwaltung ist angeraten. Da die Seen überwiegend in Privatbesitz oder verpachtet sind, ist bei jedem Angelausflug eine Klärung der Bedingungen nötig.

Wer in der Mecklenburgischen Seenplatte angeln möchte und älter ist als 14 Jahre, sollte über einen **Fischereischein** verfügen. Es kann auch ein **Touristen-**

fischereischein mit einer Gültigkeit von 28 Tagen erworben werden. Dazu ist keine Prüfung nötig. Über die Regeln und Grundlagen informiert eine Broschüre. Der Touristenfischereischein kann bei den Ämtern der zuständigen Kreise, aber auch einfach bei den Touristinformationen und auf einigen Campingplätzen oder in Angelgeschäften bestellt werden, er kostet rund 25 €. Zusätzlich wird eine **Angelkarte** für das jeweilige Gewässer benötigt. Ansprechpartner sind die Eigentümer oder Pächter, z.B. der Landesangelverband und Fischereibetriebe. Die **Müritzfischer,** welche mehr als 70 Gewässer bewirtschaften, bieten auf ihren **Fischerhöfen** den Erwerb von Angelkarten an und man kann vor Ort auch in Teichen angeln. Auf den Fischerhöfen ist auch Angelurlaub in Ferienwohnungen direkt auf dem Hof möglich.

Kleine Motorboote mit maximal 15 PS oder **Ruderboote** sind ideal für Angelausflüge und können an nahezu jedem See gemietet werden. Viele Bootsverleiher bieten auch spezielle Angelboote an, einige sogar mit Möglichkeit zur Übernachtung. **Geschäfte** für Angelbedarf gibt es in den größeren Orten.

- **Infos Fischereischein:** www.auf-nach-mv.de/angeln/touristenfischereischein
- **Müritzfischer,** www.mueritzfischer.de

Reiten

Die Region hat viel Weite und **gute Reitwege** abseits des Touristentrubels zu bieten. Im Nationalpark sind entsprechende Wege ausgeschildert, sodass keine Konflikte mit Wanderern und Radlern entstehen. **Reitferien** oder **geführte Ausritte** werden von Reiterhöfen, z.B. am Kummerower See und in der Mecklenburgischen Schweiz, angeboten. Die meisten haben auch Ferienzimmer oder **Ferienwohnungen.** Für Kinder bieten Bauernhöfe mit Ferienvermietung eine gute Möglichkeit, erste Erfahrungen mit Pferden zu machen, so u.a. in der Feldberger Seenlandschaft bei Planwagenferien in Grünow oder Camping auf dem Bauernhof in Feldberg. Wanderreiter finden ebenfalls geeignete Quartiere. Eine Reservierung wird, da die Zahl der Höfe nicht sehr groß ist, empfohlen. Die **Stutenparaden** des Gestüts Ganschow bei Güstrow sind nicht nur für Pferdefans ein Anziehungspunkt.

Golf

Auch wenn der Golfsport in der Seenplatte nicht sehr verbreitet ist, gibt es einige interessante Plätze. Golfclubs mit auch für Tagesgäste bespielbaren Plätzen befinden sich in **Göhren-Lebbin** (Ferienresort Fleesensee), am **Schloss Teschow** und in **Groß Nemerow** bei Neubrandenburg sowie in **Serrahn** (Van der Valk Golfhotel). Ausrüstung kann teilweise geliehen werden.

Wellness

Wer nach einem aktiven Tag ausspannen möchte, findet vor allem in den größeren Hotels und Ferienparks Wellnessangebote wie **Sauna, Schwimmbäder** und

> Petri Heil auf der Müritz

Anwendungen verschiedenster Art. Die Seenplatte ist kein klassisches Wellness-Reiseziel, aber Interessierte finden einige passende Hotels. So profilieren sich z.B. das Hotel Bornmühle am Tollensesee und die Villa Margarethe in Waren (Müritz) ausdrücklich als Wellnesshotel. Zusätzlich sind in **Thermen** umfangreiche Spa-Angebote vorhanden, etwa in der Müritztherme in Röbel, im Oase-Bad in Güstrow und im Ferienresort Land Fleesensee.

Dem Gesundheitstourismus öffnen sich immer mehr Orte in der Seenplatte. Das Heilbad Waren (Müritz) und der Kneipp-Kurort Feldberg sind die Vorreiter und bieten in **Kurkliniken** und Kurzentren Medical Wellness und therapeutische Anwendungen an. Es gibt einige Hotels, die spezielle **Fastenaufenthalte** ermöglichen und auch für das Fastenwandern gibt es Offerten.

- **Fastenzentrum Mecklenburg-Vorpommern,** www.fastenzentrum-mv.de
- **Fastenhof Behm,** Rheinsberg, fastenhof.de

Unterkunft

Hotels und Pensionen, Ferienwohnungen und Ferienhäuser, eine große Zahl an Campingplätzen und die immer beliebter werdenden Hausboote werben in der Mecklenburgischen Seenplatte um Gäste. Für jedes Budget gibt es ein Angebot. Allerdings sind Unterkünfte für Wanderer oder Gruppen, z.B. Jugendherbergen oder Hostels, nur in geringer Zahl vorhanden. Privatzimmer werden nur vereinzelt offeriert und die Vermietung von Privatwohnungen hat sich in der Region bisher nicht etablieren können.

Die **Saison** beginnt etwa zu Ostern und endet im Oktober. Von November bis März sind nicht alle Unterkünfte geöffnet. Bei vielen Gastgebern, besonders bei den naturnahen oder am Nationalpark gelegenen Häusern, hat sich der ökologische Gedanke durchgesetzt und es wird auf **Nachhaltigkeit** bei der Aus-

196ms tm

Preiskategorien Unterkunft

In diesem Buch werden die Unterkünfte in Preiskategorien unterteilt. Die Preise gelten für ein **Doppelzimmer** (überwiegend ohne Frühstück) in der Hauptsaison.

- **Untere Preisklasse** ① bis 95 €
- **Mittlere Preisklasse** ② 95–150 €
- **Obere Preisklasse** ③ über 150 €

stattung und beim Einkauf für die Versorgung der Gäste geachtet.

Bei den **Hotels** dominieren privat geführte Häuser, große Hotels internationaler Ketten sucht man vergeblich. Es sind alle Sternekategorien vorhanden. Die meisten Hotels sind klein oder mittelgroß mit 10 bis 40 Zimmern. **Pensionen** haben oft nur wenige Zimmer. Die Ausstattung ist sehr unterschiedlich. Viele kleine Hotels und Pensionen beschränken sich auf Garni, bieten also nur Frühstück an. Wellness steht für die Besucher der Seenplatte nicht im Vordergrund und wird daher weniger oft angeboten, als man es z.B. von Hotels entlang der Ostseeküste her kennt. Dafür verfügen viele Häuser über einen eigenen Seezugang mit Badestelle.

Ferienwohnungen werden von Privatvermietern angeboten oder befinden sich in größeren **Ferienparks** und **Apartmenthäusern** mit einer großen Anzahl an Wohnungen. Das Gleiche gilt für **Ferienhäuser.** Das Interesse der Investoren an Immobilien zur Urlaubsvermietung hat stark zugenommen. Die meisten neuen Ferienwohnungen entstehen in größeren Anlagen und haben eine hochwertige Ausstattung. Auch Campingplätze haben einfache Hütten oder Ferienwohnungen im Angebot.

→ Camping

Einige Vermieter setzen bei ihrem Angebot auf das besondere Abenteuer, so kann man in Waren (Müritz) eine Ferienwohnung in einem alten Wasserturm buchen oder in Neustrelitz in einer schmalen Betonröhre, Slube genannt, nächtigen. Auch **Planwagen, Schlaffässer, Heuhotels** und luxuriöse **Zelte** stehen zur Verfügung. Eine Besonderheit der Region stellen die vielen **Herrenhäuser** dar, in denen man entweder in eleganten Zimmern und Suiten oder rustikal in Ferienapartments einchecken kann.

Sehr beliebt ist die Buchung von **Hausbooten.** Die schwimmenden Unterkünfte bieten alles, was im Urlaub gebraucht wird, und reisen mit durch das Wassernetzwerk Mecklenburgs.

→ Sport und Aktivitäten: Hausbootfahren

Buchung und Preisniveau

Buchbar sind die Unterkünfte direkt auf den **Internetseiten der Gastgeber** und über die meisten **Touristinformationen** bzw. Websites der Tourismusverbände. Dazu kommt die Buchungsmöglichkeit über die international agierenden **Portale** (siehe Kasten „Überblick Buchungsportale").

Das Preisniveau ist sehr unterschiedlich. Von einfach bis komfortabel ist für jeden Geschmack etwas dabei. Außerhalb der Urlaubszentren und bei privaten Vermietern ist es meist günstiger.

Die neu entstandenen Ferienhäuser und -wohnungen sind oft sehr hochwertig ausgestattet und unterscheiden sich preislich kaum noch von einem Hotelzimmer mit 4- oder 5-Sterne-Standard. Die beliebten Hausboote sind aufgrund der hohen Nachfrage in der Hauptsaison an der Preisobergrenze kalkuliert.

Wer günstig reisen will, kann durch **frühes Buchen** einen besseren Preis bei größerer Auswahl erzielen. Die meisten Anbieter bevorzugen Buchungen einer vollen Woche oder von **mindestens drei Nächten.** Für Kurztrips sollte man auf größere Hotels in den Städten zurückgreifen.

→ Überblick Buchungsportale S. 360

Der „Leuchtturm" markiert die Einfahrt ins Hafendorf Rheinsberg mit Ferienhäusern und Hotel

Verkehrsmittel

→ Anreise
→ Autofahren
→ Sport und Aktivitäten: Radfahren

Bahn

Das Angebot an regionalen Bahnverbindungen ist, zumindest in der Saison von Mai bis September, gut. Mit etwas Planungsfreude lassen sich viele Tagesausflüge bequem mit der Bahn bestreiten.

Wer es eilig hat, kann mit dem **IC** der Deutschen Bahn in nur 17 Minuten von Waren (Müritz) nach Neustrelitz gelangen. Der **Regionalexpress RE 5** zwischen Rostock und Elsterwerda hat mehrere Halte in der Seenplattenregion, z.B. in Güstrow, Waren (Müritz), Kratzeburg und Neustrelitz. Im Osten der Region verkehrt der **RE 4.** So benötigt man für die Strecke Neubrandenburg – Güstrow mit Zwischenhalten u.a. in Stavenhagen, Malchin und Teterow knapp 90 Minuten. Ebenfalls über Neubrandenburg fährt ein Ableger des RE 5, von Stralsund kommend, nach Finsterwalde und hält in der Seenplatte u.a. auch in Burg Stargard, Blankensee, Neustrelitz und Fürstenberg.

Von Neustrelitz aus fährt **HANS** (Hanseatische Eisenbahn) als **Kleinseenbahn** nach Mirow, mit mehreren

Überblick Buchungsportale

Als Ergänzung zu den sorgfältig zusammengetragenen Unterkunftsempfehlungen in diesem Buch können Buchungsportale wie Booking.com, hrs.de, Agoda.com oder AirBnB.de dazu genutzt werden, aktuelle Preise und die Bewertungen anderer Reisender einzusehen sowie Unterkünfte direkt zu buchen.

Die Plattformen arbeiten mit Unterkünften aller Art zusammen und machen diese für Reisende leicht auffindbar. Bewertungen, Fotos und Filtermöglichkeiten nach zahlreichen Details helfen bei der Auswahl. Auch der Kontakt zwischen Vermietenden und Unterkunftssuchenden sowie die Bezahlung können über die Plattformen abgewickelt werden.

Eine gewisse Vorsicht ist bei der Benutzung dennoch geboten. Wann immer möglich, sollten die Angaben mit zusätzlichen Quellen überprüft werden. Sind die Bewertungen wirklich auf allen Plattformen und Suchmaschinen so gut? Sind sie so zahlreich, dass ein Missbrauch unwahrscheinlich ist? Weshalb genau fanden die Bewertenden die Unterkunft gut und stimmt das mit meinen Interessen überein? Häufig hilft die jeweils eigene Internetseite der Unterkunft, Google Street View oder ein Anruf, um genauere Informationen zu bekommen.

Wem einzelne Aspekte besonders wichtig sind, der sollte auf jeden Fall genau prüfen – z.B. ob der versprochene „geschlossene Parkplatz" wirklich so beschaffen ist, dass man das vollgepackte Auto dort stehenlassen möchte. Auch der angepriesene „Bestpreis" und die durch die Plattformen suggerierte knappe Verfügbarkeit lösen sich bei einem Anruf vielleicht in Luft auf, weil die Vermietenden einen eigenen günstigen Preis bieten, um sich die teure Vermittlungsprovision an die Plattform zu sparen.

Während die Plattformen also eine praktische Hilfe bei der Reiseplanung sein können, empfiehlt sich doch häufig ein kritischer zweiter Blick!

Zwischenhalten in der Kleinseenplatte, darunter Wesenberg. Von Waren (Müritz) aus ist die **Südbahn,** betrieben von der **ODEG** (Ostdeutsche Eisenbahngesellschaft), nach Malchow unterwegs. An den Wochenenden gibt es auch Fahrten zwischen Malchow, Karow, Alt Schwerin und Plau am See. Die Südbahn verkehrt nur saisonal an Ostern sowie zwischen Christi Himmelfahrt und Mitte September.

Fahrkarten und Ermäßigungen

Bei frühzeitiger Buchung gibt es für den IC günstigere Tarife als für den RE. Wer innerhalb von Mecklenburg-Vorpommern mit dem Regionalverkehr der Deutschen Bahn unterwegs ist, für den lohnt das **Mecklenburg-Vorpommern-Ticket.** Es beinhaltet unbegrenzte Fahrten und kann für bis zu fünf Personen erworben werden. Besonders für kleine Gruppen ist dies ein sehr günstiges Angebot. Auf den von der ODEG bedienten Strecken der Südbahn gilt deren Standardtarif. Eine Fahrt von Waren nach Malchow in der zweiten Klasse kostet 4,90 €. Bahnkarteninhaber erhalten bei der ODEG den von der DB gewohnten Rabatt. Auch das Mecklenburg-Vorpommern-Ticket hat hier Gültigkeit. Die Fahrkarten können im Zug und in Reisezentren der DB erworben werden. Im HANS gilt ebenfalls der jeweilige Standardtarif, z.B. sind es 4,50 € für die Strecke Neustrelitz – Mirow. Mit dem **Kleinseenticket** fährt man für 18 € einen Tag lang in der Region zwischen Fürstenberg, Neustrelitz und Mirow mit dem RE5 der DB bzw. der RB16 des HANS. Bahncardinhaber erhalten den ermäßigten Preis. Tickets können ohne Aufpreis im Zug, am Schalter in Wesenberg oder über die Reisezentren der DB erworben werden.

- **Südbahn** (betrieben durch die ODEG), suedbahn-saisonverkehr.de.
- **HANS** (Hanseatische Eisenbahn), www.hanseatische-eisenbahn.de.
- **Deutsche Bahn,** www.bahn.de. Fahrplanauskunft auch für die Privatbahnen.

Busse

Das Liniennetz des Busverkehrs im Gebiet der Mecklenburgischen Seenplatte ist ausreichend dicht, um während der Reise auf das Auto verzichten zu können. Im hier beschriebenen Gebiet sind mehrere Nahverkehrsunternehmen zuständig, teilweise überlappen die Netze. Der größte Verbund ist die **MVVG** (Mecklenburg-Vorpommersche Verkehrsgesellschaft). Sie betreibt den Stadtverkehr in Waren (Müritz), Röbel/Müritz und Neustrelitz und zeichnet für die zwei wichtigsten touristischen Angebote Müritz Rundum und Kleinseenbus verantwortlich. Unter **Müritz Rundum** versteht man die vernetzten Buslinien zwischen Waren, Röbel, Rechlin und u.a. Boek im Müritz-Nationalpark sowie die Linienschiffe der Weißen Flotte Müritz. Inhaber einer Gästekarte, also Übernachtungsgäste in Waren, Klink, Röbel oder Rechlin, können den Bus kostenfrei nutzen. Alle anderen erwerben das **Nationalparkticket** als Tageskarte ab 9,50 € pro Person. Gegen Aufpreis ist es auch auf den Schiffen gültig. Eine **Fahrradmitnahme** ist ebenfalls möglich. Das Angebot gilt vom 1.4. bis 31.10.

Der **Kleinseenbus** ist ebenfalls von April bis Oktober unterwegs und verkehrt dreimal täglich auf einer Nord- und einer Südroute ab Mirow bzw. Wesenberg zu kleinen Orten wie Granzow, Priepert und Wustrow. Für Inhaber der Kurkarte aus Mirow, Wesenberg, Priepert und Wustrow ist die Fahrt kostenfrei, alle anderen können die Tageskarte ab 5 € erwerben. Fahrräder werden gegen Aufpreis befördert. Für die weiteren Linien der MVVG ist der Fahrpreis für die Einzelfahrkarte mindestens 1,70 €.

Die Randgebiete der Region, z.B. der Norden der Mecklenburgischen Schweiz, Teterow und Güstrow sowie der Westen mit Plau am See und Dobbertin, werden durch das Unternehmen **Rebus** und die **Verkehrsgesellschaft Ludwigslust-Parchim** bedient. Generell ist eine Fahrradmitnahme nur auf bestimmten Linien und in begrenztem Umfang möglich.

- **MVVG,** mvvg-bus.de
- **Müritz Rundum,** www.mueritz-rundum.de
- **Kleinseenbus,** kleinseenbus.de
- **Verkehrsgesellschaft Ludwigslust-Parchim,** www.vlp-lup.de
- **Rebus,** www.rebus.de

Taxi

Taxis sind in größeren Orten in überschaubarer Anzahl vorhanden. Im ländlichen Raum sind Taxifahrten kurzfristig kaum zu realisieren. Wer außerhalb von Güstrow, Waren (Müritz), Neubrandenburg oder Neustrelitz Taxi fahren möchte, sollte die Fahrt entsprechend **vorbestellen.** Für Fahrten außerhalb des Pflichtfahrgebiets des jeweiligen Anbieters kann der Preis verhandelt werden.

Schiffsverkehr

Die Weite der Müritz und die Naturschönheiten der angrenzenden Seen und Kanäle kann man ganz bequem vom Deck oder Salon eines Fahrgastschiffs aus erleben. Das Angebot ist umfangreich, viele Orte werden angefahren. Die live moderierten Touren führen zu den wichtigsten Sehenswürdigkeiten und ermöglichen eine sanfte Naturbeobachtung. Die Schiffe sind modern ausgestattet und verfügen über ein Getränke- und Imbissangebot. Es gibt ein festes Grundgerüst an Linienfahrten und zusätzliche Wochenfahrpläne mit Ausflugsfahrten, beispielsweise zur Kranichbeobachtung oder zu Veranstaltungen wie Müritz in Flammen.

Linienfahrten

Die von April bis Oktober durchgeführten Linienfahrten sind Teil des Nahverkehrsnetzwerks. Sie verbinden eine Vielzahl an Anlegern und ermöglichen es Wanderern und Radlern, attraktive Routen zu nutzen und dabei Teilstrecken mit dem Schiff zurückzulegen. Die meisten Anleger werden mindestens zweimal täglich angesteuert. Die zwei großen Reedereien mit ähnlichem Angebot und Preisniveau sind die **Weiße Flotte Müritz** und die **Blau-Weiße-Flotte.** Sie verkehren nach einem festen Fahrplan z.B. auf der **Müritz** zwischen Waren, Röbel, Bolter Kanal und Rechlin sowie auf dem **Plauer See** zwischen Plau und Lenz.

Tickets können am Anleger, aber auch online vorab erworben werden. Man zahlt den Tarif der jeweiligen Reederei, Kurkarteninhaber erhalten Rabatt.

Das Nationalparkticket der Busse von Müritz Rundum kann auch inklusive Schiffsfahrten gebucht werden. Fahrscheine des Verkehrsverbunds oder der Bahnunternehmen gelten nicht. Die Linienschiffe sind für die **Mitnahme von Fahrrädern** ausgelegt. Die Beförderung von Rädern erfolgt kostenpflichtig. Da der Platz begrenzt und die Nachfrage groß ist, empfiehlt es sich, vorab zu reservieren.

Auf dem **Tollensesee** betreiben die **Stadtwerke Neubrandenburg** einen Linienverkehr mit der „MS Rethra". Tickets können direkt an Bord erworben werden.

- **Weiße Flotte Müritz,** Tel. 03991 122668, www.weisse-flotte-mueritz.de.
- **Blau-Weiße-Flotte,** Tel. 03991 663034, www.blau-weisse-flotte.de.
- **Stadtwerke Neubrandenburg,** Linie auf dem Tollensesee, www.neu-sw.de/linienschiff.

Ausflugsfahrten

Die meisten Besucher nutzen die Fahrgastschiffe, um einen ersten Eindruck von den Seen zu bekommen oder für einen ganztägigen Ausflug. Im Angebot sind **Fahrten zwischen eineinhalb und acht Stunden.** Von allen größeren Orten aus starten Touren. Ein besonderes Erlebnis ist die Fahrt mit dem **Dampfschiff Europa** der Weißen Flotte. Die Vielfalt ist groß, einige beliebte Fahrten sollen hier kurz skizziert werden.

- **Müritz- und Kanalfahrt über drei Seen ab Waren,** 2 Std., Fahrt über die Binnenmüritz und durch den Eldenburger Kanal in den Kölpinsee.
- Tagesausflug nach **Plau am See (7-Seen-Fahrt) oder Malchow (5-Seen-Fahrt) ab Waren,** 8 Std., ca. zweistündige Fahrt über mehrere Seen, vier Stunden Landgang und Rückfahrt.
- **Müritzrundfahrt ab Röbel,** z.B. 2½ Std., Fahrt über die Außen- und Binnenmüritz bis nach Waren und zurück.
- **Fahrt zum Wisentgehege Damerower Werder,** ca. 5 Std., Fahrt über die Müritz, den Eldenburger Kanal und den Kölpinsee bis in den Jabelschen Waldsee, Aufenthalt zum Besuch des Wisentreservats, Rückfahrt.

Für viele Fahrten ist auch der **Zustieg in Klink oder Untergöhren** (Fleesensee) möglich.

Wer nicht selbst Kapitän sein möchte, unternimmt eine Ausflugsfahrt mit einem der vielen Fahrgastschiffe

198ms tm

7 Land und Leute

< In der Altstadt von Röbel erhebt sich die Marienkirche

Geografie

Eine eindeutige Klärung des **Begriffs Mecklenburgische Seenplatte** stellt sich kompliziert dar. Auf die Frage nach ihrer Begrenzung gibt es unterschiedliche Antworten. Aus geologischer Sicht ist es ein rund 30 km breiter Streifen, der sich über 240 km quer durch das gesamte Bundesland Mecklenburg-Vorpommern zieht und Teile von Schleswig-Holstein sowie Brandenburg einschließt. „Seenplatte" ist der Ausdruck für ein Gebiet mit vielen Seen und Teichen. Die Mecklenburgische oder auch Mecklenburger Seenplatte erstreckt sich in besagtem Streifen von der Ratzeburger Gegend im Westen über den Schweriner See und das Sternberger Seenland hinüber in die Krakower Seenlandschaft und weiter zu den Mecklenburger Großseen – u.a. Müritz und Plauer See – in der Mitte Mecklenburgs. Im Osten reicht sie über das Neustrelitzer Kleinseenland und die Landesgrenze zu Brandenburg im Süden bis nach Eberswalde am Rande der Uckermark.

Von der Tourismuswirtschaft und vor allem auch von Reisenden wird das Gebiet der Mecklenburgischen Seenplatte im Allgemeinen viel enger gesehen. Man bezieht sich auf den Bereich zwischen Krakow im Westen und Feldberg im Osten sowie Rheinsberg im Süden und, großzügig integriert, Teterow in der Mecklenburgischen Schweiz im Norden. So wäre wohl eigentlich der Begriff „Mecklenburger Seenland" korrekter.

⌃ Typisch für den Norden der Seenplatte sind die eiszeitlichen Hügelketten

Entstehungsgeschichte

Die Geschichte der Mecklenburgischen Seenplatte beginnt bereits vor Urzeiten. Die Landschaftsformen, wie wir sie heute kennen, sind Ergebnisse der **Weichseleiszeit,** die vor ca. 115.000 Jahren begann und vor rund 10.000 Jahren ihr Ende fand. Gigantische **Gletscher** mit einer Mächtigkeit von bis zu drei Kilometern wälzten sich von Norden über das Land. Mit unvorstellbarer Kraft schoben sie große Mengen an Erdreich, Geschiebemergel und Gestein vor sich her. Diese türmten sich am Ende der Gletscherzunge zu Wällen, sogenannten Endmoränen, auf und sind als **Hügelketten** heute in der Region gut zu erkennen.

Die Seenplatte ist Teil des Mecklenburger Landrückens und besteht aus einer **Jungmoränenlandschaft.** Diese entstand vor ca. 12.000 Jahren, als zum Ende der Kaltzeit die **Eismassen abschmolzen.** Typisch sind die bereits genannten Eisrandlagen (Endmoränen), vor denen meist ein breiter **Sandergürtel,** also große Flächen mit fein geriebenem Material (Sand), liegt und dem sich Urstromtäler anschließen. Die Endmoränen durchziehen das Land von Nordwesten nach Südosten und bilden Anhöhen von über 100 m.

Charakteristisch sind die vielen Seen. Hier stechen besonders drei Formen hervor. Ein Teil der Seen entstand, als die Gletscherzungen, die sich immer weiter gen Süden schoben, **Furchen** in den Untergrund schabten. Eine zweite Form bildete sich hauptsächlich unter dem Eis, also subglazial. Dort, wo das Eis in Erdnähe bereits zu schmelzen begann, entstanden riesige Abflüsse, deren Wasser tiefe Rinnen ausspülten. Ein Beispiel dieser **Rinnenseen** findet sich mit dem Schmalen Luzin bei Feldberg. Eine dritte Form ging aus Toteis hervor. Mächtige Eisblöcke blieben noch lange nach dem Rückgang des Gletschers liegen und hinterließen durch ihr gewaltiges Gewicht Senken unterschiedlicher Tiefe im Boden. Das Wasser des abschmelzenden Toteises füllte diese Senken, **Sölle** genannt, nach und nach. Die mannigfaltige Entstehungsart der Seen führt dazu, dass ihre Wasserspiegel eine große Höhendifferenz aufweisen. Manche sind sehr flach (oft Toteislöcher) und andere, wie die Rinnenseen, weisen Tiefen von bis zu 30 m auf.

Landschaftsformen

Die Landschaft der Seenplatte ist vielfältig. Im Westen, z.B. im Bereich der Nossentiner/Schwinzer Heide, gibt es ausgedehnte, **mit Kiefern bewachsene Sanderflächen,** während im Krakower Seenland viele Sölle vorkommen. Diese zeichnen sich häufig durch **trichterförmige, runde Wasserflächen** mit Baumumrandung aus. Im Osten und Süden liegen **Großseen** wie die Müritz. Die Mecklenburgische Schweiz im Norden mit ihren rollenden **Hügeln** und typischen Rinnen- und Beckenseen, z.B. dem Malchiner Becken, ist eine Grund- und Endmoränenlandschaft.

Heutige Besucher erleben die Landschaft als sanft, abwechslungs- und vor allem seenreich. Die Endmoränen mit ihren vielen Kuppen sorgen für großartige Aussichten, bringen aber so manchen Fahrradausflügler gehörig ins Schwitzen. Die großen Wälder auf den

Die größten Seen

Müritz – 117 km²
Plauer See – 38 km²
Kummerower See – 33 km²
Kölpinsee – 20 km²
Tollensesee – 18 km²
Krakower See – 15 km²
Malchiner See – 14 km²
Fleesensee – 11 km²

Sanderflächen begeistern im Müritz-Nationalpark und die einzigartige Verzahnung der Gewässer zu einem Seen-Netzwerk freut die Wassersportler.

Seen und Flüsse

Man zählt in der Mecklenburgischen Seenplatte etwa 1000 Seen. Von der Statistik erfasst werden nur Gewässer mit mindestens einem Hektar Fläche. Rechnet man die große Anzahl an Kleinseen, Söllen und Teichen mit ein, kann man den Begriff **„Land der 1000 Seen"** problemlos verwenden.

Die größten Flüsse der Region sind Elde, Havel, Nebel, Warnow, Mildenitz und Tollense. Die **Havel** entspringt mitten im Müritz-Nationalpark. **Nebel, Warnow** und **Mildenitz** entwässern in die Ostsee, während die **Elde** sich über die Elbe in die Nordsee ergießt. Die Elde ist mit etwas mehr als 200 km der längste Fluss des Landes Mecklenburg-Vorpommern.

Besiedlung

Der Großteil der Bevölkerung der Mecklenburgischen Seenplatte lebt in kleinen Städten und Dörfern. Die Besiedlungsdichte zählt zu den geringsten in Deutschland. Die größten Städte sind **Neubrandenburg** (63.000 Einwohner), **Güstrow** (29.000), **Waren (Müritz)** (21.000) und **Neustrelitz** (20.000). Der 2011 gebildete **Landkreis Mecklenburgische Seenplatte (MSE)** ist mit rund 5500 km² der flächenmäßig größte in Deutschland. Er umfasst die früheren Kreise Mecklenburg-Strelitz (MST), Müritz (MÜR) und Neubrandenburg (NB).

Klima

In der Region der Mecklenburgischen Seenplatte treffen Seeklima und Kontinentalklima aufeinander, daher sind beide nicht sehr ausgeprägt spürbar. Die Folge ist ein über das Jahr sehr stabiles, **gemäßigtes Klima ohne große Schwankungen** oder Extremwettersituationen. Auch die große Anzahl an Gewässern und Wäldern sowie die hügelige Landschaft beeinflussen das Klima hier maßgeblich.

So werden z.B. am Nord- und Westufer der Müritz höhere **Niederschlagsmengen** erreicht als in Orten am Ostufer. Die Müritz sorgt dabei selbst mit ihrer großen Fläche dafür, dass von Westen kommende, starke Gewitter nördlich oder südlich des Sees entlangziehen. Der niederschlagsreichste Monat ist der Juli, während es im Februar statistisch gesehen am wenigsten Regen gibt.

Im **Winter** können Tage mit sehr niedrigen Temperaturen von unter -20 °C und strengem Bodenfrost auftreten, jedoch hält die Kälteperiode meist nicht lange an. In den meisten Wintern bilden sich dann auch auf den großen Seen geschlossene Eisflächen. Dass die Müritz bis zum April gefroren bleibt, kommt aufgrund der Klimaveränderung nur noch selten vor. Eine zauberhafte Winterlandschaft mit überfrorenen Feldern und Wiesen, Eis auf den Seen und verschneiten Wäldern kann man jedoch durchaus zumindest im Januar/Februar erwarten.

Die über den Winter ausgekühlten Seen lassen die Temperaturen im **Frühjahr** nur langsam steigen. Mit zunehmend höherem Sonnenstand erwärmen sich die Seen aber recht schnell. Die höheren **Wassertemperaturen** lassen dann auch über dem Land die Temperaturen steigen bzw. bei Nacht nicht so weit absinken. Im **Juli und August** ist es am wärmsten in der Region. Tage mit mehr als 30–35 °C kommen regelmäßig vor, wenn auch ein normaler Sommertag üblicherweise nicht mehr als 25 °C hat. Die Seen sind spätestens ab Juli auf Badetemperatur erwärmt. Dadurch, dass das Wasser die Wärme lange speichert, bleibt das Klima bis zum Jahresende mild. Die Wassertemperatur der Seen schwankt allerdings stark, je nach Lage und Tiefe des Gewässers.

→ **Praktische Reisetipps A–Z: Klima und Reisezeit**

⊻ Die Seen speichern noch lange die Wärme des Sommers und sorgen so für milde Herbsttage

199ms tm

Flora und Fauna

Da die Region schon immer dünn besiedelt war und hier keine großen Industrien die Umwelt beeinflussten, konnte sich das Land rund um die großen und kleinen Seen zu einem Rückzugsort für viele Pflanzen und Tiere entwickeln. Insgesamt herrscht eine große Biodiversität vor und durch die vielen Schutzgebiete konnten sich auch **seltene Tiere und Pflanzen** in ihrem Bestand erholen.

Bäume

Wälder nehmen in der Seenplatte nicht nur eine große Fläche, sondern auch eine besondere Rolle ein. Hätte der Mensch nicht so massiv durch die Nutzung der Wälder eingegriffen, würden vor allem **Buchen** heute die Landschaft prägen. In vielen Gegenden konnten sich die mächtigen Bäume jahrhundertelang ungestört entwickeln und haben zum Teil unglaubliche Höhen und Umfänge erreicht. Erst die Kultivierung der Wälder brachte den Siegeszug von **Kiefern und Fichten,** welche in weiten Teilen noch immer die verbreitetsten Baumarten sind. Ihre Mono-Bestände sollen im Zuge des Waldumbaus aufgelockert werden. Dazu versucht man, die Buchenwälder zu schützen, fördert die Ausbreitung der Rotbuchen und pflanzt weitere Laubgehölze.

Außerhalb der dichten Nadelwälder zeigt sich eine abwechslungsreiche Baumlandschaft. Entlang der Straßen stehen **Linden, Eichen, Kastanien** und viele **Obstbäume** – oft in Form herrlicher **Alleen.** In der Nähe der sumpfigen Seeufer und Moore findet man zudem viele **Schwarzerlen.** Hier haben

auch Moose, Schilf und Wollgräser ihren bevorzugten Lebensraum.

→ Exkurs: Die alten Alleen müssen bleiben! S. 378
→ Natur- und Umweltschutz
→ Wirtschaft: Forstwirtschaft

Orchideen und andere Blütenpflanzen

Im Müritz-Nationalpark konnten sich seltene Orchideenarten, z.B. die **Stendelwurz,** wieder ausbreiten. Seltene **Wiesenorchideen** sind wieder zu finden, wo eine extensive Weidewirtschaft betrieben wird. Auf Wiesen und an Wegrändern blüht im Frühsommer der lilafarbene **Natternkopf** und sorgt für viel Aufsehen. Auch die **Mehlige Königskerze** mit ihren gelben Blüten ist eine charakteristische Pflanze in der Müritzregion. Auf den Seen schwimmen **Teich- und Seerosen.** Paddler entdecken mit etwas Glück auch die seltene, weiß blühende **Krebsschere,** die riesige Teppiche ausbilden kann.

Pilze

Im Herbst verwandelt sich die Region in ein wahres Pilzparadies. Die Nossentiner/Schwinzer Heide verfügt über mehr als **600 Pilzarten** und auch rund um Feldberg werden Sammler schnell fündig. So gelangen mit etwas Glück neben den Klassikern **Marone** und **Steinpilz** auch **Pfifferlinge** und **Birkenpilze** ins Körbchen.

202ms tm

[>] Im Müritz-Nationalpark leben schätzungsweise 800 Schmetterlingsarten

[<] Kiefern dominieren die Waldlandschaft

Insekten

Die Region ist ein Paradies für Insekten. Unzählige Arten von **Schmetterlingen, Käfern** und **Libellen** bevölkern die seenreiche Gegend. Die Libelle **Grüne Mosaikjungfer** lebt mit der Krebsschere in enger Symbiose. Auch **Bienen** finden noch ungestörte Lebensräume. Dazu zählen die geschützten Wiesen und Felder in den Naturschutzgebieten, aber auch die vielen Rapsfelder. Die Imkerei ist in der Region von großer Bedeutung. Neben professionellen Honiganbietern betätigt sich u.a. der Bärenwald Müritz auf diesem Gebiet und bindet Wissenswertes über die Imkerei in die Ausstellung ein.

Vögel

Wesentlich leichter zu beobachten als die kleinen Bewohner auf dem Waldboden und zwischen den Grashalmen sind die gefiederten Bewohner und Gäste der Seenplatte. Die großen und kleinen Wasserflächen, Schilfgürtel, Wälder und offenen Wiesenlandschaften geben Vögeln geschützte Rückzugsgebiete oder Rastplätze. Besonders in den Naturschutzgebieten sind viele Arten zu finden, die im Rest Deutschlands oder Europas nur noch selten vorkommen. Dazu zählen besonders **See- und Fischadler,** die man gut beobachten kann, wenn sie am Himmel ihre Kreise ziehen. Tatsächlich ist die Wahrscheinlichkeit, einen der majestätischen Greifvögel zu sehen, gar nicht so gering.

→ **Exkurs: See- und Fischadler – Ikonen der Müritz, S. 374**

Neben diesen Superstars kommt der **Schreiadler,** auch Pommernadler genannt, in der Seenplatte vor. Der Vogel, der kaum größer als ein Bussard ist, bevorzugt dünn besiedelte Gegenden und ernährt sich von Mäusen, Reptilien und kleineren Vögeln. Dazu geht er vorzugsweise „zu Fuß“ über die Wiese. Er gilt als besonders scheu, aber ruffreudig. Man hört ihn eher, als dass man ihn erspäht. Fühlt er sich gestört, verlässt er sein Nest und kehrt nicht mehr in das Gebiet zurück. Abstand und Ruhe sind deshalb

Im Frühjahr und Herbst suchen rastende Kraniche auf den Feldern nach Futter

rund um seine Horste besonders wichtig. Der **Rotmilan** ist in der Region wieder weit verbreitet. Auch dieser Greifvogel zieht über den Feldern häufig seine Kreise. Man erkennt ihn unzweifelhaft an seinem charakteristisch gegabelten Schwanz.

Ebenfalls leicht zu entdecken und vor allem kaum zu überhören sind die **Kraniche.** Sie rasten hier im Frühjahr und Herbst auf ihrem langen Weg zu den Brutgebieten Nordeuropas bzw. zu den Winterquartieren. Zu Tausenden nutzen sie die riesigen Felder, um sich zu stärken und begeistern mit ihren Trompetenkonzerten. Auch oft zu hören, aber sich gut im Schilf versteckend, sind **Teich- und Schilfrohrsänger** sowie die **Rohrdommel.** Ihr dumpfer Ruf brachte ihr den Namen Moorochse ein. Doch auch die kleinen **Singvögel** und die vielen **Entenarten** begeistern nicht nur Hobby-Ornithologen.

In Deutschland recht selten sind **Beutelmeisen** und **Zwergschnäpper** – hier kann man sie noch finden. Das gilt auch für den **Eisvogel.** Wer an kleinen Flüssen und Bächen unterwegs ist, bekommt mitunter diesen schillernden Einzelgänger zu Gesicht.

Säugetiere

In der Dämmerung oder nachts lassen sich fast 20 Fledermausarten beobachten, darunter die erst vor Kurzem nachgewiesene kleinste Fledermaus Europas. Die **Mückenfledermaus** ist mit maximal sieben Gramm ein wahres Leichtgewicht.

Ebenfalls gut in der Dämmerung zu entdecken sind die **Rothirsche.** Sie wurden wie das **Muffelwild** für die Jagdfreuden hoher Herren angesiedelt und sind heute in großer Zahl in den Wäldern rund um die Müritz vertreten. Dazu kommen weitere Waldbewohner wie **Hasen, Rehe, Wildschweine** und **Füchse.** Der **Fischotter** hat sich gut erholt in seinem Bestand und an der Peene kann man auch wieder **Biber** beobachten.

Natur- und Umweltschutz

Die Bewahrung der einzigartigen Landschaft Mecklenburg-Vorpommerns hat einen hohen Stellenwert in der Landespolitik. Insgesamt stehen **32 % der gesamten Landesfläche unter Schutz.** Dazu zählen Nationalparks, Natur- und Landschaftsschutzgebiete, Biosphärenreservate und Naturparks, wobei sich häufig verschiedene Kategorien und Gebiete überschneiden.

Dass rund ein Drittel des Bundeslandes besonders geschützt ist, ist das Verdienst einer kleinen Gruppe engagierter Umweltschützer in der Zeit kurz vor der Wiedervereinigung. Auf der letzten Sitzung der DDR-Regierung gelang dem stellvertretenden Umweltminister *Michael Succow* und weiteren Mitstreitern ein Überraschungscoup. Mehr als 5 % der Staatsfläche wurden unter Schutz gestellt. Von fünf neu geschaffenen Nationalparks waren drei im heutigen Mecklenburg-Vorpommern, unter ihnen der **Müritz-Nationalpark,** der das Herz der Seenplatte bildet. Der damalige BRD-Umweltminister *Klaus Töpfer* sprach in

See- und Fischadler – Ikonen der Müritz

Wer in der Müritz-Region unterwegs ist, richtet seinen Blick irgendwann unweigerlich gen Himmel. Die **Beobachtung von Greifvögeln** ist im und um den **Müritz-Nationalpark** eine faszinierende Beschäftigung. Ist man an den Seen unterwegs, besteht eine gute Chance, einen See- oder Fischadler bei der Jagd zu sehen. An vielen Stellen, z.B. an der **Zartwitzer Hütte** oder am **See bei Federow,** wurden spezielle Beobachtungsstände eingerichtet. Die Ranger des Nationalparks laden zur Fischadler-Safari ein und so erfährt man gleich noch viel Spannendes zum Leben der Vögel. Bei einem Besuch im **Nationalparkzentrum** in Federow lässt sich über eine Kamera ein direkter Blick in die Kinderstube der Fischadler werfen. Oft reicht es aber, sich irgendwo gemütlich niederzulassen – vielleicht mit einem Fischbrötchen bei den Müritzfischern in Boek oder auf dem Forellenhof in Alt Schwerin – und den Blick über den Himmel schweifen zu lassen. Die für den Nationalpark so ikonischen Vögel lassen sich mit etwas Glück schon bald blicken.

Die Hälfte aller in Deutschland brütenden Seeadler leben in Mecklenburg-Vorpommern, ebenso 30 % aller Fisch- und unglaubliche 80 % aller Schreiadler. Damit entfallen auf das Bundesland fast 80 % aller Brutadlerpaare der Republik. Viele dieser Tiere haben die Seenplatte zu ihrer Heimat gemacht.

Sieht man einen **Seeadler,** den König der Lüfte, so weiß man es sofort. Die schiere Größe des majestätischen Greifvogels mit bis zu 90 cm Länge und **2,40 m Flügelspannweite** und der kurze, weiße Schwanz mit den gespreizten Federn sind unverkennbar. Zudem leuchten Krallen und Schnabel auffallend gelb. Seeadler gelten nicht als gefährdet in Deutschland. An der Mecklenburgischen Seenplatte brüten aktuell 15 Paare. Ihre Horste sind nicht leicht zu entdecken, da sie in hohen Bäumen in den Kronen angelegt werden. So ein Nest kann einen Durchmesser von bis zu zwei Metern haben und ist auch sehr schwer, da die Paare es jedes Jahr weiter ausbauen. Ein bis drei Eier legt das Weibchen im Frühjahr und bebrütet sie allein, während der Partner sie mit Futter versorgt. Für Seeadler ist das Buffet reich gedeckt, sie finden ganzjährig etwas zu Fressen und ziehen daher nicht in den Süden. Neben Fisch, kleinen Vögeln und kleinen Säugetieren wie Mäusen oder Kaninchen kann sich der Seeadler auch von Aas ernähren. Seine kräftigen Krallen und der mächtige Schnabel bewältigen auch Fische bis zu fünf Kilogramm Gewicht und Vögel bis zur Größe einer Graugans. Auch ein Rehkitz kann sein Opfer werden.

Etwas kleiner, aber nicht weniger faszinierend ist der **Fischadler.** Er war lange Zeit das Sorgenkind der Nationalparkranger. Jetzt ist er ebenfalls mit 15 Brutpaaren im Müritz-Nationalpark und seiner Umgebung vertreten. Die Mecklen-

178ms tm

burgische Seenplatte verfügt damit über eine der größten Fischadler-Populationen in Europa. Die Art gilt nach wie vor als **gefährdet.** Früher wurden die Vögel gejagt und auch Umweltgifte in der Landwirtschaft setzten ihnen zu.

Dieser mittelgroße Adler – die Weibchen sind mit bis zu 62 cm etwa 10 cm größer als die Männchen – ist an der Oberseite dunkelbraun und am Bauch und Kopf weiß mit einer schwarzen, maskengleichen Zeichnung. Auch er ist gut erkennbar für Laien. Fischadler sind **Zugvögel** und verbringen nur die **Brutsaison** an den Mecklenburger Seen. Wie der Name verrät, ernährt sich dieser Greifvogel von Fisch, daher zieht es ihn mangels Nahrungsangebot im Winter in Gebiete südlich der Sahara. Den Winter verlebt das Paar getrennt. Im März/April erscheint meist zuerst das Weibchen und richtet den **Horst** ein. Horste befinden sich in der Seenplatte überwiegend auf **Strommasten** und sind somit auch vom Feldrand oder Radweg aus leicht zu beobachten. Fischadler bevorzugen eine freie Rundumsicht. Das Nationalparkamt hat entsprechende Nisthilfen eingerichtet. Das Gelege besteht aus zwei bis drei Eiern. Die Jungvögel bleiben vier Monate im Nest und werden auch nach dem ersten Ausfliegen noch dort gefüttert.

Der Fischadler ist ein geschickter Jäger, nutzt einen Ansitz oder rüttelt in der Luft. Er kann Fische bis zu einem Meter unter der Wasseroberfläche greifen. Aufgrund dieser Vorlieben siedelt er sich bevorzugt in der Umgebung von Süßwasserseen oder Brackwasserflächen wie z.B. Bodden an. Die Vögel sind sehr standorttreu und können 25 Jahre alt werden. Das Federower Weibchen auf dem mit einer Videokamera präparierten Horst brütete 2022 dort bereits im 16. Jahr.

diesem Zusammenhang vom „Tafelsilber der deutschen Einheit“.

Im Laufe der Jahre kamen in der Mecklenburgischen Seenplatte **vier Naturparks** hinzu: Nossentiner/Schwinzer Heide (1994), Feldberger Seenlandschaft (1997), Mecklenburgische Schweiz und Kummerower See (1997) und Sternberger Seenland (2004). Damit stehen heute rund 20 % der Seenplattenregion unter Schutz.

Schutz und Umbau der Wälder

Die Wälder sind ein bedeutender Faktor für den **Klimaschutz** und bieten zudem vielen selten gewordenen Tier- und Pflanzenarten einen Lebensraum. Der Mensch hat in den letzten Jahrhunderten wesentlich in die Entwicklung der Landschaft eingegriffen. **Rodungen** für den Bau von Siedlungen, den Betrieb von Teerschwelereien oder Glashütten und nicht zuletzt für militärisch genutzte Flächen hinterließen ihre Spuren. Aufgeforstet wurde mit schnell wachsenden Kiefern, Fichten und Birken.

Heute sind die Forstämter bestrebt, den ursprünglichen **Buchenwäldern** wieder Raum zu geben und eher durchmischt neu zu pflanzen, sodass der Wald seine angestammten Aufgaben erledigen kann. Der Müritz-Nationalpark ist der größte Waldnationalpark Deutschlands und die Buchenwälder bei Serrahn sind sogar Teil des **Weltnaturerbes** der UNESCO. Der Erhalt von Altholzinseln

< Fischadler sind von März bis September rund um die Müritz zuhause

und besonders des alten Buchenbestands, welcher den Ur-Wald hier bildete, steht beim Waldschutz im Vordergrund.

→ Wirtschaft: Forstwirtschaft

Naturverträgliche Nutzung

Die unzähligen Seen sind ein begehrtes Freizeitziel, aber gleichzeitig das Zuhause vieler Tier- und Pflanzenarten, die anderswo schon selten geworden sind. Wie also erreicht man den Spagat zwischen der Nutzung, z.B. durch die Landwirtschaft und den Tourismus, und dem nötigen Schutz? Naturschutzgebiete mit klaren Verhaltensregeln, entsprechender Beschilderung und Angeboten der Umweltbildung tragen dazu bei, Flächen zu bewahren und die Besucher zu sensibilisieren. Landwirtschaft wird immer häufiger ökologisch betrieben und darf auch nur an den Rändern von Nationalpark oder Naturpark stattfinden. Auf vielen Seen sind Motorboote nicht erlaubt und auf anderen gilt eine strikte Geschwindigkeitsbegrenzung. An etliche Stellen, z.B. im Havelquellgebiet, gelangt man nur mit dem Kanu. Die Natur ist auch für den Tourismus ein wertvolles Gut und muss entsprechend geschützt werden, was ohne Rücksichtnahme durch die Besucher nicht möglich ist.

→ Tourismus

205ms tm

Alternative Energiequellen

Mecklenburg-Vorpommern und die Region Seenplatte sind geradezu prädestiniert für die Nutzung alternativer Energieformen. Nirgendwo in Deutschland ist so viel Platz vorhanden, um Windkraftanlagen, Photovoltaikfelder und Biomasseheizkraftwerke zu bauen, ohne die Bevölkerung zu sehr damit zu behelligen. Jedoch regt sich mit zunehmendem Ausbau auch Unwillen. Kritiker fürchten, dass irgendwann zu viel Fläche dafür benötigt wird und die Touristen den Anblick unattraktiv finden.

In Mecklenburg-Vorpommern produzieren **1800 Windkraftanlagen** mehr als 3500 Megawatt Strom (2022). Der Landkreis Mecklenburgische Seenplatte liegt beim Bau neuer Windkraftanlagen bisher unter dem Schnitt. Nur 0,59 % der Fläche sind als Eignungsgebiete ausgewiesen. Ziel sind landesweit 2 %. Heftig diskutiert wird, ob Windräder näher an Siedlungen errichtet werden dürfen. Auch der Abstand zu Adlerhorsten soll z.B. verkürzt werden. Mecklenburg-Vorpommern verfügt über ein Bürgerbeteiligungsgesetz und bindet die Anwohner in die Gestaltung ein. So können beispielsweise die Kunden der Stadtwerke Malchow vom Bau der Anlagen profitie-

◁ Informationszentrum Karower Meiler – das Gebäude wurde aus dem Holz von Kiefern aus der Nossentiner Heide errichtet

ren und einen Rabatt auf ihren Strom bzw. eine Beteiligung am Gewinn erhalten.

Wer sich von Berlin aus auf der A19 der Seenplatte nähert, sieht links und rechts der Autobahn große **Solarfelder,** z.B. bei Röbel. Weitläufig bedecken die Photovoltaik-Paneele die Felder – ein durchaus einträgliches Geschäft für die Besitzer der Ackerflächen, da die Pachterträge oft höher sind als etwaige Ernteeinnahmen. 2022 wurden im Kreis Mecklenburgische Seenplatte Photovoltaikanlagen für 81 MW installiert. Kritisiert wird, dass mittlerweile auch fruchtbare Böden dafür genutzt werden dürfen. Für viele Bauern ist Ackerland nun noch teurer geworden. Nachteile für Vögel und andere Lebewesen durch die Solarparks konnten bisher wissenschaftlich nicht nachgewiesen werden. Die Wirkung auf den Tourismus muss ebenfalls langfristig bewertet werden.

Der Anteil von **Biomasse und Biogas** bei der Erzeugung von Energie nimmt stetig zu. Für die Biomasseerzeugung wird hauptsächlich Holz verwendet, Biogas wird aus Methan erzeugt und Biodiesel entsteht aus Raps und Mais. Alle diese Varianten werden in der Seenplattenregion umgesetzt. Besucher werden sich also an die riesigen Windräder, die spiegelnden Flächen mit Solarmodulen und die gigantisch wirkenden Biogaskuppeln gewöhnen müssen.

Biodiesel aus Raps und Strom aus Wind – Mecklenburg bietet viel Platz für erneuerbare Energien

Die alten Alleen müssen bleiben!

Wie grüne Tunnel wirken im Sommer die baumbestandenen Straßen in der Mecklenburgischen Seenplatte. Häufig sind die kleinen Verbindungsstraßen zwischen winzigen Dörfern als Allen gestaltet, aber es gibt sogar vielbefahrene Bundesstraßen, die beidseitig von Bäumen bestanden sind. Schöne Alleen findet man z.B. rund um den **Malchiner See** sowie zwischen **Mirow** und **Rheinsberg.**

Während im Westen nach dem Zweiten Weltkrieg viele Bäume neuen, breiteren Straßen weichen mussten, versanken die Wege im Osten Deutschlands im Dornröschenschlaf und wurden kaum verändert. Daher verfügen heute die Bundesländer **Brandenburg** und **Mecklenburg-Vorpommern** über die meisten Allee-Kilometer. Die touristisch so bedeutsame **Deutsche Alleenstraße** führt von Rügen bis zum Bodensee durch zehn Bundesländer. Ein Zehntel verläuft durch Mecklenburg-Vorpommern: zunächst durch die Mecklenburgische Schweiz und dann entlang der Müritz nach Rheinsberg.

Viele dieser Alleen wurden bereits vor mehr als 150 Jahren angelegt. Alleen waren damals oft Teil der Gartenkunst. In **Schlossgärten und Parks** wurden schon im 18. Jh. durch Baumpflanzungen spezielle Akzente gesetzt und formvollendete Abgrenzungen vorgenommen. Auch die Landschaftsparks im englischen Stil, die in Mecklenburg im 19. Jh. weit verbreitet waren, nutzten Alleen in ihrer Gestaltung. Zu der Zeit begann man auch, Bäume entlang

Adobe Stock © Marcel Schauer

wichtiger Wegstrecken und Chausseen zu pflanzen. Robuste und schnell wachsende Arten wie **Linde, Pappel, Kastanie** und **Obstbäume** säumten nun die Überlandwege und Feldränder und boten Reisenden Orientierung, Schutz vor Sonne und Wind und sogar Reiseproviant in Form von Fallobst.

Die teils uralten und idyllischen Alleen sind nicht nur Landmarken und ein Anziehungspunkt für Reisende, sondern vor allem auch wichtig für das **Mikroklima** und die **Luftfilterung.** Sie sind zudem wertvolle **Lebensräume** für Vögel und Insekten. Aber ihre Zukunft ist bedroht. Viele der Bäume haben ihr reguläres Alter längst erreicht und aufgrund ausbleibender Nachpflanzungen in der DDR fehlt heute eine ganze Generation an Bäumen. Auch Umweltgifte, die **Trockenheit** der letzten Jahre, der **Verkehr** und die Anwendung von **Tausalz** im Winter setzen ihnen zu. Seit etlichen Jahren leiden z.B. die Rosskastanien unter dem Befall von Miniermotten und sehen schon im Sommer verwelkt aus.

Der zunehmende Verkehr birgt nicht nur Gefahr für die Bäume, sondern sie selbst werden zur **Gefahr im Straßenverkehr,** sei es durch die Enge der Straßen oder durch ihre Anfälligkeit für Sturmschäden. 2022 mussten nach einem Gewitter 300 von 400 Bäumen an der Straße zwischen Jürgenstorf und Sülten bei Stavenhagen überprüft und viele aus Sicherheitsgründen gefällt werden.

Um die grünen Tunnel für die Zukunft zu bewahren, hat die Landesregierung 2015 mit dem sogenannten **Alleenerlass** einen Maßnahmenplan auf den Weg gebracht. Das Programm sieht vor, dass Alleen erhalten und durch Neuanpflanzungen vervollständigt werden, insbesondere an Strecken, wo 1000 oder mehr Bäume gesetzt werden können. Eine der Herausforderungen hierbei ist, dass man heute aus Gründen der Verkehrssicherheit und um die Wurzeln zu schützen, gern 3,50 bis 4 m Abstand zur Fahrbahn einhalten möchte – womit der Charakter der engen Baumreihen verloren gehen kann. Die Umsetzung des Vorhabens zieht sich durch den nötigen Landankauf entlang der Straßen in die Länge. Die Relevanz der Alleen für das Klima, als Bienenweide und als Schattenspender steht jedoch außer Frage.

[<] Auch wenn für Autofahrer erhöhte Vorsicht geboten ist – eine Fahrt durch die alten Alleen ist ein besonderes Erlebnis

Alleen in Mecklenburg-Vorpommern

- **Alleen insgesamt:** ca. 2500 km
- **Baumreihen** (einseitig baumbestandene Straßen): ca. 1000 km
- **Neuanpflanzungen seit 1990:** ca. 770 km
- **Straßenkategorien:** 42 % an Bundes- und Landesstraßen, 16 % an Kreisstraßen, 42 % an Gemeindestraßen und ländlichen Wegen
- **Baumarten:** Linde, Ahorn, Obstbäume, Rosskastanie, Eiche, Esche, seltener auch Buche oder Platane
- **Deutsche Alleenstraße,** www.alleenstrasse.com

Geschichte Mecklenburgs

Steinzeitliche Siedlungsspuren

Bereits vor mehr als 12.000 Jahren hielten sich Menschen zumindest zeitweise im Bereich des heutigen Mecklenburgs auf. Diese **Jäger der Altsteinzeit** zogen auch durch die dichten Wälder der Seenplatte. In der darauffolgenden Mittel- und Jungsteinzeit und der Bronzezeit wurden die Jäger zusehends sesshaft und bildeten **erste Siedlungen.** Funde aus dieser Zeit umfassen Werkzeuge und Gebrauchsgegenstände aus Knochen, Stein und Metall. Besonders eindrucksvoll sind die Überreste von Grab- und Kultanlagen, z.B. in Form von **Megalithgräbern.** Im **Basedower Schlosspark,** in **Verchen** am Kummerower See und in **Kratzeburg** sind derlei Gräber und auch Burgwälle zu entdecken.

Germanen und Slawen

Ab dem 7. Jh. kamen während der sogenannten Völkerwanderung zunehmend **slawische Siedler** ins Land. Viele der **germanischen Stämme** hatten die Region in Richtung Süden und Westen verlassen, um sich in der Nähe der Römer anzusiedeln. Die stark bewaldete und sumpfige Gegend schien ihnen nicht gut bewohnbar. Den nachfolgenden Slawen lagen die Bedingungen schon eher. Sie wanderten aus dem Osten, z.B. dem heutigen Polen oder der Ukraine, ein und legten die ersten dauerhaften Siedlungen an. Überbleibsel aus dieser Zeit sind u.a. die typischen **Endungen -ow, -itz** und **-in** bei vielen **Ortsnamen.** Im Museum **Slawendorf Neustrelitz** kann man dem Leben der Slawen, die Handwerker, Fischer und Bauern waren, nachspüren.

Deutsche Besiedlung und Christianisierung

Mit den Kolonisations- und Missionsbestrebungen des **Heiligen Römischen Reichs** im 12. Jh. kam es zu gewalttätigen Auseinandersetzungen zwischen neuen und alten Siedlern und den Truppen des **Sachsenherzogs Heinrichs des Löwen,** der für den Kaiser die Eroberung des Ostens unternahm. Regelrechte Kreuzzüge wurden angesetzt, um das „Heidenland" der Slawen zu erobern.

1167 verhandelte *Pribislav,* Sohn des 1160 gefallenen großen Slawenfürsten *Niklot,* einen Frieden mit *Heinrich* und wurde zum ersten Herrn über das **neu gegründete Mecklenburg.** Den Namen Mecklenburg nahm man von einer alten Slawenburg nahe Wismar, der Michelenburg. *Pribislavs* Kinder sind die Ur-Eltern des Geschlechts, welche das Land bis 1918 regieren sollte. Man lud christliche Orden ins Land ein, um die **Christianisierung** zu unterstützen. So entstanden z.B. die **Klöster Broda, Dobbertin und Malchow.**

Herzogtümer

Das 13. und 14. Jh. brachte eine zunehmende gesellschaftliche Veränderung unter dem Einfluss **deutscher Siedler.** Die meisten **Städte** im heutigen Mecklenburg und auch in Pommern entstanden in dieser Zeit. Auch die **Kirchen** gehen überwiegend auf diese Periode des Mittelalters zurück. Im Raum der Seenplatte gab es zudem immer wieder Konflikte und territoriale Verschiebungen mit den **Markgrafen von Brandenburg.** Jedoch hatten die 1348 vom Kaiser zu **Herzögen** erhobenen Mecklenburger schon im 14. Jh. die Region fest im Griff. Ihr Hauptsitz befand sich in Schwerin. Nebenlinien herrschten in Stargard und Werle.

Aufstieg der Ritterschaft

Das Land war überwiegend agrarisch geprägt. Dazu trug auch eine große Zahl an Familien aus der **Ritterschaft** bei. Diese *von Hahns, von Maltzans* und *von Oertzens* prägten bald das Leben auf dem Land und wurden auch politisch immer mächtiger.

Nach der **Reformation** wurden etliche der mächtigen Klöster aufgelöst. In Malchow und Dobbertin wurden sie zu adligen Fräuleinstifts umgewandelt, man brachte hier die Töchter der ritterlichen Familien unter. Die meisten der Einwohner waren arme Landarbeiter.

Der **Dreißigjährige Krieg** und das anschließende Bauernlegen verstärkten die **Armut und Abhängigkeit der Bauern** noch und stärkten den Einfluss und Landbesitz der Ritterschaft. Am Höhepunkt des Dreißigjährigen Krieges wurde der Feldherr *Wallenstein* für fast zwei Jahre Landesherr und nahm seine Residenz in Güstrow.

1621 hatte es innerhalb der herzoglichen Familie eine **Landesteilung** in die Linien **Mecklenburg-Schwerin** und **Mecklenburg-Güstrow** gegeben. Bereits 1695 starb der Zweig der Güstrower jedoch wieder aus. Kurze Zeit später etablierte sich die Linie **Mecklenburg-Strelitz** und im Hamburger Vergleich

Das Kloster Dobbertin war eine Wohnanlage für die Töchter einflussreicher Ritterfamilien

Adelsfamilien in Mecklenburg – Ritterschaft und Gutswirtschaft

„Schlösser, die am Wege liegen“ ist in Mecklenburg keine Floskel, sondern Realität. In nahezu jedem Dorf stößt man auf ein renoviertes oder noch im Dornröschenschlaf befindliches **Guts- oder Herrenhaus.** Adlige Herren und später auch reiche bürgerliche Gutsbesitzer gehören eng zur Regionalgeschichte. Der Reichtum ihrer Wohn-, Wirtschafts- und Kirchenbauten zieht heute Besucher an. Manch einer träumt vom Urlaub im Schloss oder macht einen Fotostopp an einem hochherrschaftlich erscheinenden Haus. Die *von Hahns, von Maltzahns, von Plessens, von Knuths* und viele andere Familien mit klangvollen Namen prägten die Entwicklung Mecklenburgs bereits im Mittelalter und sollten bis 1945 einflussreich bleiben.

Die Ursprünge der meisten Mecklenburger Adelsfamilien liegen bereits im 12. und 13. Jh., weswegen sie zum **Uradel** zählen, also bereits vor 1400 ansässig waren. Sie kamen als **Vasallen der Mecklenburger Herrscher,** der späteren Herzöge, und wurden für ihre Dienste **mit Land belehnt.** Dieses ließen sie bewirtschaften und vergrößerten ihren Besitz zusehends. Dem Herzog mangelte es häufig an Geld und so ergaben sich günstige Gelegenheiten, um Land zu kaufen. Eine Aufgabe der Vasallen war die **Verteidigung des Landes,** weswegen man sie auch als **Ritter** bezeichnete. Bei der Ritterschaft handelt sich um niederen, ländlichen Adel. Zum **Hochadel** zählte hingegen die herzogliche Familie.

Die zur Ritterschaft gehörenden Familien bildeten ab 1523 gemeinsam mit den **reichen Städten** der Landesteile Mecklenburg, Werle, Rostock und Stargard die sogenannte **Landständische Union.** Diese Interessenvertretung wurde zusehends ein mächtiger Gegenspieler des Herzogs und sorgte dafür, dass in den Herzogtümern Mecklenburg-Schwerin und Mecklenburg-Strelitz nie absolutistisch geherrscht wurde. Schließlich gehörte dem Herzogshaus rechnerisch nur die Hälfte der Landesfläche. Alles andere teilten die Ritterschaft und die reichen Städte (Landschaft) unter sich auf. 1755 wurde im Landesgrundgesetzlichen Erbvergleich die Machtverteilung abgesichert. Die meisten Ritter saßen auf sehr ertragreichen Gütern. Zum Gut Ivenack beispielsweise gehörten im Jahr 1888 fast 7000 ha Land.

Im 19. und. 20. Jh. kamen auch **bürgerliche Landbesitzer** hinzu, die sich als Altersversorgung, Geldanlage oder aus Interesse an der Landwirtschaft ein **Gut** zulegten. All das hatte zur Folge, dass Mecklenburg noch lange feudal geprägt war. Auf den Gütern arbeiteten arme **Landarbeiterfamilien.** Mägde und Knechte konnten nicht in den Besitz eines eigenen Hofes

206ms tm

gelangen. Eine Auswanderungswelle nach Nordamerika und Australien setzte um 1850 unter der Landbevölkerung ein. Die aus heutiger Sicht eher rückständigen Verhältnisse hielten sich bis 1945.

Nach Kriegsende vertrieben die sowjetischen Kommandanturen durch **Enteignung** die adligen und bürgerlichen Großgrundbesitzer. Viele der namhaften Familien flohen in die westlichen Besatzungszonen. Auch während der Zeit der DDR gaben Sie die Hoffnung nicht auf, irgendwann den angestammten Besitz wieder zu erlangen.

Die **Wiedervereinigung** Deutschlands 1990 machte diese Erwartungen größtenteils zunichte. Eine Rückabwicklung der Bodenreform von 1945 fand nicht statt. Wer wollte, konnte den Familienbesitz **von der Treuhand vergünstigt kaufen,** aber Entschädigungen bzw. die Rückgabe von Land waren nahezu ausgeschlossen. Trotzdem hat der eine oder andere die **Rückkehr nach Mecklenburg** gewagt und wieder etwas aufgebaut.

Viele der herrschaftlichen Häuser, von denen im ganzen Land mehr als 2000 zu finden sind, wurden an neue Interessenten verkauft und sind heute **Hotel, Museum, Veranstaltungsort** oder private **Residenz.** Nicht alle Herrenhäuser wurden gerettet. So manch eine Perle wartet noch auf einen potenten Investor oder auch den **Abriss.** Zu teuer sind Sanierung und Unterhalt und es fehlt auch an lukrativen Nutzungskonzepten. Fährt man übers Land, lassen sich an den Herrenhäusern alle Varianten an Baustilen und auch Nutzungen entdecken und so manch einer träumt sich dort hinein.

Einige **Familien mit besonderem Einfluss** in der Region Mecklenburgische Seenplatte sind eine Erwähnung wert, man begegnet ihren Namen immer wieder.

Familie von Hahn

Die *von Hahns* gehören zum **Mecklenburger Uradel.** Bereits 1230 wurde der Name erstmals erwähnt. 1337 bis 1945 saßen sie in **Basedow.** Die Familie war weit verzweigt und verfügte über unzählige Güter. Eine Legende besagt, dass sie darauf achteten, nie mehr als 99 Güter zu besitzen. Mit 100 Gütern hätte man ein eigenes Regiment stellen müssen – ein kostspieliges Vergnügen. In Wirklichkeit waren wohl zeitweise maximal 60 Güter im Besitz der *von Hahns,* was sie den größten Landbesitz nach dem Herzog innehaben ließ. Neben Basedow, wo das **Schloss, der Park und die Dorfanlage** heute noch äußerst sehenswert sind, gehörten z.B. auch Bristow und Remplin zum Familienbesitz. Ab 1802 führten sie den Titel eines Reichsgrafen.

Bekannt geworden ist *Friedrich II., Graf von Hahn,* durch sein Engagement in der Astronomie. Er ließ in **Remplin** eine **Sternwarte** bauen, die noch heute zu besichtigen ist. Sein Sohn, bekannt als der Theatergraf, schaffte es innerhalb kurzer Zeit, das riesige Erbe zu verschwenden und die Güter in den Konkurs zu lenken. Mit dem Kriegstod des letzten männlichen Basedower Sprosses 1941 erlosch die Linie. 1945 folgte die Enteignung. Die ehemals größte Gutsherrschaft mit rund 25.000 ha fiel unter die Bodenreform. Nach 1990 kehrte die Familie nicht nach Basedow zurück. Auf dem **Wasserschloss Liepen** lebt seit 2015 wieder die junge Familie *Hubertus* und *Verena Hahn von Burgsdorff.* Die Gräfin betreibt dort eine Manufaktur für Pomeranzenlikör (s.S. 178).

◁ Das Wappen der Maltzahns:
zwei Hasenköpfe und eine Weinrebe

Familie von Maltzahn

Ebenfalls uradlig sind die *von Maltzahns.* Die Schreibweise entwickelte sich von *Moltzan* über *Maltzan* hin zur heutigen Variante. Das Familienwappen zieren Hasenköpfe und Zweige von Weinstöcken. Sie waren auch in Brandenburg, Pommern und Schlesien vertreten und besaßen insgesamt rund 45.000 ha Land. Zu den bekannten Gütern gehörten in der Seenplattenregion **Ulrichshusen, Penzlin** und **Kummerow.** Auch die *von Maltzahns* wurden 1945 entschädigungslos enteignet. Nicht wenige kehrten allerdings nach 1990 zurück nach Mecklenburg.

Der wohl bekannteste *von Maltzahn* ist heute der Freiherr *Hellmuth von Maltzahn.* Er schaffte in Ulrichshusen den Wiederaufbau des verfallenen Herrenhauses und setzte dort den Grundstein für den Erfolg der **Festspiele Mecklenburg-Vorpommern.**

Familie von Knuth

Die Ritter *von Knuth* wurden bereits um 1230 erwähnt. Sie saßen vor allem in **Ludorf,** wo das Gutshaus heute ein Schlosshotel ist, und waren Mitbegründer der 1523 geschaffenen Union der Landstände. Eine Nebenlinie der Familie wurde in Dänemark in den Grafenstand erhoben und etablierte sich erfolgreich. Davon kündet z.B. Knuthenborg im Süden Dänemarks, wo sich heute ein populärer Safaripark befindet.

Mecklenburger Hochadel

Auch über die Landesherren als solche lässt sich so manche Geschichte erzählen. Eine geschickte Heiratspolitik führte dazu, dass man **in allen großen Häusern Europas** verkehrte. So waren z.B. die Großmutter der heutigen dänischen Königin *Margarete von Dänemark* und der Urgroßvater des niederländischen Regenten *Willem-Alexander* Enkelin bzw. Sohn des Großherzogs *Friedrich Franz II. von Mecklenburg-Schwerin. Cecilie,* Tochter des letzten Großherzogs, heiratete 1904 den preußischen Thronfolger. Ihre Mutter war eine Enkelin des Zaren von Russland und ihre Schwägerin eine Prinzessin von Großbritannien und Irland. So hielt sich der Hochadel Europas häufiger zu Besuchen oder zur Sommerfrische in Mecklenburg auf. Aus Mecklenburg-Strelitz, worunter ein großer Teil der heutigen Seenplatte fällt, wurden *Charlotte, Luise* und *Friederike* aus dem Hause *Mirow* zu Königinnen in England, Preußen und Hannover. Von den hochherrschaftlichen Residenzen sind in der Seenplattenregion heute noch die **Schlösser in Güstrow und Mirow** und der **Schlossgarten in Neustrelitz** erhalten.

In Ludorf saßen die Ritter von Knuth

040ms tm

entstand damit abermals ein separater Landesteil, diesmal mit Bestand bis 1918. Dazu gehörte bis 1937 auch das Bistum Ratzeburg. Im Landesgrundgesetzlichen Erbvergleich wurde 1755 der Einfluss der Ritterschaft manifestiert. Beide Landesteile schufen die gemeinsame **Landständische Union,** in der die Landadligen (Ritterschaft) und die reichen Städte Mitglied waren, und somit eine Art übergeordnetes **Parlament.** Die Landtage wurden bis 1918 in Sternberg und in Malchin abgehalten.

Großherzogtümer Mecklenburg-Schwerin und Mecklenburg-Strelitz

Die Herzogtümer Mecklenburg-Schwerin und Mecklenburg-Strelitz erhob man 1815 auf dem Wiener Kongress zu Großherzogtümern. Man unterhielt ausgezeichnete Verbindungen in die skandinavischen Länder, die Niederlande, nach England und vor allem Preußen. Kluge **Heiratspolitik** brachte die Mecklenburger auf so manchen **Thron.** Aus Kriegen versuchte man sich möglichst herauszuhalten, was jedoch nicht immer gelang. So wurde auch Mecklenburg 1806 von den **Franzosen** besetzt.

Adel und Großbürgertum

Auf dem Lande wurden die Gutswirtschaften immer größer. Etwa die Hälfte der Landesfläche war nach wie vor **herzoglicher Besitz** (Domanium), der Rest teilte sich unter den **Adelsfamilien** und einigen **bürgerlichen Großgrundbesitzern** auf. Erst 1820 war in Mecklenburg die Leibeigenschaft aufgehoben worden.

Nach dem Ende der Monarchie 1918 wurden beide Landesteile zu **Freistaaten** mit eigenen Verfassungen. Da der **Nationalsozialismus** im Nordosten schnell Fuß fassen konnte, vereinigten sich die beiden Freistaaten schon 1934 zum **Land Mecklenburg.**

Sozialismus

Nach dem Kriegsende 1945 unterstand die Region der **sowjetischen Militäradministration,** welche eine umfassende Bodenreform durchführte und die Großgrundbesitzer enteignete, um dann das Land in kleinen Partien an Neusiedler zu vergeben. Nach Gründung der **DDR** wurde das Land 1952 in Bezirke aufgeteilt. Die Seenplatte gehörte nun überwiegend zum **Bezirk Neubrandenburg.** Die agrarische Prägung blieb auch im Sozialismus erhalten. Es entstanden große **landwirtschaftliche Produktionsgenossenschaften (LPG).** In Städten wie Neubrandenburg und Waren richtete man industrielle Produktion, z.B. im **Maschinenbau,** ein. Die Gegend um Neustrelitz war durch eine starke Präsenz von Truppen der Sowjetischen Streitkräfte dominiert.

Den **Fremdenverkehr** baute man vor allem ab den 1960er-Jahren intensiv aus und ließ Ferienheime und Bungalowsiedlungen entstehen. Auch Überlegungen zum **Naturschutz** wurden schon früh gemacht und so hat man das Ostufer der Müritz z.B. schon 1949 unter Schutz gestellt. Noch kurz vor der deutschen Wiedervereinigung gründete man 1990 die drei **Nationalparks** Müritz, Jasmund und Vorpommersche Boddenlandschaft.

Mecklenburg-Vorpommern heute

Mit der **Wiedervereinigung** 1990 wurde Mecklenburg zusammen mit dem westlichen Teil Pommerns zum **Bundesland** Mecklenburg-Vorpommern. Die Landeshauptstadt ist Schwerin. Nach einigen Herausforderungen hat die Region ihren Weg gefunden.

Die 1990er-Jahre waren geprägt vom **Strukturwandel.** Landwirtschaft, Industrie und Handel wurden privatisiert. Dabei kam es zur Abwicklung großer Betriebe und zum Verlust vieler Arbeitsplätze. Es folgten Jahre des Wiederaufbaus und der Neudefinition. So wurden die historischen Altstädte, in der Seenplatte u.a. Waren (Müritz), Neustrelitz und Güstrow, aufwendig saniert. Die Industrie, besonders die maritime Wirtschaft an der Ostseeküste, erlebt Höhen und Tiefen. Die Landwirtschaft musste sich neu aufstellen und orientiert sich zunehmend an Konzepten der Nachhaltigkeit und Ökologie. Naturschutzgebiete wurden, auch ermöglicht durch das Ende der militärischen Nutzung von Flächen z.B. an der Müritz, erweitert bzw. neu gegründet. 2011 erklärte die UNESCO Buchenwälder in der Seenplatte zum Weltnaturerbe. Der **Tourismus** wird immer weiter ausgebaut und ist heute einer der wichtigsten Erwerbszweige – Mecklenburg-Vorpommern gilt als eines der bedeutendsten Inlandsreiseziele Deutschlands. Sorgenkind bleibt die Demografie. Das Bundesland ist das am dünnsten besiedelte und nach wie vor sinkt die Einwohnerzahl, wenn auch in den letzten Jahren weniger schnell.

Architektur

Den großen Einfluss der letzten Eiszeit auf das Leben der Menschen im Nordosten erkennt man auch in der Bauweise. Die von den Gletschern hinterlassenen Massen an Sand und Findlingen verschiedenster Größe waren lange Zeit wichtige **Baumaterialien.** Auch mangels eigener Ressourcen an Naturstein wurden **Feldsteine und Ziegel** bis in die Moderne verwendet. Die unregelmäßigen Feldsteine benutzte man vor allem für die Fundamente der Kirchen und Burgen sowie in Stadtmauern. Der gebackene Stein, eine Technik, die schon die Römer kannten, prägte über Jahrhunderte hinweg Bauten in Stadt und Dorf. Lehm und Sand (Kies) waren reichlich vorhanden. Sogar viele Renaissance-Schlösser und Herrenhäuser verbergen hinter ihren repräsentativen sandsteinfarbenen Fassaden die roten Ziegel, aus denen auch einfachste Bauernhäuser gebaut waren.

Erst nach Ende des Zweiten Weltkriegs setzte eine **Modernisierung sozialistischen Stils** ein. Beton, Stahl und Glas kamen als Baumaterialien hinzu, wobei in der DDR-Zeit die vorgefertigten **Betonplatten** dominierten. Ab 1990 wurden viele historische Bauten sorgfältig restauriert. So lassen sich traditionelle Bauweisen immer noch entdecken.

Backsteingotik

Die leuchtend roten Ziegel der **Kirchen und Stadttore** von Neubrandenburg, Malchin, Teterow und weiterer Städte

209ms tm

sind ein eindrucksvolles Zeugnis der norddeutschen Backsteingotik. Mit dem gestaltungsfreudigen Material – man konnte die Steine nach Belieben in Modeln formen und **Zierelemente** einsetzen – erschuf man nicht nur sakrale und städtische Gebäude, sondern auch militärische Bauten wie die **Burg Stargard** und viele Wohnhäuser. Die von den französischen Kathedralen bekannte Gotik erhielt so im norddeutschen Raum durch den Backstein eine eigene Stilrichtung. Die Städte zeigten besonders während der Hansezeit ihre Macht und ihren Reichtum in prächtigen Stadtbefestigungen und Gotteshäusern. Zu den herausragenden Beispielen der Backsteinarchitektur in der Mecklenburgischen Seenplatte gehören die Konzertkirche und die Stadttore in **Neubrandenburg** und die ehemalige **Klosteranlage in Dobbertin.**

Im 19. Jh. erlebte die Backsteingotik einen zweiten Höhepunkt, als u.a. der Strelitzer Hofbaumeister *Friedrich Wilhelm Buttel* und der in Mecklenburg tätige preußische Architekt *Friedrich August Stüler* diese Bauweise verwendeten, um insbesondere Kirchen neu zu gestalten. Oft kam jetzt auch **gelber Backstein** zum Einsatz, dessen Farbe von höheren Temperaturen beim Brennvorgang herrührt, wobei der Ton nur wenig Eisen und keinen Kalk enthält. Besonders im Süden (Neustrelitz, Fürstenberg) der Seenplatte nutzte man diese Greppiner Klinker. Auch wurde mit fortschreitender Technik eine noch größere Palette an Schmuckformen möglich. Die Europäi-

⌃ Eintauchen ins Mittelalter in der Höhenburg Stargard

210ms tm

sche Route der Backsteingotik führt als Kulturstraße u.a. durch **Güstrow, Burg Stargard** und **Neubrandenburg.**

Schlösser und Herrenhäuser

Bei einer Fahrt über Land entdeckt man immer wieder elegante und imposante Herrenhäuser in den Dörfern. Neben den **landesherrlichen Residenzen in Neustrelitz, Mirow** und **Güstrow,** die als einzige den Titel „Schloss" tragen dürfen, ließen auch die ritterschaftlichen Familien wie die *von Maltzahn* oder *von Hahn* prächtige Herrenhäuser entstehen. Bürgerliche Gutsbesitzer ließen sich ab dem 19. Jh. ebenfalls beeindruckende **Landschlösser** errichten. Heute sind diese Bauten ein wichtiges, aber auch aufwendiges Erbe der Regionalgeschichte und ihre Erhaltung kostet das Land oder die neuen Besitzer viel Mühe und Geld. Umgewandelt zu Museen, Hotels und Veranstaltungsorten sind die herrschaftlichen Häuser heute oft wieder der Allgemeinheit zugänglich.

→ **Exkurs: Adelsfamilien in Mecklenburg – Ritterschaft und Gutswirtschaft, S. 382**

Architektonisch begann alles mit dem Bau von Burgen oder sogenannten festen Häusern, in denen sich Wohnen und Verteidigung verbanden. Bis in die Zeit

Der Güstrower Dom zählt zu den prächtigen gotischen Backsteinkirchen

der **Renaissance** dominierte diese Bauweise. Interessante Beispiele sind die **Burg Stargard** und das **Schloss Ulrichshusen.** Eine größere Schmuckfreude und eine Gestaltung ausschließlich zu Wohn- und Repräsentationszwecken setzte ab dem 18. Jh. ein. Herrenhäuser im **barocken** und vor allem **klassizistischen Stil** entstanden in einem wahren Bauboom auf den adligen Gütern. Dazu ließ man aufwendige **Ziergärten und Parks** nach englischem Vorbild konzipieren. Der preußische Gartenarchitekt *Peter Joseph Lenné* zeichnete für viele Parks verantwortlich. Besonders hervorheben lassen sich die Anlagen in **Basedow, Kummerow** und **Burg Schlitz.** Von den eigentlichen Schlössern, den Sitzen der Landesherren, blieben nur Güstrow und Mirow erhalten. Sie sind heute als Museen für Besucher geöffnet. Die Reste des Schlosses in Neustrelitz, das 1945 einem Feuer zum Opfer fiel, wurden bis 1950 abgetragen.

Das Mecklenburger Gutsdorf

Auf den großen Gütern entstanden aber nicht nur prächtige Wohnhäuser für die Besitzer. Das Dorf selbst wurde oft in die Baupläne integriert. So entwickelten sich besonders stimmige Ensembles aus Dorfkirche, Wirtschaftsgebäuden und **Wohnhäusern für Gutsarbeiter und Handwerker.** Häufig oblag den Gutsherren auch das Kirchenpatronat und sie ließen die kleinen **Kirchen** reich ausschmücken und mit ihren Wappen versehen. In **Bristow** und **Ivenack** ist diese Gestaltung noch gut zu erkennen.

Das traditionelle Bauernhaus im Nordosten ist das sogenannte **Niederdeutsche Hallenhaus,** ein mit Rohr gedeckter Fachwerkbau. Mensch und Tier lebten hier unter einem Dach. Heute sieht man diese Bauform in der Region aber eher selten.

Mit dem Ausbau der großen Gutswirtschaften veränderte sich das Ortsbild in den Dörfern. Nach dem Dreißigjährigen Krieg verloren immer mehr Bauern durch das Bauernlegen ihre Eigenständigkeit. Landarbeiter, Büdner (Kleinstbauern mit eigenem Haus, aber nur wenig Grundbesitz) und Handwerker hatten meist kleine, aus Feldsteinen sowie Lehm und Stroh errichtete Häuser. Diese **Katen** dominieren noch immer das Ortsbild vieler Dörfer.

Für die Arbeiter des Gutsherren entstanden **lange Reihen meist einstöckiger Wohnhäuser,** ebenfalls aus Feldstein und oft auch Backstein gebaut. Ein schönes Beispiel dieser Bauweise findet man in **Alt Schwerin.** Dazu kamen **Schnitterkasernen,** also Massenunterkünfte für die Erntehelfer, ebenfalls aus Backstein. Auch die wuchtigen **Scheunen** und die reich ausgestatteten **Dorfkirchen** gehören noch heute zum Ortsbild, dessen malerische Gesamtkomposition über die Armut der früheren Bewohner hinwegtäuscht.

Moderne Bauten nach 1945

Der Zweite Weltkrieg hinterließ auch in der Mecklenburgischen Seenplatte bauliche Wunden, vor allem in den Städten. Neubrandenburg, Malchin und Penzlin wurden nahezu komplett durch Beschuss und Feuersbrünste zerstört. Ein mühevoller Wiederaufbau prägte die ersten 20 Nachkriegsjahre. Dabei wurde oft auf eine praktische und preisgünstige Bauweise gesetzt. Der Wiederaufbau historischer Gebäude wurde oft verschoben oder sogar gänzlich ad acta gelegt.

In **Neubrandenburg** erfolgte der Wiederaufbau der Altstadt im sogenannten **Stil des sozialistischen Klassizismus.** Dabei entstanden z.B. lange Reihen von mehrgeschossigen Wohnbauten mit historischen Details. Der neu gestaltete Markt wurde mit **Plattenbauten** und einem **Hochhaus** als Kulturzentrum zu einem Beispiel der von Moderne und Fortschritt geprägten Bauweise. Auch in anderen Städten der Region wie **Waren, Malchin** oder **Güstrow** ließ man neue Wohnviertel in Plattenbauweise entstehen. Die modernen Bauten gefallen heute nicht mehr jedem, sind jedoch lebendiger Teil der Stadt.

Auch auf dem Land sieht man oft mehrgeschossige Zweckbauten aus den praktischen Betonplatten. Sie scheinen die Idylle heute zu stören, waren in der DDR-Zeit aber ein wichtiger Teil des Wohnungsbauprogramms. Der städtische Komfort sollte auch auf dem Land Einzug halten. So errichtete man moderne Wohnhäuser und standardisierte Bauten für die Kinderbetreuung, medizinische Versorgung sowie Einkauf und Kultur. Man hoffte, so die dringend benötigten Arbeitskräfte aufs Land zu den Produktionsgenossenschaften zu locken und die auch einige Jahrzehnte nach Kriegsende anhaltende Wohnungsnot zu lindern.

Ein besonderes Beispiel moderner Architektur neuester Zeit ist das **Müritzeum in Waren.** Das mit ökologischen Materialien errichtete Museum steht für die Hinwendung zu einer **nachhaltigen und naturverbundenen Bauweise.**

Wirtschaft

Landwirtschaft und Tourismus sind die bestimmenden Wirtschaftssektoren für die Region Mecklenburgische Seenplatte. Industrie sieht man, außer in den größeren Städten, kaum.

Landwirtschaft

Reist man durchs Land, fallen sofort die **riesigen Felder** ins Auge. Bis zum Horizont scheinen Weizen, Raps oder Mais zu reichen. Was beeindruckend wirkt, ist tatsächlich Teil einer **Hochleistungslandwirtschaft.** Mit durchschnittlich 280 Hektar bewirtschaftet man hier im Bundesvergleich die größten Flächen unter Ausnutzung hochmoderner Technik und Methoden. Es überwiegen juristische Personen und **Genossenschaften** als Betreiber. Familienunternehmen findet man häufig nur im Nebenerwerb.

Warum betreibt man im Nordosten Landwirtschaft im großen Stil auf diesen Mammutflächen? Alles begann bereits in der Zeit der Gründung des Landes, als der Landesherr, der spätere Herzog von Mecklenburg, seine Domänen durch Landarbeiter bewirtschaften ließ. Schon bald gesellten sich etliche Kleinadelsfamilien dazu und spätestens mit dem Bauernlegen nach dem Dreißigjährigen Krieg war eine kleinteilige, private Landwirtschaft passé. Die Landbevölkerung arbeitete abhängig auf den Feldern des Gutsherrn. Nach dem Kriegsende 1945 wurden durch die Bodenreform der sowjetischen Besatzungsmacht alle Großgrundbesitzer mit mehr als 100 ha

Besitz enteignet und das Land in einem Bodenfonds in kleinen Partien verteilt. Die neue, private Landwirtschaft hielt sich nicht sonderlich lange, denn die junge DDR strebte bald eine **Vollkollektivierung** nach Vorbild sowjetischer Kolchosen an, d.h. die Bauern wurden in Genossenschaften gedrängt. So wurden die kleinen Stücke wieder zu großen Flächen zusammengesetzt. Das blieb im Grunde auch **nach der Wiedervereinigung** so, als man entschied, die Bodenreform nicht rückgängig zu machen und das Land nun zu **privatisieren.** Ackerland wurde zu Gunsten einer schnellen Privatisierung günstig vergeben und die Flächen blieben groß. Mittlerweile sind die Preise für einen Hektar Ackerland gegenüber dem Anfang der 1990er Jahre um das Zehnfache auf mehr als 20.000 Euro angestiegen und für kleinere Betriebe oder Genossenschaften oft unerschwinglich.

Die Schwerpunkte der Landwirtschaft in Mecklenburg-Vorpommern liegen im Ackerbau. Der Anbau von **Getreide** und **Ölfrüchten** nimmt mittlerweile 75 % der Ackerfläche ein. Auch **Mais, Kartoffeln, Zuckerrüben** und **Futterpflanzen** werden geerntet. Obst, vor allem **Äpfel,** und **Gemüse** gedeiht hier auf großen Flächen. Im Gebiet der Seenplatte sieht man hauptsächlich Getreide, Raps und Mais auf den Feldern sowie Gemüse wie Kartoffeln oder **Kohl.** Für viele eine gute Nachricht ist, dass schon mehr als 9 % der landwirtschaftlichen Nutzfläche **ökologisch** bestellt wird – ein Trend mit Potenzial für die Zukunft.

Dagegen ist die **Viehhaltung** im Land seit 1991 stark rückläufig. Viele Betriebe halten gar keine Kühe oder Schweine mehr und somit hat Mecklenburg-Vorpommern im Bundesvergleich den ge-

Die Landwirtschaft ist nach wie vor ein wichtiger Erwerbszweig in der Seenplatte

212ms tm

ringsten Tierbestand an Großvieh. Auf Wiesen und Weiden entdeckt man am ehesten **kleinere Rinderherden.** Oft werden diese von Biobauern oder mittelgroßen Genossenschaften gehalten. Wer Schweine züchtet, macht dies häufig in umstrittenen Mega-Anlagen. Weniger auffällig sind die Betriebe zur Mast von Legehennen. Auch hier ist ein Trend zur Bio-Haltung erkennbar. Rund ein Viertel der Hühnereier werden bereits ökologisch erzeugt. Für Reisende wahrnehmbar sind aber eher die kleinen Höfe, die Hühner oder Rinder halten und daneben Getreide oder Gemüse anbauen.

Forstwirtschaft

Wald, so weit das Auge reicht in der Seenplattenregion – da fällt es schwer zu glauben, dass nur knapp ein Viertel der Landesfläche von Mecklenburg-Vorpommern mit Wald bedeckt ist. Das ist weniger als der bundesdeutsche Durchschnitt von 30 %. Die Gegend rund um **Neustrelitz** und **Mirow** sowie die **Nossentiner/Schwinzer Heide** vermitteln jedoch eher das Bild eines waldreichen Landes.

In Mecklenburg-Vorpommern sind je rund 40 % der gesamten Waldfläche in der Hand der Landesforstanstalt und privater Besitzer. Damit ist die Landesregierung der größte Waldbesitzer im Land. Die restliche Fläche verteilt sich auf den Bund und Kommunen oder Körperschaften sowie Kirchgemeinden. Die Landesforstbehörde hat ihren Sitz in Malchin in der Mecklenburgischen Schweiz. Sie überwacht auch die wirtschaftliche Nutzung des Waldes, denn nach wie vor ist der Wald als Holzlieferant relevant. Große, mit Holz beladene Lkw gehören zum üblichen Bild auf den Straßen, besonders der Seenplatte.

Ganz im Sinne **nachhaltiger Nutzung** werden mehr Bäume neu gepflanzt als gefällt. In den vergangenen Jahren gab es sowohl gute als auch schlechte Nachrichten zum Zustand des Waldes. Positiv festzuhalten ist, dass die mit Bäumen bestandene Fläche zunimmt, dass **Monokulturen abnehmen** und der Wald immer besser durchmischt ist mit Laub- und Nadelbäumen. Nach wie vor nimmt die **Kiefer** mit mehr als einem Drittel den Spitzenplatz unter den Baumarten ein, ist aber nicht mehr so dominant als Monokultur, wie sie es noch in DDR-Zeiten war. Sorgen bereiten den Forstleuten die Auswirkungen der **Trockenheit** seit 2018 und der damit verbundene Schädlingsbefall.

→ Natur- und Umweltschutz: Schutz und Umbau der Wälder

Fischerei

Obwohl die gewerbliche Fischerei an der Seenplatte noch immer eine große Rolle spielt, sieht man die **Berufsfischer** nur noch selten am Morgen mit ihren Booten auf den See hinaussteuern. Um die geringer werdenden Wildbestände zu schonen, wird immer mehr Speisefisch in **Aquakultur** erzeugt. Die zunehmende Anwendung der Aquakultur wird nötig, da auch in der Seenplatte viele Fischarten durch den **Klimawandel** beeinflusst sind. Gerade die für die Müritz so bekannte Maräne leidet unter den heute **höheren Wassertemperaturen.** Die kontrollierte Aufzucht kann dem Rückgang der Fischbestände entgegenwirken.

Aus dem gleichen Grund werden jährlich Millionen Glasaale in den Seen ausgesetzt.

Private Betriebe und vor allem **Fischereigenossenschaften** bewirtschaften die Seen und Fließgewässer der Region. So stammen Forelle, Saibling, Maräne und Wels überwiegend aus solchen kontrollierten Aufzuchten. Als klassischer **Wildfang** gehen z.B. Hecht, Aal, Barsch, Zander, Maräne und Karpfen in Reusen und Netze. Den größten Ertrag, auch in der Vermarktung, bringen Aal, Hecht und Zander ein.

Als lukrativ gilt vor allem der **Direktverkauf** ohne Zwischenhändler. So können Einheimische und Gäste auf den Fischereihöfen Frischfisch und vorwiegend veredelte Produkte wie Räucherfisch kaufen. Meist wird auch in einem Imbiss oder Restaurant der eigene Fang serviert. Zusätzlich zum Verkauf vermitteln viele Fischereihöfe Wissenswertes über die Arten und ihr Vorkommen in den Seen, was den Einkauf zu einem attraktiven Angebot macht.

Industrie und Handwerk

Ein Aushängeschild und vielen Einheimischen bekannt ist die **MMG,** Mecklenburger Metallguss GmbH, in **Waren (Müritz).** Das seit mehr als 150 Jahren bestehende Unternehmen entwickelte sich zum Global Player. Das Werksgelände am Warener Stadtrand verlassen jedes Jahr Hunderte **Schiffsschrauben** von teils gigantischem Ausmaß. So manch ein Riese der Meere, sei es ein Kreuzfahrtschiff oder ein Containerfrachter, wird von einem MMG-Propeller angetrieben. Mittlerweile ist man der weltgrößte Anbieter in diesem Segment.

213ms tm

Schiffsschrauben aus Waren (Müritz) sind auf allen Weltmeeren unterwegs

In **Neubrandenburg** befindet sich ein weiterer Industriecluster mit mehreren Unternehmen der Maschinenbaubranche. Die **Weber Maschinenbau GmbH,** Spezialist für Schneide- und Verpackungsmaschinen für die Lebensmittelbranche, ist für Neubrandenburg auch ein wichtiger Kultur-Mäzen. Firmenchef *Günther Weber* hat u.a. die Orgel in der Konzertkirche Neubrandenburg gesponsert. Weitere Unternehmen aus der **Maschinenbaubranche,** dem **Stahlbau** und sogar der **Luftfahrtindustrie** in Neubrandenburg, Malchow und Waren komplettieren das Portfolio.

Das Handwerk hat hier wie überall goldenen Boden, vor allem durch den anhaltenden Bauboom in der Tourismusbranche. Besonders hervorzuheben ist die in Rechlin ansässige **Bootswerft Kuhnle.** Die Pioniere des Hausbootbaus erschaffen und reparieren die so beliebten schwimmenden Urlaubsdomizile.

Lebensmittelproduktion

Die Erzeugung hochwertiger Nahrungsmittel hat in Mecklenburg eine lange Tradition. Die **Lebensmittelindustrie** hat einige **Umwälzungen** durchgemacht. Dabei haben sich in der Mecklenburgischen Seenplatte ein paar alteingesessene Betriebe halten können, sind neue Standorte durch internationale Konzerne aufgebaut und auch wieder geschlossen worden und haben sich kleine, regionale Hersteller mit Bioware etablieren können.

Zu den großen Erzeugern zählt der Standort von **Aviko Kartoffelveredelung** in **Stavenhagen.** Hier werden Kartoffeln zu Produkten wie Kartoffelpüree, Knödel, Gnocchi und Instantsnacks weiterverarbeitet. Verkauft werden die Produkte unter den bekannten Marken Pfanni und Knorr. **Pommernland** unterhält in Stavenhagen eine Fabrik für die Erzeugung von Wurstprodukten. Die Stadt galt lange als Primus unter den Standorten für die Lebensmittelindustrie. Nach dem Aus der Molkerei Immergut, welche Milchmischgetränke und Kaffeesahne herstellte, im Jahre 2017 und dem Umzug der Zentrale des Discounters NETTO 2023 nach Berlin ist bei vielen die Stimmung schlecht.

Geografisch das zweite Zentrum der Lebensmittelherstellung ist **Waren (Müritz).** Die **Mecklenburger Backstuben** sind 1991 aus dem Vorgänger der DDR-Zeit ausgegründet worden und beschäftigen heute ca. 550 Mitarbeiter in rund 60 Filialen. Hier werden hochwertige Backwaren für den Direktvertrieb in den Filialen sowie Produkte für die Belieferung von Gastronomie, Kliniken, Heimen u.Ä. hergestellt. Mittlerweile exportiert man sogar Tiefkühlbackwaren in etliche skandinavische Länder und bis nach Grönland.

Ebenfalls in Waren ansässig ist die **Möwe Teigwarenwerk GmbH.** Ihre Nudelsorten sind zwischen Ostsee und Erzgebirge bekannt und beliebt. Die 1952 gegründete Firma wurde nach der Wiedervereinigung privatisiert und war u.a. Teil des Birkel-Konzerns. 2011 übernahm ein privater Investor die Marke und profiliert sie fortan als regionale Edelmarke. Während man im Osten Deutschlands die Möwe-Nudeln in vielen Supermärkten findet, sind sie im restlichen Bundesgebiet kaum zu erhalten.

Tourismus

Der Tourismus ist in Mecklenburg-Vorpommern ein wichtiger Wirtschaftsfaktor. Mittlerweile jeder vierte Arbeitsplatz findet sich in diesem Sektor. Landesweit wurden 2022 rund 31 Mio. **Übernachtungen** gezählt. Auf die Mecklenburgische Schweiz und die Seenplatte entfielen davon rund 4 Mio. in ca. **500 Beherbergungsbetrieben.** Die Stimmung ist gedämpft, denn vor den Corona-Jahren zählte man im Boomjahr 2019 noch fast 35 Mio. Übernachtungen landesweit und in der Seenplattenregion 4,7 Mio. Die meisten Gäste kommen aus anderen Regionen Deutschlands sowie aus Österreich, der Schweiz, den Niederlanden und Skandinavien. Auch Reisende aus dem Nachbarland Polen entdecken die Region für sich.

Den größten Anteil an den Unterkunftsarten haben **Ferienwohnungen**

214ms tm

und **Ferienanlagen** sowie die zahlreichen **Campingplätze.** Die Mecklenburgische Seenplatte hat, insbesondere durch den wachsenden Hausboottourismus, sehr an Bekanntheit gewonnen, muss aber, was die Besucherzahlen betrifft, der Ostseeküste den Vortritt lassen. Dass die ganz großen Touristenströme Richtung Küste fließen, muss kein Nachteil sein. So kann sich die Seenplatte als ein Ziel präsentieren, das viel Wert auf sanften und nachhaltigen Tourismus legt. **Ruhe, Erholung und Naturerlebnis** stehen an erster Stelle.

⌃ Eine populäre Schiffstour führt von Waren über fünf Seen nach Malchow

Sanfter und nachhaltiger Tourismus

Die Bevölkerung der Seenplatte lebt für, mit und durch die Touristen. Doch wer im Urlaub ist, stellt Ansprüche, möchte auf Annehmlichkeiten nicht verzichten und gleichzeitig Natur und Landschaft in vollem Umfang genießen. Wie also geht sanfter und nachhaltiger Tourismus, der dies alles ermöglicht, ohne die Ressourcen zu schädigen?

An vielen Stellen gelingt das bereits hervorragend. Die Ausweisung der zahlreichen **Schutzgebiete** sorgte bereits in den 1990er-Jahren dafür, dass sensible Bereiche nicht durch Bauprojekte betroffen waren. Viele, wenn auch bisher eher kleine Gastgeber setzen bereits auf **regionale Produkte** beim Essen und **nachhaltige Materialien** in der Zimmerausstattung. **Bauernhöfe** haben das Potenzial von Ferienvermietung erkannt und bieten Aufenthalte für Familien, Tierbekanntschaften inklusive. Sparangebote wie das Nationalparkticket, die Wiedereröffnung kleiner Bahnstrecken, Radverleihe und ein attraktiver Schiffsverkehr sorgen dafür, dass die Gäste **Ausflugstouren ohne Auto** unternehmen können.

Der **boomende Hausboottourismus** birgt ein gewisses Konfliktpotenzial. Schon gibt es lange Wartezeiten an den Schleusen und ausgebuchte Marinas. Eine Begrenzung der Flotte an Yachten, Bungalowbooten und Flößen wäre wünschenswert, damit die Natur nicht zu sehr gestört wird. Hausboote dicht an dicht auf einem stillen Waldsee – so weit sollte es nicht kommen.

Ein Konfliktfeld kann der Tourismus auch für die örtliche Bevölkerung werden. So sind die großen Ferienanlagen mit ständig wechselnden Gästen eine gewisse **Belastung für die Anwohner.** Hier braucht es eine gute Zusammenarbeit und vor allem **Rücksicht auf allen Seiten.** Im Land der 1000 Seen gilt die Zukunft dem nachhaltigen Tourismus. Das haben die meisten Beteiligten erkannt und es wird auch von den allermeisten Besuchern angenommen.

Arbeitskräftemangel

Die große Zahl an Übernachtungsgästen und auch an Tagesbesuchern ist zwar sehr erfreulich, aber leider hält der Arbeitsmarkt nicht Schritt mit der Entwicklung. Viele Tausend Betten sind in der Mecklenburgischen Seenplatte in den letzten Jahren neu hinzugekommen. Es handelt sich vorwiegend um Ferienwohnungen und -häuser, die sich mit wenig Personal bewirtschaften lassen – man setzt auf die Eigenversorgung der Gäste. Doch viele von ihnen möchten auch mal im Restaurant speisen. In der Gastronomie jedoch, wie auch in vielen Hotels, herrscht seit einigen Jahren Arbeitskräfteknappheit. In der Tourismusbranche tut sich damit ein großes Problem auf.

Die recht **kurze Saison** in der Seenplatte – an der Ostseeküste ist im Winter mehr Betrieb – und die nach wie vor wenig attraktive **Entlohnung** macht die Arbeit dort für viele Beschäftigte uninteressant. Wer möchte schon im Sommer fast rund um die Uhr arbeiten und im Winter das Geld zusammenhalten müssen? Mecklenburg-Vorpommern gilt nach wie vor als Niedriglohnland. Eine weitere Herausforderung ist es, die Mitarbeiter und Saisonkräfte nahe dem Arbeitsplatz unterzubringen. Im dünn besiedelten Seenland haben es Pendler noch schwerer als in den großen Zentren Rostock oder Schwerin.

Der **Bau bezahlbarer Mietwohnungen** sollte also, trotz größerer Renditen beim Bau von Ferienunterkünften, nicht

Das touristische Angebot in der Seenplattenregion wächst seit Jahren

aus den Augen verloren werden. Gastronomie und Hotellerie lassen sich nur mit motiviertem und fachkundigem Personal erfolgreich betreiben. Der Arbeitskräftemangel, der auch vor dem Einzelhandel und der Landwirtschaft nicht halt macht, zählt zu den größten Herausforderungen in einer Region mit so viel touristischem Potenzial wie der Mecklenburgischen Seenplatte.

Landleben

Die Ruhe und Abgeschiedenheit zwischen Wäldern und Seen machen für viele Besucher den Reiz der Seenplattenregion aus. Die Feldberger Seenlandschaft und die Nossentiner/Schwinzer Heide zählen immerhin zu den am **dünnsten besiedelten Landstrichen** der Republik. Doch die vermeintliche Idylle hat ihre Kehrseite, die wohl erst richtig spürt, wer dauerhaft hier lebt.

Funklöcher gehören für viele zum Alltag, die **Netzabdeckung** von Mobilfunk oder Internet lässt bis heute zu wünschen übrig. Große Lücken tun sich auch im **öffentlichen Nahverkehr** auf. So braucht man außerhalb der größeren Orte ein Auto, um Einkäufe und Arztbesuche erledigen zu können. Kinder müssen viel Zeit für den Schulweg aufwenden. Für Pendler ist ein Pkw unverzichtbar, da besonders im Herbst und Winter die Zug- und Busverbindungen eingeschränkt werden.

Die gängigen **Lebensmitteldiscounter und Fachgeschäfte** konzentrieren sich auf die Städte. Im ländlichen Raum versuchen Bäcker, Fleischer und auch kleine Lebensmittelhändler, mit fahrenden Läden die Versorgung aufrechtzuerhalten. Montags ist man hier, am Dienstag dort und Mittwoch wieder woanders. Dafür braucht es Enthusiasmus, denn viel Profit wird nicht gemacht.

Die medizinische Versorgung ist kaum noch durchgehend aufrechtzuerhalten. Es wird immer schwieriger, **Landärzte** anzuwerben. Sogar mit Boni oder der Aussicht auf ein Seegrundstück stellt sich die Suche nach Ärzten, die bereit sind, eine Praxis zu eröffnen, als schwierig dar. Vor allem die ältere Bevölkerung ist auf Hilfe angewiesen, da die Familiennetzwerke oft nicht mehr funktionieren – Kinder und Enkel sind häufig für einen guten Job weggezogen.

Die lokale und die **Landespolitik** muss viel Kreativität aufwenden, um in dieser Situation die Attraktivität der kleinen Dörfer und Städte zu erhalten bzw. wiederherzustellen. So werden **kommunale Busunternehmen** unterstützt, um auch wenig frequentierte Linien zu erhalten. Oft fahren hier **Abruflinientaxis** und bieten Fahrten an, wenn sich Fahrgäste anmelden. **Mitfahrbänke** sind heute an den Ortsdurchfahrten auf dem Land zu sehen. Wer mit dem Auto vorbeikommt und in die passende Richtung fährt, hält an. So entstehen neue Kontakte und vor allem die Älteren werden wieder mobiler. Einige Anstrengungen wurden seitens der Politik unternommen, aber viele weitere müssen folgen.

Es gibt jedoch auch positive Entwicklungen. Immer mehr Familien möchten gern aufs Land ziehen und kommen mit den Bedingungen gut klar. Mit den **neuen Bewohnern** werden die Dörfer wieder attraktiver – für Geschäfte und Ärzte und letztlich für alle.

Mecklenburger Platt

Allt up platt oder wat? Die Mecklenburgische Seenplatte gehört zum **Niederdeutschen Sprachgebiet.** In Mecklenburg-Vorpommern, Brandenburg und im Norden Sachsen-Anhalts wurde traditionell **Ostniederdeutsch** gesprochen. Auch heute noch kann man es hier und da hören. Während das Plattdeutsch der nördlichen Seenplatte Reisenden vielleicht von der Nord- und Ostseeküste her vertraut vorkommt, vernimmt man an ihrem südlichen Rand eher eine sprachliche Nähe zu Berlin.

Leider hört man das **Mäkelbörger** oder **Strelitzer Platt** nur noch selten auf der Straße oder im Geschäft. Manchmal werden noch Wörter oder Redewendungen in die hochdeutsche Kommunikation eingestreut. Was bis zur Mitte des 20. Jh. Alltagssprache war, gerät langsam in Vergessenheit. Im ländlichen Raum begegnet man dem Platt noch häufiger als in größeren Städten. Zudem ist es eine Generationenfrage, fast nur ältere Menschen sind des Niederdeutschen noch mächtig. Damit das sprachliche Erbe nicht ganz in Vergessenheit gerät, haben zahlreiche Initiativen sich der **Pflege und Förderung** der traditionellen Sprache verschrieben. So werden in Kitas und Schulen Kurse angeboten, in denen schon die Jüngsten ihre ersten plattdeutschen Wörter lernen und Geschichten lesen.

Vor allem **Fritz Reuter** trug mit seinen Werken dazu bei, das Plattdeutsche auch als **Literatursprache** bekannt zu machen (s.u.: „Literatur“). Noch heute wird im Fritz-Reuter-Literaturmuseum in seinem Geburtsort Stavenhagen das **plattdeutsche Wort des Jahres** gekürt. 2022 war es „Dunnerlüchting“, eine Kombination aus den Begriffen für Donner und Blitz und somit ein Ausdruck des Erstaunens. Dazu kommt eine plattdeutsche Wortschöpfung, um aktuelle Ausdrücke umzusetzen. Mit „Tippschnack“ kann man so wunderbar einen Chat umschreiben.

Aber egal, wo man in der Seenplatte unterwegs ist, Verständigungsprobleme braucht man nicht zu befürchten. Statt eines ausgeprägten Dialekts hört man oft ein Gewirr verschiedenster Mundarten aus dem gesamtdeutschen Raum. Bereits in der DDR-Zeit zogen mit dem Aufbau des Tourismus und dem großen Personalbedarf in der Landwirtschaft viele Menschen aus dem Süden der Republik hierher. Nach 1990 kamen auch aus den alten Bundesländern etliche in den Nordosten, um sich hier niederzulassen, und brachten ihre jeweiligen Sprachgewohnheiten mit.

211ms tm

Literatur

Die Abgeschiedenheit und Ursprünglichkeit der Mecklenburgischen Seenplatte zog vor allem im 20. Jh. etliche Schriftsteller an, die hier Inspiration und Ruhe für ihre Tätigkeit fanden. Auch einheimische Autoren gingen schon vor mehr als 150 Jahren in die Literaturgeschichte ein. Galionsfigur ist **Fritz Reuter** (1810–74) aus Stavenhagen, der in **niederdeutscher Sprache** dichtete und schrieb. Er begeisterte mit scharfzüngigem Humor, der auch die sozialen Missstände im Land anprangerte. Bekannt sind die autobiografischen Romane „Ut mine Stromtid" und „Ut mine Festungstid". Auch in Neubrandenburg, wo er einige Jahre lebte und die Novelle „Dörchläuchting" schrieb, erinnert viel an den von den Einheimischen liebevoll *Oll Fritzing* genannten Querkopf. *Reuter* ist einer der wenigen Autoren, der, obwohl er auf Platt schrieb, über die Landesgrenzen hinaus sehr bekannt wurde.

Ein Zeitgenosse war **John Brinckman** (1814–70), der viele Jahre beim Klosterhauptmann in Dobbertin und in Güstrow als Lehrer arbeitete und ebenfalls in niederdeutscher Sprache schrieb. Zu seinen bekanntesten Werken gehören der Roman „Kasper Ohm un ick" mit launigen Episoden über einen Rostocker Kapitän und der Gedichtband „Vagel Grip".

Eng mit der Mecklenburgischen Seenplatte verbunden war der in Greifswald geborene Schriftsteller *Rudolf Ditzen*, bekannt unter seinem Künstlernamen **Hans Fallada** (1893–1947). Sein Sommerhaus in Carwitz in der Feldberger Seenlandschaft, das er von 1933 bis 1945 dauerhaft bewohnte, beherbergt eine umfangreiche Ausstellung zu seinem Leben und Schaffen. Seine Romane „Kleiner Mann – was nun?", „Wolf unter Wölfen" und „Jeder stirbt für sich allein" sind weltbekannt geworden. In Carwitz schrieb er für seine Kinder die Geschichte vom frechen Dachs Fridolin.

Auch die Schriftstellerin **Brigitte Reimann** (1933–73) verbrachte ihre letzten Jahre in der Seenplatte. In Neubrandenburg arbeitete sie an ihrem unvollendet gebliebenen Roman „Franziska Linkerhand".

Der Thüringer **Helmut Sakowski** (1924–2005) zog 1961 in die Umgebung von Wesenberg und erlebte hier seine schaffensreichste Zeit. Die den meisten DDR-Bürgern gut bekannten, weil mit populären Schauspielern wie *Manfred Krug* verfilmten Romane „Daniel Druskat" und „Wege übers Land" entstanden hier und thematisieren die Entwicklung einer kollektiven Landwirtschaft in der DDR bzw. die politischen Umbrüche nach 1945. Die Schauplätze sind fiktiv, hätten aber gut in der Seenplatte sein können. Auch Kinderbücher gehören zu seinem Repertoire.

Allen genannten Autoren sind in der Region Museen, Literaturgesellschaften und Kunstwerke gewidmet (siehe Ortsbeschreibungen).

→ **Anhang: Literaturtipps**

[<] Die resolute Bäckersfrau Mudder Schulten fordert vom Herzog das Begleichen seiner Schulden – eine bekannte Szene aus Fritz Reuters Erzählung „Dörchläuchting"

8 Anhang

Eine Kutschfahrt durch die Mecklenburgische Schweiz ist wie eine Zeitreise

216ms tm

Literaturtipps

Romane

■ *Brinckman, John:* **Kasper Ohm un ick** (ein Seefahrtsroman), Musaicum Books, 2019, Erstveröffentlichung 1855. Die Abenteuer des Kapitän Ohm, erzählt von einem Reisegefährten in launigem Platt und mit vielen Anekdoten, sind eine interessante Reisebegleitung.

■ *Fallada, Hans:* **Wolf unter Wölfen,** vollst. Neuausgabe LIWI Verlag, Göttingen 2020, Erstveröffentlichung 1937. Eines der Werke *Falladas* auszuwählen ist schwer. Alle sind sie ein wichtiges Zeitzeugnis und alle rütteln sie auf mit ihrer Darstellung der gesellschaftlichen Realität. „Wolf unter Wölfen" beschreibt in erschütternden Details das Leben in Berlin im Inflationsjahr 1923.

Für kleine Leser empfiehlt sich *Falladas* **Fridolin, der freche Dachs,** erschienen bei Aufbau TB 2017, Erstveröffentlichung 1944. Die lustige Tiergeschichte handelt von der unfreiwilligen Wohnungssuche des griesgrämigen Dachs Fridolin, der die ganze Familie Ditzen auf Trab hält.

■ *Reimann, Brigitte:* **Die Geschwister,** Aufbau Verlag, 2023, Erstveröffentlichung 1963. Die Neuausgabe des Romans zeigt das unverfälschte Originalmanuskript. Die Romane *Brigitte Reimanns* wurden von der DDR-Obrigkeit oft kritisiert und man ließ sie Änderungen vornehmen, bis es dem Verständnis der Politik genehm war. Hier beschreibt die Autorin die turbulente Zeit des Jahres 1961, als die Mauer gebaut wurde. Elisabeth erfährt, dass ihr Bruder plant, in den Westen zu gehen. Wie soll ihr Verhältnis sein, wenn sie fortan in verschiedenen Welten leben?

■ *Reuter, Fritz:* **Meine Vaterstadt Stavenhagen,** Hinstorff Verlag, Erstveröffentlichung 1861. Der Roman eignet sich bestens, um *Reuter* und die niederdeutsche Sprache kennenzulernen. Liebevoll beschreibt er seine Heimatstadt Stavenhagen und dabei auch seine Kindheit mit ihren Streichen und Abenteuern.

■ *Sakowski, Helmut:* **Daniel Druskat,** Verlag Neues Leben, Erstauflage 1976. Der Roman ist nur noch antiquarisch erhältlich. **Verfilmung** als fünfteilige Spielfilmproduktion des Fernsehens der DDR, DVD aus dem DDR TV-Archiv, OneGate Media GmbH, 2022. Der von allen geachtete LPG-Vorsitzende Daniel Druskat wird überraschend verhaftet. Den Grund dafür erfährt auch seine Tochter nicht und sie stellt Nachforschungen an, z.B. bei seinem Freund und bisweilen Rivalen Max Stephan, dem Vorsitzenden der LPG des Nachbarortes. Sie erfährt dabei nicht nur Brisantes über die Ehe ihrer Eltern und den Tod ihrer Mutter, sondern taucht ein in die Zeit des Aufbaus des Sozialismus und die damit verbundenen zwischenmenschlichen und politischen Konflikte. *Helmut Sakowski* gelingt ein beeindruckendes zeitgeschichtliches Porträt, eingebettet in eine dramatische Geschichte von Liebe und Freundschaft. Eine interessante Lektüre nicht nur für Leser mit Bezug zu Zeit und Ort. Schauplatz ist die Mecklenburgische Seenplatte zwischen Kriegsende und Mitte der 1970er-Jahre.

Krimis

■ *Charly von Feyerabend,* **Müritz, Mord und Mückenstich,** Emons Verlag, 2018. Der witzige Krimi nimmt auch gleich noch den Tourismus mit aufs Korn. Journalistin Frieda hasst Camping und ausgerechnet dazu lädt ihr Mann sie ein. Schon bald erfordert ein Mord auf dem Campingplatz ihre Aufmerksamkeit und die Verwicklungen nehmen ihren Lauf.

■ *Pergande, Frank,* **Die Inselkrähe von Mirow,** Hinstorff Verlag, 2014. Der in der Reihe Ostseekrimi erschienene Kriminalroman spielt im Herzogtum Mecklenburg-Strelitz. Am Hof in Mirow kommt 1761 ein Gesandter aus Hannover, wo die einflussreiche Verwandtschaft logiert, nur noch tot an. Es entspinnt sich eine Mördersuche rund um die Vorbereitung eines großen Schlossfestes, den ängstlichen Herzog und ein Hoffräulein mit Spürnase.

Sagen und Märchen

■ *Hubrich-Messow, Gundula:* **Sagen und Märchen von der Mecklenburgischen Seenplatte,** Husum Druck- und Verlagsgesellschaft, 2019. Die Erzählforscherin *Gundula Messow-Hubrich* hat die traditionellen Überlieferungen, Sagen und Legenden der Seenplatte zusammengetragen. Das kleine Buch eignet sich gut als Lektüre vor und nach der Reise. Große und kleine Urlauber können dann mit einem wohligen Gruseln nach den Protagonisten des Büchleins, z.B. den Unterirdischen in Plau am See oder den Wassernixen im Schmalen Luzin, Ausschau halten.

Sachliteratur

■ *Karge, Wolf:* **Schlösser und Herrenhäuser in Mecklenburg,** Hinstorff Verlag, 2022. Der bekannte Mecklenburger Historiker und Publizist widmet sich hier den unzähligen hochherrschaftlichen Anwesen, von denen sich sehr viele im Gebiet der Mecklenburgischen Seenplatte befinden. Er beleuchtet nicht nur die Architektur, sondern auch die Familiengeschichten mit etlichen Anekdoten. Wer sich für die eleganten Häuser begeistert, findet in dieser Ausgabe einen passenden Reisebegleiter.

■ *Karge, Wolf / Münch, Ernst / Schmied, Hartmut,* **Geschichte Mecklenburgs,** Hinstorff Verlag, 5. Aufl. 2011. Das handliche Buch vermittelt auf rund 250 Seiten einen Überblick zur Geschichte Mecklenburgs. Die Autoren, alle bekannte Kenner der Lokalgeschichte, reisen mit den Lesern von der Frühgeschichte bis zur Gegenwart und beleuchten dabei z.B. die Landesteilungen im Herzogtum Mecklenburg. Ein umfangreiches Personen-, Orts- und Sachregister, Karten sowie eine Zeittafel sorgen für Übersicht.

Bildband

■ *Hoffmann, Lars:* **Die Mecklenburgische Seenplatte,** Edition Morizaner, 2012. Der umfangreiche Bildband (220 Seiten) setzt die beeindruckende Landschaft der Mecklenburgischen Seenplatte mit ihrer Mischung aus Wasser, Land und Licht in Szene. Besonderes Augenmerk erhält der Müritz-Nationalpark mit seinen Naturschönheiten.

REISE KNOW-HOW
@ReiseKnowHow
@reiseknowhowverlag
@Reise_KnowHow
auf www.reise-know-how.de
für den Newsletter anmelden
Zugspitze, Foto: Aneta Niemitz
Kauderwelsch | MeinTrip | InselTrip | Soul Places

Register

Die Autoren

Anne Kirchmann, Jahrgang 1980, führte das Studium von ihrer brandenburgischen Heimat an die Ostseeküste nach Rostock. Bereits als Studentin arbeitete sie als Stadtführerin in der Hansestadt. Was damals als Nebenjob begann, entwickelte sich zum Haupt- und Traumberuf. Als Gästeführerin und Reiseleiterin ist sie seit vielen Jahren in Mecklenburg-Vorpommern unterwegs und zeigt Besuchern aus der ganzen Welt die schönsten Ecken des Landes, so auch die Mecklenburgische Seenplatte. Seit 2014 ist sie gemeinsam mit *Thomas Morgenstern* als Autorenduo für den Reise Know-How Verlag aktiv. Bisher erschienen von ihnen der CityTrip Rostock & Wismar und die InselTrips Rügen und Fischland-Darß-Zingst.

Thomas Morgenstern erblickte 1977 in Stralsund das Licht der Welt und wuchs in Rostock auf, wo er später die altehrwürdige Universität besuchte. Als studierter Germanist und Magister der Politikwissenschaft verfolgt er aufmerksam das Geschehen in der Region. Mit seinem Interesse an Fotografie und Geschichte steuerte er viele interessante Gedanken und vor allem Bilder zu diesem Reiseführer bei. Auch er hat sich nach dem Studium im Tourismussektor selbstständig gemacht. Mit seinen Gästen ist er kreuz und quer durch Norddeutschland unterwegs, immer auf der Suche nach neuen Winkeln und spannenden Routen. Viele seiner Entdeckungen sind in diesem Reiseführer zu finden.

217ms tm

Schreiben Sie uns!

Wir hoffen, dass Ihnen dieser Reiseführer gefällt und er Ihnen ein guter Begleiter auf einer außergewöhnlichen und spannenden Reise ist.

Weil ein Reiseführer von Erfahrungen lebt, sind wir an Ihren Erlebnissen interessiert: Haben Sie in unserem Buch ein Restaurant entdeckt, das es nicht mehr gibt, eine Sehenswürdigkeit, die wir noch nicht aufgeführt haben, oder eine falsche Adresse? Dann schreiben Sie uns! **Wir nehmen jeden Hinweis und jede Kritik ernst und arbeiten kontinuierlich daran, die Bücher aktuell zu halten und immer weiter zu verbessern.** Jede Mail wird gelesen und beantwortet. Auch wenn wir nicht jeden Wunsch erfüllen können, machen wir uns immer Gedanken über Ihre Anmerkungen.

Schreiben Sie uns:
per Mail an info@reise-know-how.de oder an
Reise Know-How Verlag Peter Rump GmbH, Postfach 140666, 33626 Bielefeld

Wenn sich Ihre Infos direkt auf das Buch beziehen, würde uns die Angabe der Seitenzahl und der Auflagenzahl bzw. des Erscheinungsjahres Ihrer Ausgabe die Arbeit sehr erleichtern. Besonders hilfreiche Beiträge und Ergänzungen zu den Büchern belohnen wir mit einem Sprachführer Ihrer Wahl aus der über 240 Bände umfassenden „Kauderwelsch"-Reihe.

Herzlichen Dank und gute Reisen
Ihr Reise Know-How Verlag